QUESTÕES DISPUTADAS DE METAFÍSICA
E DE CRÍTICA DO CONHECIMENTO

A Coleção *Philosophia* é editada sob a responsabilidade
do *Seminário Filosofia da Linguagem* (UFRJ) e dos
centros de estudos de *Ontologia e Predicação*
(UNICAMP), *Lógica e Ontologia* (UFRGS) e
*Filosofia Antiga* (USP), atualmente reunidos no projeto
Pronex CNPq/Fapergs *Lógica, Ontologia, Ética*.
A coleção tem por objetivo publicar livros filosóficos de
autores nacionais, traduções e comentários de
obras clássicas, bem como traduções de obras de autores
contemporâneos de inquestionável valor.
Seu único critério de edição é a qualidade
e a relevância dos trabalhos.

A Coleção não prejulga nem favorece qualquer escola
ou doutrina filosófica; privilegia apenas a clareza
da análise e o rigor da argumentação. *Philosophia*
pretende, assim, contribuir para o desenvolvimento da
cultura filosófica no Brasil e para a formação de uma
opinião pública esclarecida em assuntos filosóficos.

Pronex *Lógica, Ontologia, Ética*
Pronex Fapergs/CNPq 04/0860.4.
Departamento de Filosofia, UFRGS
C.P. 15.055 91501-970 – Porto Alegre – RS
Fax/fone: (51) 316-6616 e 316-6642

Diretores da Coleção:
Guido Antônio de Almeida (UFRJ) e
Fátima Regina Rodrigues Évora (Unicamp)

RAUL LANDIM FILHO

QUESTÕES DISPUTADAS DE METAFÍSICA
E DE CRÍTICA DO CONHECIMENTO

discurso editorial

*Copyright* © Raul Landim Filho, 2009

Nenhuma parte desta publicação pode ser gravada, armazenada em sistemas eletrônicos, fotocopiada, reproduzida por meios mecânicos ou outros quaisquer sem a autorização prévia da editora.

*Projeto editorial:* Departamento de Filosofia da FFLCH-USP
*Direção editorial:* Milton Meira do Nascimento
*Projeto gráfico e editoração:* Guilherme Rodrigues Neto
*Emendas e Capa:* Helena Rodrigues
*Tiragem:* 1000 exemplares

Dados Internacionais de Catalogação na Publicação (CIP)
(Câmara Brasileira do Livro, SP, Brasil)

Landim Filho, Raul
  Questões disputadas de metafísica e de crítica do conhecimento / Raul Landim Filho. -- São Paulo : Discurso Editorial, 2009. -- (Coleção philosophia)

  Bibliografia
  ISBN: 978-85-86590-87-0

  1. Conhecimento 2. Escolástica 3. Filosofia 4. Metafísica 5. Ontologia I. Título. II. Série.

09-06270  CDD-118.3

**Índices para catálogo sistemático:**
1. Crítica do conhecimento: Metafísica: Análise filosófica  118.3

discurso editorial

Av. Prof. Luciano Gualberto, 315 (sala 11)
05508-010 – São Paulo – SP
Telefone: (11) 3814-5383
Telefax: (11) 3034-2733
E-mail: discurso@usp.br
Homepage: www.discurso.com.br

# SUMÁRIO

APRESENTAÇÃO 7

PARTE I.
VERDADE, REPRESENTAÇÃO E OBJETO 15

CAP. 1 A INTERPRETAÇÃO REALISTA
DA DEFINIÇÃO NOMINAL DA VERDADE 17

CAP. 2 SOBRE A VERDADE EM DESCARTES 35

CAP. 3 IDÉE ET REPRÉSENTATION 63

CAP. 4 OBJETO E REPRESENTAÇÃO 85

CAP. 5 LA NOTION DE VÉRITÉ DANS L'ÉTHIQUE DE SPINOZA 129

PARTE II.
QUESTÕES SOBRE METAFÍSICA CARTESIANA 157

CAP. 1 A REFERÊNCIA DO DÊITICO "EU" NA GÊNESE
DO SISTEMA CARTESIANO:
A RES COGITANS OU O HOMEM? 159

CAP. 2 ARGUMENTO ONTOLÓGICO.
A PROVA A PRIORI DA EXISTÊNCIA DE DEUS
NA FILOSOFIA PRIMEIRA DE DESCARTES 191

PARTE III
KANT CRÍTICO DE DESCARTES     235

CAP. 1 IDEALISMO OU REALISMO
NA FILOSOFIA PRIMEIRA DE DESCARTES.
ANÁLISE DA CRÍTICA DE KANT A DESCARTES
NO IV° PARALOGISMO DA CRP [A]     237

CAP. 2 DO EU PENSO CARTESIANO AO EU PENSO KANTIANO     275

CAP. 3 JUÍZOS PREDICATIVOS E JUÍZOS DE EXISTÊNCIA.
A PROPÓSITO DA CRÍTICA KANTIANA
AO ARGUMENTO ONTOLÓGICO CARTESIANO     309


PARTE IV
CONCEITO E JUÍZO EM TOMÁS DE AQUINO E KANT     337

CAP. 1 PREDICAÇÃO E EXISTÊNCIA NA SEMÂNTICA CLÁSSICA     339

CAP. 2 PREDICAÇÃO E JUÍZO EM TOMÁS DE AQUINO     373

CAP. 3 A QUESTÃO DO UNIVERSAL
SEGUNDO TOMÁS DE AQUINO     407

CAP. 4 JUÍZO, CONCEITO E EXISTÊNCIA
NA CRÍTICA DA RAZÃO PURA DE KANT     429

CAP. 5 KANT: PREDICAÇÃO E EXISTÊNCIA     457


ORIGEM DOS TEXTOS     473

# APRESENTAÇÃO

> *"Nós somos como anões nos ombros de gigantes. Vemos melhor e mais longe do que eles, não porque nossa vista seja mais penetrante do que a deles ou a nossa altura mais elevada, mas porque somos carregados e elevados pela sua estatura gigantesca."* (Dito atribuído a S. Bernardo, teólogo do século XII).[1]

Os textos incluídos nessa coletânea foram publicados em livros e em revistas especializadas. Foram revistos e modificados para serem apresentados nesse livro, embora não tenham sido substancialmente alterados. A ordem da exposição é temática e não segue a ordem cronológica em que foram publicados.

A diversidade dos temas abordados e a dos filósofos analisados podem dar a impressão de um emaranhado de caminhos que se entrecruzam, mas que não levam a nenhum

---

[1] P. Riché e J. Verger, *Des Nains sur des Épaules des Géants. Maîtres et Élèves au Moyen Âge,* Paris, Tallandier, 2006, p.13.

lugar. Entretanto, esses textos, apesar da diversidade temática, têm uma unidade metodológica e um fio condutor que lhes dão um foco central. Ao analisarmos teses de autores tão diferentes quanto Tomás de Aquino, Descartes e Kant, não pretendemos expor suas filosofias através de uma análise histórica, como se o esclarecimento dos seus textos remetesse necessariamente à análise das influências recebidas, do vocabulário, dos conceitos e das teses por eles herdados de seus antecessores. Obviamente, estudos históricos são muito importantes para o esclarecimento da obra de um autor. Trabalhos como os de E. Gilson sobre a influência da filosofia medieval e, em especial, da escolástica na obra de Descartes,[2] assim como a reconstrução da estrutura imanente de uma obra, como a que foi feita pelas magistrais interpretações de M. Gueroult [3] sobre as *Meditações* de Descartes e sobre a *Ética* de Espinosa, usando um método de interpretação diferente e, em muitos sentidos, oposto ao método de Gilson, são tarefas exemplares de grandes historiadores da filosofia.

Nosso objetivo, no entanto, é outro: analisando um tema a partir da perspectiva filosófica de um clássico da filosofia, pretendemos, ao invés de realizar uma análise histórica, realizar o que denominamos, por nossa conta e risco, *análise conceitual*. Abordar, a partir desse enfoque, uma questão no quadro conceitual de um filósofo consiste em questionar a

---

[2] R. Descartes, *Discours de la Méthode*. Texte et Commentaire par E. Gilson, 3ª edição, Paris, Vrin, 1972. E. Gilson *Études sur le Rôle de la Pensée Mediévale dans la Formation du Système Cartésien*, 5ª edição, Paris, Vrin, 1984. *Index Scolastico-Cartésien*, Paris, Vrin, 1979.

[3] M. Gueroult, *Descartes selon L'Ordre des Raisons*, 2 vol., Paris, Aubier, 1953. *Spinoza*, 2.vol., Paris, Aubier, 1968.

sua contribuição para o esclarecimento da questão abordada. Para isso é necessário retomar o significado dos conceitos básicos do texto, dando-lhes, se for o caso, uma maior precisão; examinar a compatibilidade entre as teses do sistema; reconstruir os argumentos, explicitando premissas ocultas ou acrescentando novas proposições consistentes com o sistema, tornando, assim, mais plausível a argumentação e, por fim, questionar a validade dos esclarecimentos propostos e confrontá-los com outros, advindos de contextos conceituais diferentes. Nessa perspectiva, não é um contra senso interrogar o passado com recursos teóricos do presente ou pôr em questão teses contemporâneas em razão de argumentos usados no passado. O que importa é tematizar, por meio da análise conceitual, teses e argumentos filosóficos, tenham sido eles expostos no passado ou no presente. Por isso, a análise conceitual é mais um método de análise filosófica do que um estudo histórico das filosofias do passado.

Não é, portanto, o significado contextualizado de um texto, mas o seu poder elucidativo que nos interessa. O movimento neo tomista do século passado, por exemplo, através das obras de J. Marechal, de E. Gilson, de J. Maritain [4] e outros, foi uma tentativa de tornar contemporânea no século XX a filosofia tomásica do século XIII. As obras desses intérpretes se notabilizaram não pelo seu aparato histórico, isto é, pela reconstituição da origem histórica do vocabulário, dos conceitos e das teses de Tomás, mas por assinalarem seja a contribuição da filosofia tomásica para o esclarecimento de algumas questões que os filósofos do século XX discutiam, seja por trazer à tona temas e problemas que a história da fi-

---

[4] As referências das obras desses autores estão indicadas nos artigos publicados nessa coletânea.

losofia tinha relegado ao esquecimento. Cabe aos pesquisadores de filosofia avaliar a relevância, o sucesso ou o fracasso desse projeto.

Tendo presentes essas lições, abordamos as filosofias do passado como se pudessem ser interpretadas como filosofias contemporâneas: serão capazes de elucidar temas filosóficos que nos concernem? Serão capazes de interrogar e problematizar nossas convicções filosóficas?

Na primeira parte da coletânea, analisamos a questão da verdade em diferentes quadros conceituais (Descartes, Espinosa e o *Tractatus* de Wittgenstein), tendo em vista dois problemas centrais que se entrecruzam e se mesclam: as noções de representação e de objeto e a definição clássica da verdade como a correspondência entre representação e objeto.

A segunda parte contém duas análises sobre a filosofia de Descartes. Uma trata das noções fundamentais da metafísica cartesiana, *a noção de sujeito*. A outra, aborda a célebre versão cartesiana do argumento ontológico. A que investiga a questão do sujeito se desdobra em duas perguntas: o que legitimamente pode ser dito sobre o sujeito, tendo em vista cada etapa da construção da filosofia primeira cartesiana, que começa com a prova da verdade da proposição *eu sou pensante* e termina com a demonstração da existência dos corpos? A segunda pergunta que procuramos esclarecer é a seguinte: do ponto de vista do sistema constituído, *qual é o verdadeiro sujeito cartesiano:* a substância pensante ou o homem, compreendido como a unidade da interação entre a alma e o corpo?

No capítulo sobre a prova ontológica, após terem sido reconstruídas em detalhe as etapas do argumento, são assinaladas as dificuldades e expostas e discutidas diferentes críticas a essa prova. A análise do argumento ontológico suscita uma questão que será abordada na terceira e na quarta parte dessa coletânea: qual é a relação entre juízos atributivos/predicativos e juízos de existência? Serão legítimas provas conceituais de existência?

A terceira parte analisa as críticas de Kant à noção de sujeito cartesiano e ao argumento ontológico.

A crítica kantiana à noção de sujeito cartesiana é abordada em dois capítulos que analisam dois aspectos diferentes da mesma questão. O primeiro, examina criticamente a tese de Descartes da prioridade da *consciência de si* sobre a consciência do mundo (consciência dos objetos); tese essencial e original do cartesianismo, pois assinala a sua ruptura com a concepção tomásica: a da prioridade do conhecimento dos objetos sobre o conhecimento do sujeito. De fato, a validade do *Cogito* foi demonstrada num contexto cético (dúvida sobre a possibilidade da verdade e sobre a existência do mundo externo) e solipsista (dúvida sobre a existência de outras mentes). Portanto, a proposição *eu sou pensante* seria verdadeira, segundo Descartes, mesmo se não existissem outros sujeitos e o mundo exterior. A crítica kantiana procura mostrar que não pode haver prioridade da consciência de si sobre a consciência do mundo externo.

O segundo capítulo sobre a crítica kantiana à noção de sujeito cartesiano procura elucidar o significado e a função do *eu penso* na perspectiva kantiana da *Crítica da Razão Pura*. Na *2ª Meditação*, Descartes infere de *eu penso* a proposição *eu sou uma coisa pensante* (*uma res cogitans*), isto é, eu sou um sujeito que tenho consciência de que existo enquanto penso. *Na 6ª Meditação*, que conclui a reflexão cartesiana sobre a natureza do sujeito, Descartes procura demonstrar que o pensamento é *toda* a natureza da *res cogitans*. Na sua crítica, Kant mostra que, em todo ato do entendimento, algo é pensado como sujeito. Mas, ao invés de significar um sujeito realmente existente, o *eu penso* exprime a consciência da função de unidade dos atos do entendimento (dos atos da consciência intelectual); exprime, por assim dizer, a consciência de um sujeito lógico, mas não significa uma substância realmente existente.

O terceiro capítulo dessa parte examina a crítica ao argumento ontológico, tendo como fio condutor duas teses kantianas: a da relação entre juízos predicativos/atributivos (categóricos) e juízos de existência e a tese de que *a existência não é um predicado real*. Essas teses, que fundamentam a crítica kantiana ao argumento ontológico, serão também analisadas na quarta parte da coletânea, quando for estudada a concepção kantiana de juízo.

Finalmente, a quarta parte analisa as noções de conceito, juízo e existência em Tomás de Aquino e em Kant.

O texto inicial sintetiza temas e problemas que serão focalizados com maior detalhe nos capítulos subseqüentes. O fio condutor dessa parte do livro é a análise dos elementos constitutivos e da função do juízo segundo as concepções de Tomás de Aquino e de Kant. São, então, estudadas as noções de conceito (em especial, a questão da universalidade do conceito em Tomás de Aquino), de predicação, de juízo categórico (predicativo/atributivo) e de sua relação com juízos de existência. Muitas vezes, as análises tomásicas e kantianas têm pontos de contacto, embora cheguem a conclusões diametralmente opostas. Segundo o ponto de vista tomásico, seria legítimo aceitar que o juízo é o "ponto de partida da metafísica". Já em Kant, o juízo, do ponto de vista da Lógica Transcendental, exerce uma função decisiva na prova da impossibilidade da metafísica clássica.

Agradeço à professora Lia Levy pelo incentivo para a publicação dessa coletânea, aos professores Edgar da Rocha Marques, Marcos Gleizer e Ulysses Pinheiro pela criteriosa revisão dos textos deste livro. Agradeço, em especial, a Regina

Landim pela revisão atenta, paciente, cuidadosa e crítica de todos os textos publicados. Finalmente, não posso deixar de rememorar meus diletos amigos, já falecidos, Henrique Vaz e Balthazar Barbosa, pelo estímulo que em vida me deram para pesquisar e aprofundar as questões que agora estão reunidas nessa coletânea. Dedico a eles o melhor deste livro.

# PARTE I

# VERDADE, REPRESENTAÇÃO E OBJETO

# 1

## A INTERPRETAÇÃO REALISTA DA DEFINIÇÃO NOMINAL DA VERDADE

A definição nominal da verdade como adequação do conhecimento ao objeto parece encontrar suas raízes no célebre texto da *Metafísica* de Aristóteles: "Falso é dizer que o que é, não é, ou o que não é, é; verdadeiro é dizer o que é, é e o que não é, não é...".[1] É claro que a definição aristotélica não pretende ser apenas uma análise do termo "verdadeiro", mas, introduz, sob a aparência de um mero inventário do conceito, uma definição real, a idéia de que o ser é norma da verdade. É exatamente dentro deste contexto que o realismo medieval explicita a definição aristotélica na também célebre fórmula vulgarizada por Tomás de Aquino: "A verdade do intelecto consiste na adequação deste intelecto e da coisa, segundo que o intelecto diz que existe o que é ou não existe o que não é".[2] E de uma forma mais incisiva num outro texto afirma: "... a verdade se encontra no intelecto segundo que o intelecto apreende a coisa como esta coisa é (*apprehendit rem ut est*)".[3]

A importância da concepção tomista obviamente não consistiu em retomar uma definição transmitida de compilador a compilador ao longo da idade média,[4] mas em subordinar a teoria da correspondência a uma concepção realista. Com efeito, na análise do processo de conhecimento Tomás separa como pólos realmente distintos o sujeito cognoscente e a coisa (e não somente pensamento e objeto), o que o leva a formular a noção de correspondência, que serve como ponte entre o pensar e o mundo: quando o ato de intelecção corresponde ao modo pelo qual as coisas em si se comportam, o conhecimento é dito verdadeiro. A teoria da correspondência, distinta de uma teoria realista do conhecimento, é então elaborada a partir deste pressuposto inicial: é o real em si (o *ser* no vocabulário tomista) que é a norma da verdade: *verum sequitur esse rerum*.[5]

Assim, se a tese do realismo parece indicar que o real (o ser) é irredutível ao pensamento, ou independente do conhecimento atual dum sujeito cognoscente, e se o princípio da correspondência pode trivialmente significar que a idéia tem um correlato (e que, portanto, o objeto do conhecimento se diferencia do ato de conhecer), ou que o enunciado afirma que ocorre um estado de coisa diferente da própria enunciação, é fato que a conjunção do princípio da correspondência com o postulado realista ganha uma nova significação que transcende a aceitação das duas teses tomadas isoladamente: é algo no mundo que torna o conhecimento (ou o enunciado) verdadeiro, e o conhecimento (enunciado) verdadeiro é a representação (descrição) correta daquilo que o torna verdadeiro.[6]

Se a filosofia moderna oscilou em relação à interpretação realista do Princípio da Correspondência, ora com o abandono das teses realistas, ora com uma quase sempre tímida recusa do Princípio da Correspondência, não é de se estranhar que a filosofia analítica, que nos tempos atuais revive temas e métodos da tradição escolástica, retorne ao problema da definição da verdade. Graças à reação ao idealismo neo-hegeliano de Bradley, filósofos que se encontram na origem do movimento analítico como Moore e Russell retornam às teses realistas: problemas como a "prova do mundo exterior" ou a "defesa do senso comum" testemunham estas inquietações escolásticas dos filósofos analíticos.

Mas é, sobretudo, no *Tractatus*[7] de Wittgenstein que o realismo conjugado com o Princípio da Correspondência novamente encontra uma formulação rigorosa. Afirmando que tudo o que pode ser pensado pode ser expresso por palavras[8] e o que pode ser expresso pode ser dito claramente, a análise wittgensteiniana terá como objetivo traçar os limites entre o dizer e o inexprimível, objeto do místico, que pode ser sentido, mas não pode ser expresso por palavras. No que consiste o dizer? O *Tractatus* distingue três níveis, abstratamente distintos, mas que se sintetizam no ato de dizer: o nível sintático, que define as condições para que um conjunto de expressões possa se tornar uma frase, isto é, uma articulação de signos; o nível semântico, que define as condições que uma frase deve satisfazer para ser uma figuração, uma descrição de um estado de coisas,[9] e finalmente o nível pragmático que determina as condições de "projeção" ou de uso da figuração, isto é, a sua asserção.[10]

As considerações pragmáticas no *Tractatus* são apenas esboçadas, e servem simplesmente para assinalar a diferença entre a representação – descrição de um estado de coisas – e a projeção da representação na realidade, a sua afirmação como existente ou não.[11] Assim, as condições semânticas não só determinam a significação de uma frase, como também estabelecem os limites do dizer: o asserido é sempre o que é descrito.[12] A prioridade dada na análise do dizer às convenções semânticas talvez encontre sua justificação na aceitação implícita da interpretação realista do Princípio da Correspondência. Como foi assinalado, a figuração não é um enunciado, e só o enunciado tem um valor de verdade, mas, se tem um valor de verdade é porque o que é asserido descreve um estado de coisas, e essa descrição pode ser comparada com a realidade. A asserção é verdadeira ou falsa, ensina Wittgenstein, porque é uma figuração – um modelo –[13] da realidade. E sendo um modelo pode ser comparada[14] com o estado de coisas existentes, concordar ou não com ele. "Uma figuração concorda ou não com a realidade. Ela é correta ou incorreta, verdadeira ou falsa".[15] A concordância ou discordância do sentido [que a figuração apresenta] com a realidade constitui sua verdade ou falsidade.[16]

É significativa a explicação que Wittgenstein fornece da rejeição de conhecimentos *a priori*. Aceitá-los equivaleria a assumir uma teoria da coerência e, portanto, rejeitar o Princípio de Correspondência. O conhecimento não é *a priori*, pois senão seria possível que a verdade fosse determinada por critérios internos sem a suposição de um objeto de comparação.[17]

É impossível reconhecer apenas pela figuração se ela é verdadeira ou falsa, deve-se compará-la com a realidade. Ora, se podemos compará-la com a realidade, é necessário determinar as condições que devem ser satisfeitas pela linguagem e pela realidade para que uma asserção possa ser verdadeira. Este é o preço que deve pagar a interpretação realista do Princípio de Correspondência. E Wittgenstein não é avaro, é bom pagador. O *Tractatus* mostra nas suas pseudo-proposições como as coisas devem ser – a realidade estruturada em fatos atuais e possíveis, constituídos de objetos simples etc. – e a linguagem definida pelas convenções sintáticas, semânticas e pragmáticas. Em resumo, são postulados dois tipos de convenções: as que determinam as relações entre linguagem e realidade, exemplo típico é a relação de denotação entre nomes e objetos; e as convenções que impõem um isomorfismo, uma estruturação análoga, à linguagem e à realidade. Wittgenstein denomina esse conjunto de convenções de Forma Pictorial e Forma Lógica[18] que têm que ser comuns à linguagem e ao mundo, para que a verdade se manifeste. De fato, a solução wittgensteiniana é tradicional; ela modela a linguagem no mundo e o mundo na linguagem, certamente retomando assim uma célebre tese de Espinoza: "a ordem e a conexão das idéias são as mesmas que a ordem e a conexão das coisas".[19]

Mas, se a solução é tradicional, ela não é, entretanto, convincente: o realismo, como já foi assinalado, deve realizar um corte entre a linguagem e a realidade, idéia e coisa, asserção e fato, e ainda afirmar que a idéia representa a coisa, ou que o enunciado descreve o estado de coisas existente. Ora, coisa e fato só podem ser identificados, e mesmo, constituídos, através de idéias ou enunciados verdadeiros, que, por hipótese, são considerados logicamente independentes dos seus correlatos.

A Convenção T de Tarski[20] quando interpretada numa perspectiva realista manifesta a mesma ambigüidade. De fato, ela é *epistemologicamente neutra,* determinando apenas que para cada frase (proposição ou enunciado) "p" de uma linguagem L, o valor de verdade de "p" é o mesmo que o da Convenção T. Donde, não são especificadas as condições que tornam "p" verdadeira, mas afirma-se apenas que o valor de verdade de "p" é o mesmo que o da expressão ""p" é verdadeira se e somente se p". Além disso, a Convenção T somente em casos bem precisos pode se transformar numa definição da verdade; ela é apenas um critério de adequação de uma teoria da verdade.[21] Qual é portanto a sua relevância filosófica? De fato, a Convenção T mostra que o problema especulativo "o que é verdade" pode encontrar uma análise adequada pela elucidação do predicado "é verdadeiro" numa linguagem determinada. A sua importância residiria, portanto, no fato de distinguir a questão (vaga): "o que significa predicar de uma frase (enunciado ou proposição) a expressão "é verdadeiro?" da questão "o que torna a frase (enunciado ou proposição) verdadeira?"[22] A interpretação realista da correspondência procura responder a esta última pergunta, e da sua resposta, resulta a elucidação da primeira. Entretanto, o caráter "epistemologicamente neutro" da Convenção T consiste em responder à primeira questão independentemente da segunda. Mas, o problema da verdade resumir-se-ia na determinação da extensão do predicado "é verdadeiro" ou mesmo na axiomatização desse predicado? Elucidar o problema da verdade significaria somente determinar as condições da aplicação do predicado "é verdadeiro"? A concepção realista exige mais; para dar relevância à Convenção T, ela procura, além da sua reconhecida significação formal, interpretá-la numa perspectiva em que a segunda questão é também respondida: o primeiro termo da equivalência da Convenção T referir-se-ia ao sujeito lingüístico do predicado "é verdadeiro". O segundo termo, às condições extralingüísticas que tornariam a frase (enunciado ou proposição) verdadeira.

Se a expressão "condições extralingüísticas" assinala simplesmente a diferença entre (i) o que torna o enunciado verdadeiro e (ii) o próprio enunciado, retomando assim o ensinamento clássico do cartesianismo de que os critérios (metodológicos) que caracterizam *internamente* as idéias são insuficientes para torná-las verdadeiras, mas suficientes para reconhecê-las como tal, então poder-se-ia afirmar que a Convenção T exprime o Princípio Trivial da Correspondência. Mas, se o termo "condições extralingüísticas" indica que é o estado de coisas existente na realidade que torna o enunciado verdadeiro, então a Convenção T parece exprimir um truísmo em razão da ambigüidade já assinalada: o estado de coisas, referido pelo segundo termo da equivalência "p", que torna "p" e a própria equivalência verdadeira, é identificado somente se "p" (o segundo termo da equivalência) for verdadeiro.

A interpretação realista do Princípio de Correspondência se defronta com um dilema: de um lado, e as filosofias do senso comum nos informam, existe algo de irredutível às expressões lingüísticas que os enunciados procuram justamente descrever. E se é correta a descrição, a sua asserção é dita verdadeira. Por outro lado, o irredutível ao enunciado, o seu correlato, é identificado precisamente pelo fato de ser o enunciado verdadeiro.

Para evitar este dilema, Dummett no seu artigo "What is a theory of meaning"[23] propõe uma nova formulação deste princípio: "Se um enunciado é verdadeiro, deve existir algo em virtude do qual ele é verdadeiro". O mérito desta definição é a de não exigir que se determine inicialmente "...o que existe no mundo e então a partir desta base decidir-se o que é necessário para tornar cada enunciado verdadeiro", mas, ao contrário, pode-se determinar apropriadamente a noção de verdade para vários tipos de enunciados e a partir disto especificar-se a realidade.[24]

Dummett assinala que o Princípio de Correspondência, assim interpretado, tem apenas uma função regulativa; com isto pretende opor-se ao seu uso especulativo que foi o do realismo clássico.

A definição da verdade como adequação, apreensão pelo intelecto da coisa como ela é, obriga o realismo, mesmo o de Tomás de Aquino, a encontrar um fundamento metafísico que torne plausível o conhecimento do objeto como conhecimento de uma realidade em si. As coisas são normas (medidas) do intelecto "o verdadeiro do nosso intelecto é a sua conformidade ao seu princípio, a saber, as coisas de que recebe o seu conhecimento".[25]

Donde se é o ser das coisas que "causa a verdade",[26] as coisas elas mesmas são ditas verdadeiras porque se conformam essencialmente ao intelecto divino. "A verdade das coisas reside, por sua vez, em sua conformidade ao seu princípio, a saber, o intelecto divino".[27] Portanto, no ato de apreensão o intelecto humano participa, pela mediação dos objetos, do intelecto divino constituidor das *coisas* que são os objetos (materiais) do próprio conhecimento.

Não é surpreendente que o problema epistemológico da verdade na cultura medieval procure a sua solução recorrendo ao intelecto criador divino, fundamento ontológico da verdade. Mas é surpreendente que Deus surja como garantia epistemológica quando o saber científico encontra a sua autonomia e o da filosofia é posto em questão.

No cartesianismo o realismo parece ser uma conseqüência e não um suposto da teoria. E por isso mesmo, na análise da questão da verdade, a sua demonstração exprimirá uma oscilação entre uma perspectiva metodológico-matemática — que prescinde do postulado realista — e uma abordagem filosófico-especulativa, que aceita o realismo embora necessite justificá-lo. Essa oscilação atesta as dificuldades da realização de um projeto original desenvolvido segundo regras de um método de inspiração matemática, mas justificado num quadro teórico dominado pela tradição escolástica. Do ponto de vista do método, são as propriedades que caracterizam a estrutura *interna* da própria idéia, a clareza e a distinção, que fornecem os critérios da verdade. Descartes descortina, assim, a perspectiva de uma teoria da coerência que encontrou em Espinoza o seu primeiro esboço de formulação: a idéia é verdadeira em razão da sua adequação e a sua adequação é caracterizada por propriedades intrínsecas à própria idéia.[28] Dir-se-ia hoje em dia que o enunciado é verdadeiro porque é coerente com um sistema de enunciados que permitem a sua asserção.

Mas o método cartesiano é apenas um caminho hipotético e deve encontrar no saber que constrói uma justificativa. Essa é uma das funções da metafísica. Mas, conservando temas, e às vezes, teses da escolástica, a metafísica que se construíra segundo as regras do método, progressivamente modifica os princípios que o inspiraram. A noção de idéia é um exemplo típico: ela conserva um certo vocabulário medieval e permite que através dele sejam retomados alguns dos temas da antiga filosofia.

Inicialmente, a idéia é para Descartes "tudo aquilo que é concebido imediatamente pelo espírito",[29] ou mais precisamente: "... esta forma de cada um de nossos pensamentos por cuja percepção imediata temos conhecimento destes mesmos pensamentos".[30] Certamente, como ressaltam os comentadores, esta definição acentua o aspecto psicológico da idéia, definindo-a como qualquer ato consciente, e enfim explicando-a como um modo da substância pensante. Por outro lado, ela é epistemologicamente neutra face ao problema do realismo; daí a necessidade de complementá-la.

Dentre os conteúdos do pensamento, modos da substância pensante, a análise cartesiana se detém naqueles que são "como imagens das coisas", isto é, nos conteúdos representativos. Ora, o princípio que explica a realidade formal da idéia não pode ser o mesmo que explica a sua função representativa; se todas as idéias são conteúdos do pensamento nem todas são as mesmas imagens que representam os mesmos objetos. Mas, se além da sua realidade formal, a idéia tem uma realidade objetiva – "a entidade ou o ser da coisa representada pela idéia"[31] – é porque a cada conteúdo representativo corresponde um objeto. Em outros termos, caracterizar a idéia como imagem, significa aceitar o Princípio de Correspondência revelado pela "...luz natural que me faz conhecer evidentemente que as idéias estão em mim como quadros ou imagens...".³² Ora, se a idéia é uma representação, ou seja, se a cada idéia corresponde um *ideatum*, impõe-se a análise das condições que tornam correta a representação. "...pode, no entanto, ocorrer que se encontre nas idéias uma certa falsidade material, a saber, quando elas representam o que nada é como se fosse alguma coisa...".³³

É aqui o momento crucial do salto realista da reflexão cartesiana: de uma concepção próxima a da matemática, adota uma concepção realista. Com efeito, sem contradizer os princípios metodológicos pode-se coerentemente definir a idéia como imagem, e aceitar a clareza e a distinção como critérios de verdade. É assim que procede o *Discurso do Método* que pretendia ser uma introdução metodológico-filosófica aos escritos científicos. Mas, Descartes, ao procurar resolver o problema do valor objetivo da idéia, retorna ao realismo medieval: procura encontrar através do objeto a coisa em si; em outras palavras, definir como o correlato da idéia-imagem a realidade formal do objeto, de tal maneira que resolver o problema do valor objetivo da idéia consiste em encontrar a coisa em si como correlato da imagem. É insuficiente, então, recorrer exclusivamente ao Princípio de Correspondência; é necessário, como se sabe, apelar para o Princípio de Causalidade, também revelado pela "luz natural" e finalmente, como fundamento último da verdade, recorrer à Veracidade Divina.

Se os critérios de verdade formulados no Método são compatíveis com uma teoria da coerência, ou, ao menos, não impõem uma concepção realista, a metafísica cartesiana progressivamente, através da idéia-imagem, reintroduz a interpretação realista do Princípio de Correspondência. Os critérios expressos no método tornam-se então insuficientes para determinar a verdade como adequação da idéia à realidade formal de um objeto. É necessário encontrar uma fundamentação metafísica que torne plausível o conhecimento do em si. Eis a missão do Deus Veraz.

O processo de dúvida já anunciara essa mudança de perspectiva: a dúvida das qualidades sensíveis, da existência do mundo externo etc. que era ocasionada pela aplicação do método ao conhecimento, termina diante da certeza das idéias simples, claras e distintas. É necessário, então, para prolongar o processo de questionamento superar as razões metodológicas de duvidar e estabelecer um abismo entre o saber subjetivo e o saber objetivo, ou entre as condições de possibilidade da representação e as condições de possibilidade (essência) do ser. Tal é a função do Deus Enganador.

Se o Método é necessário para a conquista da verdade, a hipótese do Deus Enganador estabelece seus limites. Talvez pela sua origem matemática, ele é incapaz de introduzir o saber na ordem do ser. E isso porque Descartes define o saber como a representação correta do real, compreendido como mundo empírico ou como mundo possível. O método possibilita, assim, a reconstrução da certeza subjetiva e, mesmo, a explicitação dos seus limites internos, mas não é capaz de fundar a verdade, de estabelecer a ponte entre a certeza e o conhecimento verdadeiro compreendido como adequação da representação ao real. Só um Deus Veraz garante que a evidência de um saber subjetivo produz um conhecimento objetivo, uma representação adequada do real.

A interpretação realista do Princípio da Correspondência mostra mais uma vez que necessita de uma fundamentação metafísica: é esta a fundamentação que garante que por trás do objeto se encontra a coisa em si.

A definição do Principio da Correspondência proposta por Dummett conserva da idéia de verdade a noção de adequação, sem, entretanto, assumir as suposições que impõem ao realismo clássico uma fundamentação especulativa. Eis o mérito e talvez a deficiência desta definição, pois o que significa a idéia de correspondência?

A formulação clássica desse principio, situada num contexto pré-kantiano, apresentava um certo interesse, já que procurava justificar a objetividade do conhecimento pela análise das condições da representação e pela determinação da estrutura da realidade, enfim, pela conformidade do simbólico ao real.

Se a intenção de Dummett é clara, sua formulação da noção de correspondência é ambígua: o que vem a ser este componente da realidade, o segundo termo da relação, que torna o enunciado verdadeiro e que é, ele mesmo, especificado por enunciados?

A margem de ambigüidade que aparece na formulação do Princípio de Correspondência não é acidental; ela permite vários tipos de uso deste principio. Num conhecido artigo, Dummett afirma: "Caracterizo o realismo como a crença que os enunciados de uma determinada classe possuem um valor de verdade objetivo, independentemente do nosso meio de conhecê-lo; eles são verdadeiros ou falsos em virtude de uma realidade existindo independente de nós."[34].

A expressão "existindo independente de nós" torna a interpretação realista do Princípio de Correspondência próxima à interpretação dada pelo realismo clássico: é justamente esse componente da realidade que existe em si e que torna o enunciado verdadeiro aquilo a que corresponde o próprio enunciado. No entanto, num outro artigo, já citado, sobre a teoria do sentido, o realismo é caracterizado de uma maneira significativamente diferente: "Nós podemos, de fato, caracterizar o realismo que concerne uma classe dada de enunciados como a suposição de que cada enunciado dessa classe é determinadamente verdadeiro ou falso".[35] O realismo é agora caracterizado pelo Principio da Bivalência A expressão "existindo independente de nós", que caracterizava anteriormente o realismo, é eliminada e ao Princípio da Bivalência acrescenta-se ainda a expressão "determinadamente", que indica o caráter não subjetivo dos valores de verdade. Entretanto, essa definição do realismo pelo Princípio da Bivalência, ao contrário do que sugere a anteriormente citada, conjugada com o Princípio de Correspondência, tem a vantagem de não prejulgar o tipo ou a estrutura do componente da realidade – o segundo termo da correspondência – que torna os enunciados verdadeiros ou falsos.

Mas, o Princípio de Correspondência exprime uma nova ambigüidade através do Princípio da Cognoscibilidade que ele implica: "Se um enunciado é verdadeiro, deve ser, em princípio, possível conhecer que ele é verdadeiro".[36] Obviamente, se existe algo que torna o enunciado verdadeiro *é possível* (sem ser necessário) conhecê-lo. Isso significa que o enunciado pode ser verdadeiro, embora não se tenha os meios de reconhecer aquilo que o torna verdadeiro. Desta maneira, formular as condições de verdade de um enunciado — o que seria o caso se ele fosse verdadeiro — não equivale a saber (ou poder) identificar essas mesmas condições. Em outras palavras, pode-se determinar as condições de verdade de um enunciado, sem poder identificar a realização dessas condições.[37]

Assim, o Princípio de Correspondência, mesmo quando formulado num contexto do realismo não-clássico, apresenta uma nova dificuldade: dizer que um enunciado é verdadeiro significa (pelo Princípio de Correspondência) afirmar que algo o torna verdadeiro. E o que torna o enunciado verdadeiro é o segundo termo da relação de correspondência, aquilo que é descrito ou constituído pelo próprio enunciado. Mas o componente da realidade, segundo termo da relação de correspondência, ao qual o enunciado verdadeiro corresponde, pode não ser identificado pelo próprio enunciado que o descreve. Se o Princípio de Correspondência indica que é um componente da realidade que faz o enunciado verdadeiro, a verdade do enunciado não implica a identificação do termo ao qual o próprio enunciado corresponde.

O realismo clássico exigia que o correlato da idéia fosse uma coisa em si, conhecida pela própria idéia. Daí a noção de adequação entre a representação e a coisa. E é pela representação que a coisa é conhecida. No realismo contemporâneo, caracterizado e criticado por Dummett, o Princípio de Correspondência deve ter apenas uma função regulativa: é através da ficção de uma realidade distinta e independente da linguagem (embora de fato constituída e identificada por enunciados, pois é através de enunciados que se elabora e se identifica a noção de real) que se formula a noção de correspondência. O segundo termo desta relação é problemático: não é necessário conhecer *o que ele é,* mas deve-se supô-lo como distinto do próprio enunciado, justamente para que tenha sentido a noção de correspondência. A interpretação realista do Princípio da Correspondência provoca o dilema mencionado: um enunciado verdadeiro corresponde a um componente da realidade que torna o próprio enunciado verdadeiro, mas que não é por ele identificado.

Segundo o Princípio de Correspondência a conformidade aos fatos responde à questão "por que um enunciado é verdadeiro?" O realismo, na caracterização crítica de Dummett, estabelece um corte entre o fato de um enunciado ser verdadeiro e as razões que permitem considerá-lo como tal, pois é possível que o enunciado seja verdadeiro e não sejam conhecidas as evidências da sua verdade. A conjugação da tese realista com o Princípio da Bivalência e com o Princípio de Correspondência retira, assim, da noção de correspondência a sua função primordial, pois a conformidade ao fato é uma das razões ou evidências para considerar o enunciado verdadeiro.

Não seria, então, razoável aceitar o Princípio de Correspondência e rejeitar justamente o que o torna problemático, a saber, a tese de que podem existir enunciados verdadeiros, embora não se conheçam as razões que permitem considerá-los como tais? Se a verdade de um enunciado for determinada em função do conhecimento das razões ou evidências que justificam a sua asserção ou se um enunciado só for considerado verdadeiro se existirem razões conhecidas que justificam a sua asserção, então o que o torna verdadeiro não é mais uma realidade extra-lingüística, mas um sistema de enunciados que justificariam a asserção. Assim, não só teria sido abandonada a tese realista, mas o próprio Princípio de Correspondência teria agora um uso restrito; teria a função, por exemplo, de tornar explícitas as razões que permitem a asserção de um enunciado de observação; não funcionaria, então, como um esquema geral do qual os enunciados verdadeiros seriam instâncias, mas seria um elemento de um sistema de argumentação.

Se a interpretação realista do Princípio de Correspondência tem o mérito de exprimir filosoficamente as intuições do senso comum, o uso especulativo desse Princípio engendra algumas dificuldades. A interpretação realista supõe que os termos da relação de correspondência são heterogêneos: é o enunciado (ou o juízo) que descreve o real e é o real que torna o enunciado verdadeiro. Daí seguir-se-ia a tese de que o enunciado é verdadeiro porque descreve corretamente o real. Mas como ter acesso ao real senão através de enunciados verdadeiros? Para evitar essa explicação circular, a teoria especulativa realista procura mostrar que características intrínsecas (critérios) do juízo garantiriam sua verdade. Se $p$ tiver estas características, $p$ será verdadeiro e, portanto, descreverá corretamente o real. Assim, a correspondência com o real seria uma conseqüência da verdade do juízo e a verdade do juízo seria uma conseqüência da satisfação de critérios intrínsecos ao juízo. Mas como tornar plausível a tese de que a satisfação de certas características garantiria a verdade do juízo? O recurso ao Deus Veraz ou a uma harmonia entre o pensar e o real, tornada plausível pelo Intelecto Infinito criador dos sujeitos pensantes e das coisas em si, seria, em última análise, o fundamento metafísico da interpretação clássica da definição realista da verdade.

As análises contemporâneas procuraram evitar soluções especulativas para o problema da verdade. Mas, ao assumir a tese de que o real extralingüístico não precisa ser identificado pelo enunciado que o descreve (ou por enunciados equivalentes), a noção de correspondência exerceria ainda alguma função na determinação do valor de verdade do enunciado? Teria sentido ainda definir nominalmente a verdade pelo Princípio de Correspondência? As críticas de Dummett ao realismo prenunciam o abandono da prioridade da noção de correspondência, interpretada realisticamente, na definição da verdade.

## Notas

1. *Metafísica* IV, 1011b – 27.
2. *Summa Contra Gentiles*, I, LIX.
3. *Summa Theologiae*, I, q.16, art. 5.
4. Tomás de Aquino atribui a origem dessa definição a Isaac Israeli, filósofo judeu que viveu no Egito entre 845 e 940.
5. *De Veritate* I, 1, 1.
6. Idem, I, 1-3.
7. L. Wittgenstein, *Tractatus Logico-Philosophicus*, London, Routledge & Kegan Paul, 1969.
8. Idem, 4.116.
9. Idem, 2.1 - 3.
10. Idem, 3.1 - 3.13 e 4.5.
11. 4.1, 4.022, 4.21 - 4.22.
12. Idem, 4.031 - 4.0311, 4.021, 4.064.
13. Idem, 4.05 - 4.06.
14. Idem, 2.12, 2.223, 4.01.
15. Idem, 2.21.
16. Idem, 2.222.
17. Idem, 3.05.
18. Idem, 2.151, 2.18 - 2.2.
19. B. Espinoza, *Ética*, II, Pr. VII.
20. A. Tarski, "The Concept of Truth in Formalized Language's", in *Logic, Semantics, Metamathematics*, Oxford, Clarendon Press, 1956 e "The Semantic Conception of Truth", in *Philosophy and Phenomenological Research*, V, 1943-44.
21. Uma teoria da verdade para L satisfaz o critério de adequação se ela tem como conseqüência lógica todas as frases da forma "X é verdadeiro sse p", com 'X' substituído por uma descrição de uma frase de L e "p" substituída por esta frase ou por sua tradução. "X é verdadeiro sse p" é justamente um esquema que engendra para cada frase "p" de L a equivalência T mencionada.

22. D. Davidson, "In Defense of Convention T", in *Truth, Syntax and Modality*, ed. H. Leblanc, Amsterdam, North Holland, 1973, p. 76-86.
23. M. Dummett, "What is a theory of Meaning (II)?", in *Truth and Meaning*, ed. G. Evans e J. Mcdowell, Oxford, Oxford University Press, 1976.
24. Idem, p. 89.
25. *S.T.*, I, 16, 5, ad 2.
26. *S.T.*, I, 16, 1, ad 3.
27. *S.T.*, I, 16, 5, ad 2.
28. Ver Espinoza, *Ética* I, Ax. VI. e *Ética* II, Ax. IV e pr. 32-34 e 43.
29. *3ªˢ Objeções*, Resposta à 5ª Objeção, in *Descartes, Oeuvres et Lettres*, Bibliothèque de la Pleiade, Paris, Gallimard, 1952, p. 407.
30. *Descartes, Obra Escolhida, Respostas às 2ªˢ Objeções, Exposição Geométrica*, Definição II, tradução de J. Guinsburg e Bento Prado Júnior, São Paulo, Difusão Européia do Livro, 1962.
31. Idem, *Exposição Geométrica*, definição III.
32. *Meditationes de Prima Philosophia*, 3ª Meditação, Paris, Vrin, 1953, p. 42.
33. Idem, 3ª Meditação, p. 44.
34. M. Dummett, "Realism", in *Truth and Other Enigmas*, London, Duckworth, 1978, p. 146.
35. "What is Theory of Meaning (II)?", p. 93.
36. Idem, p. 99.
37. Ocorre, portanto, uma diferença entre a especificação das condições de verdade de um enunciado e a possibilidade do reconhecimento da realização destas condições.

# 2

## SOBRE A VERDADE EM DESCARTES

Neste capítulo, analisaremos a questão da verdade a partir de uma teoria clássica da filosofia da consciência: a filosofia cartesiana. Não pretendemos, no entanto, reconstruí-la comentando e reinterpretando os seus principais textos. Esta tarefa pretendemos tê-la realizado em outro trabalho.[1] As teses aqui apresentadas, por se inspirarem e serem fundamentados no cartesianismo histórico, podem ser consideradas como teses autenticamente cartesianas ou, ao menos, como teses compatíveis com o cartesianismo.

Ao expor alguns dos princípios da filosofia da consciência, levamos em consideração certas objeções e críticas, dirigidas a esta concepção filosófica, pela análise lingüística que se inspira em Wittgenstein. A filosofia lingüística pretende ter realizado no século XX uma revolução análoga àquela que de fato foi realizada pelo cartesianismo no século XVII. Portanto, não é de se estranhar que ambas as concepções filosóficas, que pretendem ter inaugurado uma nova maneira de filosofar, se excluam mutuamente. Em vez de confrontar as duas perspectivas, silenciamos sobre os seus desacordos de princípio,[2] integramos, ocasionalmente, à nossa argumentação o que poderia corroborar as teses aqui defendidas e procuramos responder, sem referência explícita, a algumas das objeções da filosofia lingüística à filosofia da consciência. O recurso, ocasional, às análises lingüísticas (que se opõem às análises ditas introspectivas do cartesianismo) não pode ser interpretado como uma tentativa de conciliação do inconciliável. A incompatibilidade metodológica e as diferenças conceituais, que aprofundam as divergências de princípio, não podem ser atenuadas pela unidade temática que é o fio condutor deste capítulo.

[I] *Introdução*

Uma análise da noção de verdade deve ao menos esclarecer três questões:

(1) o significado do termo "verdade";
(2) a possibilidade de conhecimentos verdadeiros;
(3) a possibilidade do *reconhecimento* de conhecimentos verdadeiros.

Assim, uma teoria da verdade deve procurar esclarecer o sentido do termo "verdade", analisar o problema cético, demonstrando (ou não) a existência de conhecimentos verdadeiros, formular e justificar a legitimidade de um critério de verdade.

A elucidação dessas questões, importantes para qualquer sistema filosófico, é decisiva para as filosofias construídas no quadro conceitual da filosofia da consciência. Com efeito, essas filosofias, apesar da sua diversidade temática e semântica, consideram que o ponto de partida indubitável da análise filosófica é a reflexão sobre os atos de consciência,[3] pois somente estes atos são *imediatamente* acessíveis ao sujeito deles. "Acessibilidade imediata" significa que os atos de consciência, pelo simples fato de serem realizados (ou de existirem enquanto atos mentais), envolvem a consciência do ato sendo, portanto, impossível dissociar a realização do ato da consciência do próprio ato. Em razão desta característica, os atos de consciência se constituem no ponto de partida privilegiado e inquestionável da análise filosófica.

Aplicando o princípio analítico – não há ato sem sujeito do ato – aos atos de consciência, conclui-se que não há ato de consciência sem sujeito. Mas, como neste caso, o ato envolve a consciência do ato, ser sujeito de um ato de consciência significa ser consciente dos atos de consciência, isto é, ser consciente de ser sujeito de seus atos de consciência. Por conseguinte, os atos de consciência estão necessariamente ligados não só à consciência do ato, como também à consciência de si: *quem realiza um ato de consciência, é consciente do seu ato, isto é, sabe* (em um sentido vago de "saber") *que é sujeito deste ato de consciência.*

A relação entre os atos de consciência e a consciência de si é também corroborada pela análise lingüística dos enunciados da forma *Eu P*, onde *P* é um predicado que designa um estado mental,[4] e o enunciado *Eu P* é considerado unicamente como um enunciado **expressivo** do ato mental indicado por *P*.

Nas expressões onde ocorre o dêitico "eu"[5] como sujeito lógico do enunciado, o simples proferimento garante a referência do dêitico. Mas *referir-se* a algo não equivale a *identificar o que é referido*.[6] Pela referência algo é designado, mas não é ainda reconhecido como objeto, isto é, como algo que é idêntico a si mesmo na diversidade de suas designações e atribuições. Não há objeto sem identidade, não há reconhecimento de identidade sem pluralidade de referências e de atribuições.

O dêitico "eu" tem uma função análoga aos dêiticos "aqui" e "agora": toda vez em que são usados, eles se referem, respectivamente, ao locutor do proferimento, a um lugar no espaço, a um momento no tempo. Nestes casos, a referência jamais é vazia. Mas ela não implica uma identificação. Quem profere "aqui" sempre designa um lugar no espaço; nem por isso o lugar referido é localizado no sistema das relações objetivas espaciais. A referência discrimina algo. Mas, para que o referido seja reconhecido como objeto – como algo de identificável – é necessário que ele possa ser designado a partir de diferentes perspectivas.

Se no enunciado da forma *Eu P*, *P* é um predicado observacional, o proferimento do enunciado assegura a referência do "eu", mas não a identificação do sujeito referido. Com efeito, predicados observacionais são conceitos empíricos, que têm como instâncias objetos do mundo empírico. Assim, para que o predicado *P* possa classificar o que é referido pelo dêitico "eu", é necessário que o referido pertença ao mundo empírico, tenha uma permanência no sistema espacio-temporal, possa, enfim, ser observado. A mera referência do termo "eu", não é suficiente nem para identificar o sujeito do enunciado nem para identificá-lo como sujeito empírico. O termo "eu" designa certamente o sujeito do proferimento. Mas este sujeito é um sujeito numericamente idêntico? A mera referência eliminaria a hipótese de um sujeito imaterial, que não seria submetido a condições espacio-temporais? Se for levada em consideração somente a referência do termo "eu", o enunciado *Eu P* não exclui a hipótese de que o sujeito referido seja um sujeito imaterial, salvo se a ele se aplica um predicado empírico. Mas para se aplicar um predicado empírico a algo referido, deve ser possível designar o mesmo sujeito através de múltiplas perspectivas espacio-temporais. Assim, vários enunciados poderão ser, em princípio, engendrados, o que torna possível a identificação do sujeito referido.

A identificação lingüística de um objeto empírico é, portanto, uma operação complexa; ela envolve diferentes enunciados que designam o mesmo objeto através de termos singulares diferentes ou classificam diversamente este mesmo objeto através de diferentes predicados. Este conjunto de enunciados (diferentes) permite a identificação do sujeito, isto é, a designação de um mesmo sujeito a partir de múltiplas perspectivas espacio-temporais.

No entanto, se o predicado *P* designa um estado mental ou um ato de consciência, o enunciado *Eu P*, considerado isoladamente, pode ser interpretado como a manifestação do estado mental *P* independentemente da identificação daquilo que é referido pelo dêitico "eu". Neste caso, *Eu P* deveria ser analisado como uma *mera expressão* convencional, de forma predicativa, do estado mental designado por *P* e se distinguiria dos enunciados *Eu P* que são, ou bem *descrições* do estado mental, ou bem *descrições* de manifestações comportamentais do próprio estado indicado por *P*.[7] É óbvio que um enunciado *expressivo* de um estado mental pode ser usado com um propósito informativo; desta maneira, ele se transforma em um enunciado *descritivo*. Sendo descritivo, o proferimento do dêitico "eu" impediria erros de referência; mas os estados mentais poderiam ser classificados equivocadamente; daí se segue que os enunciados que os descrevem poderiam ter um valor de verdade. Isso não ocorre com os enunciados expressivos, pois eles têm uma única função: a de serem uma manifestação dos estados mentais. De fato, a função descritiva do enunciado institui uma distinção entre o estado e a própria descrição. Assim, por exemplo, alguém pode se enganar ao descrever a sua dor, classificando-a como dor de dente, pois, de fato, estaria com dor de ouvido; mas, jamais poderá se enganar, ao manifestar a sua dor, pois a expressão da dor tem uma ligação necessária com a própria dor.[8] Os estados mentais não somente são expressos, mas também suas expressões servem como *critério* de reconhecimento do próprio estado, pois as expressões dos estados têm com eles uma relação necessária e não apenas contingente. Um enunciado que não descreve um estado mental, mas o *exprime,* pode ter a mesma forma gramatical do enunciado descritivo. No entanto, a relação entre o estado mental e o enunciado que o descreve é contingente (convencional), ao contrário da relação dos enunciados expressivos com os estados que eles exprimem.

Estados mentais podem se manifestar através de outras expressões convencionais que não têm a forma predicativa. O enunciado expressivo "*Eu estou com dor de dente*" parece ter o mesmo sentido que a exclamação (por mim proferida) "*Que dor de dente*!". O dêitico "eu" desaparece neste gênero de expressão. Se a eliminação do dêitico não modifica o sentido do segundo proferimento, isto se deve ao fato de que nestas expressões, como a exclamação, a referência, que no enunciado predicativo é indicada pelo dêitico, é fixada pelo simples proferimento, pois *a mera expressão do estado indica o sujeito do estado.* Assim, o proferimento fixa a referência, o predicado indica o estado que está sendo expresso e o enunciado realiza a sua função expressiva independentemente da identificação do sujeito. Quem exprime sabe, isto é, tem consciência de que é o sujeito do estado.

Se todo ato de consciência implica a consciência de si, toda expressão lingüística convencional de um estado supõe não só o sujeito que produz o ato de exprimir, mas também a auto-referência, isto é, a auto-atribuição do estado pelo sujeito do proferimento. Ao contrário dos enunciados empíricos, que exigem uma identificação do sujeito referido, os enunciados expressivos de estados mentais exigem apenas a referência ao sujeito, pois a sua função é unicamente expressiva e a auto-atribuição daquilo que foi expresso é garantida pela produção do próprio proferimento: o sujeito que exprime sabe, por exprimir, que o estado expresso é um estado seu.

\* \* \*

Para a filosofia da consciência, a noção de estado mental é prioritária em um duplo sentido: por um lado, ela é uma noção primitiva, originária, que não supõe a anterioridade de nenhuma outra noção; os conceitos que ela envolve são os conceitos de ato e de consciência de si. Por outro lado, por serem os atos de consciência, durante o tempo em que são efetivamente realizados, atos imediatamente acessíveis ao sujeito, eles são indubitáveis. Mas a sua indubitabilidade não é uma conseqüência da indubitabilidade de sua verdade ou da certeza que eles provocam, enfim, não é pelo fato de serem verdadeiros que eles são indubitáveis, mas são indubitáveis por ser *impossível* distinguir a efetuação do ato de consciência do próprio ato. É, portanto, a partir deles que a questão da verdade pode ser formulada. Se eles não são nem verdadeiros nem falsos é por que, por assim dizer, eles estão *aquém* da questão da verdade. Além disso, não tem sentido aplicar o operador "eu sei que" às manifestações dos atos conscientes, pois é impossível exercer um ato de consciência e não "saber" que se exerce este ato. Ora, o operador "eu sei que" pode ser aplicado significativamente somente nos casos em que for possível dizer "eu não sei que". Assim, se é impossível *não-saber*, não tem sentido dizer que se sabe.

É, portanto, a partir da análise dos atos conscientes, análise que não envolve nem o problema da verdade nem o problema do saber, que a filosofia da consciência formulará a questão da verdade. Mas ela deverá necessariamente formular e analisar esta questão, pois é a partir dela que será colocado o problema do acesso ao mundo e aos outros sujeitos.

[II] *O sentido do termo "verdade"*

Além de envolverem a consciência de si, os atos de consciência são atos intencionais. A intencionalidade da consciência, constatada por introspecção e corroborada pela análise dos verbos que indicam ações mentais, é expressa na teoria cartesiana através da noção de idéia, definida "como as imagens das coisas".[9]

Todo ato de consciência envolve uma idéia e toda idéia é *idéia de alguma coisa*.[10] O que a idéia apresenta para a consciência do sujeito, ela apresenta como um conteúdo determinado (como uma coisa), que se encontra, na consciência, "diante" do sujeito. Como os conteúdos apresentados pelas idéias são coisas, representar significa inicialmente tornar presente (para a consciência do sujeito) os conteúdos que a ela se opõem e dela se distinguem *na* própria consciência. Por conseguinte, os conteúdos apresentados pelas idéias são objetos, no sentido pleno do termo "objeto". Ora, no contexto da filosofia da consciência cartesiana, "objeto" não é somente aquilo que está "diante" do sujeito, mas é também uma entidade que, na consciência, aparece como distinta do próprio sujeito. Objetivando o seu conteúdo, a idéia o apresenta como uma realidade, que, por não se identificar necessariamente com a realidade do sujeito, *pode* existir como uma entidade independente do próprio sujeito. Por conseguinte, a noção de representação ganha um sentido mais amplo: além de tornar presente, para a consciência do sujeito, um conteúdo, que, considerado como coisa, se torna um objeto, o objeto, considerado realidade na consciência, *parece* ocupar *na consciência* o lugar de outra entidade possível. Neste caso, representar significa apresentar para a consciência o representante de uma realidade possível.

Assim, uma idéia representa sob um duplo aspecto: ela torna presente um conteúdo (que é uma coisa ou um objeto) e o objeto que ela apresenta parece se encontrar na consciência *no lugar* de outras entidades possíveis. Por esta razão, o conteúdo, que a idéia apresenta para a consciência, é um conteúdo representativo, isto é, um conteúdo que *visa* outra realidade.

Os atos conscientes representativos são, enquanto atos conscientes, indubitáveis. Mas, a indubitabilidade da representação tem um duplo aspecto: não só os atos, mas também os conteúdos dos atos são indubitáveis. Dizer que um conteúdo representativo é indubitável significa apenas reconhecer que representar é um ato da consciência e que esse ato consiste em discriminar (na consciência) um conteúdo determinado, isto é, um objeto que, enquanto objeto, se distingue das afecções ou dos estados subjetivos do próprio sujeito. Assim, a indubitabilidade das representações (no seu duplo aspecto) não implica a tese da objetividade ou da verdade das próprias representações. Mas, como representar significa também *visar* realidades "fora" da consciência, as representações suscitam, em razão da sua função, a questão da possibilidade do acesso ao "exterior" à própria consciência. A definição nominal da verdade como correspondência entre representações e coisas exprime, em termos estritamente filosóficos, a questão do "acesso" às realidades exteriores visadas pelas representações. Dessa maneira, essa definição parece ser uma exigência da análise dos atos conscientes intencionais. Daí ser ela uma noção transcendentalmente clara, segundo Descartes.[11]

No entanto, Kant na *Lógica*[12] formulou uma objeção decisiva a esta definição da verdade: "*A verdade, diz-se, consiste na concordância do conhecimento com o objeto. Por conseguinte,* *de acordo com essa explicação meramente verbal, o conhecimento deve concordar com o objeto para ser aceito como verdadeiro. Ora, só posso comparar o objeto com o meu conhecimento **na medida em que o conheço**. O meu conhecimento deve pois conformar-se a si mesmo, o que porém, nem de longe é suficiente para a verdade. Pois, visto que o objeto está fora de mim e o conhecimento está em mim, a única coisa que posso fazer é avaliar se o meu conhecimento do objeto concorda com o meu conhecimento do objeto."*

Como, portanto, estabelecer uma correspondência entre as representações e as coisas representadas? Se a definição de verdade mostra que é a coisa mesma que torna a representação verdadeira, como ter acesso à própria coisa senão pela sua representação verdadeira? Só a partir dela (e não da mera representação) é possível o acesso à própria coisa. Por conseguinte, a definição de verdade como correspondência parece indicar *o que* deve ser pesquisado para se resolver positivamente a questão da verdade, embora ela não mostre *como* possa ser alcançado este objetivo.

Se a comparação entre as representações e as coisas é impossível, então a questão do acesso às coisas exteriores só pode ser solucionada pela análise das propriedades intrínsecas às próprias representações, pois elas, enquanto atos conscientes, são imediatamente acessíveis ao sujeito. A definição de verdade deve, portanto, ser complementada por um critério de verdade que permita distinguir, através da análise imanente das próprias representações, aquelas que satisfazem a certas condições e que por isto são consideradas verdadeiras. Dissociada desse critério, a definição de verdade é apenas uma definição nominal.

## [III] *A refutação do ceticismo*

No contexto da filosofia da consciência, o esclarecimento da noção de representação remete à elucidação da noção de verdade. Mas, como a análise dos atos conscientes representativos envolve apenas a noção de sujeito consciente e de objeto representado, o esclarecimento da questão da verdade pode ser efetuado num contexto estritamente solipsista. Ora, o solipsismo é um caminho de múltiplas encruzilhadas; algumas delas conduzem ao ceticismo. Além disto, a tese da acessibilidade imediata aos atos de consciência tem como conseqüência a tese do acesso problemático às coisas "fora" da consciência. Seria "escandaloso" para a filosofia da consciência, como já observou um filósofo,[13] se ela não pudesse demonstrar a existência do mundo exterior, e também a de outros sujeitos e a do Absoluto. Assim, a superação do solipsismo está relacionada à refutação do próprio ceticismo.

Sob este aspecto, as *Meditações* de Descartes podem ser interpretadas como uma longa reflexão sobre a questão cética. Inicialmente, são analisadas as razões que conduzem o cético a se proclamar cético, pois, por hipótese, não é por decisão arbitrária, mas por razões pretensamente fundamentadas que o cético se torna cético. Assim, na *1ª Meditação*,[14] ao invés de ser condenado ao silêncio (como já o fora num passado remoto[15]), o cético apresenta as razões que fazem dele um cético.

O ponto de partida da análise de qualquer questão não pode prejulgar de antemão a sua solução. Ora, em relação à questão cética, os atos representativos ou perceptivos satisfazem a esta condição. Com efeito, o cético e o não-cético devem pressupor que efetuam o ato de perceber para que possa ter sentido o problema cético. O que é dubitável não é o fato subjetivo da percepção, mas a crença na sua objetividade. Portanto, os atos representativos devem ser pressupostos para que possa emergir a questão cética.

Definido o ponto de partida: a análise do ato de perceber ou a consciência de representar; fixada a questão a ser examinada: a pretensão de objetividade das representações, o debate com o cético pode ser iniciado. No entanto, sendo impossível examinar uma a uma todas as representações, devem ser analisados gêneros de representações. Inicialmente, é escolhido o gênero que o senso comum considera como o mais óbvio: a representação das propriedades dos objetos empíricos. Como para cada gênero de representação está associada uma pretensão de objetividade, cabe ao cético formular as razões que podem pôr em questão esta pretensão. Se estas razões forem consideradas razões fundamentadas, as pretensões de objetividade do gênero de representação não se justificam e devem, portanto, ser abandonadas. Mas, de uma razão fundamentada de duvidar emerge um novo gênero de representação, que não foi ainda posto em questão. Este novo gênero terá as suas pretensões de objetividade postas em questão por novas razões de duvidar.

Deste confronto entre pretensões de objetividade e razões céticas, são as razões céticas que parecem prevalecer: a validade de todos os gêneros de representações (representações sensíveis, imaginativas, e intelectuais) é sucessivamente, e por razões bem fundamentadas, posta em questão.

No entanto, algo escapa a qualquer razão de duvidar enquanto condição da própria dúvida. Com efeito, mesmo se todos os conteúdos representados não tivessem validade objetiva, o ato de consciência representativo seria, ainda assim, indubitável. A indubitabilidade dos atos de consciência se exprime no enunciado *Eu Penso*, que manifesta, enquanto enunciado expressivo, as propriedades que tornam indubitável qualquer ato de consciência. Assim, o verbo "pensar" no presente do indicativo indica a realização do ato de consciência, que implica, como todo ato de consciência, a consciência do ato; o dêitico "eu" indica não só o sujeito do ato, mas a consciência de ser sujeito, presente em qualquer ato de consciência. Portanto, o ato de consciência, expresso no enunciado *Eu Penso*, resiste à dúvida [a] por ser um ato de consciência e [b] por ser um ato de um sujeito que tem consciência de si; daí a necessidade de exprimir este ato de consciência através do enunciado *Eu Penso,* e não do enunciado *pensa-se.*

A indubitabilidade do *Eu penso* não se constitui ainda numa refutação do cético, pois nenhuma verdade foi demonstrada: os atos de consciência, considerados neles mesmos, não são nem verdadeiros nem falsos. No entanto, ao longo do processo da dúvida, os atos conscientes que se constituíram no ponto de partida *de fato* da análise da questão cética se tornam agora, em razão da demonstração de sua indubitabilidade, no ponto de partida *de direito* da reflexão filosófica.

Mas quais são as conseqüências da indubitabilidade de *Eu penso?*

[1] Se *Eu penso* é indubitável, então é verdade que *Eu sou*, pois existir é uma condição ontológica de pensar. Em outras palavras "o nada não tem propriedades": se é indubitável que *Eu penso,* é indubitável que existe o sujeito desse ato de pensar.

[2] Para demonstrar a verdade da proposição *Eu sou* é suficiente a realização do ato de pensar; donde é legítimo inferir de *Eu sou* a proposição *Eu sou um sujeito pensante.* Sob este aspecto, existir como sujeito significa existir como sujeito pensante.

[3] A verdade da proposição *Eu sou* foi demonstrada *exclusivamente* em razão da indubitabilidade de *Eu penso*, sem que interviessem as crenças na existência do mundo, de outros sujeitos etc. Assim, da proposição *Eu sou um sujeito pensante* pode ser inferida a proposição *Eu sou somente um sujeito*

*pensante,* pois, o que pode ser afirmado indubitavelmente da existência do sujeito pensante é que existir como sujeito significa existir *somente* como sujeito pensante.

[4] O sujeito pensante, ao provar a verdade da proposição *Eu sou pensante,* duvidou, negou e, finalmente, asseriu uma proposição verdadeira; ele realizou efetivamente diferentes atos de pensar. Foi, portanto, o *mesmo* sujeito, que, realizando diferentes atos, permaneceu como idêntico a si mesmo. Sob esse aspecto, existir como sujeito pensante significa existir como substância pensante. *Eu sou* significa *Eu sou uma substância pensante.*

Da indubitabilidade do enunciado expressivo *Eu penso,* aceito pelo cético, inferiu-se a verdade da proposição *Eu sou.* Refletindo-se sobre as relações entre estes dois enunciados, extraiu-se, por mera análise, a proposição *Eu sou uma substância pensante.* O cético é obrigado a aceitar o significado e a verdade da proposição *Eu sou pensante* (e, portanto, deixar de ser cético), pois ela é apenas uma conseqüência do ponto de partida, aceito pelo cético, para poder se proclamar cético.

No entanto, a refutação do cético se apoiou ao menos em dois pressupostos:
[a] a legitimidade do uso (isolado) do dêitico "eu";
[b] a estrutura não-proposicional dos atos de consciência.

É questionável a validade de cada um destes pressupostos. Com efeito, em relação ao primeiro pressuposto, sabe-se que cada dêitico está associado a um grupo de outros dêiticos:[16] o uso significativo de um elemento do grupo do dêitico supõe a possibilidade do uso significativo dos outros elementos do grupo. Assim, por exemplo, o dêitico "aqui" está associado ao dêitico "lá", "isto" está associado a "aquilo". Se, por exemplo, o dêitico "aqui" designa um lugar, então deve ser possível designar o mesmo lugar, discriminado por "aqui", proferindo-se, de outra perspectiva, o dêitico "lá". O termo "eu" parece não ser uma exceção à lógica dos dêiticos, pois ele está associado aos termos "ele", "você" etc. Donde, se é legítimo dizer *Eu penso*, deveria ser legítimo proferir, de outra perspectiva, o enunciado *Você pensa*. Ora, a refutação cartesiana do cético não implicou a refutação do solipsismo. Ao contrário, a indubitabilidade de *Eu penso* foi demonstrada em razão da indubitabilidade do ato de consciência do sujeito pensante, apesar da dubitabilidade do mundo exterior e da existência de outros sujeitos. Somente o enunciado *Eu penso* é indubitável. O termo "eu", que ocorre neste enunciado, não pode ser substituído por outros termos singulares que designariam o mesmo sujeito de outra perspectiva, pois só pode ser levada em consideração a perspectiva do sujeito que efetua o ato de pensar. Portanto, é legítimo questionar a validade do uso do termo "eu" num contexto solipsista. Se for ilegítimo este uso, o enunciado *Eu penso*, considerado isoladamente, não teria sentido, não podendo, portanto, ser considerado dubitável ou indubitável.

No início de nossa análise neste capítulo, no entanto, procuramos distinguir a função referencial da função identificadora dos dêiticos. A função identificadora supõe o *uso possível* de dêiticos associados. O termo "eu" só poderia ter uma função identificadora, caso o seu uso estivesse conectado efetivamente com o uso possível dos dêiticos a ele associados. Mas a ocorrência de "*eu*" em "*Eu penso*" não tem uma função identificadora; tem apenas uma função referencial. Ele pode exercer essa função, apesar do seu uso isolado.

Em relação ao segundo pressuposto, o termo "consciência" é usado ambiguamente por Descartes e pela filosofia da consciência de um modo geral. Ora designa a consciência imediata, não-proposicional, ora designa uma consciência proposicional e, nesse caso, "ter consciência" significa "saber que é o caso".

Segundo a nossa interpretação, na prova da indubitabilidade de *Eu penso*, a expressão *"pensar"* indica a consciência imediata do ato. Sem a suposição da imediaticidade do ato de consciência, o *Eu penso* seria dubitável, pois haveria uma distinção entre o ato e a consciência do ato e, portanto, a consciência do ato não implicaria e não seria implicada pela realização do próprio ato de consciência.

No entanto, foi necessário classificar os diversos atos mentais (estados de dúvida, de negação etc.) para demonstrar que o sujeito pensante é uma substância. A consciência que classifica é uma consciência proposicional, não-imediata e passível de erro, pois é sempre possível que o predicado não caracterize corretamente o sujeito. Nesse caso, ter consciência significaria *saber que é o caso*.

Assim, *ter consciência de x* pode ser analisado de duas maneiras:
[1] Pode significar apenas *parece-me que x*. O estado de consciência de sentir dor, por exemplo, significa *parece-me que sinto dor* ou estou consciente da minha dor, mesmo que nenhum evento físico a tenha provocado. O que importa não é o fato real da dor, mas sua expressão consciente. Os enunciados que melhor traduziriam lingüisticamente este sentido de *ter consciência* seriam os enunciados *expressivos*, (que não são nem verdadeiros nem falsos). Eles parecem exprimir lingüisticamente a noção de consciência cartesiana; ela é uma consciência imediata, indubitável e não-proposicional: "... agora eu vejo a luz, eu ouço barulhos, eu sinto calor. Estas coisas são falsas, pois eu estou dormindo. Apesar de tudo, parece-me que vejo, parece-me que ouço, parece-me que sinto calor e isto não pode ser falso."[17]

[2] Uma segunda maneira de compreender os estados de consciência é a de analisá-los através de enunciados que exprimem uma consciência proposicional. Sentir dor significa *Eu sei que tenho dor*. Este enunciado é uma proposição que descreve um estado, podendo ser, portanto, uma descrição verdadeira ou falsa desse estado mental. Obviamente, ela pode ser dubitável.

A distinção inicial que fizemos entre enunciados expressivos e enunciados descritivos procurava distinguir, do ponto de vista lingüístico, a consciência imediata (exprimível lingüisticamente pelos enunciados expressivos) da consciência proposicional (expressa lingüisticamente pelos enunciados descritivos). É bem verdade que os enunciados expressivos podem ter uma forma gramatical proposicional. Mas, nós procuramos mostrar que [a] os enunciados expressivos têm o mesmo sentido que certas expressões convencionais não-predicativas; [b] não se pode aplicar aos enunciados expressivos o operador *eu sei que p*, pois não há sentido dizer *eu não sei que p* quando o enunciado exprime um ato de consciência. A noção de consciência cartesiana só pode ser analisada lingüisticamente através dos enunciados expressivos, pois só eles manifestam a propriedade de imediaticidade da consciência.

Considerando como legítimos os dois pressupostos acima mencionados, permanece ainda uma questão sobre a legitimidade da refutação do ceticismo: Pode ela ser efetuada num contexto solipsista? O solipsismo não conduz também ao ceticismo? Como justificar a verdade de um enunciado formulado num contexto solipsista?

Estas questões não passaram despercebidas à filosofia cartesiana. Após reiterar o seu ponto de vista solipsista e reafirmar a verdade da proposição *Eu sou uma substância pensante,* Descartes, no início da *3ª Meditação*,[18] procura encontrar o *fundamento* da verdade dessa proposição. Notando que nessa primeira verdade "... *só se encontra uma percepção clara e distinta...*"[19], pergunta, então, se a Regra Geral de Verdade ("*tudo o que percebo clara e distintamente é verdadeiro*"[20]) não seria o que justificaria a verdade da proposição *Eu sou pensante*. Ora, a Regra Geral de Verdade é extraída da proposição *Eu sou*, cuja verdade, por sua vez, parece se apoiar na validade da Regra Geral de Verdade. Para evitar uma explicação circular, é necessário procurar uma justificativa da Regra que não seja a própria proposição *Eu sou*. Antes de encontrar esta justificativa, é possível duvidar de todas as idéias claras e distintas, portanto é legítimo pôr em questão a validade da própria regra e a verdade da proposição *Eu sou*, caso a verdade dessa proposição seja baseada na clareza e na distinção de sua percepção. Essa é a função da dúvida metafísica, que põe em questão a verdade das idéias claras e distintas, isto é, põe, portanto, em questão a verdade das proposições matemáticas claras e distintas e também a verdade da proposição *"Eu sou uma substância pensante"*.[21]

Ao fundamentar a verdade da primeira proposição *Eu sou pensante* em razão de sua clareza e distinção, Descartes assimilou a verdade das proposições claras e distintas da matemática ao próprio *Cogito*. Por conseguinte, as razões que põem em questão as proposições claras e distintas da matemática são também razões que põem em questão o primeiro princípio da filosofia, se esse primeiro princípio for considerado verdadeiro por ser claro e distinto.[22]

A proposição *Eu sou pensante* não constitui uma refutação definitiva do ceticismo: a primeira verdade filosófica emergiu da dúvida cética universal, *mas não eliminou as razões de duvidar das idéias claras e distintas*; dessa maneira, as razões céticas podem sempre ser reiteradas, apesar da aceitação provisória da verdade da proposição *Eu sou pensante*. Inicialmente, a primeira verdade filosófica parece prevalecer sobre qualquer dúvida cética; mas como ela não elimina a dúvida metafísica, ela pode ser posta em questão e, então, a dúvida cética fragiliza os fundamentos que alicerçaram a crença na primeira verdade da filosofia. De um lado, como pensar é uma condição da dúvida e a existência do sujeito é uma condição do ato de duvidar, a verdade do primeiro princípio é reafirmada cada vez que é posta em questão; por outro lado, na ausência de um critério de verdade fundamentado, a proposição *Eu sou pensante* pode ser questionada cada vez que for demonstrada. Esse processo entre as razões céticas e a prova da primeira verdade poderia prosseguir indefinidamente, se não fosse descoberto um fundamento que justificasse em definitivo a primeira verdade.

[IV] *O Critério de Verdade*

Das análises anteriores, pode-se inferir duas conclusões:
[1] Como o acesso às coisas exteriores só se realiza pela mediação de representações verdadeiras, é necessário encontrar um critério que permita distinguir as representações verdadeiras das não-verdadeiras.
[2] O critério de verdade deve ser fundamentado, pois, em princípio, ele pode ser questionado por uma dúvida cética.
Estas conclusões engendram duas dificuldades:
Em primeiro lugar, o critério de verdade deve ser formulado no quadro conceitual da filosofia da consciência, que, ao mesmo tempo, postula a imediata acessibilidade aos atos de consciência representativos e define "verdade" como a conformidade da representação à coisa representada. O critério deve ser um critério de verdade e não *apenas* um critério de objetividade das representações ou de fundamentação da certeza. A indubitabilidade de uma representação, por exem-

plo, fundamenta a certeza do sujeito, pois se é impossível a dúvida, então é necessário o assentimento. E se é necessário o assentimento, então a representação é objetiva. *Mas, da indubitabilidade da representação seguir-se-á a sua verdade, isto é, a sua conformidade à coisa representada?* O que está, pois, em questão é o critério de verdade, compreendendo-se *verdade* como a correspondência entre as idéias e as coisas que elas representam.

A segunda dificuldade concerne à justificação ou à fundamentação do critério. Se a dúvida cética não é absurda, enquanto não for eliminada, ela pode pôr em questão a validade do critério. Ora, o critério fixa as condições necessárias para o reconhecimento da verdade de uma representação. Será possível justificar o critério sem supor a sua validade? A solução cartesiana desta questão corre o risco de circularidade.[23] Supondo-se que a clareza e a distinção das idéias sejam o único critério de verdade de que dispõe a razão humana, a veracidade divina, que rompe com o solipsismo cartesiano, valida o critério. Mas entre a formulação do critério e a demonstração da veracidade divina se intercala a dúvida cética: a razão humana, compreendida como a faculdade de distinguir o verdadeiro do falso, não se enganará sistematicamente seja quando formula seja quando aplica corretamente o critério de verdade? Em outras palavras, não será possível que a razão humana seja inconsistente? Se a veracidade divina legitima o critério, a demonstração da existência de um Deus Veraz se apóia no próprio critério. Como fundamentá-lo, então, sem circularidade, isto é, sem pressupor aquilo que se pretende demonstrar?

Para solucionar as duas dificuldades acima mencionadas e aceitando, por hipótese, a clareza e a distinção (a evidência) como as únicas características intrínsecas das representações que devem ser levadas em consideração para a formulação do critério de verdade, três teses devem, então, ser formuladas.[24].

[1] Se uma representação é clara e distinta, durante o tempo em que é clara e distinta, é impossível não considerá-la verdadeira.

Esta tese, que tem o *Cogito* como paradigma, constata um *fato*: uma representação particular, clara e distinta, tem uma força persuasiva momentânea: ela exprime apenas uma *persuasio*, isto é, uma verdade atual, embora fugaz, que pode ser, retrospectivamente, posta em questão.[25] Além disto, ela não estabelece uma ligação necessária entre a evidência e a verdade, mas constata que, dada uma representação particular, esta representação, e apenas esta, não poderá deixar de ser considerada verdadeira durante o tempo em que for percebida como clara e distinta.

A primeira tese, que se aplica somente às representações particulares, enquanto presentes atualmente ao sujeito consciente, pode ser generalizada. Obtém-se, então, a segunda tese:

[2] Todas as representações claras e distintas [isto é, evidentes] são verdadeiras.[26]

A tese [2], que generalizou a tese [1], não garante a estabilidade ou a permanência da evidência, e, portanto, da verdade. Uma evidência passada permanecerá, ainda no presente, uma evidência, isto é, uma representação clara e distinta? A atemporalidade da evidência é, então, expressa pela seguinte tese:

[2.1] A evidência passada é uma evidência.

As teses [2] e [2.1] formam o Critério de Verdade ou a Regra Geral de Verdade. Obviamente, elas exigem justificação. Essa justificação é dada pela prova da existência de um Deus Veraz. Essa prova, no entanto, *não é* circular, isto é, não supõe a validade da Regra Geral de Verdade, pois se baseia exclusivamente na tese [1], isto é, na força persuasiva momentânea da idéia atual clara e distinta de Deus. Assim, a tese [1], que exprime uma mera constatação factual, é utilizada na prova das teses [2] e [2.1]. Ela não supõe a validade da Regra Geral de Verdade, nem necessita ser justificada pela prova da existência do Deus Veraz. Ao contrário, é a partir dela que se pode demonstrar a *vinculação necessária entre evidência e verdade* (interpretada como correspondência) significada pelas teses [2] e [2.1]. Com efeito, a prova que legitima o Critério de Verdade pressupõe a demonstração da existência do Deus Veraz, cuja demonstração utiliza somente a tese [1], ou melhor, tem como premissa o fato de que *esta idéia atual, clara e distinta de Deus é verdadeira*. Assim, a justificação do Critério de Verdade, embora não seja circular, depende, em última instância, desse *postulado inicial*, que vincula uma idéia particular clara e distinta à verdade.

Para pôr em questão o Critério de Verdade bastaria formular uma razão plausível de duvidar da tese [1]. Mas, na presença de uma representação particular, clara e distinta, seria possível reconhecer a sua indubitabilidade (por ser clara e distinta) e, no entanto, *não* considerá-la verdadeira? Do ponto de vista da filosofia da consciência, como já assinalamos, "verdade" significa correspondência entre a representação e a coisa mesma. Daí a necessidade de um critério que, levando somente em consideração certas características intrínsecas às representações, consiga mostrar que elas são conformes às coisas "fora" da consciência. A tese [1] parece, então, postular a conexão, momentânea e provisória, entre evidência atual e verdade. Se a clareza e a distinção garantem a indubitabilidade da representação atual, segue-se dessa indubitabilidade a conformidade à coisa mesma? De fato, a tese [1] não estabelece, como pretende fazer o Critério de Verdade (teses [2] e [2.1]), uma conexão necessária entre clareza, distinção e verdade. Ela *constata* apenas, na presença atual de uma determinada representação clara e distinta, a força persuasiva da evidência. Por ser uma constatação, que tem apenas uma força persuasiva, ela vincula evidência à verdade na presença atual de uma idéia clara e distinta. Mas deixando de ser atual, a idéia, que fora clara e distinta, perde sua força persuasiva e não resiste mais à dúvida cética. A tese [1] constata apenas um *fato* que é a premissa inicial de uma justificação, não circular, do Critério de Verdade. Mas, se ela constata apenas um fato, tem sentido pô-la em questão?

Se o problema da verdade se reduzisse à questão da objetividade da representação ou à questão da certeza do sujeito cognoscente, o Critério de Verdade teria outro sentido: ele exprimiria apenas a impossibilidade lógica de duvidar da representação clara e distinta, e, então, a necessidade de dar o assentimento a ela. Nesse caso, a tese [1] vincularia factualmente evidência à objetividade (e não evidência à verdade). Mas, se, por hipótese, fosse dissociada a evidência da verdade, seria possível ter conhecimentos evidentes que satisfizessem ao Critério de Verdade, embora fossem falsos do ponto de vista da verdade como correspondência. Seria, então, compatível uma "falsidade absoluta"[27] com uma evidência e uma objetividade plena. Ora, a tese [1], embora seja apenas uma premissa factual da prova da validade do Critério de Verdade, elimina essa hipótese, pois vincula a evidência atual de uma representação à verdade.

A tese [1] desempenha, portanto, uma função decisiva e problemática na análise da questão da verdade. Ela é o pressuposto que deve ser assumido não só para se demonstrar que a evidência é um critério de verdade (interpretando-se então "verdade" como correspondência), como também para tornar não-circular a prova da validade do critério. No entanto, a sua força persuasiva se deve mais às conseqüências plausíveis que produz do que as "evidências" em que se apóia.

[V] *Conclusão*.

Nossas reflexões sobre alguns tópicos da teoria da verdade, apoiadas numa reconstrução do cartesianismo, deixaram transparecer as dificuldades do enfoque da filosofia da consciência sobre a teoria da verdade. Se a análise dos atos conscientes parece constituir um ponto de partida privilegiado da reflexão filosófica, pois não prejulga a solução da questão da verdade, dela emerge o problema do acesso às realidades exteriores, independentes da consciência. A definição da verdade como correspondência fixa, então, o sentido do problema do acesso ao real. Mas, o contexto solipsista em que são formuladas as soluções para essa questão, exige que a definição da verdade seja complementada por um critério de verdade e pela justificação desse critério. A questão da verdade se transforma, então, na questão de como estabelecer uma conexão necessária entre as propriedades intrínsecas às representações e à realidade, em si mesma, representada. O critério e a sua própria justificação parecem, então, se apoiar num postulado que tem o *cogito* como paradigma: é impossível não considerar verdadeira uma determinada representação durante o tempo em que esta representação é percebida como clara e distinta. Deste pressuposto, segue-se uma série de conseqüências plausíveis, que parecem validar o critério de verdade. Mas como esse critério se apóia num postulado que vincula momentaneamente a evidência à verdade, nota-se como é difícil para a filosofia da consciência justificar com argumentos inquestionáveis o acesso "às coisas" exteriores à consciência.

Esta dificuldade contribuiu para que outras filosofias da consciência abandonassem a definição de verdade como correspondência e reduzissem a questão da verdade à questão da objetividade das representações. Se a noção de objetividade permite uma nítida distinção entre os estados subjetivos do sujeito e o objeto conhecido, é no interior da própria representação que se exprime a noção de verdade. Ela não é uma relação entre termos heterogêneos, mas uma propriedade da própria representação.

## Notas

1. Ver nosso livro *Evidência e verdade no sistema cartesiano*, São Paulo, ed. Loyola, 1992.
2. As objeções de princípio da filosofia lingüística à filosofia da consciência que consideramos como as mais relevantes são as que concernem [a] à impossibilidade da dúvida universal (*"Uma dúvida que duvidasse de tudo não seria uma dúvida"* L. Wittgenstein, *On Certainty*, Oxford, Basil Blackwell, 1977, #232) e [b] ao comprometimento da filosofia da consciência com uma linguagem privada. (ver L. Wittgenstein, *Philosophical Investigations*, Oxford, Basil Blackwell, 1976, #243-315).
3. Por "ato de consciência" nós entendemos as "diversas maneiras de pensar" como perceber, sentir, imaginar, desejar, duvidar etc. Por outro lado, consideraremos como sinônimas as expressões "ato de consciência" e "ato mental".
4. As reflexões desta parte do capítulo se baseiam nas análises de: (I) *L. Wittgenstein*, (a) *Notes sur l'expérience privée et les "Sense Date"*, trad. E. Rigal, Mauvezin, Trans-Europ-Repress, T.E.R, 1984; (b) *The Blue and Brown Books*, Oxford, B. Blackwell, 1975; (c) *On Certainty*, Oxford, B. Blackwell, 1977; (II) P. Hacker, *Insight and Illusion*, (capítulos VIII e X), Revised Edition, Oxford, Clarendon Press, 1986; (III) E. Tugendhat, *Self-Consciousness and Self-Determination* (capítulos 4-6), tradução de P. Stern. Cambridge, MIT Press, 1986.
5. "Dêiticos" são termos singulares cuja referência só pode ser determinada pelo contexto do seu proferimento. Exemplos de dêiticos são as expressões "aqui/lá", "isto/aquilo", "eu" etc.
6. Distinguimos, desta maneira, a noção de referência da noção de identificação. Como mostraremos no decorrer deste capítulo, sem esta dis-

tinção seria impossível mostrar a indubitabilidade do enunciado expressivo *Eu Penso*. No livro *The Blue and Brown Books*, refletindo sobre a função do dêitico "eu" em certos contextos, Wittgenstein não distingue referência de identificação, embora admita que o termo "eu", em certos casos, não exerça uma função referencial (identificadora). (ver *The Blue...* p. 66-68). Tugendhat, ao contrário, ao introduzir esta distinção afirma, no entanto, que só há referência se houver possibilidade de identificação, (ver *Self-Consciousness...*, capítulo 4, p. 56-76).

7. Wittgenstein analisa os enunciados *Eu P*, onde *P* indica um predicado mental, como a *expressão* do estado indicado por *P*. Ver, por exemplo, *The Blue...*, p. 68-69; *Philosophical Investigations*, # 244, e o livro de Hacker, *Insight...*; capítulo X, p. 276-306.

8. Devem ser distinguidas duas teses sobre este problema: (a) uma tese afirma que todo estado mental é exprimível. (b) Uma outra tese afirma: a relação entre estado e expressão não é meramente contingente; mas a expressão (ou a disjunção de conjunções das diversas expressões do estado) é uma condição necessária e suficiente do estado. Donde é um *critério* do estado mental. Ambas as teses encontram o seu fundamento na análise da questão da linguagem privada efetuada por Wittgenstein (Ver *Philosophical...*, # 243-315).

9. C. Adam & P. Tannery, *Oeuvres de Descartes*, (doravante AT), v. VII, *Meditationes de prima philosophia,* Tertia, Paris, CNRS/Vrin, 1973, p. 37.

10. Resumimos, nesta parte, o capítulo *Idée et représentation*, publicado neste livro, p. 63. Sobre esta questão, ver também o nosso livro sobre Descartes *Evidência...*, terceiro capítulo, p. 55-80.

11. "... *e quanto a mim eu jamais duvidei dela, perecendo-me que é uma noção tão transcendentalmente clara que é impossível ignorá-la. [...] a palavra verdade denota a conformidade do pensamento com o objeto*". *Oeuvres de Descartes...* AT, II, op. cit., *Correspondance,* carta CLXXIV, 16 de outubro de 1639, p. 536-597.

12. I. Kant, *Lógica,* trad. Guido de Almeida, Rio de Janeiro, Tempo Brasileiro, 1992, p. 67.

13. "... *permanece um escândalo da Filosofia e da razão humana em geral ter que admitir a existência das coisas fora de nós [...] com base apenas na* **crença** ...". Kant, *Crítica da Razão Pura,* Prefácio à Segunda Edi-

ção, tradução V. Rohden e U. Moosburger, col. Pensadores, 2ª edição, São Paulo, Abril, 1980, p. 20.
14. *Oeuvres de Descartes...* AT, VII, *op. cit.*, *Meditationes, Prima*, p. 17-23.
15. Ver Aristóteles, *Metafísica*, IV, 1006a, 11-18.
16. Esta tese que concerne ao uso significativo dos dêiticos, não está fundamentada em convenções lingüísticas, mas na lógica que regula o sentido (lingüístico ou não) dos dêiticos.
17. AT. VII, *op. cit. Meditationes, Tertia*, p. 29.
18. Ibidem, p. 34 – 37.
19. Ibidem, p. 35.
20. Ibidem, p. 35
21. Ver AT. VII, *op. cit. Meditationes, Tertia*, p. 36, onde Descartes assimila a verdade do "Cogito" às verdades matemáticas.
22. Ver sobre essa questão os artigos de M. Beyssade, "Sur le début de la Méditation Troisième: de la Certitude au Doute", *Laval Théologique et Philosophique*, Québec, Université de Laval, v. 53, nº 3, outubro, 1997, p. 575-585 e "La règle de vérité: une règle d'abord provisionnelle" in *Norms and Modes of Thinking in Descartes (Acta Philosophica Fennica 64)*, eds. T. Aha e M.Yrjönsuuri, Helsinki, Societas Philosophica Fennica, 1999, p. 71-86.
23. Ver AT. VII, *Objectiones Secundae*, p. 124-125 e *Objectiones Quartae*, p. 214.
24. Sobre este tema, ver o capítulo quinto do livro *Evidência...* p. 99-120.
25. Ver na carta a Regius de 24 de maio de 1640 a distinção entre "persuasio" e "scientia". (AT, III, *Correspondance*, carta CXC, p. 64-65). Ao contrário da "persuasão", os conhecimentos da "ciência" resistem a qualquer dúvida e são atemporalmente verdadeiros.
26. O Critério de Verdade poderia ser formulado da seguinte forma: *todas as idéias claras e distintas são verdadeiras,* sendo, então, explicitamente indicado que o verbo *ser* é interpretado atemporalmente.
27. A falsidade absoluta é uma hipótese considerada por Descartes. Ver AT., VII, *op.cit.*, *Secundae Responsiones*, p. 144-145.

# 3

## IDÉE ET REPRÉSENTATION

Dans la construction du système cartésien selon l'ordre analytique, la notion d'idée est prioritaire à deux titres: d'une part, tout mode de pensée présuppose une idée, cependant que les idées ne supposent aucune autre manière de penser (AT VII, 36-37; 181-182); d'autre part, grâce à la notion d'idée, il est possible de démontrer qu'il existe des choses "extérieures" à la pensée et de rompre ainsi avec le solipsisme apparent dans lequel la démonstration de la proposition *je suis pensant* semblait avoir enfermé la philosophie cartésienne (AT VII, 42, 16-28).

Nous proposerons ici une réflexion sur les notions d'idée et de représentation dans la philosophie première de Descartes. Ce chapitre sera divisé en trois parties. Dans la première partie nous analyserons la définition des idées "*tanquam rerum imagines*". L'analyse de cette définition aura comme objectif d'éclairer le sens des termes 'représentation' et 'objet' et de justifier la thèse: toute idée est une représentation d'objet.

C'est de cette définition que découle la plus problématique des notions cartésiennes concernant l'idée: la notion de réalité objective. Dans la deuxième partie de ce chapitre, nous tâcherons de reconstruire l'argumentation cartésienne qui presente cette notion et nous essaierons de justifier la thèse: toute idée a une réalité objective.

Or, la notion d'idée matériellement fausse semble être un contre-exemple des thèses ci-dessus mentionnées. En effet, les idées matériellement fausses sont considérées comme des idées bien qu'elles n'identifient pas comme objet ce qu'elles rendent présent à la conscience. Par conséquent, la fonction représentative de ces idées et leur réalité objective sont problématiques. Le débat entre Arnauld et Descartes, suscité par les *Quatrièmes Objections,* nous permettra d'expliquer, dans la troisième partie de ce chapitre, pourquoi ces manières de penser peuvent être considérées comme des idées.

### Les idées *"tanquam rerum imagines"*[1]

De façon générique, le terme "idée" designe *ce qui* est perçu: "...Je prends le nom d'idée pour tout ce qui est conçu immédiatement par l'esprit" (AT VII, 181, 7-8)[2].

Cette caractéristique de l'idée, outre qu'elle exprime la rupture du cartésianisme avec le réalisme de la philosophie scolastico-thomiste, est le corollaire d'une thèse plus fondamentale: celle qui affirme la possibilité d'accès immédiat et indubitable par le sujet à ses actes de conscience et son accès problématique aux "choses elles-mêmes" qui existeraient *"hors de la pensée"*. L'argument du rêve et le doute métaphysique ont mis en cause l'existence des choses particulières, la réalité effective (dans le vocabulaire cartésien, la réalité actuelle ou formelle) des choses elles-mêmes, sans pour autant remettre en question les actes conscients: qu'il existe ou non des êtres "hors de la pensée", il est indubitable que le sujet pensant a conscience que quelque chose apparaît *dans la* conscience[3].

De toute évidence, ce qui est présent (ou ce qui apparaît) dans la conscience ce ne sont pas les "choses elles-mêmes". Qu'est-ce donc qui est perçu? Ce sont les *idées des choses*.

Même après avoir éliminé le doute du rêve et le doute métaphysique, même lorsque l'on aura prouvé que les corps extérieurs existants sont cause (occasionnelle) des idées sensibles, 'avoir conscience de quelque chose' (ou simplement 'percevoir') signifiera encore avoir une *idée de quelque chose*.

Les idées considérées comme des contenus perçus exercent une double fonction: elles rendent le sujet pensant conscient de ses modes de pensée (AT VII, 160, 14-16) et représentent, *en tant que* choses, les contenus de la conscience. En rendant le sujet conscient de ses actes, les idées le rendent en même temps conscient d'être sujet. Il n'y a donc pas de pensée sans perception, c'est-à-dire il n'y a pas de mode de pensée qui n'implique une idée (ou, selon l'expression de Descartes, il n'y a pas de pensée qui n'ait pour forme une idée, *ibid.*). Il en résulte qu'il n'y a pas de manière de penser qui ne soit consciente et, par conséquent, il n'y a pas d'acte conscient qui n'implique la conscience de soi, si par 'conscience de soi' on entend la conscience qu'a le sujet d'être sujet de ses actes.

Mais les idées sont aussi "comme les images des choses" (AT IX-1, 29)[4]. L'expression 'comme les images' (souligne Descartes à plusieurs reprises)[5] ne signifie ni image ou figure corporelle ni copie ou reproduction mentale mais simplement représentation. 'Représenter', à son tour, signifie d'abord présenter quelque chose à la conscience. Parce que les idées sont la "forme" des actes de la pensée, elles amènent les sujets à prendre conscience du fait qu'ils sont sujets de leurs actes mais, en tant qu' "images des choses", elles représentent ou rendent présent quelque chose *dans* et *pour* la conscience du sujet; elles indiquent donc qu'être conscient c'est aussi avoir conscience de soi et de quelque chose.

Descartes n'affirme pas seulement que l'idée est une représentation mais il dit, en outre, qu'elle est une représentation de *choses,* spécifiant ainsi la "nature" de ce qui apparaît dans la conscience. Que signifie, dans ce contexte, le terme 'chose'? Quelle est cette "chose" dont l'idée est une représentation?

Dans les *Principia*[6], la signification du terme 'chose' est établie au moyen de l'analyse des trois notions primitives qui sont des représentations élémentaires et qui, pour cette raison, ne peuvent trouver leur origine dans d'autres représentations[7]. L'expression 'chose' peut désigner, selon les *Principia,* n'importe quelle entité et, sous cet aspect, le sens de cette expression s'oppose à la signification du terme 'rien'[8].

D'un autre côté, elle peut aussi désigner les entités qui sont des substances; son sens s'oppose alors à la signification du terme 'affection' ou 'mode'. Pour désigner des entités qui possèdent une réalité indépendante de la pensée, Descartes utilise l'expression 'réalité actuelle ou formelle'. Les objets mathématiques, par exemple, bien qu'ils n'aient pas d'existence spatiale, ni d'existence dans la nature, sont considérés comme des choses[9], c'est-à-dire comme des êtres réels et véritables[10]. Le terme 'chose' designe donc n'importe quel type d'entité et sa signification ne s'identifie pas à la signification de l'expression 'réalité formelle ou actuelle' mais s'oppose à la signification de l'expression 'rien'.

Le terme 'chose' que l'on trouve dans l'expression "comme les images des choses" indique que les contenus présentés par les idées sont des entités (substances [choses] ou affections des substances)[11], à savoir, ne sont pas un " *pur rien*". Toutefois, le fait de considérer ces contenus comme des entités ou des réalités ne revient pas à affirmer que les idées sont des représentations correctes de la réalité actuelle des choses qui sont présentes (par les idées) à la conscience. La chose représentée peut ne pas posséder de réalité actuelle ou formelle. Le doute a permis de dissocier les actes conscients (et en particulier les actes qui sont des idées) des réalités actuelles ou formelles. Le point culminant en est un doute universel qui met en cause la vérité de toutes les représentations, par conséquent la réalité actuelle de tous les contenus de conscience, mais pas les actes conscients (les différentes façons de penser), en particulier l'acte de représenter (AT VII, 37, 11-14).

En présentant le contenu qu'elle expose dans la conscience comme une chose, l'idée le distingue de tout autre contenu qui pourrait être interprété comme une affection du sujet lui-même: *ce qu'*elle présente, elle le présente en tant que chose, à savoir, comme un contenu déterminé qui n'est ni une affection du sujet (c'est-à-dire un état subjectif), ni la simple conscience d'une affection du sujet; *ce qu'*elle présente en tant que contenu déterminé se trouve " en face " du sujet et, pour cette raison même, s'oppose à lui. Ainsi, la fonction des idées, comme représentations, est d'opposer *(obversari)* au sujet, *dans* la conscience, les contenus qu'elles présentent (AT VII, 35, 20-22).

Etant donné que les contenus présentés par les idées sont des choses, représenter signifie d'abord rendre présent (à la conscience d'un sujet) des contenus qui s'opposent à elle et s'en distinguent. Par conséquent, les contenus exposés par les idées sont des objets, dans le sens complet du terme 'objet'[12]. Or, dans le contexte du système cartésien, l'objet n'est pas seulement *ce qui* est face au sujet, mais c'est aussi une entité distincte du sujet lui-même puisque, en objectivant son contenu, l'idée le présente comme une réalité (ou comme une chose) qui, parce qu'elle ne s'identifie pas nécessairement à la réalité du sujet, peut "exister" (d'une manière propre aux entités qui sont présentes dans la conscience) comme entité indépendante du sujet lui-même.

La notion de représentation revêt donc désormais un sens plus large: outre qu'elle rend présent, à la conscience d'un sujet, un contenu qui, considéré comme chose, devient un objet, l'objet lui-même, considéré comme réalité, *semble* occuper *dans la* conscience la place d'une autre entité *possible*. Dans ce cas, représenter signifie présenter à la conscience le représentant possible d'une réalité: "Dans l'idée ou le concept de chaque chose, l'existence y est contenue, parce que nous ne pouvons rien concevoir que sous la forme d'une chose qui existe" (AT VII, 166, 13-15; IX-1, 128).

Ainsi, l'idée représente à double titre: elle rend présent un contenu (qui est une chose ou un objet); et l'objet qu'elle présente semble se trouver dans la conscience à la place d'autres entités (possibles ou actuelles). C'est pour cette raison que le contenu que l'idée *présente à* la conscience est un contenu *représentatif,* c'est-à-dire un contenu qui *vise* une autre réalité. En conséquence, le terme 'objet' prend un sens dérivé: il semble être le représentant dans la conscience d'entités qui peuvent avoir une réalité formelle ou actuelle.

### *Réalité objective de l'idée*

Un texte connu des *Méditations* (AT VII, 40, 5-20) introduit la notion problématique de réalité objective de l'idée. Mais, à la surprise du lecteur, qui attendrait une longue série d'arguments pour justifier l'emploi de cette notion (utilisée par Descartes en un sens assez différent du sens original scolastique), les affirmations destinées à valider son utilisation ressemblent plus à des constatations factuelles qu'à des justifications philosophiques. Ayant déjà démontré que les modes du penser impliquent une intellection, Descartes concentre son analyse sur les manières de penser qui sont "*comme les images des choses"*. Or, les idées, constate Descartes, dans la mesure où elles représentent des choses distinctes, sont différentes. Pourquoi?

> "...mais, les considérant comme des images, dont les unes représentent une chose et les autres une autre, il est évident qu'elles sont fort différentes les unes des autres. Car, en effet, celles qui me représentent des substances, sont sans doute quelque chose de plus, et contiennent en soi (pour ainsi parler) plus de réalité objective, c'est-à-dire participent par représentation à plus de degrés d'être ou de perfection, que celles qui me représentent seulement des modes ou accidents" (AT IX-1, 31-32).

Ainsi, parce qu'elles représentent des contenus divers, les idées se différencient entre elles. Si elles sont différentes en raison de leurs contenus, alors elles ont un degré supérieur ou inférieur de perfection ou de réalité. Mais, si elles ont un degré de réalité, les contenus qu'elles présentent sont eux-mêmes des réalités.

Nous allons essayer à présent de reconstruire et d'interpréter cette argumentation cartésienne. D'après Descartes, l'idée est une réalité mentale et possède de ce fait une réalité formelle ou actuelle qui est d'être un mode (une manière de penser représentative) du sujet pensant. Sous cet aspect, toutes les idées sont semblables, car elles sont toutes des entités mentales ou des modes de l'attribut pensée (AT VII, 40-42).

Bien que les idées de substance et d'accident, par exemple, soient toutes deux des modes d'un même sujet pensant et, pour cette raison, offrent une même réalité formelle, ce sont des idées différentes. Leurs contenus, qui sont évidemment distincts, permettent de les différencier. Pourquoi des entités possédant la même réalité formelle peuvent-elles être considérées comme des entités différentes? Comment expliquer la diversité des contenus représentés? Le principe qui explique l'identité de réalité entre les idées ne peut être le principe qui explique la différence entre elles: elles sont distinctes non parce qu'elles sont des modes du sujet pensant, mais parce qu'elles représentent des contenus différents. Par conséquent, la réalité formelle des idées n'est pas un principe qui explique la différence entre elles. Si elles se différencient, elles se différencient par les contenus qu'elles représentent; mais alors, ces contenus ne peuvent être considérés comme "*un pur rien*". Comme nous l'avons déjà souligné, les contenus représentés par les idées sont des choses, c'est-à-dire des entités qui existent comme objets dans la conscience, bien que cette manière d'être ou d'exister comme objet (ou comme réalité objective) soit moins parfaite que la manière d'exister comme réalité formelle (AT VII, 64, 6-9; 41, 26-29).

Pourquoi les contenus *de conscience* sont-ils considérés comme des réalités? Schématiquement, on peut *reconstituer* l'argumentation de Descartes de la manière suivante: les idées sont des façons de penser représentatives. Représenter signifie présenter un contenu à la conscience d'un sujet. Or, ou bien ce contenu n'est qu'une affection du sujet – et alors aucun contenu n'est représenté comme quelque chose de déterminé – ou bien le contenu présenté par l'idée est quelque chose de déterminé qui se distingue non seulement du sujet mais aussi d'autres contenus qui sont présentés par d'autres idées. Il peut alors être considéré, en tant que contenu perçu, comme une chose, à savoir, il n'est pas un pur rien (une non-entité). S'il est une chose, il peut être considéré comme un objet: quelque chose qui, *dans la* conscience s'oppose et se distingue du sujet lui-même. Mais les objets se trouvent dans la conscience, non comme des modes du sujet mais comme des choses distinctes du sujet lui-même. Ils ont une "espèce" d'existence, c'est-à-dire qu'ils existent dans la conscience. Ils ont, par conséquent, pour ainsi dire, une réalité objective.

Ainsi, c'est la différence entre les contenus des idées qui permet de distinguer les divers actes représentatifs. Dans la mesure où ces contenus permettent de différencier et d'identifier les divers actes représentatifs, ils ne peuvent être considérés comme un "pur rien". Ce sont des *choses,* c'est-à-dire quelque chose qui s'oppose au rien (au non-être) et qui a une sorte de réalité, quelle qu'elle soit. La réalité qui est la leur est leur existence comme objet dans la conscience.

En fait, l'argumentation cartésienne associe la fonction représentative des idées à la thèse de la réalité objective: parce que toute idée présente un contenu à la conscience, toute idée représente une chose et a donc une réalité objective. S'il était possible de dissocier le concept de contenu représenté de celui de réalité objective, la thèse cartésienne ne serait pratiquement plus soutenable. Mais alors, comment différencier les idées? Pourrait-on légitimement affirmer qu'elles se distinguent entre elles par les contenus qu'elles exposent dans la conscience, sans affirmer, en même temps, que ces contenus sont des réalités? En effet, c'est par le fait qu'on peut distinguer les contenus des idées qu'on peut les considérer comme des réalités.

*Les idées matériellement fausses*[13]

Si l'analyse que nous venons d'effectuer est correcte, les thèses suivantes sont valables:

1. Les idées, considérées en elles-mêmes, ne sont ni vraies ni fausses[14] ce sont des manières de penser représentatives.

2. Les idées sont des représentations de choses.

3. Les contenus rendus présents à la conscience par les idées – les choses – sont des contenus déterminés et, pour cette raison, peuvent être considérés comme des objets.
4. Les objets sont des entités dans la conscience. Ainsi, toute idée, puisqu'elle est l'idée d'un objet, a (ou est) une réalité objective.

Les idées matériellement fausses semblent être un contre-exemple des thèses ci-dessus car, bien qu'elles puissent être considérées comme des représentations (sensibles)[15] "...elles représentent ce qui n'est rien comme si c'était quelque chose"[16] (AT III, 43, 29-30; IX-1, 34). Si les contenus qu'elles rendent présents sont des entités fictives – *non res* – elles ne sont pas alors des idées d'objets et n'ont donc pas de réalité objective. Mais pourraient-elles être encore considérées comme de véritables représentations? D'autre part, si elles sont, en fait, des représentations, alors elles exposent quelque chose à la conscience, même si leurs contenus ne peuvent être rigoureusement considérés comme des choses. Mais alors, pourquoi dire qu'elles sont matériellement fausses?

Il y a donc, apparemment, au moins deux manières possibles de caractériser la notion d'idée matériellement fausse: soit elles ne parviennent pas à distinguer la *réalité* de leurs objets *dans la* conscience, soit elles ne parviennent pas à discerner si ce sont bien les représentants d'entités (possibles) "hors" de la conscience qu'elles identifient dans la conscience. Quelle est celle de ces deux hypothèses qui caractérise précisément la notion d'idée matériellement fausse?

Arnauld, dans les *Quatrièmes Objections* (AT VII, 206-207), s'interroge sur la signification de la notion d'idée matériellement fausse, à partir de la définition de la réalité objective formulée par Descartes dans *l'Exposé géométrique*[17]. Face à cette définition, comment caractériser, par exemple, l'idée du froid? "C'est le froid même, en tant qu'il est objectivement dans l'entendement", affirme Arnauld (AT VII, 206, 19-20). Or, si l'on part de l'hypothèse que le froid est une privation, la réalité objective de l'idée du froid ne peut pas être une entité positive car, si c'était le cas, l'idée qui contiendrait une telle réalité ne serait pas l'idée du froid (en raison de la définition de la réalité objective de l'idée et de la présupposition que toute idée possède une réalité objective). Selon la même argumentation, si le froid était une entité positive, la réalité objective de cette idée ne pourrait pas être une entité négative. Ainsi, si le froid était une privation, une idée qui contiendrait une réalité objective positive pourrait être attribuée au froid dans un jugement mais, dans ce cas, le jugement serait faux car cette idée ne serait pas l'idée du froid. Or, conclut Arnauld, si l'idée du froid est une idée, elle représente quelque chose. Que représente-t-elle? Une privation? Alors elle est vraie. Un être positif? Donc elle n'est pas l'idée du froid (AT VII, 207, 17-19). Par conséquent, aucune idée n'est matériellement fausse.

L'argumentation d'Arnauld se fonde sur la définition cartésienne des idées "*tanquam rerum imagines*" et sur la définition de la réalité objective de l'idée formulée dans l'*Exposé géométrique*. Selon ces définitions, une même réalité peut être considérée sous un double aspect: comme réalité en soi (formelle ou actuelle) et comme réalité objective (dans l'intellect). Mais il est impossible de déduire l'être objectif de l'être formel et *vice versa*. En effet, la réalité de l'un n'implique pas celle de l'autre; un être objectif peut ne pas avoir de corrélat formel et inversement une réalité formelle peut ne pas être pensée. Il devient alors problématique d'affirmer: (*a*) l'idée de $x$ représente $x$ et a donc une réalité objective; (b) $x$ est une entité; (c) l'idée de $x$ représente $x$ et se différencie de $x$, non parce qu'elle en est la représentation (car la réalité objective de $x$ se différencie forcément de sa réalité formelle), mais parce qu'elle représente $x$ comme une entité positive, alors qu'en fait $x$ est une entité négative et *vice versa.*

Pourquoi les énoncés (a)-(c) ne peuvent-ils pas être affirmés en même temps? Si l'idée de $x$ est une représentation de $x$, elle pourra être fausse ou vraie dans un jugement, mais, quelle que soit sa valeur de vérité dans ce jugement, elle est une représentation de $x$. Il est donc impossible d'affirmer que l'idée de $x$ est une représentation de $x$ et que $x$ lui-même diffère de sa représentation – non pas lorsqu'il est considéré dans sa réalité formelle (car, évidemment, la réalité objective et la réalité formelle de la chose sont deux aspects distincts de la chose) – mais lorsque c'est une réalité (formelle) de nature différente de celle qui est représentée par la représentation de $x$. Dans ce cas, l'idée de $x$ ne serait pas une représentation de $x$ mais serait l'idée d'une autre entité. Si l'idée du froid, par exemple, n'a pas, comme idéat *dans la* conscience, le froid lui-même, son idéat n'est pas le *représentant* du froid et donc cette idée n'est pas l'idée du froid. Ainsi, si une idée est idée de $x$, le jugement qui la réfère à la réalité formelle de $x$ sera vrai; si, par contre, il est faux, alors soit l'idée n'est pas l'idée de $x$, soit elle n'a pas été mise en rapport avec $x$. La définition de l'idée "comme image des choses", jointe à la définition de la réalité objective, formulée dans l'*Exposé géométrique,* permet d'interpréter les idéats comme les *représentants* des entités représentées, à savoir, comme *les substituts dans la conscience des choses* elles-mêmes, ce qui rend problématique la notion d'idée matériellement fausse.

L'analyse d'Arnauld semble correcte. Elle tire les conséquences de certaines définitions cartésiennes. Toutefois, elle semble supposer ce qui est justement en question: les idées matériellement fausses représentent-elles des objets? Ont-elles une réalité objective? Sont-elles, de fait, des idées?

L'aporie d'Arnauld ne prend pas en considération l'ambiguïté du terme 'objet': le terme 'froid' designe-t-il la chose même, qui est le corrélat en soi de la représentation, ou dénote-t-il le contenu présenté à la conscience? Arnauld semble supposer que l'idée de $x$ représente ou a pour objet $x$ en soi. Descartes lui-même utilise le terme 'objet' de façon ambiguë: parfois il designe un contenu de conscience[18], parfois le corrélat formel d'un contenu de conscience[19]. Mais, contrairement à Arnauld, ce qui interesse Descartes, c'est de savoir si les idées matériellement fausses distinguent leurs objets, c'est-à-dire si les contenus que les idées présentent à la conscience sont des choses (objets) ou des entités chimériques (non-choses). En fait, ce qui est en question, c'est la réalité objective des idées et non la relation de la réalité objective elle-même avec ses corrélats réels (possibles ou actuels). C'est le froid en tant que contenu de la conscience qui est analysé et non l'idée du froid dans sa relation avec le froid lui-même. Ce qui fait qu'une idée est matériellement fausse n'est pas le fait qu'elle n'est pas le *représentant dans la* conscience d'une entité, mais plutôt qu'elle ne discerne pas, en tant que représentation, ses objets.

Répondant aux objections d'Arnauld, Descartes s'interroge sur la réalité objective des idées sensibles. L'idée du froid "...n'est pas le froid même en tant qu'il est objectivement dans l'entendement, mais quelque autre chose qui est prise faussement pour cette privation, à savoir un certain sentiment qui n'a aucun être hors l'entendement" (AT VII, 233, 12-15; IX-1, 180-181). Cette réponse est apparemment surprenante car elle semble défendre deux thèses contraires: d'un côté, les idées sensibles sont en fait des idées de quelque chose et, pour cette raison, semblent avoir une réalité objective et donc un caractère représentatif; mais, d'un autre côté, ce qui pourrait être considéré comme contenu de ces idées n'est pas la chose même telle qu'elle est pensée mais une sensation *(sensus)*, c'est-à-dire une manière de penser qui ne possède aucune existence "hors" de la pensée. Or, en tant que manières de penser, les sensations n'expriment que des états de conscience et ne parviennent pas à discerner *ce qui* s'oppose et qui se trouve *en face* du sujet. Pourquoi peuvent-elles être encore considérées comme des idées?

Dans l'analyse du sentir en général et des sensations en particulier, il faut distinguer la conscience de sentir de la connaissance sensible qui prétend décrire la nature des choses mêmes et désigner l'existence de ces choses[20].

Si la conscience de sentir et la connaissance sensible étaient décrites par des jugements, la conscience de sentir s'exprimerait par des jugements sous la forme: ceci me semble... (dur), (chaud), (rouge), etc.; alors que la connaissance sensible serait exprimée par les jugements qui décrivent des réalités en soi et qui prendraient la forme suivante: ceci est (dur), (chaud), (rouge), etc.

Si la conscience de sentir est isolée des jugements auxquels elle est habituellement assimilée et qui affirment, par exemple, que les sensations sont des représentations des propriétés réelles des choses; si l'on abstrait des sensations elles-mêmes leur fonction représentative, et qu'on les considère pour elles-mêmes, à savoir seulement comme des états de conscience, alors ce sont des perceptions claires et distinctes[21].

La conscience de la (ma) douleur, isolée du jugement qui la localise dans un organe corporel, la conscience de la couleur, séparée du jugement qui la considère comme une représentation d'une propriété d'un corps etc., sont des manières de penser claires et distinctes[22].

La sensation, considérée comme une "donnée" immédiate de la conscience ou comme la conscience d'un pur paraître, est seulement une manière de penser séparée et isolée de sa condition corporelle, de sa fonction représentative et des jugements de réalité auxquels elle est associée[23].

La conscience de sentir, lorsqu'elle est un simple état de conscience, est vécue comme la conscience d'une passivité et comme la conscience d'une contrainte des choses extérieures. La conscience de la passivité signifie que les choses extérieures à la conscience *paraissent* imprimer leurs impressions dans la conscience: les idées sensibles seraient ainsi reçues par l'action des corps extérieurs; la conscience de la contrainte renforce l'aspect de passivité: les choses extérieures sont pensées indépendamment du consentement du sujet.

Evidemment, le *fait* de la passivité et celui de la contrainte peuvent être remis en question: l'argument du rêve montre que la perception des choses considérées comme extérieures à la conscience peut s'effectuer indépendamment de l'existence et de la présence de ces choses. La passivité peut être, du point de vue de la vérité, une illusion. Le fait de la contrainte des choses extérieures peut aussi être une illusion, car une faculté méconnue du sujet pourrait produire les idées sensibles sans le consentement du sujet lui-même (AT VII, 39; 75 et 77). Que la passivité et la contrainte soient illusoires ou non, il est indubitable que l'on en a conscience. Même si les idées sensibles ne sont pas produites par les choses extérieures, elles *paraissent* être causées par ces choses. La conscience de la passivité et de la contrainte ne dépend pas *du fait* de la passivité (ou de la contrainte), car tout acte de conscience est conscience d'un simple paraître et non connaissance de quelque chose de véridique.

En raison de ces caractéristiques de la conscience sensible, les sensations ne peuvent pas être analysées exclusivement comme des modes de la *res cogitans*: passivité et contrainte semblent indiquer un rapport de dépendance de la pensée à une condition hétérogène elle-même. Si les sensations sont passives, c'est parce qu'elles *paraissent* être *occasionnées* par les corps extérieurs. Passivité signifie, dans ce cas, conscience d'une réceptivité. Si les sensations ne dépendent pas du consentement du sujet connaissant, c'est parce qu'elles *semblent* dépendre de la *causalité* des corps extérieurs. Contrainte dans ce cas signifie conscience des impressions comme si elles étaient causées par les corps extérieurs. Par conséquent, l'analyse de la sensation, en tant que conscience d'une passivité ou d'une contrainte, *semble* indiquer l'existence d'une condition corporelle.

Si les choses extérieures paraissent être la cause des sensations, celles-ci, à leur tour, semblent reproduire, dans l'ordre de la pensée, les impressions causées par ces choses. Et ainsi, du fait que les sensations semblent être dans un rapport de dépendance causale, elles *semblent représenter* les propriétés de leurs causes. Pour cette raison, *les sensations peuvent être considérées comme des idées sensibles* : elles *paraissent dependre d'une condition extérieure à la pensée* qui *semble être leur cause* ; et, en vertu de cela, en tant que manières *de* penser, elles *visent ces réalités* dont elles semblent être les effets et *paraissent* ainsi *représenter leurs causes*.

Mais l'intellect, en analysant et en contrôlant la sensibilité ou la conscience de sentir, distinguera *la fonction représentative* des sensations de *leur fonction référentielle* qui consiste à désigner une existence extérieure à la pensée. Si, de fait, les sensations sont causées (et si elles sont causées par les corps extérieurs), on peut, à partir d'une sensation donnée, désigner le corps qui en est la cause. Cela ne revient pas à dire, pourtant, que les sensations sont des représentations des propriétés des corps car, si l'on constate un effet, on peut en conclure l'existence de sa cause, mais on ne peut en déduire que l'effet soit semblable à sa cause (AT VII, 39, 15-29).

Les idées, en tant que représentations de choses, rendent présent à la conscience un contenu qui peut exister indépendamment du fait d'être représenté. Toute idée, puisqu'elle est l'idée d'un objet, presente une réalité possible ou actuelle et, en ce sens, vise une extériorité à la conscience. En un sens, dans la mesure où les sensations se réfèrent à une extériorité hétérogène à la pensée, elles sont considérées comme des idées. Mais, en un autre sens, du fait qu'elles dépendent d'une condition hétérogène à la pensée, ce sont des idées confuses et obscures et l'"objet" qu'elles semblent représenter n'est rien d'autre qu'un état de conscience ou un état subjectif. Si la conscience d'une passivité et d'une contrainte permet de considérer les sensations comme des idées puisqu'elles ont une fonction référentielle (sans pour autant avoir une fonction représentative), *ce qu'*elles rendent présent ce sont des états subjectifs. Ces états subjectifs peuvent être clairement et distinctement perçus. Mais, considérés comme représentations, ils présentent comme "objets" ce qui n'est qu'un état de conscience d'un sujet pensant qui est uni à son corps.

Les affirmations de Descartes sur les idées matériellement fausses ("ne représentent ce qui n'est rien comme si c'était quelque chose" ou "représentent rien de réel") s'éclairent alors: l'idée d'une couleur, celle d'une saveur, d'un son, etc., en raison de leur dépendance et de leur origine corporelle, semblent distinguer la couleur, la saveur, le son etc., comme des propriétés réelles d'objets. Elles semblent "représenter ces objets" parce qu'elles visent et se réfèrent à une extériorité à la pensée. Mais ces "objets représentés" (par les idées sensibles) ne sont que des états de conscience d'un sujet étroitement lié à son corps, autrement dit, ce sont des modes de l'union de l'âme et du corps. Ces états de conscience n'ont évidemment aucune réalité "hors" de la pensée et ne sont donc pas des entités qui peuvent exister si elles ne sont pas pensées. Considérées comme des représentations, les idées sensibles contribuent ainsi à l'énonciation des jugements de similitude faux sur des réalités extérieures à la pensée.

## *Conclusion*

Dans la théorie cartésienne, les idées doivent être analysées sous une double perspective: d'une part, elles rendent quelque chose présent à la conscience et, à cet égard, représenter est présenter une réalité ; d'autre part, *ce qui* est présenté à la conscience *peut* être le *représentant* d'entités "hors" de la conscience; à cet égard, les idées paraissent être des représentations d'entités possibles ou actuelles.

Considérées "comme image des choses", toute idée est idée d'un objet. Mais un objet est une entité dans la conscience qui se distingue et s'oppose, en tant qu'objet, au sujet pensant lui-même. Ainsi, étant donné que les objets sont considérés comme des entités, toute idée, étant idée d'un objet, a une réalité objective, qui est la manière d'être ou d'"exister", comme objet, dans la pensée. Parce qu'ils se distinguent du sujet dans la conscience, les objets peuvent être considérés comme les représentants d'entités possibles dont la réalité serait indépendante de la pensée. Sous cet angle, "exister comme objet" signifie être (dans la conscience) à la place d'une entité possible. Par conséquent, toute idée, en rendant présente une entité (qui existe en tant qu'elle est pensée), vise une réalité qui semble ne pas dépendre du fait d'être représentée.

Les sensations sont des "représentations" qui ne distinguent pas leurs objets, leurs contenus ne sont pas des "choses" et, enfin, ce ne sont pas des idées de... Elles *ne représentent pas les entités qu'elles désignent,* car ce sont de simples états subjectifs. Comme ce ne sont pas des idées d'objets, elles ne sont pas considérées comme d'authentiques représentations, si par représentation on entend représentation de choses. Mais, malgré cela, elles visent, de façon obscure et confuse quelque chose qui est hétérogène et extérieur à la pensée. Ce sont des signes de ces entités. Et c'est pour cela seulement qu'on peut les nommer idées.

## Notas

* Je remercie Francis Wolff pour la lecture attentive de ce texte et pour la révision de la version française.
1. Chez Descartes, la notion d'idée a plusieurs sens. Nous nous restreindrons à l'analyse de la définition de l'idée "comme image des choses".
2. Voir aussi *Lettre à Mersenne,* 16 juin 1641 et juillet 1641 (AT III, 382-383; 391-397).
3. *'Ce qui apparaît dans la conscience'* sera dénommé 'contenu de conscience'.
4. "...il est impossible que nous puissions jamais penser à aucune chose, que nous n'ayons en même temps l'idée de notre âme, comme d'une chose capable de penser à tout ce que nous pensons", *Lettre à Mersenne,* 16 juillet 1641 (AT III, 394, 16-19).
5. Voir, par exemple, *Objectiones III,* objectio V (AT VII, 181).
6. *Principia Philosophiae,* I, # 48 (AT VIII-1, 22-23*).*
7. Sur le sens du terme 'notion primitive' voir les *Lettres à Elisabeth,* 21 mai et 28 juin *1643* (AT III, 663-668; 690-695*).*
8. Voir *Meditationes III* (AT VII, 41, 24-29*); Meditationes V* (AT VII, 64, 6-9*)* et *Responsiones I (*AT VII, 103, 3-4*).*
9. *Meditationes III* (AT VII, 35*,* 30*); Meditationes I* (AT VII, 20, 26*).*
10. Voir *L'entretien avec Burman,* texte *26,* édition de Jean-Marie Beyssade, Paris, PUF, 1981, p. 72-73.

11. *Principia*, I, # 48 : "Quaecunque sub perceptionem nostram cadunt, vel tanquam res, rerumve affectiones quasdam, consideramus..." (AT VIII-1, *22, 27-29).*

12. Le terme 'objet' peut signifier *'ce qui* est représenté par l'idée (idéat de l'idée), ou désigner les *'choses mêmes* lorsqu'elles sont représentées par les idées'. Ainsi, par exemple, répondant à Caterus, Descartes affirme: "...l'idée du soleil est le soleil même existant dans l'entendement, non pas à la vérité formellement, comme il est au ciel, mais objectivement, c'est-à-dire en la manière que les objets ont coutume d'exister dans l'entendement" *(Responsiones I;* AT VII, 102, 26-103, 1; IX-1, 82). Toutefois il écrit dans l'*Exposé Géométrique:* "Car tout ce que nous concevons comme étant dans les objets des idées, tout cela est objectivement, ou par représentation, dans les idées mêmes" *(Responsiones II, EG,* déf. II; AT VII, 161, 7-9; IX-1, 124).

13. Nous nous limiterons à l'analyse des idées sensibles (sensations, *'sensus',* que nous rendrons toujours par sensation, alors que, on le sait, Descartes emploie toujours le mot 'sentiment') qui peuvent être considérées comme matériellement fausses.

14. Seuls les jugements sont vrais ou faux, voir AT VII, 37.

15. Toutes les idées sensibles ne sont pas matériellement fausses. La perception de la forme, taille etc., des corps particuliers (la perception des "propriétés primaires" des corps) peut être, selon certaines conditions, claire et distincte. Voir *Meditationes VI (*AT VII 80, 11-14) et *Principia,* I, # 69 (AT VIII-1, 33-34).

16. Voir aussi *Responsiones IV*: "...illas nihil reale exhibere" (AT VII, 234, 4-5).

17. "... l'entité (ou l'être de la chose) [addition de la version française] représentée par l'idée, en tant que cette entité est dans l'idée" (AT VII, 161, 4-5, IX-1, 124).

18. "...l'idée du soleil est le soleil même existant dans l'entendement, non pas à la vérité formellement, comme il est au ciel, mais objectivement, c'est-à-dire en la manière que les objets ont coutume d'exister dans l'entendement *("quo objecta in intellectu essent solem)...",* Premières Réponses (AT 102, 27 -103, 1; IX-1, 82).

19. "Car tout ce que nous concevons comme étant dans les objets des idées, tout cela est objectivement (ou par représentation) [addition de la version française] dans les idées mêmes". *Secondes Réponses, EG,* déf. III (AT VII, 161, 7-9; IX-1, 124).
20. La connaissance sensible est un acte de l'esprit *(mens)* engendré à partir de la conscience (ou de la perception) sensible.
21. *Principia,* I, # 66-68 (AT VIII-1, 32-34).
22. *Ibid.,* # 68 (AT VIII-1, 10-13).
23. Voir l'analyse du deuxième degré du sens in *Responsiones VI* (AT VII, 437-449) ; *Meditationes II* (AT VII, 24, 14-18).

# 4

## OBJETO E REPRESENTAÇÃO

ANÁLISE DA NOÇÃO DE OBJETO E DE REPRESENTAÇÃO EM UMA
FILOSOFIA DA CONSCIÊNCIA E EM UMA FILOSOFIA LÓGICO-LINGÜÍSTICA

(I) *Introdução*

Na linguagem ordinária o termo "objeto" tem múltiplas significações; ele significa, por exemplo, o tema de um discurso, a finalidade de uma ação, o termo de uma operação cognitiva etc. Do ponto de vista filológico, "objeto" é a tradução do substantivo latino *objectum*, que deriva do particípio passado (*objectus, a, um*) do verbo *objicere* formado pela preposição *ob* (que significa diante de) e pelo verbo *jacere* (que significa lançar, pôr, colocar etc.). Assim, o significado do termo "objeto" parece conservar na língua portuguesa o seu sentido original: "objeto" é o que está posto (colocado) diante de. E, em razão desta acepção original, ele significa também tema de um discurso, finalidade de uma ação etc.

A significação literal do termo "objeto" não suscita questões de ordem filosófica, pois "objeto" é simplesmente aquilo que está diante do sujeito cognoscente. Mas, do ponto de vista filosófico, interessa determinar a natureza das entidades que são os objetos do conhecimento humano. A filosofia tomista, por exemplo, nas suas análises distingue o *objeto material* (a coisa conhecida) do *objeto formal comum* (a razão pela qual a coisa é conhecida – o ser) e *do objeto formal próprio* (a qüididade das coisas materiais). Estas distinções parecem justificar, do ponto de vista filosófico, o realismo: o que é conhecido são as coisas, mas elas são conhecidas como seres – como realidades ontológicas – através de um processo abstrativo que deixa de lado, na imagem sensível, os princípios individuantes e conserva aquilo que constitui a inteligibilidade da coisa conhecida. Conhece-se uma coisa somente no juízo. *O que* (*id quod cognoscitur*) é conhecido como realidade (como ser) é conhecido sob um aspecto (a qüididade da coisa): se se afirma num juízo "Sócrates é homem", conhece-se Sócrates sob o aspecto da qüididade "humanidade". O conhecimento de uma coisa como real se realiza, assim, através da atribuição no juízo de uma qüididade abstraída da própria coisa. As expressões "objeto formal comum" e "objeto formal próprio" não significam dois diferentes objetos, mas exprimem que o intelecto humano conhece as coisas "construindo" o seu objeto através de um processo abstrativo-discursivo; nem intuição absoluta, nem intuição total do ser, mas tão somente uma intuição abstrativo-discursiva.[1]

Como o conhecimento é uma operação imanente do sujeito, a presença da coisa no sujeito cognoscente não pode obviamente ser uma presença física; ela é, na linguagem escolástica, uma presença intencional; presença que se realiza através das *species impressae* e das *species expressae*. A *species expressa* inteligível é um sinal formal, isto é, um sinal cuja única e exclusiva função é a de significar um objeto.[2] Assim, ela é apenas um *meio* de conhecer objetos (*medium in quo objectum cognoscitur*) e não um objeto de conhecimento (ela pode ser conhecida apenas num juízo refletido). Sob este aspecto de sinal formal, as *species expressae* são consideradas como representações. Representar tem assim um sentido bem preciso no tomismo; esta noção responde à questão *como* se conhece o objeto, tendo-se em vista que se conhece o objeto. Ela pressupõe como fato o conhecimento objetivo, e mostra apenas de que maneira se realiza a operação imanente do sujeito de conhecer um objeto. A escolástica recupera assim o sentido comum do termo "representar". Representar é apresentar intencionalmente aquilo que já está, de algum modo (em si), presente.

Quando os pressupostos realistas da teoria do conhecimento são abandonados, as noções de objeto e de representação se transformam nas noções centrais e problemáticas da filosofia. Com efeito, se objeto, por definição nominal, é aquilo que se conhece, se representação é a apresentação para um sujeito cognoscente de um conteúdo, são as *coisas mesmas* os objetos de conhecimento? Conhece-se alguma coisa além das representações das coisas? Se objetos de conhecimento não são necessariamente as coisas mesmas, como se relacionam as representações das coisas, os conteúdos objetivos das representações e as coisas mesmas? Se o ponto de partida da análise do conhecimento não é o fato de que as coisas mesmas são conhecidas, se as noções de coisa e representação são logicamente dissociadas, e a identidade ontológica entre coisa e objeto questionada, é legítimo perguntar, então, se o que é conhecido são apenas os conteúdos objetivamente representados que, em certos casos, têm como correlato as coisas mesmas.

Estas questões não seriam colocadas, ou não seriam consideradas como relevantes, se a dissociação entre objeto, coisa e conteúdo da representação não fosse pertinente. Podemos lógica e ontologicamente dissociar coisa, objeto e conteúdo representativo? A teoria cartesiana, ao procurar responder a esta questão, delineia um novo campo de pesquisa que estará presente em todas as análises sistemáticas do problema do conhecimento.

(II) *Objeto e representação em Descartes*[3]

Uma das questões (talvez a principal questão) que Descartes procura responder na sua obra mais importante, as *Meditações Metafísicas*,[4] é a seguinte: quais são as condições que uma idéia deve satisfazer para poder ser considerada como verdadeira?

Para elucidar o sentido preciso dessa questão é necessário clarificar o significado das noções de idéia e de verdade no sistema cartesiano.

Comentando o livro *De la Vérité, en tant qu'elle est distincte de la Révélation, du Vraisemblable, du Possible et du Faux*, escrito pelo barão de Cherbury, Edouard Herbert, Descartes afirma ao seu amigo Mersenne:[5]

> "Ele examina o que é a verdade; e quanto a mim eu jamais duvidei dela, parecendo-me que é uma noção tão transcendentalmente clara que é impossível ignorá-la. Com efeito, existem meios de se examinar uma balança antes de usá-la, mas não existiriam meios de se aprender o que é a verdade se não a conhecêssemos naturalmente (*si on ne la connaissait de nature*). Pois, que razão teríamos para aceitar o que dela nos fosse ensinado, se nós não soubéssemos que isto era verdadeiro, isto é, se nós já não conhecêssemos a verdade? Assim, pode-se explicar *quid nominis* a aqueles que não compreendem a língua e lhes dizer que a palavra "verdade", na sua significação pró-

pria, denota a conformidade do pensamento com o objeto, mas que, quando ela é atribuída às coisas que existem fora do pensamento, isso significa somente que estas coisas podem servir de objetos a pensamentos verdadeiros, seja aos nossos, seja aos de Deus, mas não se pode dar qualquer definição lógica que ajude a conhecer a sua natureza".

Nesta carta Descartes retoma as análises tradicionais sob um duplo aspecto: de um lado "verdade" é compreendida como correspondência entre o pensamento (intelecto) e o objeto (coisa); de outro, ela é uma noção transcendental, isto é, uma noção cujo sentido pode ser explicado mas não definido, pois se o fosse, esta definição deveria ser verdadeira e, portanto, pressuporia o conhecimento do que está sendo definido.

Se a noção de verdade é uma retomada do princípio clássico de correspondência, a noção de idéia, ao contrário, assinala a ruptura do cartesianismo com a tradição escolástica.[6] Várias são as suas definições na obra cartesiana: ora elas procuram realçar o fato de que as idéias são modos do pensamento, ora o fato de que elas são representações de coisas. Assim, na *Exposição Geométrica*,[7] onde Descartes resume, segundo o método axiomático, a sua filosofia, as definições que têm a função de apresentar os conceitos primitivos e elementares do sistema são expostas segundo uma ordem precisa: parte-se de uma definição considerada como a mais simples e, progressivamente, são introduzidas novas definições que supõem as anteriores. O conceito primitivo e elementar do sistema é o conceito de *Pensamento* (definição I).[8] Em seguida é introduzida a noção de *Idéia* como "forma de pensamento" (definição II) e, posteriormente, a de idéia como representação de objetos (realidade objetiva – definição III).[9]

Segundo a "ordem" das definições da *Exposição Geométrica,* a noção de idéia pressupõe a noção de pensamento e tem a função de representar as coisas. De maneira análoga, esta noção é introduzida na *3ª· Meditação*: "Entre meus pensamentos alguns são como as imagens das coisas, e só àqueles convém propriamente o nome de idéia: como no momento em que eu represento um homem, ou uma quimera, ou o céu, ou um anjo, ou mesmo Deus."[10] A elucidação da noção de idéia no sistema cartesiano exige, portanto, a clarificação das noções de pensamento e de representação.

(II.1) *A Noção de Pensamento-Consciência*

A noção de pensamento constitui o ponto de partida do sistema cartesiano, seja do ponto de vista das obras expostas segundo a "ordem analítica", seja do ponto de vista dos textos ditos "sintéticos".[11] Assim, a primeira e primitiva definição da *Exposição Geométrica* é a noção de pensamento.[12] Nas *Meditações*, obra exposta segundo o método analítico, embora tematicamente a noção de pensamento só seja introduzida na *2ª Meditação* para caracterizar a natureza do sujeito existente revelado pelo *Cogito*, ela já está presente ao menos de maneira implícita e não tematizada desde a *1ª Meditação*. (*Ego dubito, ego cogito*). Mas o que significa "pensamento" no sistema cartesiano? "Pelo nome de *Pensamento* compreendo tudo aquilo que está de tal modo em nós que somos imediatamente conscientes" (1ª definição da *Exposição Geométrica* ).[13] Pensar é, assim, ter consciência. Na *2ª Meditação* a noção de pensamento, caracterizada como o atributo principal da "coisa verdadeira e verdadeiramente existente", inicialmente parece ser identificada como "espírito (*mens*) ou alma ou entendimento ou razão";[14] em seguida é considerada como a *razão comum* de diferentes atos (como o ato de duvidar, compreender, querer, sentir etc.) que são maneiras diferentes de pensar, porque todos esse atos têm em comum o fato de serem atos conscientes e de envolverem, assim, uma certa intelecção.[15] Se, por exemplo, sentir é uma maneira de pensar, é porque sentir não é analisado como um movimento corporal (1º grau dos sentidos),[16] mas como consciência de que se sente; ter a sensação do amarelo significa *parecer ver amarelo* (ou ter o amarelo como presente no ato consciente de ver) ou simplesmente, ter consciência do amarelo, o que não significa ainda julgar algo como amarelo. Nem mera operação mecânica corporal, nem juízo refletido, mas mera consciência de algo, eis o que, para Descartes, significa sentir, enquanto é apenas considerado como uma *maneira de pensar*. Assim, pensar é, de um modo geral, ter consciência de um puro aparecer.[17]

A análise da dúvida cartesiana supõe essa identificação de *pensar* com c*onsciência*. Com efeito, a dúvida põe em questão não o fato dos atos conscientes, mas a verdade daquilo de que se tem consciência, isto é, a conformidade entre os conteúdos percebidos e as coisas em si: só se duvida porque se tem consciência de algo que talvez seja um mero aparecer na consciência e não uma coisa real. É possível duvidar que as propriedades secundárias são propriedades das coisas (é possível, portanto, que à consciência do amarelo não corresponda a uma coisa amarela, isto é, é possível que o juízo "Isto é amarelo" seja falso, sem que seja falso ou verdadeiro o fato de consciência de se ver amarelo). A hipótese do sonho mostra que não existem critérios internos à percepção sensível que permitam distinguir a percepção do sonho da percepção da vigília. Assim, as percepções sensíveis não podem fundamentar os juízos de existência. Mas, como o conhecimento das coisas exteriores se baseia na percepção sensível, pode-se então duvidar da existência das coisas singulares. Em razão das dúvidas metafísicas que põem em questão a consistência da razão, ou seja, a objetividade das idéias claras e distintas, é possível duvidar-se do mundo considerado como totalidade das coisas exteriores e da validade universal do critério de verdade (todas as idéias claras e distintas são verdadeiras). Se a certeza fundamentada é uma conseqüência da evidência, mas se a própria evidência é questionada pela dúvida sobre a legitimidade universal do critério de verdade, a hipótese cética (ao menos à primeira vista) não parece ser absurda nem contraditória. Mas, os atos de consciência escapam à dúvida sob um duplo aspecto: a dúvida é um ato de consciência, ou seja, só se pode duvidar porque se pensa e assim a consciência é uma condição ou um pressuposto da dúvida; a dúvida põe em questão *a verdade* dos conteúdos de consciência (isto é, a sua conformidade ao real) e não o fato indubitável de se ter consciência. Por exemplo, a sensação de uma dor ou de uma cor (a consciência da dor ou da cor) ou a percepção clara e distinta de uma demonstração podem ser falsas, embora seja indubitável que algo se dá na consciência como um puro aparecer: existindo ou não coisas amarelas, sendo ou não a dor causada por um órgão corporal, sendo ou não a clareza e distinção um critério universal de verdade, é fato inquestionável que se tem consciência (clara) da cor, da dor ou mesmo da clareza de uma percepção (sensível ou intelectual). O que é questionável não é *o fato (ou fenômeno) de consciência*, mas a pretensão de verdade erguida através de um juízo que afirma (ou nega) a correspondência entre a consciência de algo e a realidade em si daquilo de que se tem consciência. Da análise da dúvida duas conseqüências podem ser extraídas:

(1)   pensar que x equivale à ter consciência de x;

(2)   ter consciência de x não equivale a saber que x, pois não ergue qualquer pretensão de verdade sobre x.

A inferência do *ego sum* a partir do *ego cogito* torna claras as conseqüências acima mencionadas. Assim, nos *Principia Philosophiae*, [18] Descartes mostra que, quando se diz "Eu ando" ou "Eu sinto", a conclusão "Eu sou" não é legítima, se por "Eu ando" ou "Eu sinto" se compreende o ato corporal de andar ou de sentir, pois estas afirmações podem ser falsas (já que se pode pensar que se anda – como no sonho – sem que de fato se esteja andando). Mas, se por "Eu sinto" ou "Eu ando" se compreende não o fato que se realiza através do corpo – andar ou sentir –, mas a consciência de sentir ou de andar (*"conscientia videndi aut ambulandi"*), a conclusão "Eu existo" é legítima, pois a consciência de sentir ou de andar é um ato do pensamento que envolve unicamente o fato de se ter consciência de que se anda, fato ou experiência imediata e irrefletida que é indubitável, mesmo que não se esteja andando. Assim, se a expressão "Eu ando" ergue uma pretensão de verdade e portanto significa *Eu sei que ando*, ela não se constitui num ponto de partida inquestionável que permitiria então extrair legitimamente a conclusão *Eu sou*. Mas, se significa apenas *Eu tenho consciência que ando*, este ato de consciência é indubitável, pois não se refere ao fato de andar, mas exprime apenas a realização de um ato de consciência que não pode ser negado sem contradição performativa: a negação do ato supõe a sua própria realização; não posso, por conseguinte, negar que penso sem pensar.[19] Se o itinerário estratégico das *Meditações* e dos *Princípios* foi: *Duvido, Penso* portanto *Sou*, de fato é suficiente dizer: *tenho consciência, portanto sou enquanto tenho consciência*.

É bem verdade que se pode refletir sobre o fato de se ter consciência e exprimir isto num juízo *Eu sei que penso*. Mas, ou bem este juízo significa *Eu estou tendo um ato de consciência* (já que refletir é também um ato de consciência) e assim ele equivale ao juízo *Eu penso*, e neste caso como ato de pensamento é indubitável, ou bem ele significa *Eu estou tendo cons-*

*ciência de um (outro) ato de consciência*. Ora, neste caso, ele equivale a *Eu penso que penso* e a primeira ocorrência de "Eu penso" refere-se ao ato atual de consciência e a segunda ocorrência de "Eu penso" a um outro ato. Ora, como os atos de consciência se caracterizam pela sua imediaticidade, a segunda ocorrência de "Eu penso" não designa mais um ato atual de consciência. Assim, se *Eu penso* (ou *Eu tenho consciência*) é sempre indubitável porque não ergue qualquer pretensão de verdade ou de conformidade a uma realidade (pensar é ter consciência de um mero aparecer), *Eu sei que penso* não se reduzindo a *Eu penso* é dubitável justamente porque pode ser interpretado como exprimindo a conformidade de um ato de consciência com um outro ato.

A análise dos atos conscientes se realiza no sistema cartesiano através da procura dos seus pressupostos e da elucidação dos seus conteúdos. Todo ato de consciência envolve a consciência de um sujeito (consciência de si) que é o seu suporte lógico e o seu substrato ontológico. Este parece ser o significado do *Cogito*, pois é o mesmo *eu* que no *Eu penso* indica a presença de um ato indubitável e no *Eu sou* indica a *existência* de um sujeito de que se tem consciência neste ato de pensar. Se o *Cogito* se exprime através de duas proposições ele se refere a um mesmo "*Eu*" que é ao mesmo tempo sujeito de um ato consciente e consciência de um sujeito existente. Mas a consciência de si é também consciência de um conteúdo.

(II.2) *As noções de Idéia e de Objeto*

A análise da noção de conteúdo de pensamento irá entrelaçar de uma maneira definitiva as noções de pensamento (como consciência) e de idéia. Pensamento, como já vimos, é "tudo aquilo que está de tal modo em nós que somos imediatamente conscientes".²⁰ E idéia, segundo a definição que se segue à definição de Pensamento na *Exposição Geométrica,* é "esta forma de cada um de nossos pensamentos por cuja percepção imediata somos conscientes destes mesmos pensamentos".²¹ Assim, se pensamento é consciência, todo pensamento implica uma idéia que é o seu conteúdo e que torna consciente o ato do próprio pensamento.²² Quando penso, penso em alguma coisa, e, em virtude de pensar nesta coisa (em virtude de ter uma idéia), sou consciente do ato de pensar, isto é, tenho consciência de mim mesmo como sujeito do ato de pensar esta idéia determinada. Como "forma" do pensamento, a idéia, ao exibir ou mostrar um conteúdo para um sujeito, torna, assim, o próprio sujeito consciente de ser o sujeito do ato que tem aquela idéia como seu conteúdo ou como a sua forma. Não há, portanto, consciência de alguma coisa que não envolva consciência de si.

Mas as idéias, ao exibirem para um sujeito um conteúdo e tornarem consciente o próprio sujeito do seu ato de pensar, são também definidas "como imagens de coisas". "Imagem", como assinalou Descartes para Hobbes, não significa cópia de uma coisa produzida pela imaginação, mas tão somente representação.²³ A expressão "como imagem" assinala portanto que a idéia é uma representação. Mas Descartes não afirma apenas que a idéia é uma representação, ele diz que ela é uma representação de coisas. O que significa neste contexto o termo "coisa"? O que é esta "coisa" da qual a idéia é representação?

Se a noção de representação tem sentido é porque representar não significa copiar com exatidão, reproduzir, mas exprimir (mentalmente ou simbolicamente) algo. Assim, qualquer representação pode ser correta ou incorreta, verdadeira ou falsa, e é isso que torna esta noção relevante. Se a idéia é "como imagem de coisas" isso não significa que ela é uma reprodução ou cópia (mental ou simbólica) de uma realidade; pelo fato de ser um conteúdo de consciência, ela é representativa independentemente de ser verdadeira ou falsa. Os atos conscientes, como já foi assinalado, não erguem pretensões de verdade. A idéia, como forma do pensamento que torna consciente para um sujeito o ato de pensar, não é, nela mesma, nem verdadeira nem falsa. Ela representa enquanto é forma do pensamento; ela representa sem ser, pelo fato de representar, verdadeira ou falsa. Nas *Meditações*[24] Descartes afirma: "Agora no que concerne as idéias, se elas são consideradas nelas mesmas, e se eu não as coloco em relação com nada de outro, elas não podem propriamente ser falsas, pois seja que eu imagine uma cabra ou uma quimera, não é menos verdadeiro que eu imagine uma ou outra". Enquanto forma do pensamento a idéia é representação, enquanto representação, ela é representação de coisas, enquanto representação de coisas, ela não pode ser considerada falsa. O que significa, pois, representar e representar coisas?

Nos *Principia Philosophiae*,[25] Descartes afirma: "Tudo o que cai sob a nossa percepção, nós o consideramos ou bem como uma coisa, ou uma certa afecção das coisas, ou bem como uma verdade eterna que não têm qualquer existência fora do nosso pensamento". Assim, Descartes opõe, de um lado, as coisas ou afecções das coisas, e de outro, as verdades eternas (noções comuns) que, sendo expressas por proposições, indicam relações entre coisas. As coisas e as suas afecções são analisadas através de idéias-modelo[26] ou noções primitivas que não podem ser engendradas por outras noções. Mas todas estas idéias ou noções primitivas têm em comum o fato de serem consideradas como idéias *de realidades* ou *de coisas* e as coisas das quais se têm idéias podem existir no pensamento ou "fora" do pensamento. Com efeito, pelo fato de só existirem no pensamento, elas não deixam de ser consideradas como coisas ou realidades; o que as distingue das verdades eternas é que elas são entidades e não princípios da razão. "Coisas" significa, portanto, entidades que existem no pensamento ou "fora" do pensamento. O que as caracteriza é o fato de serem realidades ou existências e isso as opõe às verdades eternas, que são princípios da razão expressos por proposições que não são, como as coisas, significadas por representações ou idéias.

Se o parágrafo 48 da Primeira Parte dos *Princípios* esclarece o significado do termo "coisa", qual é a significação precisa do termo "representação" (ou da expressão "como imagem")? Ao exibir um conteúdo para um sujeito, a idéia o apresenta não como um estado ou afecção do próprio sujeito (pois neste caso o conteúdo exibido não se distinguiria do próprio sujeito), mas como uma realidade, ou como uma coisa. "Coisa", nesse contexto, parece, portanto, significar que o conteúdo da consciência é algo determinado, isto é, é uma entidade. Assim, a idéia, ao exibir um conteúdo mental, o apresenta não como se ele fosse uma afecção do próprio sujeito, mas, ao contrário, como se fosse algo de determinado: uma coisa ou uma realidade. Representar não é assim *reproduzir*; o "exterior à consciência" é dubitável e a coisa mesma pode não existir como exterior à consciência. Representar não é também *constituir*; a *coisa* apresentada não é produzida por operações mentais ou lógico-lingüísticas do sujeito. Representar, para Descartes, é apenas *apresentar como real* um conteúdo que é a forma do ato consciente, e que, por ser considerado real, se distingue dos estados subjetivos do próprio sujeito.

O conteúdo apresentado como real, porque é apresentado como real, está diante do sujeito; é assim um objeto. A expressão "como imagens de coisas" significa apresentar conteúdos como objetos. O que a idéia apresenta (salvo no caso das idéias materialmente falsas), ela apresenta como coisa, isto é, como objeto; ela mostra, assim, um conteúdo para o sujeito como se ele fosse independente do próprio ato de exibir ou de apresentar; ela objetiva o conteúdo mental considerando-o como "coisa", e, assim, ela torna este conteúdo um objeto para o próprio sujeito. Nesse sentido, a idéia "projeta" este conteúdo como realidade. Representar coisas é, assim, apresentar os ideatos das idéias como objetos, projetando-os, portanto, como realidades distintas, embora não exteriores ao próprio sujeito.

A idéia tem, então, uma dupla função: ela é forma de qualquer ato consciente e ela é também representação de coisas. Cada uma destas funções exprime um aspecto da natureza das idéias. Elas não são, ao contrário do que afirmaram os escolásticos, seres meramente intencionais, mas realidades (mentais, não-extensionais). Como formas do pensamento que tornam conscientes os próprios atos do pensamento, elas têm uma realidade formal que é a de ser um modo de pensar.[27] Sob esse aspecto – a de serem realidades mentais – todas as idéias têm a mesma realidade formal. Mas, como representação de coisas, as idéias se diferenciam pelos objetos que elas representam. Descartes denomina este aspecto da idéia de realidade objetiva e assim o define na *Exposição Geométrica*: "Por realidade objetiva da idéia compreendo a entidade da coisa representada pela idéia enquanto está na idéia".[28]

O argumento de Descartes pode ser reconstruído da seguinte maneira: as idéias são modos de pensar representativos; representar significa apresentar um conteúdo à consciência; ora, este conteúdo ou bem é apenas uma afecção do sujeito ou é algo de determinado. Se é apenas uma afecção do sujeito, nada parece ser representado; se o conteúdo é algo de determinado, ele é, num certo sentido, uma *coisa*, isto é, *não é um puro nada*.

Se ele é uma coisa, ele pode ser considerado como um objeto. Mas ele é considerado como objeto justamente porque é uma realidade. Ele é assim uma realidade objetiva.[29]

Afirmar que as idéias são realidades mostra a ruptura do cartesianismo com a escolástica. Mas esta ruptura não se limita em constatar apenas que as idéias, como maneiras de pensar, são realidades, já que o pensamento caracteriza (como atributo principal) um modo de ser de uma "coisa verdadeiramente existente". As idéias são também realidades enquanto são representações. Afirmar a realidade objetiva das idéias não consiste simplesmente em reconhecer que as idéias, enquanto modos conscientes, são representações de objetos, mas significa afirmar que os objetos representados são coisas ou entidades; e por mais imperfeito que seja este modo de ser (de existir por representação) ele "não é um puro nada" ("*plane nihil est*").[30] Se fosse legítimo afirmar ao mesmo tempo que as idéias são representações de objetos e que os objetos representados não são entidades enquanto são representados, a tese da realidade objetiva das idéias tornar-se-ia problemática. Ora, no cartesianismo, as idéias são representações e os conteúdos representados (os ideatos das idéias) são objetos porque são coisas. Como já assinalamos, a expressão "coisas" não significa entidades "fora" da consciência, mas significa apenas realidades ou entidades qualquer que seja o seu modo de ser. Nos *Principia Philosophiae* [31], Descartes divide assim, do ponto de vista da percepção, a realidade em coisas representadas e em princípios da razão que de fato não são entidades, mas regras ou máximas de concatenação de entidades. É legítimo, do ponto de vista cartesiano, considerar os ideatos como coisas ou objetos mesmo que não existam "coisas em si" que correspondam a estes objetos. As idéias (os ideatos) são as entidades elementares do sistema;[32] para defini-las não é necessário supor "existências fora do pensamento". Há, assim, em Descartes *uma teoria da realidade como ob-*

*jeto que precede logicamente uma teoria das realidades atuais ou em si e que pode ser formulada independentemente de existirem "coisas em si"*. Esta teoria permite que se estabeleça graus de perfeição dos objetos [33] analisando-se apenas os ideatos (conteúdos objetivos) das idéias sem que seja necessária uma referência às realidades exteriores.

As idéias, como vimos, consideradas nelas mesmas, não são nem verdadeiras nem falsas. Elas são, do ponto de vista da sua função representativa, apresentações de conteúdos objetivos (apresentação de coisas). Mas elas suscitam, em razão mesmo da sua função representativa, a questão da verdade do conhecimento: os objetos dos quais se têm idéias são realidades (coisas) apenas na consciência ou têm correlatos que existem em si independentemente de serem representados? A questão da verdade formulada no contexto do cartesianismo evidencia o embaraçoso problema da "ponte" entre consciência e mundo. São conhecidas as soluções cartesianas e as dificuldades que elas suscitaram: o famoso problema do círculo nas *2ªs* e nas *4ªs Objeções*, e as respostas problemáticas e ambíguas de Descartes assinalam as dificuldades da questão e o embaraço das suas possíveis soluções. No entanto, se o ponto de partida do cartesianismo é a experiência indubitável da consciência, só é possível conhecer o "exterior à consciência" através da análise imanente da consciência e, portanto, da função representativa da idéia. Se existem correlatos em si dos objetos das idéias, eles só podem ser discriminados e identificados através das próprias idéias. Assim, a função representativa das idéias analisada do ponto de vista da "definição" da verdade deve ser elucidada levando-se em consideração os seguintes itens: (1) a verdade é uma *conformidade* entre pensamento e objeto; (2) as idéias que são o primeiro termo da relação de conformidade apresentam os seus conteúdos na consciência como *coisas*; (3) estes conteúdos devem ter como correlatos coisas exteriores à consciência (para que a idéia seja considerada como verdadeira num juízo); (4) a conformidade (da idéia à coisa) deve assim ser expressa por juízos de semelhança e de existência.

Em razão da questão da verdade, a própria noção de objeto é assim estendida. Se "objeto" filologicamente significa o que se opõe ao sujeito como algo de diferente das suas afecções, a noção de *coisa* tem a função inicial de mostrar que os ideatos (conteúdos) das idéias devem ser algo de determinado e de existente (qualquer que seja a "maneira de existir"), isto é, devem ser objetivos. A noção de *coisa* serve assim inicialmente para garantir que os conteúdos de consciência são objetos ou, na expressão de Descartes, têm uma realidade objetiva. Mas a definição de verdade exige, face às suas exigências realistas, que a noção de objeto seja ampliada. Com efeito, a questão da verdade, interpretada no sentido realista, deve responder ao seguinte problema: aos objetos que são os ideatos das idéias correspondem realidades heterogêneas ao sujeito e *exteriores* à consciência? Ou, usando o vocabulário cartesiano, a realidade objetiva da idéia é semelhante à realidade formal da coisa representada pela idéia? Estas questões determinam uma extensão da noção de objeto: ele pode agora ser compreendido como a *coisa* heterogênea e *exterior* à consciência. Assim, se objeto originariamente é o ideato das idéias, ele passa a ser compreendido secundariamente como o correlato *em si* do ideato da idéia.

Vários são os textos cartesianos que usam o termo "objeto" neste sentido derivado. A definição de realidade objetiva da idéia na *Exposição Geométrica*, que procura mostrar, em última análise, que os ideatos são realidades (coisas) e por isto podem ser considerados como objetos, usa na sua frase final o termo "objeto" no sentido derivado: "Pois tudo quanto concebemos como estando nos objetos das idéias, tudo isto está objetivamente, ou por representações, nas próprias idéias".[34] Portanto, como o que está nos objetos das idéias está objetivamente nas próprias idéias, "objeto" significa, neste contexto, o correlato em si da realidade objetiva das idéias. No entanto, nas *Respostas às 1ªs Objeções,* Descartes escreve "A idéia do sol é o sol mesmo existindo no entendimento, não em verdade formalmente como ele existe no céu, mas objetivamente, isto é, da maneira que os objetos habitualmente existem no entendimento".[35] O termo "objeto", neste contexto, significa o ideato da idéia enquanto é uma realidade (objetiva).

Estes dois exemplos, que poderiam ser multiplicados por vários outros, exprimem as dificuldades de uma teoria da consciência confrontada e desafiada por uma concepção realista da verdade. Em razão desta concepção realista e, conseqüentemente, da modificação da noção de objeto, que acaba sendo também interpretado de um ponto de vista realista, a própria noção de representação tem também o seu sentido ampliado. Representar significava inicialmente a apresentação pela idéia do seu ideato como sendo uma realidade (coisa) distinta das afecções do sujeito. Mas, derivadamente, ela passa significar a reapresentação na consciência de uma realidade cuja existência independe lógica e ontologicamente da própria representação. É neste segundo sentido que ocorre o termo "representação" na definição de realidade objetiva da *Exposição Geométrica* acima mencionada.

A "definição" da verdade como correspondência engendra certas dificuldades e certas ambigüidades para o sistema cartesiano. Às dificuldades internas do sistema, como a questão da ponte entre a consciência e o mundo objetivo, o problema da veracidade divina como garantia da legitimidade universal do critério de verdade, o problema do circulo etc. se acrescentam as ambigüidades de certas noções que inicialmente são definidas com precisão e rigor no quadro conceitual de uma teoria da consciência, mas que são posteriormente modificadas para clarificarem questões e problemas que se originam em outros contextos conceituais.

## (III) *Objeto e representação no* Tractatus[36] *de Wittgenstein*

Se o acesso ao mundo objetivo é tematizado pela reflexão cartesiana, jamais o acesso ao pensamento é posto em questão. Pensar é, assim, uma experiência indubitável, pois é suficiente ter uma idéia para tornar conscientes os atos do pensamento. Ora, como necessariamente todo *ato de consciência* implica uma idéia, o acesso introspectivo aos *atos conscientes* é imediato e não problemático. Na *3ª Meditação*, Descartes descreve literariamente este "método introspectivo". "Fecharei agora os olhos, taparei meus ouvidos, desviar-me-ei de todos os meus sentidos, apagarei mesmo do meu pensamento todas as imagens das coisas corporais ou, ao menos, uma vez que mal se pode fazê-lo, reputá-las-ei como vãs e como falsas". O acesso ao mundo objetivo fica, portanto, bloqueado em razão da exclusão dos sentidos e da imaginação como fontes de possíveis conhecimentos do mundo externo. Continuando o seu comentário Descartes acrescenta "e assim entretendo-me apenas comigo mesmo e considerando o meu interior, empreenderei tornar-me pouco a pouco mais conhecido e mais familiar a mim mesmo".[37]

## (III.1) *A Questão do* Tractatus

Um aforismo aparentemente sem relevância de Wittgenstein no *Tractatus* nos conduzirá a uma reflexão sobre as noções tradicionais de *Representação e Objeto*. Escreve Wittgenstein: "O pensamento é a frase dotada de sentido" (*Tr.* 4: "*Der Gedanke ist der sinnvolle Satz*"). Este aforismo sugere inicialmente uma nova abordagem das questões clássicas da filosofia. Ao método de introspecção, suposto como legítimo e jamais justificado, que permite um acesso imediato a atos mentais subjetivos, o *Tractatus* contrapõe um método de análise lingüística que estuda as relações entre a expressão – seqüência de sinais publicamente perceptíveis – e o que é significado pela expressão. A análise se concentra, assim, nas relações entre frase sintaticamente determinada e o sentido ou conteúdo proposicional – aquilo que a frase exprime independentemente das condições de uso.

Utilizando-se do método de análise lógico-lingüística, o *Tractatus* se propõe a analisar a seguinte questão: quais são as condições que uma representação (proposição) deve satisfazer para ser considerada como uma representação verdadeira? O ponto de vista que Wittgenstein adota para analisar esta questão poderia ser caracterizado como lógico: o seu objetivo é o de clarificar as relações entre a linguagem e o mundo. O *Tractatus* não faz, assim, asserções sobre a natureza ou sobre a essência da linguagem; ele não procura dizer como *as coisas são* nem como deveriam ser. Nem ontologia nem ética, tão pouco teoria do conhecimento; o *Tractatus* não procura explicar *como* se representa o mundo, ou *como* se tem acesso ao mundo; não analisa, portanto, *como* são produzidas ou engendradas as representações. A sua análise parte de uma *hipótese*. Se a verdade de uma representação consiste na sua concordância com um fato, se existem representações verdadeiras, então: (i) os fatos (frases) para serem representações devem satisfazer a certas condições; (ii) as representações (proposições) para serem verdadeiras devem também satisfazer a certas (outras) condições; (iii) e o mundo (representado) deve satisfazer a certas condições para poder tornar verdadeiras as representações. A hipótese inicial do *Tractatus* é que a verdade é a concordância entre uma representação e um fato. Se, *por hipótese*, existem representações verdadeiras, o que significa representar corretamente o mundo? Não se procura, portanto, justificar a possibilidade da verdade nem mostrar, como Descartes por exemplo, que não é contraditório não ser cético (nem que é contraditório ser cético), mas trata-se apenas de clarificar a noção de verdade: mostrar seus pressupostos ou suas condições e explicitar suas conseqüências.

A pergunta "o que significa?" não é uma pergunta sobre as condições de possibilidade de um fato indubitável ou de um fato consensualmente aceito (como, por exemplo, seria o fato [indubitável ou consensual] de fazermos representações), mas é uma pergunta formulada dentro do quadro teórico da análise lógica. "A finalidade da filosofia é o esclarecimento lógico dos pensamentos. A filosofia não é teoria mas atividade [...]. A filosofia não resulta em "proposições filosóficas", mas em tornar claras as proposições" (*Tr.* 4.112).[38] Questões de fato não são questões filosóficas; assim a pergunta "fazemos representações verdadeiras?" ou "por que fazemos representações?" não são questões que cabe ao filósofo responder, caso procure *esclarecer* logicamente o que é proposição. Também não é uma questão relevante, do ponto de vista lógico (mesmo que seja relevante em outros contextos), a pergunta "*como* fazemos representações?" "Esclarecimento de proposições" se opõe não só a *conhecimento* (compreendido num sentido estrito), como a *justificação*, pois "justificar" significa estabelecer a verdade de algo e, portanto, envolve questões que ultrapassam os limites da análise conceitual. A questão do *Tractatus* pode ser assim resumida: se a verdade é uma correspondência entre representações e fatos do mundo, se existem representações verdadeiras, então quais são as condições que devem satisfazer as representações e o mundo para que representações possam ser consideradas como verdadeiras? Trata-se, portanto, de analisar o conceito de representação verdadeira sem se comprometer com questões de fato (existem representações verdadeiras?), de conhecimento (engendramos representações verdadeiras?) ou de justificação (somos capazes de demonstrar, não empiricamente, que temos representações verdadeiras?).

(III.2) *A noção de representação-figuração*

Fixada a questão central do *Tractatus*, devemos agora esclarecer o sentido que nesta obra têm os termos "representação" e "verdade". O ponto de partida de Wittgenstein é a definição tradicional de verdade: Um enunciado[39] é verdadeiro, se ele concorda com a realidade (*Tr.* 2.21, 2.22, 4.21, 4.25). O que significa "concordar com a realidade"? Se um enunciado concorda com a realidade, ele tem (de uma maneira ainda indeterminada) uma ligação ou vinculação com o real. (*Tr.* 4.03 (b.c)). Esta "ligação" não pode significar uma reduplicação factual ou material da realidade, pois neste caso o termo "concordar" exprimiria uma relação simétrica; e no entanto, não só verdade como também representação são relações assimétricas: é o enunciado, e não a realidade, que é verdadeiro. "Concordar" pode significar ser um *modelo* da realidade. Com efeito, a noção de modelo preserva a relação de assimetria (*Tr.* 2.12, 4.01, 4.03); de um lado, ela exprime no seu sentido intuitivo uma relação ou vínculo com a realidade da qual é modelo, e sob este aspecto tem algo de análogo com a noção de cópia ou reprodução; de outro, ela preserva a função assimétrica que caracteriza a noção de representação e de verdade; sob este aspecto, o modelo será simbólico ou lógico (*Tr.* 2.182-2.2, 4.03, 4.032), isto é, definido simplesmente por regras que exprimem simbolicamente a representação da realidade. Assim, se é possível definir significativamente a verdade como a concordância de um enunciado com a realidade é porque o enunciado é uma figuração (modelo, descrição) lógica da realidade.[40] "Apenas por isto pode a proposição ser verdadeira ou falsa, quando ela é uma figuração da realidade" (*Tr.* 4.06).

A noção de verdade como concordância supõe a noção de figuração lógica ou de representação. Mas, qual o significado preciso de "representar"?

Uma tese de Wittgenstein no *Tractatus* é a de que as condições de verdade das proposições complexas dependem (são funções) das condições de verdade das proposições elementares que as constituem. Determinar, dessa forma, a verdade de uma proposição complexa consiste em determinar as condições de verdade das proposições menos complexas que a compõem. Para que esse processo de redução seja possível, é necessário que ele termine, que as condições de verdade das proposições complexas dependam de proposições elementares e não apenas de proposições menos complexas, pois, caso contrário, o regresso ao infinito impediria que fosse fixado o valor de verdade de qualquer proposição.

Em razão da tese das funções de verdade, podemos analisar o significado do termo "representação" levando em consideração apenas as figurações elementares (ou as proposições elementares, se a análise da noção da representação for puramente lingüística, tendo como ponto de partida a noção de frase elementar).

Intuitivamente nota-se que a noção de figuração deve, de um lado, ter algo em comum com a realidade (caso contrário, não poderia ser uma representação de uma realidade específica); de outro lado, deve ter algo de diferente (a representação é uma figuração simbólica e não uma cópia que reproduz o real). O que mostra a dimensão simbólica da representação é, segundo o *Tractatus*, a sua *Forma de Apresentação* (*Tr.* 2.173). Uma figuração apresenta *o que* é representado de um ponto de vista "exterior" ao próprio representado. Mas, se a representação é simbólica e portanto diferente do que é representado, ela também tem com ele algo em comum. O que é comum à representação e ao representado é denominado de *Forma de Afiguração* (*Tr.* 2.151, 2.16-2.17). Representar não significa indicar ou denotar objetos (coisas), mas figurar o modo pelo qual as coisas estão conectadas: "Que os elementos da figuração estejam conectados uns com os outros de um modo determinado representa que as coisas estão assim conectadas umas com as outras" (*Tr.* 2.15(a)). É, portanto, o modo como os elementos da representação então conectados que representa a maneira pela qual as coisas referidas estão conectadas.[41] Se da representação são abstraídos os seus elementos (que estão sempre nela conectados), obtém-se então o modo de conexão que, considerado separadamente dos elementos que ele articula, é denominado de Forma de Afiguração. Esta noção desempenha uma importante função na "teoria" da representação: ela mostra de um lado, que o comum à representação e ao representado é o modo de conexão (e não, por exemplo, os objetos da conexão), por outro lado, ela garante também que o representado é uma possível ligação de objetos. O modo de conexão é comum à representação e ao representado em razão da representação se constituir como representação pela *Relação Afigurante* (*Tr.* 2.1513-14) e de ser ainda postulado que só conexões de objetos podem representar. A Relação Afigurante significa que os objetos do fato figurativo são elementos simbólicos, pois denotam os objetos da conexão figurada.[42] O que diferencia, pois, a representação do representado são os elementos simbólicos no fato representativo e os objetos denotados na conexão representada, e não o modo de conexão que é o mesmo na representação e no que é representado. Assim a "tese" de que a Forma de Afiguração é comum ao representado se fundamenta em duas afirmações: (1) só conexões de objetos podem representar;[43] (2) o que torna um fato um fato representativo é a Relação Afigurante. Em razão de (1) decorre que qualquer representação tem um modo de conexão, uma estrutura no vocabulário do *Tractatus* (*Tr.* 2.032, 2.15 (b)). Em razão de (2) decorre que a estrutura é representativa, se os seus objetos denotam outros objetos. Assim, *o que é* representado são as coisas conectadas pelo mesmo modo de conexão do fato representativo.

Mas é também graças à noção de Forma de Afiguração que *o que é* representado é sempre uma possível ligação (ou conexão) de objetos: se o modo de conexão é comum à representação e ao que é representado, a identidade da conexão (independentemente dos objetos que conecta) é obviamente preservada. O fato representativo representa, assim, uma mesma conexão de outros objetos. O que é representado é uma conexão de objetos, conexão que é a mesma do fato representativo, mas que tem como elementos os objetos denotados. O representado é, portanto, uma conexão de objetos. Esta conexão é *subsistente* no fato representativo e apenas *possível* no representado (estado de coisas), pois como os objetos denotados podem não estar conectados atualmente pelo modo de conexão exibido pelo fato representativo, o fato representativo significa apenas uma possibilidade e não uma atualidade de conexão. O operador "possível" na expressão: "uma possível conexão de objetos" não se aplica ao termo "conexão" isolado dos objetos denotados, mas se aplica a toda a expressão: "conexão de objetos". O que é possível não é a mera *conexão*, mas a conexão dos objetos denotados. Para que essa "tese" seja considerada plausível, é necessário notar que o modo de conexão, considerado independentemente dos objetos que conecta, é uma abstração e não uma entidade. O possível ou atual é a conexão de objetos; o que é abstrato é o modo de conexão *sem* os objetos.

Não é o modo de conexão das coisas que é representado; o modo de conexão é o que há de comum à figuração e às coisas. O que é representado são as coisas conectadas ou os Estados de Coisas (*Tr.* 4.023(c), 2.201-2.203), isto é, uma ligação de objetos (*Tr.* 2.01). Se esta ligação subsiste, o estado de coisas é um fato (*Tr.* 2).

Depois de analisar as condições gerais da representação (*Tr.* 2.1-3), o *Tractatus* formula como um caso particular da noção de representação em geral, as condições da representação lingüística (*Tr.* 3-4). A ordem do texto parece, assim, progredir da análise das condições gerais da representação para a análise das condições da representação lingüística. Entretanto, é a partir da análise das condições da representação lingüística que podem ser extraídas ou formuladas as condições gerais da representação, pois só é possível responder à questão "por que *o que é* representado são as coisas conectadas e não as coisas isoladas?", se recorrermos às análises lingüísticas e aos significados das noções de nome, frase e proposição. Uma expressão é relevante para a análise lingüística, se ela é capaz de *dizer alguma coisa*, de exprimir um conteúdo proposicional. Um signo tomado isoladamente não pode referir-se a uma coisa, não é um símbolo, não exprime um sentido, nada diz. Só no contexto de uma frase, na articulação de signos, um signo pode denotar, e somente então a frase, como seqüência de signos, pode exprimir um sentido.[44] A unidade mínima do sentido é portanto a frase: "O signo proposicional consiste em que seus elementos, as palavras, estão relacionados uns aos outros de maneira determinada. O signo proposicional é um fato" (*Tr.* 3.14).

Em razão de um signo isolado não poder exprimir um sentido, da frase ser a unidade mínima de sentido, da frase ser uma conexão de palavras e das palavras só na frase poderem ter denotação (*Tr.* 3.2), seguem-se duas conseqüências:

(1) só frases podem representar (e como a frase é um fato, só fatos podem representar);

(2) a frase sendo um fato, isto é, uma conexão subsistente de palavras não pode figurar coisas isoladas, mas apenas coisas conectadas ou *estados de coisas*. A prioridade da frase sobre a palavra, a afirmação de que só no contexto da frase uma palavra tem denotação (*Tr.* 3.3) exprimem no *Tractatus* a prioridade, reconhecida pelos clássicos, do juízo sobre o conceito. O *Tractatus* tira as conseqüências desta prioridade e mostra que só estados de coisas (conexões de objetos) podem ser representados.

Mas, como é possível referir-se às coisas que estão ligadas nos estados de coisas? O *Tractatus* denomina de Relação Afigurante (*Tr.* 2.1513-2.1515) o que é habitualmente considerado como relação denotativa: os objetos de um fato (o ponto de partida é sempre *um fato dado* (ou uma frase)) são associados a objetos (*Tr.* 2.13, 2.1514). Esta associação é uma relação de denotação de objetos (*Tr.* 3.203, 3-3) e a relação de denotação é considerada como uma substituição pelos elementos do fato dos objetos denotados (*Tr.* 2.131). Assim, em razão dos objetos de um fato serem associados a outros objetos, os objetos do fato denotam outros objetos e são, por isto, considerados como substitutos *no* fato desses outros objetos. É isto que transforma o fato num fato representativo (uma frase numa proposição). Portanto, para que as coisas (objetos) sejam referidas é necessário que (i) fatos sejam dados; (ii) cada objeto do fato seja associado a um e somente um objeto;[45] (iii) os objetos denotados sejam *dados* para que possam ser denotados; (iv) em razão da relação de associação ou de denotação, os objetos são considerados como substitutos *no* fato representativo dos outros objetos por eles denotados. Ora, como o fato é uma conexão subsistente de objetos, a conexão desses objetos, considerados agora como objetos-substitutos (ou elementos, segundo o vocabulário do *Tractatus*), é uma conexão de símbolos (e não apenas de signos ou de objetos), já que os objetos do fato estão no lugar de (substituem) outros objetos. Esta conexão simbólica tem como elementos objetos que denotam outros objetos e, assim, ela pode representar conexões de outros objetos. À identidade do modo de conexão da representação e das coisas conectadas se acrescenta agora a diferença de função entre os elementos da representação, que são símbolos, e as coisas conectadas, que são apenas referidas ou denotadas.

A noção de representação foi analisada através de três noções fundamentais, a saber: Forma da Apresentação; Forma de Afiguração e Relação Afigurante. Cada uma destas noções exprime os pressupostos ou as condições de qualquer figuração e como tal não podem ser descritas ou figuradas pela própria figuração, mas enquanto são condições delas podem ser apenas "mostradas" na figuração (*Tr.* 2.172, 4.121, 4.1212).

A Forma de Apresentação mostra que toda representação é simbólica, e por ser simbólica, pode ser verdadeira ou falsa. A Forma de Afiguração é o modo de conexão da figuração (abstração feita dos seus elementos específicos). Como é o modo de concatenação dos elementos de uma figuração que representa as coisas concatenadas, da Forma de Afiguração seguem-se ao menos duas conseqüências: (i) a representação e o representado têm uma identidade de forma; (ii) o que é representado é uma possível conexão de objetos denotados, isto é, um fato possível ou um estado de coisas. A Relação Afigurante é o que transforma o fato num fato representativo. Na elucidação desta relação é necessário introduzir três noções: de *associação* entre elementos do fato e objetos; de *denotação* (ou nomeação) de objetos, de *substituição* simbólica dos elementos do fato pelos objetos denotados.

Podemos agora enunciar de maneira esquemática as condições das representações:

1. Se existem representações, elas são conexões de objetos (*Tr.* 2.14, 3.14, 4.032). (Essa condição exprime a prioridade do juízo sobre o conceito, da frase – que é uma conexão de palavras – sobre a palavra).

2. Se conexões de objetos são representações, então são conexões subsistentes, isto é, são fatos (*Tr.* 2.141, 3.14(b)). (Além de exprimir a prioridade da frase sobre as palavras ou das proposições sobre os nomes, esta condição impede que estados subjetivos possam ser considerados como representativos. Obviamente, se estados mentais são fatos, eles podem representar).

3. Se um fato representa, então os seus objetos foram associados a outros objetos. (Esta relação funcional de associação é uma relação denotativa; ela significa que os objetos do fato representativo são considerados no fato como elementos substitutos dos objetos denotados. O conhecido aforismo do *Tractatus* de origem fregeana torna-se então claro: "Só a proposição [isto é, a frase dotada de sentido] tem sentido. Só em conexão com a proposição um nome [a palavra elemento do fato-frase] tem denotação." (*Tr.* 3.3)).

4. Se um fato representa, o modo de conexão do fato representativo (a sua Forma de Afiguração) é idêntico ao modo de conexão das coisas conectadas representadas. (Esta condição pode ser derivada das condições (2) e (3)). Com efeito, a Relação Afigurante transforma o fato num fato representativo e, em razão de um fato representar, ele figura os objetos denotados pelo seu modo de conectar os seus próprios elementos.

Se todas as condições da representação são satisfeitas, então, necessariamente uma possível conexão de objetos denotados é representada, isto é, se existem representações, necessariamente estados de coisas são figurados. Assim, os estados de coisas podem ser redefinidos; se existem representações, eles são os correlatos das representações; os fatos, apresentados inicialmente como conexões subsistentes de objetos, também podem agora ser considerados como os correlatos das representações verdadeiras. A distinção entre estado de coisas e fato, formulada através da noção de representação, permite que seja demonstrada uma tese que é essencial a todas as análises do conceito de representação: é possível figurar o falso. Se as representações necessariamente figuram estados de coisas, elas mostram o seu sentido: o de representarem estados de coisas (*Tr.* 2.221, 4.022, 4.031 (b)). Assim, porque necessariamente representam possíveis conexões de objetos (e não conexões subsistentes de objetos), as figurações têm sempre sentido, embora possam ser eventualmente falsas.

Analisando-se as três primeiras condições enunciadas, nota-se que a satisfação de certas condições implica a suposição de existência de certas "entidades"; estas condições não exprimem somente relações lógicas, mas envolvem também, ao menos quanto à sua satisfação, uma suposição de existência. Assim, em razão da condição (2), só as conexões subsistentes podem representar; em razão de (3), fatos e objetos devem ser *dados* para que a Relação Afigurante possa ser satisfeita.

Do ponto de vista lingüístico, a associação entre palavras e objetos só pode ser efetuada no contexto de uma frase que é, como já vimos, um "tipo" de fato (o fato onde os objetos articulados são palavras). A função substitutiva é interpretada como uma função nominativa, ou seja, pela associação, as palavras transformam-se em nomes na frase e são nomes porque denotam objetos. [46]

A relação referencial (Relação Afigurante), que correlaciona elementos lingüísticos e objetos, só pode ser efetuada se são dados de antemão: uma frase, elementos da frase e objetos. Ela é constitutiva da função simbólica das palavras, isto é, a relação referencial transforma palavras em nomes, mas ela não é constitutiva da noção de objeto, pois os objetos devem preexistir como objetos dados para que possam ser correlacionados às palavras. Em razão da Relação Afigurante, o objeto é o correlato real do sinal-palavra, é o elemento extralingüístico, preexistente ao uso dos sinais.

Todas as expressões que caracterizam a relação referencial ("substituir", "estar no lugar" etc.) indicam que a correlação signo-objeto pressupõe a existência dos signos e dos objetos. Ambos são considerados elementos heterogêneos – expressões de um lado, objetos dados de outro – e diante desses dois elementos define-se a correlação a partir da frase. A relação de referência supõe, portanto, uma heterogeneidade de elementos, como também supõe que os objetos sejam dados independentemente da linguagem ou dos signos lingüísticos que servem para referir-se a eles. Postula-se dessa maneira a existência de objetos independentemente do uso dos signos. Embora só se possa identificar objetos através de certos signos (os elementos simples da frase), há uma independência lógica (conceitual) e ontológica dos objetos em relação aos signos que servem para identificá-los. Dessa maneira, o objeto no *Tractatus* é *dado*, isto é, não é constituído pelo uso dos signos.

Wittgenstein exige ainda que a relação referencial seja determinada, isto é, não ambígua. Com efeito, a ambigüidade da relação referencial implicaria a indeterminação da descrição (representação), pois se os signos não identificassem precisamente os objetos denotados, seria impossível determinar o que estaria sendo figurado e, portanto, impossível determinar as condições de verdade (correção) da figuração. A não ambigüidade da relação denotativa permite, portanto, a determinação da representação. Como, pois, garantir a não ambigüidade dessa relação? Exigindo-se que os nomes sejam simples e que os objetos sejam correlatos dos nomes e elementos simples constitutivos da realidade. A simplicidade dos nomes significa que eles devem ser considerados como signos primitivos e que não podem ser explicados por definições, isto é, indica que a sua única função na frase é a de denotar objetos. Por sua vez, a simplicidade dos objetos garante a possibilidade de que as frases elementares possam descrever correta e completamente uma situação.

Embora a satisfação de certas condições da representação suponha que objetos e fatos sejam dados, a reflexão do *Tractatus* se limita, ainda assim, à análise do conceito de representação: com efeito, nenhum aforismo do *Tractatus* mostra que existem representações: a questão central continua sendo "quais são as condições da representação?" e jamais se transforma na questão "como são satisfeitas as condições da representação?" Critérios de satisfação de condições não são assim formulados no *Tractatus*; eles parecem ultrapassar os limites da análise conceitual. No entanto, fatos e objetos (frases, palavras e objetos) devem ser *dados* para que representações existam: se representações existem, fatos previamente dados foram transformados em fatos representativos (frases em proposições); objetos dados foram nomeados ou denotados por elementos de um fato (frase). Portanto, objetos e fatos (ao menos certos fatos) não são *constituídos* pela noção de representação, o que, aliás, garante e justifica o realismo não tematizado do *Tractatus*. Objetos são, assim, os correlatos (lógica e ontologicamente independentes) dos nomes ou símbolos que os denotam; fatos, embora possam ser considerados como os correlatos das representações verdadeiras, subsistem independentemente das representações que os figuram. Esta independência lógico-ontológica dos fatos face às representações é inferida da própria independência lógico-ontológica dos objetos face aos símbolos que os denotam. Se as representações existentes supõem fatos, é porque é só através da Relação Afigurante que um fato se transforma num fato representativo. E a Relação Afigurante supõe que objetos *no* fato e *objetos dados* sejam associados para que os objetos no fato denotem os objetos a eles associados.

(III.3) *Representação e verdade*

Uma representação é verdadeira, se ela concorda com a realidade (*Tr.* 2.21). Quais são as condições da representação verdadeira? Um fato representativo figura necessariamente uma possível conexão de objetos. Mas, se é sempre uma possível conexão de objetos que é representada, é porque o modo de conexão do fato representativo é o mesmo que o modo de conexão dos objetos conectados (estado de coisas) que são representados. Em outras palavras, a Forma de Afiguração do fato representativo é a mesma que a Forma do estado de coisas representado; fato representativo e estado de coisas representado são isomórficos: têm a mesma multiplicidade numérica (*Tr.* 4.04) e a mesma forma ou modo de conexão. Um fato é um estado de coisas subsistente; uma representação verdadeira concorda com um fato, isto é, representa um estado de coisas subsistente e é, portanto, isomórfica ao fato representado: ambos têm a mesma multiplicidade numérica e a mesma forma ou modo de conexão.

O *Tractatus* define a Realidade como o conjunto dos estados de coisas (ou dos fatos positivos ou negativos) (*Tr.* 2.06) e o mundo, como o conjunto dos estados de coisas subsistentes (fatos) (*Tr.* 2.04). Uma determinada representação tem como sua Forma de Afiguração a mesma forma do estado de coisas representado por ela; tem, portanto, a mesma forma que a forma de um componente da Realidade. Assim, por exemplo, se a Forma de Afiguração de uma representação é uma forma espacial ou temporal, o modo de conexão do estado de coisas representado que pertence à Realidade será um modo de conexão espacial ou temporal. Se os estados de coisas que são os componentes da Realidade, e se os fatos, que são os componentes do Mundo, não tivessem o mesmo modo de conexão da representação, a representação representaria conexões de objetos que não seriam elementos da Realidade nem elementos do Mundo. Numa situação onde os componentes da Realidade (e, por conseqüência, os elementos do Mundo) fossem objetos isolados, se as representações fossem, como realmente são, representações não de objetos isolados, mas de conexões de objetos, não haveria, então, representações verdadeiras; elas jamais poderiam "concordar" com a realidade que elas figurariam. Sem uma identidade formal entre Representação e Realidade seria impossível figurar os componentes da Realidade. Daí a necessidade do isomorfismo e daí a necessidade que se estabeleça entre a representação e *o que é* representado a mesma multiplicidade numérica (tantos elementos no fato representativo quantos forem os objetos denotados) e a mesma identidade formal do modo de conexão.

Diferentes representações podem ter diferentes Formas de Afiguração. Uma representação espacial pode ter como Forma de Afiguração o modo de conexão espacial; uma representação temporal terá, então, como Forma de Afiguração o modo de conexão temporal. Mas, o que é comum às diferentes Formas de Afiguração é que todas elas são *modos* de conexão de objetos (quaisquer que sejam esses modos de conexão). Assim, se a noção de Forma de Afiguração for considerada independentemente das conexões determinadas de objetos, separando-se, de um lado, os objetos e de outro, o modo de conexão e, em seguida, se são também deixados de lado os *modos determinados* de conexão (modos temporais, espaciais etc.), obtém-se, então, a noção de Forma Lógica. (*Tr.* 2.18, 4.12, 4.121). Forma Lógica é a Forma de Afiguração considerada apenas como um modo de conexão, qualquer que seja este modo. A Forma de Afiguração espacial tem, assim, uma Forma Lógica se, na Forma de Afiguração espacial, for considerado somente o seu aspecto de ser um modo de conexão e não um modo de conexão espacial. Por conseguinte, todas as representações, por figurarem conexões de objetos, têm uma Forma de Afiguração que é Lógica.

Para que uma representação determinada possa concordar com um fato específico é suficiente que: (1) cada elemento da representação denote um e somente um objeto no fato. (Representação e fato devem, assim, ter a mesma multiplicidade numérica. Esta condição exprime apenas que a relação denotativa é uma função bijetiva: a cada elemento da representação é associado um e somente um objeto do fato; cada objeto do fato tem ao menos um elemento da representação que o denote); (2) o modo de conexão dos elementos da representação é o mesmo que o modo de conexão dos objetos do fato. (Esta condição significa que a Forma de Afiguração da Representação é a Forma do fato representado); (3) os elementos do fato representativo estão conectados da mesma maneira que os objetos por eles denotados estão conectados no fato representado.

Se analisarmos *não* as condições que uma representação determinada deve satisfazer para representar um fato específico, mas as condições gerais que uma representação (tomada como tal) deve satisfazer para que seja possível que ela concorde com qualquer fato, então é necessário supor que a Realidade e, portanto, todos os estados de coisas, e *a fortiori* todos os fatos do Mundo sejam estruturados pelo modo de conexão da Representação. Em outras palavras, o modo de conexão da Representação em geral (abstração feita dos modos particulares de cada representação) deve ser idêntico ao modo de conexão de qualquer estado de coisas (abstração feita dos estados de coisas específicos). O *Tractatus* exprime estas condições mostrando que (1) toda Forma de Afiguração das representações é Lógica; (2) a Forma Lógica é a Forma da Realidade (*Tr.* 2.18-2.2, 4.12-4.121). Evidentemente, como a Forma Lógica é uma condição de qualquer representação, é ela que torna possível que representações possam ser verdadeiras. Mas, as representações não podem figurar a Forma Lógica, apenas a mostram: "A proposição *mostra* a forma lógica da realidade. Ela a exibe". (*Tr.* 4.121). "O que *pode* ser mostrado, não *pode* ser dito" (*Tr.* 4.1212).

A Realidade e, por conseguinte, o Mundo parecem "espelhar" a linguagem. Se existem representações *o que é* representado é uma possível conexão de objetos. Essa conexão é um elemento do Mundo? Uma resposta a essa questão pressuporá em última análise uma harmonia entre a Linguagem e a Realidade. O *Tractatus* assume essa harmonia afirmando que o Mundo e a Realidade (como foi acima mostrado) têm uma mesma Forma Lógica, isto é, a Forma Lógica da Representação é a Forma da Realidade e a do Mundo.

O *Tractatus* retoma assim uma reflexão da filosofia especulativa espinosista: "A ordem e a conexão das idéias é a mesma que a ordem e a conexão das coisas".[47] A retomada desta "tese" por uma obra que pretende mostrar que as proposições filosóficas são absurdas (*unsinning*) não sugeriria um reexame da filosofia especulativa a partir dos métodos de análise lógica da linguagem? É curioso notar que na *Ética* de Espinosa e no *Tractatus* a tese da identidade entre a ordem das representações e a ordem da realidade tem uma função: a de tornar plausível a noção de verdade como concordância entre representações e estados de coisas (idéias e coisas em Espinosa).

(IV) *Conclusão*

Os termos "objeto" e "representação" foram analisados em duas perspectivas opostas: a perspectiva da filosofia da consciência e a da análise lógica da linguagem. Em Descartes, o pensamento como consciência é a noção fundamental do sistema; dela se deriva a noção de representação (idéia), que tem uma dupla função: tornar o sujeito consciente dos seus atos de pensamento e apresentar na consciência um conteúdo determinado. Se "objeto" significa originariamente o que está na consciência de um sujeito como algo de determinado, derivadamente ele significa o correlato em si dos conteúdos determinados de consciência. E "objeto" significa, então, o que está diante do sujeito como exterior e heterogêneo à consciência do próprio sujeito. São as exigências realistas da definição de verdade que determinaram esta extensão do significado do termo "objeto". Provar que os objetos considerados como coisas em si podem ser conhecidos ou que é possível ter conhecimentos verdadeiros, é uma tarefa que só a veracidade divina pode garantir ao assegurar a legitimidade universal do critério de verdade e, portanto, a harmonia entre Pensamento e Realidade.

A análise da noção de representação no *Tractatus* aparece como uma alternativa ao paradigma cartesiano. Com efeito, não somente o *Tractatus* mostra um método alternativo de análise filosófica, opondo-se ao método introspectivo, como também elimina a noção de pensamento como conceito primitivo e torna desnecessária a noção de sujeito na elucidação do conceito de representação.

O *Tractatus* formula as condições da representação. A satisfação destas condições pressupõe que fatos e objetos sejam dados para que existam representações. Assim, fatos e objetos não são constituídos por representações e é a noção de objeto que, em última análise, justifica a independência lógica (conceitual) e ontológica dos fatos face às representações e legitima o realismo implícito do *Tractatus*.

Para que as representações possam concordar com a realidade é necessário acrescentar uma condição às condições da representação: a Forma Lógica deve ser a Forma da Realidade, o mundo deve espelhar a linguagem. O *Tractatus* rompe com o método introspectivo e com a própria concepção de filosofia da teoria da consciência cartesiana, mas termina, ao analisar as condições da representação verdadeira, por re-introduzir com novos conceitos e novos argumentos uma conhecida tese do racionalismo especulativo: a da identidade entre a ordem das representações e a ordem da realidade. O *Tractatus* parece nos convidar, assim, a revisitar as teses da tradição, para com métodos novos (o da análise lingüística, por exemplo) reformulá-las e integrá-las à nova concepção de filosofia.

# Notas

1. Esse brevíssimo resumo da sutil análise de Tomás de Aquino se baseia na excepcional interpretação da teoria do conhecimento tomista feita por J. Maréchal em sua obra *Le Point de Départ de la Métaphysique*, Cahier V, 2ª ed, Paris-Bruxelas, Desclée de Brouwer, 1949. Ao apresentar sumariamente a perspectiva tomista, nós procuramos apenas indicar as razões que transformaram a questão da representação e de objeto num problema decisivo para a filosofia moderna e contemporânea.
2. Ver J. Maritain. *Les Degrés du Savoir*, Desclée de Brouwer, 1959, 6ª edição, Paris, p. 231-253.
3. Citarei os textos de Descartes segundo a edição C. Adam e P. Tannery, *Oeuvres de Descartes*, Paris, Vrin, 1973, doravante A.T., indicando volu-

me, página e, quando necessário, linha. Eventualmente, citaremos também a edição de Ferdinand Alquié: *Descartes, Oeuvres Philosophiques*, 3 volumes, Paris, éditions Garnier, 1967. Os textos de Descartes citados em português foram extraídos da edição traduzida por J. Guinsburg e Bento Prado Jr., *Descartes. Obra Escolhida*, São Paulo, Difusão Européia do Livro, 1962. A coleção Os Pensadores, da Editora Abril Cultural, reproduz essa excelente tradução em português de alguma das obras de Descartes.

4. A.T., *Meditationes de Prima Philosophia*, vol. VII. Ver também *Méditations Métaphysiques* (tradução francesa), vol. IX-I.

5. A.T. *Correspondance*, Carta CLXXIV, 16 de outubro de 1939, p. 596-597, linhas 25-18.

6. A consciência desta ruptura com a escolástica está expressa nas *1ªs Objeções às Meditações* formulada pelo tomista Caterus, que compreendeu perfeitamente a concepção cartesiana, mas, em razão de tê-la compreendido, procura refutá-la. Ao invés de formular críticas internas ao sistema, como fez, por exemplo, Arnauld nas *4ªs Objeções*, Caterus critica Descartes do ponto de vista tomista, e obviamente não se ilude com o vocabulário escolástico utilizado por Descartes para expor as suas novas concepções, modificando assim o sentido de certas noções escolásticas. Ver A.T. *Primae Objectiones*, vol. VII, p. 91-101.

7. A.T. *Responsio ad Secundas Objectiones*, vol. VII, p.160-1.

8. Idem, p. 160.

9. Idem, p. 161. É necessário notar que com a definição III termina o ciclo das definições dos conceitos que têm uma função prioritariamente epistemológica no sistema. Com a definição IV iniciam-se as definições dos conceitos que têm uma função ontológica.

10. *Descartes. Obra Escolhida*, p. 139. Essa edição brasileira traduz o texto francês das *Meditações*, que por sua vez é uma tradução (revista por Descartes) do texto latino. Não há, em relação à citação, diferença fundamental entre os dois textos (latino e francês), salvo o aparecimento na versão francesa do verbo "representar" que traduz o verbo "pensar" em latim. A tradução literal do texto latino é: "Alguns desses pensamentos são como imagens de coisas, e é somente a eles que convém propriamente o nome de idéia: como logo que eu *penso* um homem, uma quimera ou o céu, ou um anjo ou Deus". A.T. Vol. VII, p. 37, linhas 3-4, (grifos meus).

11. Descartes define a noção de *ordem* como "as coisas que são propostas em primeiro lugar devem ser conhecidas sem a ajuda das seguintes e as seguintes devem ser dispostas de tal maneira que elas sejam demonstradas somente pelas coisas que as precedem". (A.T. *Secundae Responsiones*, vol. VII, p. 155, linhas 11-4). Da noção de ordem Descartes distingue uma dupla maneira de demonstrar: *a via analítica* que mostra como "uma coisa foi metodicamente e como que a priori inventada" (idem, linhas 23-4), e a *via sintética* que se serve de uma longa cadeia de definições, postulados e axiomas e "demonstra claramente o que é concluído" (idem, p. 156, linhas 8 e 10).
12. A.T. *Exposition Géometrique*, vol. VII, 1ª definição, p. 160.
13. Idem. Enquanto que a versão francesa afirma "que somos imediatamente seus conhecedores", o texto latino afirma incisivamente: "... *ut ejus immediate conscii simus*". No século XVII o termo "consciência" em francês tinha um sentido moral (de consciência moral); daí a tradução de "consciente" por "conhecedor". Ver também A.T., *Principia Philosophiae*, vol. VIII-1, Parte 1, # 9, onde é usada a expressão "consciência".
14. A.T., *Meditationes*, vol. VII, p. 27, linha 14. É uma questão controversa entre os intérpretes de Descartes considerar o entendimento (ou a consciência) como a essência do pensamento. Ver o debate entre M. Gueroult e F. Alquié em *Descartes*, Cahiers de Royaumont, nº 2, Paris, Minuit, 1957, p. 32-71.
15. A.T., *Meditationes*, vol. VII, p. 27-9, *e Objectiones Tertiae*, Objectio II, p. 173-6.
16. Descartes distingue 3 graus de "certeza dos sentidos". O 1º é a ação corporal; o 2º é a sensação (por exemplo, ver amarelo ou ter consciência do amarelo), o 3º é julgar "isto é amarelo". Ver A.T., *Responsio ad Sextas Objectiones*, vol. VII, p. 436-9.
17. O Pensamento como consciência envolve sempre uma idéia que torna consciente o ato do pensamento e representa ao mesmo tempo um objeto. Por envolver sempre uma idéia, todo ato de consciência está ligado a uma percepção ou intelecção. Ver as excelentes análises de J.M. Beyssade, *La philosophie première de Descartes*, Paris, Flammarion, 1979, em especial cap. IV, # III, p. 202-7 e cap. V, # B, p. 230-7.
18. A.T., *Principia Philosophiae*, vol. VIII-1, Parte 1, # 9. Ver também A.T., *Quintae Responsiones*, vol. VII, p. 352.

19. Ver o excelente artigo de J. C. Pariente, "Problèmes logiques du Cogito" em *Le Discours et sa Méthode* organizadores N. Grimaldi e J. L. Marion, Paris, PUF, 1987, p. 224-64. Ver também o livro citado de J. M. Beyssade, *op. cit.*, cap. V, p. 217-65.
20. A.T. *Exposição Geométrica*, vol. VII, definição 1, p. 160.
21. Idem, definição 2, p. 160.
22. Ver J.M. Beyssade, "La philosophie..."*op. cit.* p. 202-8.
23. A.T., *Objectiones Tertiae*, Objectio V, vol. VII, p. 181.
24. A.T., *Meditationes*, vol. VII, p. 37, linhas 11-4.
25. A.T., *Principia Philosophiae*, vol. VIII-1, Parte I, # 48-50, p. 22-4.
26. Ver cartas à Elisabeth: carta CCCII (28 de dezembro de 1643) e carta CCCX (28 de junho de 1643). A.T., *Correspondance*, vol. III, p. 665-6 e 691, respectivamente.
27. A.T., *Meditationes*, vol. VII, p. 40-2.
28. A.T., *Secundae Responsiones*, v. VII, Definição III, p. 161.
29. Essa "reconstrução" do argumento cartesiano permite que se elucide o difícil problema das idéias materialmente falsas, que são idéias que representam o nada como se fosse alguma coisa: *"cum non rem tanquam rem repraesentant"*. (A.T., *Meditationes*, vol. VII, p. 43, linhas 29-30).
30. A.T., *Meditationes,* vol. VII, p. 41, linha 24. A mesma expressão e o mesmo argumento são repetidos na resposta à Caterus. Ver A.T., idem, *Primae Responsiones*, p. 103, linha 4.
31. A.T., vol. VIII-1, *Principia Philosophiae*, I, # 48, linhas 27-30.
32. As noções primitivas do cartesianismo estão indicadas nas cartas citadas a Elisabeth e nos *Principia Philosophiae*, I, # 48. Quando afirmo que os ideatos (os conteúdos das idéias) são as entidades elementares do sistema, quero dizer apenas que estes conteúdos não são constituídos por operações lógico-lingüísticas, isto é, que eles, de uma certa maneira, são *dados*.
33. "Pois, com efeito, aquelas [idéias] que me representam substâncias são, sem dúvida, algo mais e contêm em si (por assim falar) mais realidade objetiva, isto é, participam por representação num maior número de graus de ser ou de perfeição do que aquelas que representam apenas modos ou acidentes". Cf. *Descartes, Obra Escolhida, op. cit.*, p. 143. Este tex-

to, extraído da tradução brasileira do texto francês das *Meditações,* é fundamental, pois ele introduz nas *Meditações* o conceito de realidade objetiva. Note-se que a frase que se inicia a partir da expressão "isto é" até a expressão "perfeição" foi acrescentada pela versão francesa ao texto latino.

34. Descartes, *Obra Escolhida, Exposição Geométrica,* Definição III, p. 234-5. A expressão "ou por representações" não ocorre na versão latina.
35. A.T., *Primae Responsiones,* vol. VII, p. 102-3, linhas 25-1.
36. L. Wittgenstein, *Tractatus Logico-Philosophicus* (*Logisch-philosophische Abhandlung*), texto bilingüe (alemão-inglês), tradução D. Pears & B. McGuinness, Routledge & Kegan Paul, Londres, 1961.
37. Descartes, *Obra Escolhida... op. cit.* p. 136.
38. Quase sempre citarei o *Tractatus* em português segundo a tradução de J. Giannotti: L. *Wittgenstein, Tractatus Logico-Philosophicu*s, tradução e apresentação de J. A. Giannotti, São Paulo, Cia. Editora Nacional, 1968. Existe também em português uma excelente tradução do *Tractatus*: *Tractatus Logico-Philosophicus,* tradução e apresentação de Luiz Henrique Lopes dos Santos, São Paulo, Edusp, 1993.
39. A expressão "enunciado" é utilizada aqui num sentido intencionalmente ambíguo. O termo correto seria "figuração" ou "proposição". Mas, como o sentido destes termos ainda não foi definido, preferimos usar, de uma maneira vaga e imprecisa, o termo "enunciado".
40. O *Tractatus* usa a palavra "*das Bild*" que é habitualmente traduzida como "quadro". Mas "*das Bild*" significa, no contexto do *Tractatus*, modelo lógico, figuração, descrição etc. Associados à palavra "*das Bild*", Wittgenstein usa os verbos *vorstellen, darstellen ou abbilden*, o que permite também traduzir "*das Bild*" como representação. Neste capítulo usarei os termos "representação" e "figuração" como sinônimos.
41. O que é representado não é o *modo* de conexão das coisas referidas, mas a conexão das coisas, isto é, as coisas ligadas (o estado de coisas).
42. A prova desta afirmação supõe que já tenha sido definida a Relação Afigurante. Dado um fato que é uma conexão subsistente de objetos, este fato transforma-se num fato representativo, se os seus objetos denotam outros objetos. Os objetos do fato, em virtude da relação denotativa, passam a ser considerados como substitutos simbólicos dos objetos denotados. O Fato representativo representa, assim, uma (mesma) conexão de

objetos cujos componentes são os objetos denotados, isto é, a conexão do fato representativo, por ser uma conexão de elementos simbólicos, representa uma possível ligação de objetos, um estado de coisas, que tem a mesma conexão do fato representativo, mas tem outros objetos (os objetos denotados) como seus componentes.

43. Demonstrarei esta tese mais adiante.
44. "Só a proposição tem sentido; só em conexão com a proposição um nome tem denotação" (*Tr.* 3.3).
45. A Relação Afigurante ou a relação denotativa é uma função bijetiva. Na análise das condições da representação verdadeira ficará mais claro o fato da relação funcional de denotação ser uma função bijetiva e não apenas injetiva.
46. Como estamos analisando a frase elementar, a relação signo-objeto é de fato uma correlação entre signo simples e objeto simples.
47. B. Espinoza. *Ethica*, II, De Natura et Origine Mentis, proposição VII. Edição *Spinoza Opera,* C. Gebhardt, Heidelberg, 1972.

# 5

# LA NOTION DE VÉRITÉ
# DANS L'*ÉTHIQUE* DE SPINOZA

I. *Introduction*

Si la question de la vérité est une question présente dans toute la tradition philosophique, la définition de la vérité comme correspondance entre l'idée et son objet se trouve chez des philosophes aussi différents que Thomas d'Aquin, Descartes, Kant et Wittgenstein. Bien sûr, ce n'est que d'un point de vue très général que l'on peut affirmer que la définition de la vérité est la même pour tous ces philosophes: les notions mêmes *d'idée* et *d'objet,* la relation de correspondance prennent une signification fort différente dans chaque système.

La définition de la vérité comme correspondance entre l'idée et son objet est une relation entre deux termes et en tant que telle elle doit satisfaire à certaines conditions; d'une part, c'est une relation asymétrique d'autre part, les termes qui se correspondent sont hétérogènes (dans un sens que nous préciserons). Le fait que la relation soit asymétrique signifie qu'il ne s'agit pas d'une association bi-univoque entre deux termes: idées d'un côté, objets de l'autre, mais d'une relation à sens unique: c'est par l'idée qu'on connaît l'objet. En outre, les termes de la relation sont hétérogènes. Ceci signifie, en premier lieu, que les deux termes de la relation ont une fonction différente: c'est l'idée, par exemple, qui représente l'objet; c'est l'objet qui rend vraie la représentation. Les deux termes peuvent encore être considérés comme hétérogènes en ce sens que, dans certains cas, ils sont logiquement et ontologiquement différents (par exemple, les idées sont des modes de l'attribut Pensée et les corps sont des modes de l'Extension). Finalement, si on affirme (dans un jugement) qu'une idée est vraie, on n'affirme pas seulement que par l'idée on identifie l'objet, mais on affirme qu'il y a un rapport de similitude entre l'idée et son objet.

Si la définition de la vérité n'est qu'une définition nominale, ou si elle n'a d'autre fonction que de signaler le point de départ d'une recherche sur la vérité sans s'engager sur la valeur ontologique des termes qui se correspondent, on peut l'utiliser comme, par exemple, le fait Kant dans la *Critique de la Raison Pure*.[1] Mais la définition de la vérité comme correspondance peut aussi être interprétée dans un contexte réaliste; les termes qui se correspondent ont alors une signification très précise: c'est quelque chose de réel (qui appartient au monde) qui rend la connaissance vraie et la connaissance est vraie si elle est une représentation correcte de ce qui la rend vraie. Mais, ce qui appartient au monde comme chose réelle ne peut être identifié que par une idée ou un énoncé vrai. D'un côté, l'interprétation réaliste de la définition nominale de la vérité doit affirmer l'hétérogénéité ontologique des termes qui se correspondent, mais de l'autre côté, la chose qui rend l'idée vraie est identifiée comme chose réelle par l'idée vraie de cette chose.

La définition de la vérité comme cohérence essaie de surmonter les difficultés de l'interprétation réaliste du principe de correspondance. La vérité d'une idée exprimée dans un énoncé consisterait dans le rapport qu'a cet énoncé avec d'autres énoncés de la théorie. Tout le problème évidemment consiste à formuler d'une manière précise la notion de cohérence. " Cohérence " signifie quelque chose de plus que la simple consistance ou compatibilité entre les énoncés et quelque chose de moins que la déductibilité formelle des systèmes logiques puisque, d'une part, les énoncés considérés par le sens commun comme faux peuvent être consistants entre eux; d'autre part, il y a des énoncés vrais qui ne peuvent pas être déduits dans un système formel comme nous le montrent les théorèmes de limitation des systèmes formels.

Mais, même s'il était possible de formuler correctement la notion de cohérence, quel serait le rapport entre les énoncés considérés comme vrais et la réalité? L'existence d'un objet mathématique peut être établie par un théorème dont la forme logique est la forme d'une existentielle. Mais, si les objets décrits par des énoncés sont des objets physiques, suffit-il de déduire un énoncé qui décrit un objet pour que cet objet existe comme réalité physique? Bref, la cohérence d'un énoncé peut-elle être un critère suffisant de l'existence d'un objet?

Ces questions posées par la définition de la vérité trouvent dans l'*Ethique* de Spinoza[2] une réponse aussi subtile qu'originale. Dans l'*Ethique* les deux théories de la vérité coexistent. Si la vérité est en premier lieu correspondance, c'est par une sorte de cohérence que la vérité s'impose à l'homme comme correspondance.

## II. *Vérité et correspondance*

Dans le *de Deo* (*Ethique I,* axiome 6) Spinoza affirme:

Idea vera debet cum suo ideato convenire

Cet axiome n'est pas "stricto sensu" une définition de la vérité. Il n'est ni une définition nominale – qui indiquerait la signification du mot "vérité" – ni une définition réelle puisque la vérité n'est pas une chose, mais un rapport entre l'idée et son objet. Ainsi, la vérité est introduite dans l'*Ethique I* comme un axiome, c'est-à-dire, comme une vérité éternelle qui, dans ce cas précis, est un rapport entre deux entités: idées et objets.

Il faut remarquer que cet axiome ne dit pas que l'idée vraie se conforme à son objet, mais que l'idée *doit* se conformer à son objet pour qu'elle puisse être considérée comme une idée vraie.

Cet axiome sera employé deux fois dans l'*Ethique I,* dans la démonstration de la proposition 5 et dans celle de la proposition 30. Dans les deux cas, la fonction de l'axiome est de garantir le passage (si dans le cas de l'*Ethique* de Spinoza on peut s'exprimer ainsi) entre ce qui est connu par l'entendement et ce qui existe en soi dans la Nature. D'ailleurs la démonstration de la proposition 30 (*Ethique I*) explicite la signification de l'axiome et le rôle qu'il a de la manière suivante: "... comme il est connu de soi, ce qui est contenu objectivement dans l'entendement doit être nécessairement donné dans la nature".

Mais ce passage entre ce qui est conçu et ce qui est en soi ("*in se considerata*" *Eth. I,* prop. 5, dém.) peut soulever des problèmes. Selon la proposition 10 de l'*Ethique I,* les attributs qui constituent la substance absolument infinie sont *conçus par soi*. Donc, le concept d'un attribut n'enveloppe pas le concept d'un autre. En raison de l'axiome 4 de l'*Ethique I* qui dit que: "la connaissance de l'effet dépend de la connaissance de la cause et l'enveloppe", un attribut ne peut pas être cause ou effet d'un autre attribut. Les modes infinis ou finis sont les effets des attributs (voir *Ethique I,* prop. 21, 22, 24, 25,

28). Ainsi, le concept de chaque mode n'enveloppe et ne dépend que du concept de son attribut dont il est l'effet (*Eth. II*, prop. 5 et 6). Une idée qui est un mode fini de l'attribut Pensée ne dépend et n'enveloppe dans son concept que l'attribut Pensée (*Eth. II*, prop. 5, dém.). L'idée ainsi n'est l'effet que de la Pensée. Les corps qui sont des modes finis de l'attribut Extension (*Eth. II*, déf. 1) n'ont comme cause que l'Extension (*Eth. II*, prop. 6). Ainsi, il n'y a pas de causalité ni d'action réciproque entre les modes des attributs différents : un corps ne peut agir sur une idée, ni une idée sur un corps. Et cependant on peut dire, selon l'axiome 6, que, par exemple, l'idée d'un corps sera vraie si elle se conforme avec le corps dont elle est l'idée.

La difficulté (à propos de l'axiome 6) que nous voudrions souligner a un double aspect :

1° d'une part, l'idée est vraie en raison des propriétés extrinsèques à l'idée même : la relation de conformité ou de correspondance, au moins dans le cas où l'objet de l'idée est un mode de l'Extension, est une relation extrinsèque à l'idée. Or, l'ontologie de Spinoza rattache l'idée qui est mode à son attribut. Jamais une propriété ou caractéristique de l'idée n'aura comme cause ou explication un mode d'un attribut autre que les modes de l'attribut Pensée.

2° D'autre part, l'axiome 6 n'est pas une définition sous forme d'axiome de ce qu'est une idée vraie. En effet, pour que la relation de conformité soit significative, il est nécessaire que les termes de cette relation soient des termes différents ; dans le cas contraire, la relation de conformité serait une relation d'identité, et il va de soi que toute chose est conforme à soi-même. Si les termes de la relation sont d'une part les idées et d'autre part, les corps, la condition de différence, et même de différence ontologique entre les termes est satisfaite. Mais, si le corps comme objet est reconnu comme différent de son idée, c'est parce qu'on a déjà une idée vraie de ce corps; on le connaît déjà comme différent de l'idée. Ainsi, si l'axiome 6 était une définition de l'idée vraie, il supposerait déjà une idée vraie, et ainsi il n'expliquerait pas ce qu'est l'idée vraie.

Mais nous pourrions nous demander si les difficultés que nous venons de signaler sur la signification et l'interprétation de l'axiome 6, sont, en fait, de réelles difficultés pour la philosophie spinoziste. C'est parce qu'on a au moins une idée vraie que l'on peut se demander ce qu'est la vérité. Si on possède une idée vraie – et parce qu'on la possède – on peut distinguer le vrai de ce qui n'est pas vrai en réfléchissant sur l'idée vraie: si on n'a pas une idée vraie, on ne peut pas dire ce qu'est la vérité et partant distinguer la vérité de la non-vérité. S'il y a une méthode philosophique, elle n'est pas une voie d'acquisition ou de découverte mais de réflexion et d'explication de l'idée vraie. En outre, la certitude[3] n'est pas quelque chose qui s'ajoute à l'idée vraie.

Elle est, tout au plus, reconnaissance de la vérité. Reconnaître c'est réfléchir sur l'idée qu'on avait déjà, c'est-à-dire, avoir l'idée de l'idée. Mais l'idée de l'idée c'est la forme même de l'idée, c'est-à-dire son essence (*Eth. II,* prop. 21, scolie). Toute idée est réflexive. Et si on fait abstraction des objets des idées, toute idée de l'idée est l'idée même. Ainsi, si la philosophie de Spinoza rejette la méthode comme voie de découverte de la vérité, c'est parce qu'on doit déjà posséder au moins une idée vraie pour distinguer la vérité de la non-vérité. La méthode est ainsi réflexion, et l'idée vraie parce qu'elle enveloppe la certitude est norme du vrai et du faux (*Eth. II,* prop. 43 et scolie).

Mais, si la vérité est *"norma sui"*, alors un philosophe dogmatique, lecteur de Spinoza, pourrait essayer de nous montrer que la question de la vérité n'est pas une question centrale de la philosophie de Spinoza. Il pourra formuler l'argument suivant: ou bien nous avons des idées vraies, ou bien nous n'en avons pas. Si nous n'en avons pas, il n'est pas question de réfléchir sur la vérité: le problème de la vérité ne se pose même pas. Or, puisqu'il se pose c'est que nous avons déjà une idée vraie. Si nous avons une idée vraie, elle est conforme à son objet. Donc, nous avons des idées conformes à leurs objets.

Une chose est d'avoir une idée vraie, autre chose de montrer que si une idée est vraie, alors elle est conforme à son objet. L'axiome 6 (*Eth. I*) ne dit pas qu'une idée est vraie parce qu'elle est conforme à son objet. Son sens n'est pas celui de l'énoncé:
1° si une idée est conforme à son objet, alors elle est vraie; mais de l'énoncé:
2° si une idée est vraie, alors elle est conforme à son objet.

En effet, on ne doit pas comparer l'idée avec son objet pour affirmer la vérité de l'idée, mais c'est parce que l'idée est vraie, qu'elle se conforme à son objet. L'occurrence du mot "*debet*", dans l'axiome 6 montre que c'est l'énoncé 2° qui exprime correctement le sens de cet axiome.

Si la conformité à l'objet est une conséquence de la vérité de l'idée et non sa cause, alors la relation de correspondance entre idées et objets ne peut être établie qu'au moyen des propriétés intrinsèques à la nature de l'idée.[4] Si nous avons des idées vraies, et nous les avons, et si nous savons qu'elles sont vraies, c'est parce que ces idées en tant que modes de la Pensée ont des propriétés intrinsèques qui les rendent vraies et les rendent immédiatement reconnaissables comme vraies. S'il est impossible de montrer comment on peut acquérir une première idée vraie – puisque la méthode est une réflexion sur une idée vraie donnée d'avance – nous devons cependant montrer que les idées vraies sont vraies – c'est-à-dire conformes à leurs objets – en raison des propriétés intrinsèques à leur nature et non en raison de leur conformité à des objets. Ainsi, la question de la correspondance de l'idée à l'objet devra être résolue par l'analyse de la nature de l'idée vraie.

L'*Ethique II* introduit, par définition, les notions d'idée et d'idée adéquate. L'idée (que nous avons) est "acte de connaître" et non un tableau muet (*Eth. II*, prop. 43, sc.; 48, sc.; 49, sc.). L'idée adéquate est une idée qui a toutes les propriétés de l'idée vraie sauf la relation extrinsèque que l'idée vraie a avec son objet. Ainsi, l'idée adéquate est l'idée vraie abstraction faite de son rapport à son objet (*Eth. II*, déf. III et IV).

On pourrait croire que le problème de la correspondance est résolu par la définition de l'idée adéquate. Cependant, la définition de l'idée adéquate n'est pas une définition génétique, c'est-à-dire définition de la chose par son essence ou par sa cause prochaine.[5] Elle ne dit pas en quoi consiste l'idée adéquate. Elle ne dit pas non plus que l'âme humaine a des idées adéquates. Finalement, elle ne démontre pas l'identité entre l'idée adéquate et l'idée vraie. C'est dans l'analyse de ces trois problèmes, c'est-à-dire (I) de l'essence de l'idée adéquate, (II) de la preuve que l'âme a des idées adéquates, (III) de l'identité essentielle entre l'idée adéquate et l'idée vraie que gît la solution de la correspondance.

III. *Analyse de la notion d'idée*

**(A)** L'idée que *l'âme est,* l'idée que l'*âme a*

L'*Ethique II* est une longue réflexion sur la notion d'idée, sur la notion des objets des idées et elle s'achève par une analyse de la connaissance humaine. Spinoza développe ses réflexions dans l'*Ethique II* dans un contexte où son ontologie a déjà été formulée et où sa réflexion morale devra prendre en considération ces résultats épistémologiques. Ainsi, la théorie de la connaissance de Spinoza est subordonnée à son ontologie et elle doit être comprise comme une étape de la description d'un itinéraire intellectuel qui conduit à la béatitude. Si l'ontologie est un présupposé de la théorie de la connaissance, la morale comprise comme libération de l'homme est son objectif.

Dans la définition 3[6] de l'*Ethique II* Spinoza nous dit que l'idée est un acte de l'âme que l'âme forme parce qu'elle est une chose pensante. Par cette notion d'acte, Spinoza s'oppose à une définition de l'idée comme tableau muet, c'est-à-dire à l'idée comprise comme une représentation qui aurait besoin d'un acte pour affirmer le contenu représenté comme quelque chose de réel (*Eth. II*, prop. 43, sc.; prop. 44, dém. et sc.; prop. 48, sc.; prop. 49, dém. et sc.). Selon Spinoza l'idée, par elle-même, affirme ou pose comme réel ce qu'elle exprime ou représente. C'est parce qu'elle enveloppe l'affirmation de ce qu'elle représente ou exprime, que l'idée doit être considérée comme un acte. Mais, si l'idée est un acte de l'âme, l'âme elle-même est l'idée du corps. Dans la proposition 11 de l'*Ethique II* Spinoza affirme: "Ce qui constitue en premier l'être actuel de l'âme humaine n'est rien d'autre que l'idée d'une chose singulière existant en acte". La définition 3 (*Eth. II*) contient implicitement une distinction entre l'idée qu'on *est* – l'âme humaine – et l'idée que l'âme humaine (comme idée) *a*.

Cette distinction implique-t-elle qu'il existe différentes classes ou différents genres d'idées? Or, toute idée est un mode de la Pensée. L'idée que *l'âme est* et les idées que l'âme *a* sont des modes finis de la Pensée. Cette distinction est-elle nécessaire et joue-t-elle un rôle dans la philosophie de Spinoza? L'âme est l'idée qui a comme objet une chose singulière qui a une durée, en d'autres termes, l'objet de l'idée qui constitue l'âme humaine est le corps (*Eth. II*, prop. 13). Mais *l'âme ne connaît pas l'objet dont elle est l'idée par l'idée qu'elle est, c'est-à-dire, l'âme ne connaît pas son corps par l'idée qu'elle est.* Donc la distinction en question introduit déjà une différence entre les notions d'idée et de connaissance. *"Etre l'idée de X"* ne signifie pas connaître (nécessairement) X, parce que l'âme ne connaît pas son corps par l'idée qu'elle est.

Cette distinction entre idée et connaissance est-elle dans tous les cas légitime?

En Dieu cette distinction entre idée et connaissance n'a aucune signification. En effet, par la proposition 16 de l'*Ethique I,* Dieu nécessairement produit tout ce qu'il peut produire et, au même temps, connaît tout ce qu'il produit. Les propositions 3 et 4 de l'*Ethique II* introduisent l'expression "Idée de Dieu (la proposition 30 de l'*Ethique I* emploie l'expression "Entendement infini" qui n'a pas la même signification que l'expression "Idée de Dieu"). Et cette expression, chaque fois qu'elle est employée exprime la connaissance que Dieu a de son essence et de tout ce qui suit de son essence. Ainsi, en Dieu "connaissance de X" ou "idée de X" ont la même signification.

Cette identification n'empêche pas que Spinoza en analysant la notion d'idée fasse une très subtile différence dans l'emploi de certaines notions. En effet, dans la proposition 1 de l'*Ethique II,* Spinoza donne deux démonstrations que la Pensée est un attribut de Dieu. Dans la première démonstration – dite *a posteriori* – c'est la constatation que les pensées singulières sont des modes et modes de l'attribut Pensée qui rend possible la preuve que Dieu est une *res cogitans.* Dans la deuxième preuve du même énoncé, c'est le pouvoir de connaître une "infinité des choses en une infinité de modes" qui a la fonction que les idées comme modes avaient dans la première démonstration. Jusqu'à la fin de la première partie de l'*Ethique II* (proposition 13, sc.) on remarquera que chaque fois qu'il faut démontrer une propriété ontologique de l'idée, Spinoza emploie l'argumentation de la première démonstration de la proposition 1, c'est-à-dire, il montre que l'idée est un mode de l'attribut Pensée. Ainsi, la deuxième démonstration de la proposition 5 (*Eth. II*) par exemple, qui concerne l'être formel des idées, va de la constatation de l'idée comme mode à l'affirmation (immédiate) qu'elle est un mode de l'attribut Pensée. Cependant, chaque fois que Spinoza veut analyser l'idée dans sa fonction cognitive il emploie l'expression "Puissance de Penser". C'est par cette notion que le concept d'Idée de Dieu est introduit. Les corollaires des propositions 7, 8, 9, 11 (*Eth. II*), la première démonstration de la proposition 5 (*Eth. II*), et de la proposition 12 (*Eth. II*) emploient les notions d'Idée de Dieu ou de Puissance de Penser. Et dans toutes ces propositions et corollaires il s'agit de souligner la fonction cognitive de l'idée.

La distinction terminologique ou conceptuelle entre l'attribut Pensée et la Puissance de Penser semble se dédoubler en une autre distinction terminologique d'origine scolastico-cartésienne, mais qui chez Spinoza prend une toute autre signification. L'idée comme mode de l'attribut Pensée est une réalité; autrement dit, elle a un être formel (*Eth. II*, prop. 5). Comme tout mode fini d'un attribut quelconque, l'idée exprime son attribut d'une manière certaine et déterminée (*Eth. I*, prop. 25, cor. ; *Eth. II*, prop. 10, cor.). Mais en raison de la spécificité de l'attribut Pensée (il est comme tout attribut un attribut qui exprime dans son genre la substance absolue, mais il est aussi une Puissance de Connaître) l'idée comme mode de la Pensée a un être formel qui doit exprimer comme mode fini le pouvoir de connaître de l'attribut dont elle est un mode. Ainsi, exprimer d'une manière certaine et déterminée l'attribut Pensée signifie à la fois être une réalité – effet de l'attribut – et avoir un pouvoir cognitif. Dès lors, la distinction (de raison) entre la Pensée et le Pouvoir de Penser s'exprime dans les modes finis qui sont les idées: leur fonction expressive a une fonction cognitive.

Dans la terminologie cartésienne "réalité objective de l'idée" signifie que le contenu représenté de l'idée est une réalité qui a plus ou moins de perfection. Pour Descartes, il s'agit d'abord de montrer que les idées qui sont des représentations, c'est-à-dire, qui sont idées de quelque chose, ont, comme contenus représentés, des réalités. Ainsi, à la théorie de la représentation (l'idée définie comme une image) on ajoute l'affirmation (ou on postule) que les contenus représentés sont des réalités qui ont plus ou moins de perfection.

Chez Spinoza, l'idée est réalité[7] (son être formel) et elle a en même temps un être objectif (*Eth. II,* prop. 8, cor.; prop. 7, cor.). On pourrait, (et ce ne serait pas absurde), interpréter l'être objectif de l'idée comme l'expression de sa fonction représentative. Cependant, l'idée est un acte, elle affirme ce qu'elle représente comme réel dans l'acte même de présenter. Ainsi, il n'y a pas un moment (logique) de la représentation auquel s'ajoute l'affirmation. L'acte qui représente affirme, et comme affirmer ce qui est représenté c'est connaître, le même acte qui représente connaît ce qui est représenté comme une chose réelle. L'être objectif de l'idée est la présentation par l'idée – l'expression par l'idée dans l'attribut Pensée – des êtres formels des objets. Ainsi, l'idée est une réalité expressive dans un double sens: comme mode fini elle exprime son attribut d'une manière certaine et déterminée, et elle peut aussi exprimer comme mode de la Pensée les êtres formels des autres choses. "Exprimer" dans ce deuxième sens signifie avoir le pouvoir de connaître.

Mais, si l'idée comme mode fini exprime la Puissance de Connaître de l'attribut, pourquoi ne peut-on pas d'emblée identifier *idée de X* avec *la connaissance de X*? Dans la substance absolue "idée" signifie "connaissance" parce que l'attribut Pensée est la même chose que la Puissance de Connaître. Chaque fois donc que l'on pourra identifier dans l'homme l'idée avec une partie de la connaissance ou du pouvoir de connaître que Dieu a, cette idée signifiera connaissance dans l'homme. Ce qui permet d'identifier l'idée avec la connaissance, ce n'est pas le fait que l'idée soit une réalité, mais c'est le fait que cette réalité comme mode fini de la Pensée a un pouvoir de connaître qui, en Dieu, s'identifie avec l'attribut Pensée. La distinction entre l'idée que l'*âme est* et l'idée que l'*âme a* atteste le double aspect de l'idée. Et elle montre que ce qui est identique en Dieu – la Pensée qui exprime d'une manière infinie son essence et la Puissance de Penser (*Eth. I*, prop. 34) – est dissocié dans un mode fini soumis à la durée. L'idée est d'abord un mode d'un attribut, et parce que ce mode est mode de la Pensée, l'idée a aussi un pouvoir de connaître.

### (B) La connaissance humaine ou les idées que l'*âme a*.

La distinction entre l'idée que l'*âme est* et l'idée que l'*âme a*, ainsi que la distinction entre l'être formel et l'être objectif de l'idée suscite une question : si l'idée est un mode (fini) de la Pensée, alors à quelles conditions l'idée comme mode dans l'homme a-t-elle une fonction cognitive? Pour répondre à cette question nous devrons analyser la notion de connaissance humaine.

Ce qu'on pourrait dénommer la théorie de la connaissance chez Spinoza se développe dans un cadre conceptuel ontologique: c'est à partir des rapports d'expression entre la substance et les attributs, des rapports d'expression et de causalité entre les attributs et les modes, et des rapports de causalité entre les modes que doit être analysée la connaissance humaine.

L'âme humaine n'est pas une substance, mais un mode (*Eth. II*, prop. 10, cor.); un mode qui est d'abord l'idée d'un objet (ou l'idée associée à un objet en raison du parallélisme (*Eth. II*, prop. 7 et 11), et, dans le cas que nous examinons, l'idée d'un objet qui existe dans la durée. L'idée comme mode fini exprime la Pensée d'une manière certaine et déterminée (*Eth. I*, prop. 25, cor.). Ainsi, comme l'idée est ce qui constitue d'abord l'essence de l'âme humaine (*Eth. II*, prop.11), l'idée que *l'âme humaine est* est l'expression finie de Dieu comme *res cogitans*. En ce sens, nous pouvons dire que Dieu constitue l'essence de l'âme humaine.

Ayant énoncé quelques présupposés ontologiques de la théorie de la connaissance, nous pouvons maintenant définir la nature de la connaissance humaine. Dans le corollaire de la proposition 11 (*Eth. II*) Spinoza affirme : "Il suit de là que l'Ame humaine est une partie de l'entendement infini de Dieu, et de ce fait lorsque nous disons que l'Ame humaine perçoit telle ou telle chose, nous ne disons rien d'autre sinon que Dieu, non en tant qu'il est infini, mais en tant qu'il s'explique par la nature de l'Ame humaine ou constitue l'essence de l'Ame humaine, *a* telle ou telle idée"...[8] (souligné par nous).

Ainsi, l'âme perçoit quelque chose seulement si Dieu en tant qu'il constitue l'essence de l'âme humaine *a* l'idée de cette chose. L'expression "constitue l'essence de l'âme humaine" signifie, comme nous l'avons déjà souligné, que l'idée que *l'âme est* exprime Dieu comme Substance Pensante d'une manière certaine et déterminée. Donc l'âme perçoit une chose seulement si l'idée qu'elle est (comme expression finie de Dieu) *a* l'idée de cette chose. En dernière analyse, pour l'âme connaître signifie *avoir l'idée de la chose*.

Les idées que l'*âme a* sont des connaissances complètes ou partielles. L'âme a une connaissance complète d'une chose, si *l'idée qu'elle est* est la seule cause de l'idée *qu'elle a* de cette chose. Une connaissance sera partielle si l'idée *que l'âme est* est une des causes (et pas la seule cause) de *l'idée qu'elle a* (*Eth. III*, déf.1, propositions 1 et *3; Eth. V,* prop. 31). Une connaissance complète est une connaissance adéquate, une connaissance partielle est dite inadéquate.

Les définitions que Spinoza présente dans le corollaire de la proposition 11 de l'*Ethique II* sont équivalentes à celles que nous venons de formuler. Cependant, il y a une différence apparente entre ces définitions. Celles que nous venons de formuler introduisent les notions de connaissance complète ou partielle en se bornant à l'idée que *l'âme est.* Elles sont plus faciles à comprendre que les définitions du corollaire de la proposition 11. Cependant, elles semblent cacher le rapport de dépendance de la connaissance humaine à la connaissance de Dieu. Bien sûr, ce rapport est implicitement reconnu parce que l'*âme est* l'expression finie (et dans la durée) de Dieu comme Substance Pensante. Cette dépendance ontologique du mode fini à l'attribut donne une signification précise à l'analyse de la connaissance humaine: si l'âme connaît c'est Dieu qui connaît affecté par l'idée de l'âme. En d'autres termes, si l'âme connaît une chose, alors c'est Dieu qui connaît cette chose *par* l'idée que *l'âme est.* Nous ne devons pas oublier qu'en Dieu l'idée est connaissance et que l'essence de l'âme est une idée. Ainsi, si l'âme connaît une chose, alors *l'idée* que *l'âme est* fait partie de la chaîne des idées par laquelle Dieu connaît cette chose selon l'ordre de production génétique de cette chose. Comme partie de cette chaîne l'âme ne la connaît pas nécessairement, mais Dieu connaît la chose par l'idée de l'âme qui est un maillon de la chaîne. Les définitions de la connaissance complète (adéquate) et incomplète (inadéquate) peuvent alors être données par des définitions génétiques, c'est-à-dire par des définitions de l'essence de la chose ou de sa cause prochaine. C'est de cette manière que le corollaire de la proposition 11 introduit les définitions de la connaissance, de la connaissance inadéquate et (comme Gueroult[9] l'a démontrée) de la connaissance adéquate. Dès lors, la définition que nous avons donnée de la connaissance adéquate et inadéquate ont la même signification que celles données par le corollaire 11 de l'*Ethique II*[10] si on garde à l'esprit les énoncés (déjà démontrés) précédents: (1) en Dieu toute idée est connaissance; (2) l'idée que l'*âme humaine est* est l'expression finie de Dieu comme *"res cogitans"*. Donc si l'âme connaît, c'est Dieu qui connaît *par* l'idée que *l'âme est*.

### (C) Les idées adéquates sont les idées vraies

Nous avons montré que la connaissance de l'âme humaine est la connaissance que Dieu a affectée par l'idée que *l'âme est*. Cependant, en Dieu toute idée est connaissance, et toute connaissance est adéquate. Dans l'homme, il y a des idées qui ne sont pas des connaissances et il y a des connaissances qui ne sont pas adéquates. En analysant la connaissance humaine il faut toujours montrer en quoi la connaissance adéquate – la connaissance que Dieu a – se distingue des connaissances que l'âme a effectivement. Nous pouvons démontrer dès maintenant que les idées adéquates sont vraies, et en conséquence, si plus tard nous pouvons démontrer que l'âme a des connaissances adéquates, nous aurons démontré que l'âme a des connaissances qui satisfont l'axiome 6 de l'*Ethique I*.

La preuve que les idées adéquates sont des idées vraies comporte deux étapes distinctes: (1) on démontre d'abord que les idées adéquates en nous (si nous les avons) sont identiques aux idées adéquates en Dieu; (2) on démontre ensuite que toutes les idées en Dieu sont vraies, c'est-à-dire conformes à leurs objets. On conclut que les idées adéquates (en nous et en Dieu) sont vraies.

La première étape de la preuve est assez facile. Si nous avons une idée adéquate, alors par la définition de la connaissance adéquate l'âme est la seule cause de cette idée ou Dieu a cette idée en tant qu'il constitue seulement la nature de l'âme humaine, c'est-à-dire, l'âme humaine en tant qu'elle exprime d'une manière certaine et déterminée Dieu comme Substance Pensante a, par *elle seule,* cette idée (*Eth. II,* prop. 34 ; prop, 11, cor.).

La deuxième étape de la preuve (*Eth. II,* prop. 32) est accomplie non par l'emploi d'une définition (comme c'était le cas pour la première étape), mais en utilisant le parallélisme (*Eth. II,* prop. 7). Ainsi, on voit bien que l'énoncé qui identifie les idées adéquates aux idées vraies (*Eth. II,* prop. 32) n'est pas un énoncé tautologique, mais il donne des informations qui n'étaient pas contenues dans le concept de l'idée adéquate ou de l'idée vraie. Dans la lettre à Tschirnhaus Spinoza identifie l'idée adéquate à l'idée vraie en raison de cette démonstration et non en raison d'une analyse du concept d'idée adéquate.[11]

C'est le corollaire du parallélisme qui est invoqué par Spinoza dans la deuxième étape de cette preuve. Après avoir montré que les attributs sons conçus par soi (*Eth. I,* prop. 10), qu'ils produisent leurs modes respectifs de manière autonome (*Eth. II,* prop. 5 et 6), Spinoza démontre ce qu'on a plus tard dénommé le parallélisme. La production des modes par leurs attributs respectifs obéit à une même loi (*Eth. II,* prop. 6, cor.); cette identité montre que les attributs produisent leurs modes selon une même loi causale, c'est-à-dire selon un même ordre et une même connexion (*Eth. II,* prop. 7). En raison de cette identité causale, tout ce qui est produit formellement par la nature de Dieu "suit aussi en Dieu objectivement dans le même ordre et avec la même connexion de l'idée de Dieu" (*Eth. II,* prop. 7. cor.). Finalement, ce qui justifie ontologiquement l'identité causale est l'unité de la substance absolue qui s'exprime en chaque attribut différent selon "...un seul et même ordre ou une seule et même connexion des causes..." (*Eth. II*, prop. 7, sc.).

En raison de l'identité causale chaque idée – mode de la Pensée – est associée à un mode d'un attribut quelconque. Cette *relation d'association* est *symétrique*: les idées sont associées à leurs objets et les objets à leurs idées. En raison du corollaire de la proposition 7, tout ce qui est produit par Dieu comme réalité formelle est connu dans l'idée de Dieu par l'idée de cette réalité. Ainsi, non seulement à chaque idée est associée une chose – objet de l'idée – mais chaque idée est la *connaissance de cette chose*. A l'affirmation de l'identité causale qui associe à chaque idée une chose (et vice-versa), s'ajoute un parallélisme épistémologique qui montre que, en Dieu, et par l'idée de Dieu, toute chose produite est connue par l'idée de cette chose.

Ainsi le parallélisme ne signifie pas seulement une association entre les réalités formelles des différents attributs, mais affirme que, en Dieu, les idées associées à leurs objets sont connaissances de ces objets. Le fondement du parallélisme ontologique – association entre les modes des différents attributs – et du parallélisme épistémologique est l'unité de la substance absolue. En raison de cette unité nous pouvons dire qu'en Dieu idée et objet sont la même chose exprimée par des attributs différents: "De même aussi un mode de l'étendue et l'idée de ce mode, c'est une seule et même chose, mais exprimée en deux manières..." (*Eth. II*, prop. 7, sc.).

Maintenant nous pouvons comprendre pourquoi les idées en Dieu sont vraies, c'est-à-dire conformes à leurs objets. En Dieu *l'objet de l'idée n'est pas autre chose que son idée*. Les idées adéquates sont vraies en Dieu, parce que *la conformité de l'idée à l'objet n'est pas*, et *ne peut pas être*, une relation d'extériorité.

**(D) Nous avons des Idées Adéquates.**

Nous allons maintenant essayer de montrer que les idées que nous avons sont les idées des affections, et que les genres des connaissances formés à partir de ces idées peuvent – à certaines conditions – être des connaissances adéquates.

Le parallélisme permet qu'on passe de l'analyse d'une idée à l'analyse de l'objet associé à cette idée et vice-versa. Le corps, mode fini de l'extension (*Eth. II*, def.1), est l'objet associé à l'âme humaine (*Eth. II*, prop. 13). Comme mode fini, le corps est une partie d'un mode infini; comme mode fini dont l'essence est actualisée dans la durée, le corps a besoin d'être en contact avec d'autres corps pour se conserver et être ainsi continuellement régénéré (*Eth. II*, postulat 4). Le corps humain obéit à ces conditions et subit ainsi nécessairement des modifications pour se conserver dans la durée (*Eth. IV*, prop. 2 et 4). Ces modifications sont les affections du corps humain qui ont comme cause les corps extérieurs et le corps humain (*Eth. II*, après la prop. 13, Ax. 1).

A ces affections sont associées les idées de ces affections qui, comme idées d'un effet (l'affection), enveloppent la nature des causes des affections (*Eth. II*, prop. 16, dém.).

Nous avons des idées des affections. Une affection est un effet qui a pour cause les Corps extérieurs et le Corps humain. Comme l'ordre et la connexion des choses est le même que l'ordre et la connexion des idées, et comme l'ordre et la connexion des idées est le même que l'ordre et la connexion des causes, l'âme est une des causes de l'idée d'affection (ou encore, Dieu connaît l'affection en tant qu'il constitue l'essence de l'âme humaine).

Une fois établi qu'on a des idées des affections, on peut ensuite analyser les connaissances qu'on peut former à partir de ces idées. Spinoza a classifié les connaissances en plusieurs genres en fonction de leur vérité, de la nature de leurs objets etc. (*Eth. II,* prop. 40, sc. et prop. 41 et 42). Mais le point de départ de l'analyse de la connaissance est l'idée de l'affection. Ainsi, avant de déterminer les connaissances qu'on peut former *par* les idées des affections, on doit d'abord déterminer la nature et les limites de ce qui est perçu *dans* l'idée de l'affection. Cette analyse a d'abord pour objectif de montrer la nature de ce qui est connu dans l'idée de l'affection; elle indique ensuite quelles sont les conditions auxquelles une connaissance doit satisfaire pour être adéquate à ce qui est connu dans l'idée de l'affection. L'analyse des idées des affections – leur nature et leurs limites – fait donc apparaître les conditions des connaissances adéquates (*Eth. II,* prop. 24, dém.; 25, dém.; 27, dém.; 28, dém.; 29, dém.).

L'idée de l'affection perçoit l'affection, qui est un état ("*dispositio*") du corps humain. Comme l'affection est un effet, les idées des affections enveloppent la nature des corps qui sont leurs causes, et en conséquence la connaissance de l'affection enveloppe la connaissance de la nature (et de l'existence) du corps humain et des corps extérieurs (*Eth. II,* prop. 16, cor. 1 et 2; prop. 17).

L'âme quand elle a une idée de l'affection est passive, c'est-à-dire, elle n'est pas la seule cause de l'idée de l'affection (*Eth. III,* def. 2). L'âme est ainsi déterminée du dehors: les affections des corps humains sont causées par d'autres corps; les idées des affections par d'autres idées que l'idée de l'âme. En raison de la passivité de l'âme, les contenus perçus ainsi que l'ordre de ces perceptions sont détéminés non par la nature de l'âme, mais par la "rencontre fortuite des corps" (*Eth. II,* prop. 29, sc.). Les affections imposent ainsi un ordre à l'âme ; c'est un ordre qu'elle subit en tant qu'elle est une idée qui exprime l'existence actuelle de son corps (*Eth. V,* prop. 21).

L'idée de l'affection connaît les causes de l'affection à partir des effets, c'est-à-dire, à partir de ce qui est enveloppé dans la perception de l'affection. Tous les corps qui sont causes des affections (le corps humain, les individus qui composent le corps humain et les corps extérieurs) sont des parties de la Nature et ont besoin pour se conserver dans l'existence d'être en rapport avec d'autres corps. Ainsi, ce qui est connu dans les idées des affections, ce sont les corps soumis à la durée, c'est-à-dire à l'existence qui a une relation à un temps et à un lieu déterminé (*Eth. V*, prop. 29, sc. ; *Eth. II,* prop. 45, sc.). L'idée de l'affection plonge la connaissance humaine dans la durée. Même si l'idée de l'affection pouvait remonter indéfiniment dans la série des causes, sa connaissance demeurerait toujours soumise à la durée. Les limites de la connaissance des idées des affections ne consistent pas dans la quantité finie d'informations qu'elle peut fournir, mais dans son incapacité à connaître l'ordre global de la nature. Soumise à la durée, elle ne peut pas connaître l'ordre global qui explique l'actualisation de l'essence d'un corps dans un moment du temps, mais qui lui-même n'est pas soumis au temps mais possède une sorte d'éternité.

Passivité et temporalité empêchent aussi que l'idée de l'affection soit une connaissance complète. Comment est-il possible de former des connaissances adéquates à partir des idées des affections? Si nous avons des connaissances adéquates, nous les avons à partir des affections. Mais, ce qui est connu ou enveloppé par les idées des affections semble nous empêcher d'avoir des connaissances adéquates.

Cependant, les corps ont des propriétés communes, c'est-à-dire, des propriétés qui se trouvent "pareillement dans la partie et dans le tout" (*Eth. II*, prop. 37). En effet, tous les corps enveloppent le concept de leur attribut; ils sont soumis au mouvement et au repos etc. (*Eth. II,* lemme 2 après prop.

13). Dans la mesure où l'idée de l'affection perçoit le corps humain et les corps extérieurs (même si elle ne les perçoit que partiellement) elle connaît aussi ces propriétés (ou Notions Communes). Et cette connaissance est complète parce que les propriétés se trouvent pareillement dans la partie et dans le tout.

L'âme connaît ainsi les Notions Communes non en tant qu'elle est passive mais en tant qu'elle est active. En effet, elle connaît les Notions Communes parce qu'elle *a* des idées des affections. Mais, ce qu'elle perçoit par les idées des affections s'accorde avec sa nature en tant qu'elle est l'idée d'un corps qui existe en acte (*Eth. IV,* prop. 30, 31 et suivantes). Si la propriété commune ne constitue pas l'essence d'un corps singulier (*Eth. II,* prop. 37), elle convient à la nature de ce corps et donc elle s'accorde avec la nature de l'âme humaine en tant que l'âme est l'idée de ce corps.

Si la connaissance des Notions Communes s'accorde avec la nature de l'âme humaine c'est parce qu'elle a comme cause l'âme seule. Elle est ainsi une connaissance adéquate. Si elle est une connaissance adéquate elle est vraie. Si elle est vraie l'âme connaît les choses comme elles sont (*Eth. II,* prop. 44, dém.), c'est-à-dire, elle connaît les choses comme suivant nécessairement de la nature divine (*Eth. II,* prop. 44, cor. 2). Ainsi, la connaissance des Notions Communes n'est plus déterminée par la "rencontre fortuite des corps". Cette connaissance s'oppose à l'ordre dit contingent parce que l'âme ne considère les choses ni dans leur singularité, ni dans leur causalité transitive, mais elle les considère du "dedans" comme si leur existence en acte découlait de la nécessité éternelle de la Substance Absolue. En conséquence, l'âme perçoit les choses a-temporellement et avec une sorte d'éternité (*Eth. II,* prop. 44, cor. 2).

Liée et dépendante des idées des affections, la connaissance des Notions Communes n'est ni passive, ni soumise à la durée, au contraire, elle est active et nécessaire. Si l'âme ne connaît pas par les Notions Communes le singulier en tant qu'il est singulier, elle découvre l'ordre nécessaire dans ce qui est connu comme singulier, soumis à la durée et qui semble être contingent: les choses singulières ne seront plus considérées dans leur causalité transitive en tant qu'elles sont déterminées à exister par d'autres choses singulières, mais par leur effort à persévérer dans l'existence qui "suit de la nécessité éternelle de la nature de Dieu" (*Eth. II*, prop. 45, sc.).

La découverte du complet (adéquat) dans ce qui est incomplet (inadéquat) exprime d'abord un changement d'ordre: c'est la découverte dans la durée de ce qui est éternel. Et c'est l'idée d'éternité qui permettra à l'âme humaine de se reconnaître comme un mode singulier éternel qui, pour cette raison, est une partie qui "constitue l'entendement éternel et infini de Dieu" (*Eth. V,* prop. 40, sc. ; voir aussi *Eth. V,* prop. 29-31).

## IV. *Conclusion*

Dans *l'Ethique* la vérité est elle conçue comme cohérence ou comme correspondance?

L'axiome 6 de l'*Ethique I* semble donner une réponse définitive à cette question: la vérité est conçue comme une correspondance entre l'idée et son objet. Cependant, ce n'est pas en raison d'une sorte de comparaison entre l'idée et son objet que la vérité d'une idée est affirmée, mais, c'est au contraire la relation de conformité qui est une conséquence de la vérité de l'idée. Ainsi, chez Spinoza la clarification de la relation de correspondance est subordonnée à l'analyse de la nature de l'idée. Les notions d'idée, de l'idée que *l'âme est*, de connaissance (l'idée que *l'âme a*) nous ont permis de découvrir le concept clé de la théorie de la connaissance spinoziste: l'idée adéquate. C'est par elle et en raison d'elle qu'on peut comprendre et justifier la relation de conformité et donner, ainsi, un sens précis à l'axiome 6.

En Dieu toute idée est connaissance et toute connaissance est adéquate. Mais, puisqu'en Dieu (la substance absolue) l'idée et son objet expriment une seule et même chose, l'idée adéquate est aussi une idée vraie. Si la vérité est correspondance entre l'idée et son objet, cette correspondance, au moins du point de vue de la substance absolue, n'implique pas l'extériorité de l'objet à son idée. Ici, l'idée adéquate et l'idée vraie sont identiques.

En l'homme la connaissance prend la forme d'un rapport: un rapport entre l'idée et son attribut Pensée et un rapport entre l'idée que l'*âme est* et l'idée que l'*âme a*. Parce que la connaissance humaine est conçue comme un rapport entre les idées (un rapport causal, c'est-à-dire un rapport entre les prémisses et leurs conséquences), la théorie de la connaissance spinoziste semble avoir comme point de départ une perspective cohérentiste. Alors, comment peut-on expliquer la représentation des choses autres que les idées? La fonction représentative des idées est subordonnée à leur fonction expressive: c'est parce que l'idée exprime d'une manière certaine et déterminée l'attribut Pensée, et parce que cet attribut est une Puissance de Connaître que l'idée en tant que mode fini de la Pensée peut devenir un "acte de connaître". Elle est effectivement un "acte de connaître" si elle est une conséquence de l'idée que l'*âme est,* autrement dit, si Dieu connaît un objet par l'idée que l'*âme est.* La fonction représentative des idées ne peut être expliquée que par le rapport de l'idée à la Pensée comme Puissance de Connaître.

L'idée adéquate exprime elle aussi le double rapport de la connaissance humaine: l'âme est cause complète de l'idée qu'elle a parce que Dieu (comme *res cogitans*) a cette idée "en tant qu'il constitue l'essence de l'âme humaine seulement" (*Eth. II*, prop. 40, dém.). Mais, comment peut-on dire que les idées adéquates sont conformes à leurs objets, si dans la notion d'idée adéquate n'interviennent que les notions de Pensée, d'idée que *l'âme est,* d'idée que *l'âme a* et de causalité entre les idées? Comment extraire de ce rapport particulier entre les idées (rapport de causalité complète) la relation de conformité qui est une relation extrinsèque à la nature de l'idée? L'idée adéquate que *l'âme a* est la même idée que Dieu a. Mais en Dieu, idée et objet expriment la même réalité. Ainsi, les idées adéquates dans l'homme sont des idées vraies en Dieu. Mais elles sont aussi des idées vraies dans l'homme puisque c'est la même réalité (la substance absolue) qui produit (par ses attributs) l'idée et son objet, c'est-à-dire, c'est la même réalité qui s'exprime d'une manière certaine et déterminée comme idée et comme objet. Si la correspondance entre l'idée et son objet est une conséquence de l'idée vraie, l'idée vraie est l'idée adéquate conçue non plus dans sa relation à l'objet, mais conçue dans son rapport à la substance absolue qui, par cette idée, mode de l'attribut Pensée, exprime d'une manière complète la réalité d'une chose que l'objet de l'idée exprime comme mode de son attribut spécifique.

## Notas

1. "La définition nominale de la vérité, qui en fait la conformité de la connaissance avec son objet est ici accordée et supposée"; E. Kant, *Critique de la Raison Pure*, Logique Transcendentale, Introduction, # III, p. 817, in "E *Kant. Oeuvres Philosophiques*, vol. I, édition Bibliothèque de la Pléiade.
2. Les parties de l'*Ethique* seront désignées en chiffres romains; les définitions, les axiomes et les propositions en chiffres arabes. Presque toujours nous citerons l'*Ethique* d'après la traduction de Charles Appuhn *Oeuvres de Spinoza*, vol. III, édition Garnier-Flammarion, 1965. Les textes cités en latin sont repris de l'édition Carl Gebhardt *Spinoza Opera*, vol. II, Heidelberg, 1924.
3. Spinoza affirme dans le scolie de la proposition 43 de l'*Ethique II* que l'idée vraie "enveloppe la plus haute certitude". Cependant, sur la question de la certitude il y a une sorte de flottement dans les affirmations de Spinoza. Dans le *Tractatus de Intellectus Emendatione* (## 33-36, édition Koyré), la certitude est une propriété de l'idée vraie, et l'idée n'est pas identique à l'idée de l'idée. Dans la proposition 43 (*Eth.II*) la certitude se situe au niveau de l'idée de l'idée; l'idée et l'idée de l'idée ne sont pas considérées comme identiques, mais il y a une simultanéité entre elles. Dans le scolie de cette même proposition, il semble être affirmé une identité entre l'idée et l'idée de l'idée. Et de là découle que l'idée vraie "enveloppe la plus haute certitude".
4. Voir *T.I.E. ## 69-72* (éd. Koyré).
5. Voir *T.I.E. ## 95-97*, édition Koyré ou *Spinoza Opera*, vol. II, p. 34-36, édition Gebhardt.
6. "*Per ideam intelligo Mentis conceptum, quem Mens format, propterea quod est res cogitans ... (Explicatio) Dico potius conceptum, quam perceptionem, quia perceptionis nomen indicare videtur, Mentem ab objecto pati. At conceptus actionem Mentis exprimere videtur*".
7. Voir *T.I.E. ## 33-37* (éd. Koyré).
8. La traduction que nous citons du Corollaire de la proposition 11 (*Eth. II*) est celle de M. Gueroult, *Spinoza, L'âme (Ethique 2)*, Paris, Aubier, 1974, p. 118.

9. M. Gueroult, *Spinoza, L'âme (Ethique 2)*, p. 118-129, Paris, Aubier, 1974.
10. "et quand nous disons que Dieu a telle ou telle idée, non en tant seulement qu'il constitue la nature de l'Ame humaine, mais en tant qu'il a, outre cette Ame, et conjointement à elle, l'idée d'une autre chose, alors nous disons que l'Ame humaine perçoit une chose partiellement ou inadéquatement" Traduction de Guéroult, idem, p. 118.
11. Lettre 60 à Tschirnhaus. "*Inter ideam veram et adaequatam nullam aliam differentiam agnosco, quam quod nomen veri respiciat tantummodo convenentiam ideae cum suo ideato; Nomen adaequati autem naturam ideae in se ipsa; ita ut revera nulla detur differentia inter ideam veram et adaequatam praeter relationem illam extrinsecam*". *Spinoza Opera*, ed. Gebhardt, vol. IV, p. 270, 1. 15-19.

# PARTE II

## QUESTÕES SOBRE METAFÍSICA CARTESIANA

# 1

## A REFERÊNCIA DO DÊITICO "EU" NA GÊNESE DO SISTEMA CARTESIANO: A *RES COGITANS* OU O HOMEM?

[I] *Introdução*[1]

São conhecidas as dificuldades para encontrar uma interpretação coerente do sistema cartesiano que concilie a tese da *distinção real* (da alma/mente (*mens*)[2] com o corpo) com a tese da *união da mente com o corpo*. Com efeito, a tese da *distinção real* (que denominaremos doravante de tese dualista), cuja demonstração se inicia na *Segunda Meditação* e só é completada na *Sexta*,[3] afirma que a mente e o corpo são duas substâncias completas, que poderiam, portanto, existir separadamente. A tese da *unidade*, no entanto, afirma que a mente está substancialmente unida ao corpo, o composto de mente e corpo formando um todo, isto é, um *"unum quid"*. Além disso, a tese da *unidade* supõe a demonstração da tese da existência dos corpos que, por sua vez, supõe a prova da *distinção real*. Assim, a tese dualista é um elemento da prova da tese da *unidade* da mente com o corpo.

Essa dificuldade, obviamente, não passou despercebida aos sucessores de Descartes: o paralelismo de Espinoza e a harmonia preestabelecida de Leibniz procuraram superá-la ou, ao menos, evitá-la. Ela foi também reconhecida pelo próprio Descartes. Numa carta à Princesa Elisabeth, ele escreve:

> "[...] não me parece que o espírito humano seja capaz de conceber bem distintamente, e ao mesmo tempo, a distinção entre a alma e o corpo e a sua união, pois é necessário para isto concebê-las como uma só coisa e conjuntamente (ensemble) como duas, o que é contraditório." [4]

Não temos como objetivo apresentar uma interpretação que torne compatíveis as teses acima mencionadas; elas só serão objeto de nossas análises enquanto contribuírem para o esclarecimento do tema central deste capítulo.

Nas cartas à Princesa Elisabeth[5] de 1643, comentando as três noções primitivas, ([a] a alma (mente), [b] o corpo, e [c] a união alma/corpo) que "[...] são como originais (*originaux*) sob cujo padrão (*patron*) nós formamos todos os nossos outros conhecimentos"[6], Descartes reconhece que toda a ciência dos homens consiste em bem distinguir essas noções, umas das outras e que a cada uma delas corresponde um modo específico de conhecimento. Assim, a alma é conhecida pelo intelecto puro, o corpo, isto é, a extensão e os seus atributos, (as figuras, o movimento etc.) são conhecidos também pelo intelecto, mas "bem melhor pelo intelecto ajudado pela imaginação"[7] e finalmente, as coisas que pertencem à união são conhecidas obscuramente pelo intelecto, mesmo se ajudado pela imaginação, mas são conhecidas *claramente* pelos sentidos. Estas três noções primitivas são logicamente independentes umas das outras; em conseqüência *não* são formadas a partir da composição de quaisquer outras idéias ou noções. Por esta razão, elas são consideradas "primitivas". [8]

Tendo em vista essas diferentes maneiras de conhecer os objetos e as suas respectivas propriedades, qual deveria ser a referência do dêitico "eu" nos enunciados em que este dêitico ocorre como sujeito gramatical que tem como predicado atributos que exprimem propriedades extensionais, mentais ou puramente intelectuais? [9] Qual seria, por exemplo, a referência do dêitico "eu" em enunciados do tipo [a] *Eu ando*; [b] *Eu sinto dor*; [c] E*u tenho uma alma*?

Para responder a essa questão, é necessário evitar uma resposta tão óbvia quanto simplista: não se segue imediatamente da imaterialidade do ato cognitivo a imaterialidade do sujeito cognoscente. Com efeito, mesmo se um ato cognitivo exigisse o concurso de uma pluralidade de diferentes faculdades representativas e que todas essas diferentes faculdades fossem apenas expressões ou aplicações de uma mesma e única "força cognoscitiva" [10] imaterial e espiritual, o sujeito desta força cognitiva não seria necessariamente espiritual e imaterial, tal como é, por hipótese, a força cognitiva que ele possui. Mesmo se é em razão desta "força cognitiva imaterial" que o homem conhece, isto é, mesmo se é a mente (ou o intelecto compreendido como o atributo principal da *res cogitans*) que conhece e não o corpo, a natureza toda do sujeito cognoscente não é determinada necessariamente por aquilo que torna possível nele o conhecimento. A segunda objeção de Hobbes a Descartes, [11] abstração feita da *ordem analítica* que preside a construção argumentativa das *Meditações*, parece ser pertinente: o sujeito do ato de pensar não é necessariamente uma substância imaterial, mesmo que este sujeito possa ser designado pelos termos "mente", "espírito" ou "intelecto".

Quem é, então, o sujeito desta força ou desta faculdade única? Em outras palavras, qual é a referência do dêitico "eu"? Se só uma entidade imaterial pode ser o sujeito da força cognitiva, a resposta a essa pergunta é óbvia: só a *res cogitans* pode ser designada pelo dêitico "eu". As reiteradas afirmações de Descartes de que é a mente ou o espírito que conhece significariam que o sujeito dos atos cognitivos e volitivos seria a *res cogitans*. Mas, se for claramente distinguido aquilo que no sujeito torna possível o conhecimento do próprio sujeito de conhecimento, a mente poderia ser considerada, então, como razão de conhecimento e, nesse caso, o homem, o composto de alma e corpo, seria o verdadeiro sujeito de conhecimento e, portanto, a referência possível do dêitico "eu". Quando, por exemplo, se conhece uma propriedade da própria alma (a imortalidade, por exemplo), tendo sido utilizado, por hipótese, somente o intelecto puro como faculdade cognitiva, ou quando se conhece a existência de um corpo particular, usando-se também os sentidos, quem é o sujeito do conhecimento: é a *res cogitans* ou o composto de alma e corpo, isto é, o homem?

Os argumentos cartesianos,[12] iniciados na *Segunda* e complementados na *Sexta Meditação*, parecem demonstrar que o sujeito é exclusivamente a *res cogitans*. Com efeito, o dêitico "eu" na proposição *Eu existo* se refere a um sujeito realmente existente cujo atributo principal é o pensamento. Desta maneira, na *Segunda Meditação*, o que se conhece do sujeito é que ele tem uma essência não extensa, o que permite que ele seja considerado como uma *res* incorporal, imaterial e espiritual. Na *Sexta Meditação*, a distinção real da mente e do corpo permite a afirmação de que "[...] sou apenas uma coisa que pensa [...]"[13] A tese da *Segunda Meditação*, que fora formulada levando em consideração apenas o que podia ser afirmado naquela etapa da demonstração analítica, é caracterizada exaustivamente, então, na *Sexta Meditação*: a essência da *res cogitans* é a de ser *exclusivamente* pensamento.

No entanto, as teses da existência dos corpos e a da união factual da mente com o corpo, provadas em seguida, não tornariam o homem o verdadeiro sujeito dos atos cognitivos e volitivos? Após as demonstrações destas teses, a referência do dêitico "eu" é ainda a *res cogitans*, a substância imaterial e espiritual descoberta na *Segunda Meditação*, ou seria o homem, o composto de duas substâncias realmente distintas?

Se não for encontrada uma resposta para essas questões, a teoria cartesiana será incapaz de dar esclarecimentos plausíveis sobre a natureza dos atos mentais. Como a *res cogitans* não tem qualquer atributo comum com a *res extensa* (e vice-versa), pois é dela realmente distinta e ainda como o homem não forma uma terceira substância, ou a *res cogitans* seria a única referência possível do dêitico "eu", embora seja claro que uma substância pensante não tem sede e certamente não anda, ou haveria possibilidade de referências diversas, que dependeriam da natureza dos predicados que se aplicariam ao sujeito referido pelo dêitico. Assim, o sujeito corporal seria o sujeito da ação de andar, o sujeito pensante seria o sujeito da ação de conhecer e o homem seria o sujeito dos atos que implicariam uma interação do corpo com a alma (e vice-versa). O dualismo ontológico implicaria, então, a possibilidade de uma tripla referência do dêitico "eu". Dependendo da natureza do predicado (extensional ou mental), a referência do dêitico seria, então, diferente. Na proposição *Eu ando*, por exemplo, o dêitico referir-se-ia a um sujeito diferente daquele que seria referido pelo mesmo dêitico na proposição *Eu penso* ou *Eu sinto*. Num só homem haveria, então, duas substâncias realmente distintas e três sujeitos diferentes, que poderiam ser designados alternativamente pelo mesmo dêitico. Certamente, esta teoria contradiria a "luz natural da razão" e como tal se oporia às intuições mais profundas e legítimas do cartesianismo. O sistema cartesiano é complexo, aparentemente paradoxal, mas, obviamente, não é absurdo. Qual seria, então, a solução cartesiana para essa questão?

O que pretendemos mostrar em nossa análise é que, do ponto de vista da gênese do sistema, a *res cogitans* é a única referência do dêitico "eu", pois na ordem de conhecimento, ela é o único sujeito possível dos atos de pensamento. Mas após terem sido demonstradas as teses da distinção real, da existência dos corpos e da união da mente com o corpo, se os atos atribuídos ao sujeito são atos que exprimem propriedades extensionais ou propriedades de certo gênero de estados mentais (sentimentos, paixões ou apetites), então o sujeito referido pelo termo "eu" é o homem. No entanto, a teoria cartesiana parece hesitar na determinação da referência do dêitico "eu" quando os atos atribuídos ao sujeito exprimem propriedades mentais que envolvem unicamente o "intelecto puro"; em certos contextos, a referência do dêitico é o homem; em outros contextos, é a *res cogitans*. Sugerimos uma hipótese interpretativa para solucionar esta dificuldade: refutado definitivamente o último vestígio cético, graças à prova da existência dos corpos, a referência do dêitico "eu" torna-se exclusivamente o composto de mente e corpo.

[II] *A* Res Cogitans, *sujeito provisório? A referência do dêitico "eu" do ponto de vista da gênese do sistema*

[II. 1] O sistema em sua gênese

A filosofia cartesiana pode ser analisada do ponto de vista da sua gênese ou do ponto de vista do sistema, isto é, do conjunto de proposições já demonstradas como verdadeiras e conectadas umas às outras.

Do ponto de vista da gênese do sistema (que é o ponto de vista das *Meditações*, construídas segundo o método de demonstração analítica)[14] são progressivamente explicitadas as condições mínimas que devem ser satisfeitas para que uma proposição possa ser reconhecida como verdadeira. A "ordem analítica" não pretende apenas construir uma seqüência concatenada de enunciados evidentes, mas pretende ser um método de prova onde é impossível erguer uma pretensão de verdade sem fornecer, ao mesmo tempo, as razões que justificam esta pretensão e a efetiva satisfação destas condições. Não há, pois, pretensão de verdade sem pretensão de prova efetiva; não há pretensão de prova efetiva sem possibilidade de reconhecimento da satisfação das condições de verdade do enunciado. Este método de demonstração analítico, que Descartes opõe ao método de demonstração sintético, que não suporia provas efetivas ao menos para alguns princípios primeiros, governa a construção das *Meditações*.

As exigências da ordem analítica parecem colocar uma dificuldade para a construção do sistema cartesiano: como encontrar um ponto de partida para o sistema, que por ser um ponto de partida, não pode ser justificado por condições prévias, mas que necessita, como todo enunciado da cadeia analítica, ter as suas condições de verdade justificadas e efetivamente realizadas? Como justificar a verdade do primeiro elemento da cadeia analítica sem pressupor a validade de algumas condições prévias que justificariam a verdade deste ponto de partida? É conhecida a solução cartesiana: o enunciado que exprime o ponto de partida da ordem analítica não ergue uma pretensão de verdade; ele é apenas um enunciado indubitável, pois a sua negação supõe a sua efetiva realização.

A indubitabilidade do *Eu penso*, comprovada pela sua resistência à dúvida, mesmo à dúvida metafísica, decorre de propriedades que só os atos de consciência têm enquanto atribuídos ao sujeito destes atos. Com efeito, o sujeito de um ato de consciência é imediatamente consciente de seu ato, pois é impossível dissociar, neste caso, o ato (de consciência) da consciência do ato [15]. Ter consciência significa realizar um ato de consciência e, vice versa, realizar um ato de consciência significa ser consciente do ato. Como todo ato supõe o sujeito do ato, todo ato de consciência supõe o sujeito de consciência. Mas ser sujeito do ato de consciência significa ser consciente e, por sua vez, ser consciente significa ser consciente de ser sujeito do seu ato de consciência. Portanto, quem efetua um ato de consciência "sabe" que é sujeito deste ato, pois é impossível realizar um ato de consciência sem ter consciência de ser sujeito do ato. Essa característica dos atos de consciência é expressa pelo enunciado indubitável *Eu penso*, que se diferencia dos enunciados onde o dêitico não é o sujeito lógico, como ocorre com o enunciado *Pensa-se*, e se diferencia também dos enunciados que, embora explicitando o sujeito do ato, não são indubitáveis, pois exprimem atos de natureza diferente da natureza dos atos de consciência, como ocorre com o enunciado *Eu ando*. A indubitabilidade do enunciado *Eu Penso* repousa em um dado fundamental: a realização de um ato de consciência por um sujeito que é imediatamente consciente deste ato.[16]

Se, por um lado, em razão da sua indubitabilidade o enunciado *Eu penso* pode constituir o ponto de partida da cadeia analítica, por outro lado, em razão desta mesma indubitabilidade, ele torna o sistema comprometido, ao menos inicialmente, não só com uma posição cética (pois os enunciados descritivos do mundo estão colocados em questão por não terem as mesmas propriedades dos enunciados que exprimem estados mentais), mas também com uma posição solipsista (pois a indubitabilidade do enunciado só é indubitável para o sujeito do ato).

[II. 2] A Res cogitans, referência do dêitico "eu"?

Na *Segunda Meditação* são analisadas as conseqüências do enunciado *Eu penso*.[17]

[1] Se *Eu penso* é indubitável, então o enunciado *Eu sou* é verdadeiro, pois existir (como sujeito pensante) é uma condição ontológica de pensar.

[2] Para demonstrar a verdade de *Eu sou* foi necessário efetuar um ato de consciência e perceber, ao mesmo tempo, a conexão necessária entre a realização do ato (de consciência) e a consciência de existir como sujeito pensante. Logo, *Eu sou* significa *Eu sou um sujeito pensante*.

[3] A verdade da proposição *Eu sou um sujeito pensante* foi demonstrada exclusivamente em razão da indubitabilidade de *Eu penso* e da percepção clara e distinta da conexão entre pensar e existir. A crença na existência do mundo, dos outros sujeitos e do Absoluto não intervieram nesta prova. Assim, o que pode ser conhecido ou pensado da existência do sujeito é que existir como sujeito significa existir *somente* como sujeito pensante. *Eu sou um sujeito pensante* significa *Eu sou somente um sujeito pensante*.[18]

[4] O sujeito pensante, ao provar a verdade da proposição *Eu sou*, duvidou, negou e finalmente asseriu uma proposição verdadeira; ele realizou efetivamente diferentes atos de pensar. Foi, portanto, o mesmo sujeito, que, realizando diferentes atos, permaneceu idêntico a si mesmo. Sob este aspecto, existir como sujeito pensante significa existir como substância pensante. *Eu sou* significa então *Eu sou uma substância pensante*.[19]

Afirmar que o sujeito é *exclusivamente* pensante parece implicar que, por ser pensante, a natureza ou a essência do sujeito é apenas a de ser pensante. Daí se pode, então, concluir, como o pensamento não é extenso, que o sujeito é, na sua realidade mesma, incorpóreo e imaterial. Ora, tendo em vista a ordem analítica das *Meditações*, é necessário analisar os contextos em que ocorre esta caracterização da natureza do sujeito pensante. Na *Segunda Meditação*, analisando a essência da *res cogitans*, Descartes escreve:

> "[...] sob este aspecto preciso (praecise tantum) eu não sou, portanto, senão uma coisa que pensa, isto é, uma mente (mens) ou uma alma (animus) ou um intelecto ou uma razão [...]."[20]

Ora, a ocorrência da expressão, "*praecise tantum*", esclarece Descartes numa carta a Cleserlier,[21] significa que a hipótese da corporeidade do sujeito pensante está sendo *abstraída* e não negada.[22] Assim, na *Segunda Meditação*, a afirmação de que o sujeito existente é somente pensante significa apenas que, na *ordem do conhecer* e não na ordem da verdade das coisas,[23] o sujeito é considerado como incorpóreo, embora a sua possível corporeidade não esteja sendo negada, mas apenas abstraída, isto é, colocada à parte provisoriamente. A correção desta análise é confirmada por um texto que se segue à definição das *res cogitans* acima referida:

> "Mas também pode ocorrer que essas mesmas coisas que suponho não existirem, já que me são desconhecidas, não difiram, entretanto, na verdade da coisa, deste eu que eu reconheci? Nada sei a respeito; não o discuto atualmente, não posso dar meu juízo senão sobre as coisas que me são conhecidas."[24]

Se na *Segunda Meditação*, a possibilidade da corporeidade do sujeito não é excluída, na *Sexta Meditação*, após a prova da distinção real, ela é negada. E então, a afirmação de que a essência da *res cogitans* "consiste somente nisto que eu sou uma coisa que pensa"[25] concerne à verdade da coisa mesma. Mas, obviamente, a prova dessa tese supõe, entre outras coisas, a legitimidade da operação de abstração iniciada desde a *Segunda Meditação*.

Entre a prova do enunciado *Eu sou uma substância pensante* na *Segunda Meditação* e a prova da união da mente com o corpo na *Sexta Meditação*, a referência do dêitico "eu" só pode ser a *res cogitans*, pois este é o *único* sujeito que foi descoberto pela ordem analítica. Neste contexto específico, não é problemático afirmar que a referência do termo "eu" é a *res cogitans* para os enunciados da forma *Eu P*, onde *P* é um predicado que exprime uma propriedade mental conhecida pelo intelecto puro.

Mas, não é pouco plausível considerar a *res cogitans* também como a referência dos enunciados da forma *Eu sinto x* ou *Eu F*, onde *F* é um predicado, que exprime um atributo extensional? Tem sentido, mesmo provisoriamente, supor, neste caso, que o dêitico "eu" denota um sujeito imaterial? O sentir não envolve o corpo? É absurdo predicar qualquer propriedade extensional do dêitico "eu"? Entre a *Segunda Meditação* e a prova da união da mente com o corpo na *Sexta Meditação*, qual é o significado dos enunciados do tipo *Eu sinto, Eu ando*?

Nas *Respostas às Sextas Objeções*[26] são distinguidos três sentidos do termo "sentir". Sentir significa [a] ou a ação corporal passiva de receber as marcas ou a configuração dos corpos externos através dos órgãos sensoriais; [b] ou a consciência de uma certa passividade, que se revela na consciência da presença coativa – não voluntária – dos objetos sensíveis; [c] ou o juízo de percepção sensível, que se baseia na consciência sensível e que envolve a operação do intelecto.

Nessa etapa da ordem analítica, face à operação de abstração efetuada sobre as propriedades corporais do sujeito, "sentir" não pode significar o sentir corporal, pois as propriedades extensionais não intervieram em nenhum momento da prova de identificação do *eu* como substância pensante e por isto ainda são, do ponto de vista da ordem das razões, propriedades inexistentes já que desconhecidas. Mas "sentir" pode significar mais do que a ação passiva corporal de receber configurações de objetos; neste caso, significa a consciência de uma passividade, que se exprime como sentimento (no sentido cartesiano do termo que engloba as sensações, os apetites e as paixões)[27], isto é, como a consciência da presença de algo, aparentemente não produzido, mas sofrido pela mente. Assim, se ainda não se pode afirmar que se vê a luz, que se ouve o ruído etc., se por "ver a luz" ou por se "ouvir o ruído" se compreende que algo de externo e extensional agiu e modificou os órgãos sensoriais "[...] ao menos é muito certo que me parece que vejo, que me parece que ouço e que me parece que me aqueço; e isto não pode ser falso; e é o que propriamente em mim se chama sentir; considerado, assim, precisamente isto nada é senão pensar."[28]

Portanto, se "sentir" significa uma ação corporal, a questão da referência do termo "Eu" no enunciado *Eu sinto x* não se coloca, pois ele é destituído de sentido. No entanto, se "sentir" significa "parece-me que x" (onde "x" exprime um estado de consciência), então o enunciado tem sentido. Como sentir é uma maneira de pensar, isto é, é uma modalidade de *Eu penso*, a referência do dêitico "eu" é a *res cogitans*.

Por sua vez, enunciados do tipo *Eu ando* (cujos predicados exprimiriam uma ação ou uma propriedade extensional) podem ser interpretados, segundo a ordem analítica, de duas maneiras: [a] ou descrevem eventos ou ações físicas ou classificam o sujeito através de propriedades extensionais observáveis. Em ambos os casos, antes da prova da existência dos corpos, eles obviamente não têm sentido. [b] Ou então estes enunciados exprimiriam a consciência de uma ação ou de uma propriedade e, sob este aspecto, eles conteriam um operador implícito "Parece-me que ...". Nesse caso, eles teriam sentido, pois exprimiriam, não fatos empíricos ou eventos observáveis, mas estados de consciência. E, sob este aspecto, não haveria problema em considerar a referência do dêitico "eu" como sendo a *res cogitans*.

[III] *O sujeito cartesiano: a res cogitans ou o homem?*
*A referência do dêitico "eu" do ponto de vista do sistema.*

Na *Sexta Meditação*, como já assinalamos, são demonstradas sucessivamente três teses fundamentais: [a] a tese da distinção real da mente e do corpo; que é um dos elementos da prova [b] de que os corpos existem, que, por sua vez, torna possível a prova [c] da tese da união da mente e do corpo. A tese da distinção real mostra que a mente e o corpo são substâncias completas, que poderiam existir separadamente. A tese da união mostra que o homem é um composto de duas substâncias. Supondo que as três teses acima mencionadas tenham sido demonstradas e que o projeto de fundamentação do saber das *Meditações* tenha terminado, é legítimo se perguntar se houve algum progresso na clarificação daquilo que é referido pelo dêitico "eu". O sujeito cartesiano continua sendo a *res cogitans* ou em razão da distinção real e da tese dualista, o homem e até mesmo o próprio corpo podem ser considerados como sujeitos de atribuições e referências possíveis do termo "eu"?

Num sentido preciso, só as substâncias são rigorosamente sujeitos:[29]

"Toda coisa em que reside imediatamente como em seu sujeito, ou pela qual existe algo que percebemos, isto é, qualquer propriedade ou qualidade ou atributo de que temos uma real idéia, chama-se substância."[30]

Portanto, existir como sujeito de atribuição é uma das características essenciais das substâncias. Por serem sujeitos, elas são, então, conhecidas pelos seus atributos principais, que caracterizam a sua essência. Mas a essência da substância não poderia ser representada por uma idéia que envolvesse uma outra idéia, pois assim ela não seria representada como a essência de um sujeito de atribuição, que, por ser sujeito, se distingue de qualquer atributo. Só as noções primitivas, que são "compreendidas por elas mesmas"[31] sem envolver outras idéias ou representações, podem representar substâncias. Assim, pensamento e extensão, considerados como atributos principais da substância mente e da substância corpo respectivamente, são representados pelas noções primitivas de pensamento e de extensão. Ser sujeito de atribuição e ser representada por noções primitivas são aspectos essenciais do conceito de substância.

A teoria cartesiana admite que existam diversas substâncias que têm um mesmo gênero de atributo principal. As substâncias pensantes são, por exemplo, distintas numericamente, embora tenham um mesmo gênero de atributo principal, o pensamento.[32] Mas é problemático para a teoria cartesiana (embora não seja contraditório) admitir uma substância com atributos principais de natureza diferente. Com efeito, duas entidades são realmente distintas, se elas podem existir separadamente uma da outra.[33] A distinção real é, então, uma distinção que só se aplica às substâncias (ou aos modos de substâncias diferentes). Para se reconhecer a distinção real entre duas entidades (sejam elas *a* e *b*) é necessário que a idéia de *a*, por exemplo, possa ser pensada clara e distintamente como uma idéia completa,[34] que exclui, por ser completa, a idéia também clara, distinta e completa de *b*. É necessário, assim, que *a* possa ser pensada clara e distintamente como uma entidade completa, isto é, como uma entidade que independe de *b*. Do ponto de vista epistêmico, "não dependência" significa que a idéia de *a* não foi obtida por abstração da idéia de *b*. A idéia de *a* exclui, desta maneira, a idéia de *b* (e vice-versa), isto é, todas as propriedades que *b* possuiria podem ser negadas de *a*. Assim, ambas as entidades são pensadas como independentes, isto é, como podendo existir separadamente. Mas se uma substância tivesse, por hipótese, dois atributos principais de natureza diferente, estes atributos satisfariam o critério da distinção real. Daí se seguiria que os sujeitos destes atributos poderiam existir separadamente. Poderiam, então, existir duas substâncias ao invés de uma só.

O homem, o composto da substância pensante (mente) e da substância extensa (corpo), forma uma terceira substância? Nas respostas às objeções de Arnauld, Descartes afirma que a mente "está substancialmente unida ao corpo"[35] e que, embora a mente e o corpo sejam substâncias completas (tal como ocorre com uma mão, que poderia ser considerada como uma substância incompleta quando fosse relacionada com o corpo da qual é parte, mas quando analisada isoladamente poderia ser considerada como uma substância completa), elas podem ser consideradas como substâncias incompletas quando são relacionadas ao homem, que forma um todo.[36] A Regius, Descartes reafirma que o homem é um verdadeiro "ser por si e não por acidente e que a mente é realmente e substancialmente unida ao corpo".[37]

Uma resposta conclusiva sobre a substancialidade do homem parece ser uma questão que cabe aos historiadores do cartesianismo responder. A sua elucidação definitiva, obviamente, suporia uma análise minuciosa da compatibilidade entre as teses dualista e unitarista. Não pretendemos realizar agora esta análise; deixemos de lado esta questão que ainda hoje provoca tanta discordância entre os mais abalizados intérpretes de Descartes.

Mas se não é uma substância, pode o homem ser considerado sujeito de atribuições? Com efeito, se a noção de sujeito de atribuição é uma das características da noção de substância, isto é, se toda substância é sujeito de atribuição, nem todo sujeito deve ser necessariamente uma substância. Assim, mesmo não sendo considerado como uma substância, o homem poderia, ainda assim, ser sujeito de atribuições. Mas poderia um sujeito, composto por dois sujeitos (substâncias) diferentes, ser considerado como sujeito de atribuição? Uma entidade composta por diferentes sujeitos pode de fato ser, ela mesma, sujeito de atribuições? Se não pudesse ser considerado como sujeito, sob que condições o composto de mente e de corpo poderia, então, ser a referência do dêitico "eu"?

Para ser considerado como sujeito de atribuição, o composto de duas substâncias (o homem) deveria satisfazer ao menos a duas condições: [a] ter uma unidade, o que legitimaria a distinção entre sujeito de inerência e atributos (propriedades) e tornaria plausível o uso do dêitico "eu" (a autoreferência) e [b] ser representado como sujeito, isto é, poder ser representado por uma noção primitiva. Pois, caso contrário, a idéia, que o representaria, dependeria de outras idéias e poderia, então, ser um predicado (um modo) de outra entidade. O homem não seria, assim, representado por uma idéia que exprimiria o fato dele poder ser considerado como sujeito de inerência.

O que comprova o fato contingente da união da mente com o corpo é o sentimento da interação entre estas duas substâncias. Com efeito, a mente (a vontade) pode determinar uma ação corporal, movendo, por exemplo, o corpo e uma afecção corporal, por sua vez, pode agir sobre a mente produzindo, então, um estado mental, isto é, uma sensação, um apetite ou mesmo uma paixão. Esta interação da mente com o corpo atesta que a mente *não* está no corpo "como um piloto em seu navio"[38] percebendo apenas as [suas] afecções corporais (como ocorreria com um espírito angélico que, investido de um corpo humano, apenas contemplaria intelectualmente as modificações deste corpo sem, no entanto, as sentir)[39]. Ao contrário, a mente sente e sofre estas afecções: quando o corpo está mal disposto sente-se dor, quando se tem o sentimento de sede ou de fome, o corpo tem necessidade de se regenerar. Esta interação entre sentimentos da mente, que são maneiras de pensar (estados subjetivos), e as afecções corporais, que são modos dos corpos, mostram "[...] que estou conjugado ao [meu] corpo muito estreitamente e de tal modo confundido e misturado, que componho com ele um único todo[40] ([...] *adeo ut unum quid cum illo componam*)".[41]

A interação mente e corpo atesta, portanto, que o composto forma uma unidade: um "*unum quid*". Como "[...] conceber a união que existe entre duas coisas significa concebê-las como uma só coisa,"[42] o homem se experimenta como sendo "[...] uma só pessoa que tem conjuntamente um corpo e um pensamento [...]."[43] . No entanto, a unidade que o composto forma é uma *unidade de composição* e não uma *unidade ou identidade de natureza*.[44] Com efeito, é necessário distinguir no quadro conceitual do cartesianismo [a] a *identidade de natureza*, que certos sujeitos possuem e exprimem na diversidade de seus atos, o que ocorre, por exemplo, quando a substância pensante compreende e quer alguma coisa ou quando o corpo extenso em movimento conserva uma mesma forma [b] da *unidade de composição*, que certos sujeitos têm por serem compostos por duas ou mais naturezas diferentes. Graças a esta distinção, é possível não só reconhecer a unidade de um sujeito sem supor a sua identidade de natureza, como também é possível atribuir qualidades ou predicados, que envolvem naturezas distintas, a um mesmo sujeito sem supor para isto que a diversidade de natureza dos atributos implique uma pluralidade de sujeitos.

O homem, apesar da sua composição, tem uma unidade e esta unidade, que o homem tem, é representada por uma noção primitiva, tal como ocorre com as representações dos atributos principais das substâncias mente e corpo. Com efeito, a noção de *união* é uma noção primitiva que *não* envolve, como qualquer noção primitiva, outra representação.[45] Enquanto noção primitiva ela é uma idéia inata,[46] clara[47] e distinta. A propriedade de distinção de todas as noções primitivas, embora não seja expressamente afirmada por Descartes, é uma conseqüência lógica do fato delas serem primitivas. Com efeito, se são primitivas "[...] cada uma delas só pode ser entendida por si mesma." Se não fossem distintas de todas as outras idéias, elas não poderiam ser consideradas primitivas, pois poderiam envolver, mesmo obscuramente, outras idéias. Em conseqüência, elas não seriam "entendidas por si mesmas".

Considerar a *união* como uma noção primitiva significa reconhecer que ela *não* pode ser derivada da composição da idéia do atributo pensamento com a idéia do atributo extensão. Ela não é o *resultado* da composição de duas idéias que representam naturezas distintas, mas representa uma entidade cuja natureza é diferente não só da natureza de cada elemento que a compõe, como também diferente da natureza que resultaria da mera superposição de duas naturezas diferentes. Por essa razão, a relação mente e corpo no homem *não* deve ser compreendida como uma relação que existiria entre um espírito angélico que contingentemente habitaria um corpo. Neste caso, o espírito apenas perceberia intelectualmente as afecções do seu corpo. O homem, ao contrário, além de percebê-las, é capaz também de senti-las. Os sentimentos, como atributos ou propriedades da *união*, não são analisados como se procedessem ou bem da mente, ou bem do corpo, considerados isoladamente, ou então da mera "mistura" contingente da mente com o corpo. Eles decorrem da *união*, realidade diferente da mente, do corpo e da mera "mistura" da mente e do corpo. É verdade que Descartes não ousa descrever os atos da *união* como sendo autênticos modos, pois assim deveria considerar a noção primitiva de *união* como a representação do atributo principal da substância homem. No entanto, os atos da *união* são atos específicos que só ela é capaz de produzir.

> "Mas existem certas outras coisas que experimentamos em nós que não devem concernir [*referri*] unicamente à mente [*nec ad solam mentem*], nem também unicamente ao corpo, [...] mas surgem pela estreita e íntima união da nossa mente com o corpo: a saber, o apetite da fome, da sede [...]; e da mesma maneira, as emoções ou as paixões da alma que não residem somente no pensamento, como a emoção de raiva, de alegria [...]; e enfim todas as sensações como a de dor [...]".[48]

Portanto, a união, sem ser uma substância, forma uma unidade. Além disso, ela é representada por uma noção primitiva tal como ocorre com as substâncias. Dela decorrem certos atos que, sem serem considerados como modos, são atos que só podem ser atribuídos propriamente ao composto de mente e de corpo. Assim, sob este aspecto, o homem pode ser considerado como sujeito de atribuições.

Se antes da prova da união "sentir" significava apenas uma maneira de pensar, clara e distinta, enquanto ato consciente, mas obscura e confusa, enquanto representação, demonstrado o fato da união, o termo "sentir" exprime, então, uma interação corpo/mente, interação descoberta a partir da prova da existência dos corpos. É, portanto, o todo, isto é, o homem, e não a *res cogitans*, o sujeito das ações que manifestam uma interação da mente com o corpo (e vice-versa). Esta análise é corroborada pela afirmação cartesiana na *Sexta Meditação*: "[...] posso tirar uma conseqüência completamente certa, isto é, que meu corpo (ou, antes *eu mesmo por inteiro*, na medida em que sou composto do corpo e da alma) pode receber diversas comodidades ou incomodidades dos outros corpos que o circundam." [grifo nosso][49]

Assim, os atos que envolvem uma interação mente e corpo têm o homem como sujeito de atribuição; a referência do dêitico "eu" nos enunciados que descrevem essas ações é, obviamente, o homem. Sob este aspecto, a doutrina cartesiana reencontra e legitima, após seis longas meditações, as crenças do senso comum .

Os enunciados, que atribuem propriedades extensionais observáveis ou que descrevem eventos ou ações realizadas pelo sujeito referido pelo dêitico "eu", têm, em geral, como sujeito de atribuição o homem (e não o corpo). Neste sentido, estes enunciados podem ser assimilados aos enunciados da forma *Eu sinto x*. A razão desta assimilação se baseia no argumento de que a *mera consciência* (e não necessariamente o conhecimento) *das afecções ou dos estado do próprio corpo envolve sentimentos*, isto é, paixões, apetites ou sensações. É neste sentido que interpretamos a crítica cartesiana à análise da interação mente e corpo baseada na relação do piloto com o seu navio ou do anjo que habitaria um corpo humano. Ambas as metáforas têm o objetivo de distinguir o fato de se possuir um corpo do fato de sentir o corpo como seu corpo. Perceber, sem sentir, as afecções corporais, não transforma um espírito num ser humano. Um homem difere de um puro espírito, não porque possui um corpo, mas porque sente e sofre as afecções corporais do corpo e por isso pode considerá-lo como seu corpo. É o fato de sentir o corpo, isto é, de poder sofrer as ações dele, que transforma um puro espírito em um espírito humano. Em princípio, é possível, segundo Descartes, conhecer a natureza abstrata corpórea pelo intelecto puro, sem senti-la e sem imaginá-la. É o caso, por exemplo, do geômetra especulativo. É também possível conhecer propriedades da mente, sem a intervenção da sensibilidade e da imaginação. É o caso do filósofo metafísico. Mas parece ser impossível, para Descartes, ter consciência do próprio corpo, isto é, das afecções ou dos estados do seu *próprio* corpo sem ter sentimentos, isto é, sem produzir uma interação do seu corpo com a sua a mente. Por outro lado, se estados ou afecções do próprio corpo são atribuídos ao sujeito, é por que ele tem consciência desses estados. Daí se segue, se a nossa hipótese é plausível, que ocorre uma interação do corpo com a mente. Portanto, quer tenha consciência das afecções do seu corpo, quer considere como suas as afecções corporais, o sujeito desses atos é o homem.

Mas qual é o sujeito dos enunciados que têm o dêitico "eu" como sujeito gramatical e exprimem conhecimentos que só dependem do intelecto puro, como, por exemplo, os enunciados metafísicos e as proposições matemáticas? O sujeito é a *res cogitans* ou o homem?

Antes da prova da união da mente com o corpo, o sujeito de atribuição referido pelo dêitico "eu" é, obviamente, a *res cogitans*. Mas, talvez seja possível interpretar a gênese do sistema cartesiano, quando construído segundo a ordem analítica, como um esclarecimento progressivo, dentre outros esclarecimentos, da natureza do sujeito, que fora provado existente graças à prova do *Cogito*. As análises iniciais mostraram que este sujeito existente é uma coisa pensante. Ora, provada a tese da união, o sujeito é ainda a *res cogitans*? Nós vimos que as ações que envolvem sentimentos têm por sujeito o homem. A estas ações, Descartes, no entanto, contrapõe certos atos de conhecimento que dependem exclusivamente do intelecto puro, isto é, do intelecto que conheceria independentemente da imaginação e da sensibilidade. Mas se é possível conhecer sem recorrer às faculdades dependentes da união, por que seria o composto de mente e corpo o sujeito destes conhecimentos?

É bem possível que seja falsa a tese cartesiana de que o intelecto puro possa conhecer (sempre com a ajuda da vontade, que é uma faculdade da *res cogitans*) sem a intervenção da imaginação e da sensibilidade. Mas, no sistema cartesiano, a prova da união supõe o conhecimento de inúmeras outras teses anteriores, que foram demonstradas verdadeiras e que tornam possível a demonstração da própria tese da união. Estas teses não só precedem logicamente a prova da união, como também parecem prescindir da noção de corpo, e portanto, das faculdades que, na sua compreensão, envolvem esta noção. As faculdades ditas "corporais" só aparecem nas análises anteriores à prova da união como *maneiras de pensar*, isto é, como modalidades da *res cogitans*. É bem verdade que posteriormente é demonstrado que elas supõem de fato a união da mente com o corpo. Assim, se o sentir é inicialmente considerado como uma *maneira de pensar*[50] e é caracterizado pela consciência de uma passividade involuntária, a análise posterior dessa passividade, conjugada com outras teses, mostrou, finalmente, que ela implicava a corporeidade do sujeito pensante ou mais precisamente, a ligação "íntima e estreita" da *res cogitans* com um corpo, que deveria propriamente ser considerado como o *seu corpo*. Mas, muitas das provas anteriores à tese da união, como a da existência do sujeito pensante e a do Deus Veraz, que intervêm na própria prova da união, prescindem das *maneiras de pensar*, que, posteriormente, serão demonstradas como envolvendo de fato a existência do corpo. Donde, em princípio, poder-se-ia concluir que o sujeito dos conhecimentos que não envolvem as faculdades "corporais" seria a *res cogitans*.

Apesar da tese da união e mesmo após sua demonstração, além de reconhecer que existem conhecimentos que só dependem do intelecto puro, algumas vezes as *Meditações* afirmam não só que a mente é o sujeito de conhecimento ("Pois é, ao que me parece, somente ao espírito [mente], e não ao composto de espírito [mente] e corpo, que compete conhecer a verdade dessas coisas"[51]), como também supõem que o dêitico "eu" designa a *res cogitans* (e não o homem): ("Pois, com efeito, quando considero meu espírito [minha mente], isto é, *eu mesmo*, [grifo nosso] na medida em que sou apenas uma coisa que pensa [...].me concebo como uma coisa única e inteira"[52]).

Se a *res cogitans*, no texto acima citado, é considerada como a totalidade do *eu*, em outro texto, é o composto de mente e de corpo que exprime a totalidade do *eu*: "[...] posso tirar uma conseqüência completamente certa, isto é, que meu corpo (ou, antes, eu mesmo por inteiro, na medida em que sou composto do corpo e da alma) [...]"[53] Um leitor benevolente diria que, neste caso, não ocorre qualquer contradição: o composto exprimiria a totalidade do sujeito, quando se trata de explicar as ações que envolvem sentimentos; a *res cogitans* a totalidade deste mesmo sujeito, quando se trata de explicar as ações que só dependem do intelecto puro e da vontade (enquanto esta é o princípio de uma ação imanente da mente). É o que, aliás, sugere a parte final da *Sexta Meditação*: o homem é o sujeito dos sentimentos da mente e a mente o sujeito dos conhecimentos do homem.

No entanto, nas *Respostas às Sextas Objeções*, defendendo a compatibilidade da tese da união com a distinção real, Descartes reitera o que já afirmara numa carta: é o homem, e não a mente, o sujeito dos atos de pensar: "Pois, verdadeiramente eu jamais vi nem percebi que os corpos humanos tivessem pensamentos, mas que são somente os homens mesmos que pensam e que têm corpos."[54]

[IV] *Conclusão*

Na *Sexta Meditação*, ao contrário da *Segunda*, o homem parece ser o verdadeiro sujeito de certos atos de pensamento. Mas pode ser considerado como o sujeito de todos os atos de pensar ou é somente o sujeito daqueles atos que envolvem uma interação da mente com o corpo? Por sua vez, é a mente o que torna o homem sujeito dos atos de pensar ou é ela própria o sujeito dos atos de intelecção pura? A verdade da tese da distinção real, demonstrada pelo intelecto puro, aliada à tese da união contingente, sentida e conhecida pela conjunção do intelecto com a sensibilidade impedem uma resposta conclusiva a uma das questões que nos propusemos examinar. Ela dependerá mais de uma interpretação do que de um argumento histórico e interno ao sistema cartesiano.

No entanto, sem ser uma substância, o homem tem uma unidade e é, por isto, sujeito de atribuições. Neste caso, ele pode ser a referência do dêitico "eu". É o que ocorre quando se profere este dêitico para se auto-atribuir sentimentos ou ações que envolvem sentimentos. Mas, as razões que permitiram reconhecer o homem como o sujeito de sentimentos não implicam que ele seja também considerado como sujeito dos atos do intelecto puro (e dos atos imanentes da vontade). Assim, ao menos dois possíveis sujeitos subsistiriam numa mesma pessoa; ora o dêitico designaria a *res cogitans*, ora denotaria o composto sem que ocorresse qualquer indeterminação de referência: ou a *res cogitans* ou o homem seriam os sujeitos designados.

Do ponto de vista do sistema constituído (e não da gênese do sistema), o dualismo da distinção real acarretaria também um dualismo epistêmico, pois existiriam dois sujeitos de atribuição numa só pessoa: a mente e o homem. Se a mente é uma substância completa, ela tem necessariamente modalidades e pode, então, ser o sujeito único dos seus modos, por exemplo, dos atos produzidos pelo intelecto puro. Reconhecer, portanto, que a mente, apesar da união, é sujeito de atribuição não é paradoxal para a teoria cartesiana.

Mas enquanto forma um composto e é um dos elementos constitutivos desta composição, a mente pode também ser considerada como princípio de explicação da produção (por um ser composto de mente e de corpo) de atos imateriais. Neste caso, o que permitiria ao homem a auto-atribuição dos atos produzidos pelo intelecto puro, por exemplo, seria o fato dele ser um composto de mente e de corpo. Como unidade de composição, o homem seria, então, o sujeito não só dos atos que envolveriam sentimentos, como também dos atos que dependeriam exclusivamente da *sua* mente. A *res cogitans*, elemento substancial do composto, explicaria como um composto corporal poderia produzir atos imateriais. O que diferenciaria no homem a auto-atribuição dos seus sentimentos da auto-atribuição dos seus estados puramente intelectivos seria que, em um caso, a auto-atribuição se tornaria compreensível em razão de uma interação de duas entidades heterogêneas, mente e corpo, enquanto que, no outro caso, a auto atribuição poderia ser efetuada abstraindo-se do composto a sua dimensão corporal.

Esta interpretação realça que os dois principais objetivos do sistema cartesiano estão associados: a fundamentação da verdade e da certeza e a descoberta da natureza do sujeito pensante. É a presença imediata do sujeito num ato simples de pensar (expresso pelo enunciado *Eu penso*) que, por resistir à dúvida, permite uma lenta e laboriosa superação do ceticismo e do solipsismo. É bem verdade que nem a hipótese cética, nem a hipótese solipsista conseguem destruir a indubitabilidade do *Eu penso*; e, reciprocamente, nem a indubitabilidade do *Eu penso* consegue destruir estas hipóteses. Mas, a superação do ceticismo universal, pela prova da verdade do *Cogito*, e a do solipsismo, pela prova da existência de outro sujeito, o Deus Veraz, se entrecruzam com as análises que desvendam progressivamente a natureza do sujeito. Finalmente, a legitimação do critério de verdade possibilita que a geometria especulativa seja reconhecida como ciência objetiva. Pode-se, então, superar o último vestígio do ceticismo com a prova da existência dos corpos, que a posteridade pós-cartesiana denominou como a questão da prova do mundo externo. Só, então, a natureza do sujeito é, enfim, apreendida em sua plenitude.

A luta contra o cético, que terminou com prova do mundo externo, exigiu um gigantesco esforço de abstração das condições reais de existência. Quando a *res cogitans* foi considerada como sujeito, é porque só esta dimensão do sujeito resistia à hipótese cética. Encontrada, finalmente, a dimensão corporal, graças à prova da existência dos corpos, que possibilitou a prova da união, a *res cogitans* e o *corpo* formam, então um todo, que passa a ser considerado como o único sujeito de atribuição. Tal parece ser a doutrina sugerida por Descartes na resposta a Arnauld: "E da mesma maneira a mente e o corpo são substâncias incompletas quando são referidas ao homem que elas formam, mas, analisadas isoladamente, elas são completas".⁵⁵

Se nossa hipótese interpretativa é correta, a fundamentação da verdade e a da certeza caminham lado a lado e possibilitam, ao mesmo tempo, a progressiva revelação da natureza do sujeito, que se mostra primeiro como existente, o que permite a superação do ceticismo universal; em seguida, como incorporal, o que contribui para a superação do solipsismo, e finalmente, como composto de mente e de corpo. Mas para esta última e definitiva demonstração é exigida a prova do mundo externo, isto é, a superação também definitiva do ceticismo.

# Notas

1. Os textos de Descartes serão citados nas seguintes edições:
[a] *Oeuvres de Descartes* (*O.D.*), organização de Charles Adam e Paul Tannery (AT), 11 volumes, Paris, Vrin, 1973.
[b] *Oeuvres Philosophiques de Descartes* (*OPD*), organização de Ferdinand Alquié, 3 volumes, Paris, Garnier, 1967;
[c] *Descartes, Obra Escolhida*, tradução de J. Guinsburg e Bento Prado Junior, São Paulo, Difusão Européia do Livro, 1962.
2. Na versão latina das *Meditationes*, Descartes usa o termo "*mens*" para designar a substância pensante. Esse termo foi traduzido pelo Duc de Luynes para o francês por "*espírito*". No entanto, quando se trata de demonstrar a distinção real da mente com o corpo, o termo usado pela versão francesa das *Meditatações* é "*alma*". Ora, embora na *Segunda Meditação*, Descartes não tenha propositadamente designado a *res cogitans* pelo termo "*anima*" (que é usado, nesta *Meditação*, para exprimir a concepção escolástica de alma), mas pelos termos "*mens*",

"*animus*", "*intellectus*", ou "*ratio*", (*Meditationes, Secunda, O.D.* v. VII, p. 27), nas respostas a Gassendi (*Quintae Responsiones*, idem, p. 356), Descartes assimila o sentido do termo "*anima*" ao do termo "*mens*": "Mas considero a mente (*mens*) não como uma parte da alma (*anima*), mas como toda esta alma (*anima*) pensante".

3. *Synopsis (Meditationes), O.D,* AT, v.VII, p.13.

4. Carta à Princesa Elisabeth, 28 de junho de 1643 in *OPD*, t. III, p. 46.

5. *OPD*, t. III, carta de 21 de maio e de 28 de junho de 1643, p. 18-23 e 43-48 respectivamente. Ver também *Principia, O.D.*, AT, v. VIII-I, I art. 48.

6. Carta de 21 de maio, *OPD*, p. 19 ou *Descartes, Obra Escolhida*, p. 406.

7. Carta de 28 de junho de 1643, p. 44.

8. "Pois, ao querer explicar alguma dificuldade por uma noção que não lhe pertence, não podemos deixar de nos equivocar; assim como ao querer explicar uma dessas noções por outra; pois, sendo primitivas, cada uma delas só pode ser entendida por si mesma". Carta de 21 de maio, *Descartes, Obra Escolhida*, p. 406.

9. Esta classificação dos predicados ou das propriedades em extensionais, mentais ou puramente inteligíveis, embora artificial, reproduz não só a classificação cartesiana dos atributos, qualidades e modos (ver *Principia Philosophiae, O.D.*, volume VIII-1, I, art. 48-59), mas também a distinção entre as proposições (entidades e as suas propriedades) que envolvem no seu conhecimento apenas o intelecto puro daquelas que envolvem, além do intelecto puro, a imaginação ou a faculdade sensível. Ver também a carta citada à Princesa Elisabeth, de 28 de junho, p. 44-45.

10. "É uma só e mesma força cognitiva que ao se aplicar com a imaginação ao sentido comum, diz-se que ela vê, toca etc.; que ao se aplicar apenas à imaginação, enquanto esta se acha revestida de diversas figuras, diz-se que ela recorda; que ao se aplicar a ela mesma para formar outras novas figuras, diz-se que ela imagina ou concebe (*concipere*); que quando finalmente age só, diz-se que ela entende (*intelligere*). [..]. Esta mesma força, conforme estas diversas funções, recebe o nome ora de intelecto puro, ora de imaginação, ora de memória, ora de sentidos". *Regulae ad Directionem Ingenii, O.D.*, AT, v. X, Regra XII, p. 415-416.

11. *Objectiones Tertiae*, Objectio II, *O.D.*, AT, v.VII, p. 172-174.
12. Esses argumentos são estruturados segundo "a ordem da minha própria percepção" e não segundo a "ordem da verdade mesma da coisa", *Meditationes, Praefatio ad Lectorem, O.D.* AT, v. VII, p. 8. Ver também distinção análoga entre a "ordem das razões" (segundo a qual foram construídas as *Meditationes*) e a " ordem das matérias". Carta ao P. Mersenne de 24 de dezembro de 1640, in *OPD*, t. II, p. 301.
13. *Meditationes, O.D.*, v. VII, AT, p. 78.
14. *Secundae Responsiones, O.D.*, AT, v. VII, p. 155-159.
15. Ver sobre esta questão o artigo de Guido Antônio de Almeida "Consciência" e "Consciência de si" Uma exposição crítica da teoria de E. Tugendhat in *Síntese*, v. 21, nº 65, abril-junho, 1994, p. 261, nota 8.
16. Resumimos aqui algumas de nossas análises publicadas no artigo "Pode o Cogito ser posto em questão?" in *Discurso*, São Paulo, USP, nº 24, 1994 , p. 9-30.
17. Sobre este assunto, ver o artigo citado "Pode o Cogito ser posto em questão?".
18. Este enunciado não concerne à realidade mesma da natureza do sujeito pensante, mas tão-somente ao que pode ser conhecido ou pensado sobre essa natureza. Ver *Meditationes, Secunda, O.D.*, AT, v. VII, p. 27 e Carta para M. Cleserlier, *OPD*, t. II, p. 848-849.
19. Até a prova da distinção real, cada enunciado engendrado a partir de *Eu Penso* é uma conseqüência dos enunciados anteriores e uma das evidências para a demonstração de enunciados posteriores, Ora, para afirmar a verdade de *Eu sou uma substância pensante* foi necessário: [a] realizar um ato de consciência; [b] ser consciente de ser sujeito deste ato (estas condições estão expressas no enunciado *Eu Penso*); [c] ser consciente de existir como sujeito deste ato (expresso no enunciado *Eu existo*); [d] ser consciente de que existir como sujeito significa existir como sujeito do ato de consciência, (expresso pelo enunciado *Eu sou um sujeito pensante*) e finalmente [e] ser consciente de ser sujeito dos seus diversos atos de consciência (expresso pelo enunciado *Eu sou uma substância pensante*).
20. *Meditationes, Secunda, O.D.*, AT, v. VII, p. 27.

21. Carta de Descartes a Clerselier, *OPD*, t. II, p. 848-849: "...por estas palavras *praecise tantum* eu não entendo uma inteira exclusão ou negação, mas somente uma abstração das coisas materiais..." (p. 848).
22. Sobre a noção de abstração ver as seguintes cartas: [a] Abade De Launay, 22 de julho de 1641 (in *OPD*, t. II, p. 354); [b] P.Gibieuf, 19 de janeiro de 1642 (in *OPD*, t. II, p. 904-910); [c] Mesland, 2 de maio de 1644 (in *OPD*, t. III, p. 75-76).
23. *Meditationes, Praefatio ad Lectorem*, O.D., AT, v. VII, p. 7-8.
24. Idem, *Secunda*, p. 27.
25. Ibidem, *Sexta*, p. 78.
26. *Sextae Responsiones*, O.D., AT, v. VII, #9, p. 436-439.
27. Ver *Principia Philosophiae*, O.D., AT, v. VIII-1, I, art. 48 e art. 66.
28. *Meditationes, Secunda*, O.D., AT, v. VII, p. 29.
29. Ver *Objectiones Tertiae*, Objectio II, AT, v. II, p.175-176.
30. *Secundae Responsiones*, Exposição Geométrica, O.D., AT, v. VII, definição V, p. 161. Ver também *Principia Philosophia*, O.D., AT, v. VIII-1, I art. 51-54, a resposta à segunda objeção de Hobbes: "Mas, como não conhecemos a substância imediatamente por ela mesma, mas somente em razão de ser sujeito de alguns atos [...]" ( in *Objectiones Tertiae*, O.D., AT, v. VII, Objeção II, p. 176) e a resposta a Arnauld, idem, *Quartae Responsiones*, p. 222.
31. Carta à Elizabeth de 21 de maio de 1643 *in OPD*, t. III, p. 20.
32. Veja a refutação desta tese cartesiana na *Ética* de Espinoza, *Ética I*, proposição V, *Spinoza Opera*, org. C. Gebhardt, Heidelberg, 1972.
33. Sobre a noção de *distinção real* ver *Meditationes, Sexta*, AT, v. VII, p. 78; *Principia Philosophia*, AT, v. VIII-1, I art. 60-63; *Primae Responsiones*, AT, v. VII, p. 120-121; *Secundae Responsiones*, idem, p. 131-133; *Quartae Responsiones*, ibidem, p.219-227 e as cartas já citadas que analisam as noções de abstração e de exclusão.
34. Uma idéia completa de *a* é uma idéia onde *a* é concebida clara e distintamente como uma coisa completa. Para se reconhecer uma idéia completa, é necessário saber que ela não foi obtida por abstração de uma outra idéia. Em conseqüência, de uma coisa da qual se tem uma idéia completa podem ser excluídas ou negadas todas as propriedades de outra coisa da qual se tem também uma idéia completa. Sobre esta

questão, ver a carta (já citada) a Gibieuf de 19 de janeiro 1642 e as *Quartae Responsiones*, p. 219-227.
35. *Quartae Responsiones*, *O.D.*, AT, v. VII, p. 228.
36. Idem, p. 222.
37. Carta a Regius, 24 de janeiro de 1642 in *Correspondance*, *O.D.*, AT, v. III, p. 493.
38. *Meditationes*, Sexta, *O.D.*, AT, v. VII, p. 81.
39. Carta a Regius, janeiro de 1642 in *OPD*, t. II, p. 915.
40. *Meditações*, Sexta, Descartes, *Obra Escolhida*, p. 189.
41. *Meditationes*, Sexta, *O.D.*, AT, v. VII, p. 81.
42. Carta à Elizabeth, 28 de junho de 1643 in *OPD*, t. III, p. 44.
43. Idem, p. 47.
44. *Sextae Responsiones*, *O.D.* AT, v. VII, p. 423-424
45. Ver cartas citadas para a Princesa Elisabeth e *Principia Philosophiae*, *O.D.*, AT, v. VIII-1, I art. 48.
46. "[...] pois não podemos buscar essas noções simples em outra parte exceto em nossa alma que, por sua natureza, as têm todas em si [...]". Carta à Elisabeth de 21 de maio de 1643 in *Descartes, Obra Escolhida*, p. 407.
47. "[...] e enfim, as coisas que pertencem à união da alma e do corpo não são conhecidas senão obscuramente pelo entendimento só, ou mesmo pelo entendimento com a ajuda da imaginação, mas são conhecidas mui claramente pelos sentidos." Carta à Elisabeth de 28 de junho de 1643, idem, p. 409-410. Ver também *Principia Philosophiae*, I, AT, v. VIII-1, art. 56.
48. *Principia Philosophiae*, AT, v. VIII-1, art. 48.
49. *Obra de Descartes*, p. 190.
50. "Enfim, sou o mesmo que sente, isto é, que recebe e conhece as coisas como que pelos órgãos dos sentidos, posto que, com efeito, vejo a luz, ouço o ruído, sinto o calor. Mas dir-me-ão que essas aparências são falsas e que eu durmo. Que assim seja: todavia, ao menos, é muito certo que me parece que vejo, que ouço e que me aqueço; e é propriamente aquilo que em mim se chama sentir e isto tomado assim precisamente, nada é senão pensar." *Meditações, Segunda Meditação, Obra Escolhida*, p.130-131.

51. *Meditações, Sexta Meditação, Obra Escolhida*, p. 191.
52. Idem, p.194.
53. Ibidem, p.190.
54. *Sextae Responsiones, O.D.,* AT, v. VII. p.444. Ver também a carta citada para a Princesa Elisabeth de 28 de junho de 1643, p. 47: "[...] a saber, que ele é uma só pessoa, que tem conjuntamente (ensemble) um corpo e um pensamento, [...]".
55. *Quartae Responsiones, O.D.*, AT, v, VII, p. 222.

# 2

# ARGUMENTO ONTOLÓGICO

A PROVA *A PRIORI* DA EXISTÊNCIA DE DEUS
NA FILOSOFIA PRIMEIRA DE DESCARTES

[I] *Introdução*[1]

É de se estranhar que um argumento, formulado pela primeira vez no século XI, que pretendia provar a existência de Deus a partir da sua definição, não tenha até hoje encontrado uma refutação ou uma confirmação definitiva. A simplicidade da forma argumentativa dessa prova conjugada com a aparente obviedade de suas premissas, que contrastam com a dubitabilidade da sua conclusão, sugere que o argumento ontológico, quando muito, é um sofisticado sofisma. Mas, onde estaria o seu erro formal, qual das suas premissas seria falsa, que pressupostos problemáticos seja de caráter ontológico, seja de caráter epistemológico ocultariam essas premissas? Nem mesmo as reflexões recentes de filósofos atentos às sutilezas das análises filosóficas e à complexidade das formas argumentativas da lógica contemporânea conseguiram dar uma resposta definitiva a essas perguntas.

Em torno do problema da validade do argumento ontológico gravitam questões sobre os critérios de provas de existência, sobre as possíveis diferentes modalidades de existência, enfim, sobre o próprio conceito de existência.

É bem verdade que o defensor do argumento ontológico não precisa se comprometer com a existência de objetos abstratos, nem supor que o conceito de existência usado na prova tenha um outro significado do que o da mera efetividade ou atualidade. Não precisa também recusar critérios de existência que em princípio só se aplicariam a objetos empíricos, como é o caso, por exemplo, do critério formulado nos 'Postulados do pensamento empírico em geral' (segundo postulado) na *CRP*[2] de Kant. O defensor do argumento ontológico pode até mesmo aceitar que provas de existência sejam, em princípio, provas *a posteriori*. De fato, o argumento ontológico não é um paradigma de prova de existência. Ao contrário, é uma exceção, pois se baseia no caráter particular e único de um dos conceitos que aparece em uma de suas premissas.

É neste contexto que deve ser analisada a prova *a priori* cartesiana[3] da existência de Deus.[4] Descartes elabora sua prova, sobretudo nas *Meditações*, no contexto de uma reflexão sobre a natureza dos objetos matemáticos. Ora, provas matemáticas são provas *a priori*[5] no sentido de que a verdade de suas premissas não é estabelecida recorrendo-se à experiência.[6] É bem verdade que essas provas não são problemáticas, pois elas não concernem à existência de objetos, mas às suas propriedades necessárias. Conjugando as características de uma prova *a priori*, não problemática quando se aplica a objetos matemáticos, com as propriedades de uma (única) idéia que representa uma essência que, conforme ensina S. Tomás, é idêntica à existência, Descartes formula uma nova versão para a prova de S. Anselmo. Se a maneira de demonstrar da matemática é paradigmática, então provas *a priori* podem ser em princípio legítimas. Se a idéia de Deus, aceita pela tradição filosófica, é uma idéia verdadeira, então se pode legitimamente inferir a existência da essência de Deus.

De uma maneira esquemática, a prova cartesiana tem as seguintes etapas:[7]

[1] Tenho uma idéia clara e distinta de um ente sumamente perfeito.

[2] Tudo o que é claro e distinto é verdadeiro.[8]

[3] A idéia clara e distinta de um ente sumamente perfeito representa um ente possível, não contraditório. Em termos cartesianos, representa a essência real desse ente (1, 2).

[4] Um ente, cuja essência é a de ser sumamente perfeito, tem todas as perfeições. (Em razão da definição de ente sumamente perfeito).

[5] A existência é uma perfeição.

[6] Portanto, a essência de um ente sumamente perfeito contém como uma das suas propriedades a propriedade de existir. (4, 5)

[7] Propriedades da essência de um ente são propriedades ou atributos do ente.

[8] Segue-se que um ente sumamente perfeito existe.

Assim, a prova ontológica cartesiana tem duas partes: a primeira parte consiste em inferir da *idéia* clara e distinta de Deus como um ente sumamente perfeito a essência verdadeira de Deus.

A segunda parte tem como premissa a essência de Deus, considerada como o conjunto de todas as perfeições, e prova que a partir desse conjunto é derivada a existência de Deus, isto é, a existência pertence ao conjunto das perfeições de Deus. Ora, como as propriedades da essência de uma coisa são propriedades da própria coisa,[9] se a existência é implicada pela essência de Deus, Deus existe.[10] A segunda parte da prova supõe, portanto, que a existência seja uma perfeição, isto é, que ela seja uma das propriedades que pertenceriam à essência do ente sumamente perfeito.

Segundo a interpretação que exporemos neste capítulo, o fio condutor da prova *a priori* cartesiana são as críticas que S. Tomás formula ao argumento que fora elaborado por S. Anselmo nos capítulos iniciais do *Proslogion* (cap. II-IV. In: Anselmo 1), críticas que poderiam ser estendidas à prova cartesiana, tal como o tomista Caterus o fez nas *Primeiras Objeções*. Embora numa carta a Mersenne (de dezembro de 1640, *OPD* II, p. 290), Descartes tenha escrito que desconhecia o argumento de S. Anselmo, como antigo aluno dos jesuítas, mesmo não tendo lido o *Proslogion*, provavelmente era do conhecimento de Descartes a reconstrução e a crítica que S. Tomás fizera da prova anselmiana.

O núcleo da crítica de S. Tomás ao argumento de S. Anselmo consiste em mostrar que do conceito (ou da definição) de Deus pode-se inferir não a existência, mas apenas o conceito de existência de Deus. Ora, a conclusão do argumento de S. Anselmo é a proposição de que *é necessário que Deus exista*. Mas, se Deus é pensado através de um conceito ou de uma definição adequada pode-se apenas concluir, segundo S. Tomás, que *necessariamente, através desse conceito, Deus é pensado como um ente existente*. A expressão "penso", que funciona como um operador que se aplica à expressão "ente existente", não foi eliminada e ocorre ainda na conclusão da prova. De fato, a conclusão do argumento é a proposição *é necessário que se Deus é pensado por um conceito adequado, então Deus é pensado através desse conceito como um ente existente* e não é a proposição *é necessário que Deus exista,* como pretende S. Anselmo.

A estratégia de Descartes para responder às objeções tomistas é a de mostrar que a premissa principal do seu argumento não é o conceito (ou a idéia), mas a essência de Deus,[11] o que desqualificaria a objeção tomista. Obviamente, toda a dificuldade do argumento cartesiano consistirá na prova da possibilidade do conhecimento da essência verdadeira de Deus. Ora, em princípio não é problemático admitir como possível o conhecimento da essência de objetos matemáticos, pois, ao contrário dos objetos fictícios, que teriam uma "essência fictícia", isto é, uma essência "inventada" pelo pensamento, os objetos matemáticos, embora não existam na natureza, têm propriedades necessárias que, por serem necessárias, não são propriedades que podem ser consideradas "inventadas" pelo pensamento. Assim, através das idéias claras e distintas que representam os objetos matemáticos, parece legítimo inferir o conhecimento da essência verdadeira desses objetos. Se for possível mostrar que, sob certos aspectos, há uma analogia entre a representação da essência dos objetos matemáticos e a representação da essência divina, poder-se-á, então, afirmar que tal como a essência dos objetos matemáticos, a essência divina, representada pela idéia de Deus, não é inventada pelo pensamento; ela seria, portanto, uma essência imutável e verdadeira.

Mas, os objetos matemáticos (como os objetos fictícios) não existem na natureza. Ora, se a conclusão da prova ontológica deve ser de que *é necessário que Deus exista*, então é preciso provar ainda que, ao contrário das essências imutáveis da matemática, que não precisam existir na natureza para serem verdadeiras, a essência de Deus implica sua existência.

Assim, analisando a natureza dos objetos matemáticos, o primeiro movimento da prova cartesiana consiste em distinguir, através da análise das idéias, a natureza dos objetos fictícios da natureza dos objetos matemáticos, assimilando, em razão de ambas serem naturezas imutáveis, a natureza divina e a natureza dos objetos matemáticos. Em seguida, é dissociada a natureza dos objetos matemáticos da natureza divina, pois somente essa última envolve necessariamente a existência.

No entanto, a demonstração dessa segunda parte da prova introduz uma nova e significativa dificuldade, pois ela supõe que a existência seja uma propriedade da essência, isto é, ela supõe que seja legítimo predicar a existência da essência. Contra essa tese, Gassendi, Kant e certos filósofos analíticos formularam significativas objeções.

Se a prova cartesiana tem alguma plausibilidade, ela deve se esquivar não só das críticas tomistas, como também das críticas dos filósofos acima citados.

[II. 1] *Primeira parte da prova ontológica*

Como já assinalamos, a crítica[12] de S. Tomás à prova de S. Anselmo, retomada por Caterus nas *Primeiras Objeções* contra a prova cartesiana da *Quinta Meditação*, é a seguinte: mesmo que se admita que "existência" seja um predicado, do conceito de Deus, como o de um ser sumamente perfeito, pode ser extraído o conceito de sua existência, já que a existência é uma perfeição. Mas, isto prova apenas que não se pode conceber Deus sem existência.[13]

A crítica de S. Tomás se baseia fundamentalmente na distinção entre as operações cognitivas[14] de apreensão e de juízo. A apreensão, como primeira operação intelectiva, tem a função de conceber, mediante um conceito, as qüididades das coisas materiais e o juízo, a função de afirmar como existente (como em ato) o que é apreendido.

O que é apreendido pelo intelecto é o aspecto inteligível da coisa singular, que se encontra potencialmente na própria coisa e que, graças a um processo abstrativo, está em ato e de maneira universal no intelecto. Esse aspecto inteligível, que foi abstraído da imagem sensível da coisa e que é expresso pelo verbo mental ou conceito (*species* inteligível expressa), representa, de maneira abstrata e universal, a qüididade da coisa singular.[15]

Mas tudo o que é apreendido é implícita e confusamente apreendido sob a forma de ente. Com efeito, toda qüididade é algo de real. Por um processo específico de abstração, é possível explicitar e formar o conceito de ente, que significa *aquilo que é ou aquilo que tem ser*.[16] Mas, na filosofia de S. Tomás, o conceito de ente não tem o mesmo sentido que a noção de ato de ser (*esse*), pois todos os conceitos exprimem (ou dependem de) uma apreensão qüididativa e o *esse* não é uma qüididade, mas é aquilo que torna real (atual) uma qüididade. Sob esse aspecto, como afirma É. Gilson, o *esse* na filosofia de S. Tomás é inconceptualizável, pois não é uma qüididade e só é conhecido mediante o ato judicativo.[17]

Assim, todo conceito exprime a apreensão qüididativa de algo real, pois tudo o que é apreendido é apreendido como uma realidade (como um ente). Mas da apreensão da qüididade, por mais geral que ela seja, não se pode inferir o ato de ser, que só é conhecido no ato judicativo.

Daí se segue que do conceito de Deus podem ser inferidas notas que pertencem a esse conceito. Se "existência" fosse uma qüididade, o conceito de Deus conteria essa nota característica, pois esse conceito deve conter todas as notas que exprimem perfeição. Mas de nenhuma dessas notas características poderia ser extraída a prova da existência efetiva de Deus. Ao contrário, provada a sua existência, pode-se, então, demonstrar que todas as notas que pertencem ao seu conceito estão efetivamente realizadas. Daí a necessidade de se responder primeiro à questão sobre a existência de Deus e, em seguida, à questão sobre as suas características descobertas por via negativa, eminente e analógica.

Um exemplo, formulado por Caterus nas *Primeiras Objeções*, ilustra as conseqüências dessas teses tomistas. Trata-se de acrescentar a nota "existência" a um conceito dado. Do conceito leão forma-se, por exemplo, o conceito *leão existente*. Seguir-se-ia daí que existe o objeto significado por esse conceito?

Faz parte da apreensão qüididativa desse objeto (composto) que ele seja apreendido como leão e como existente. Se fosse apreendido somente como leão e não como existente, não seria uma apreensão do objeto *leão existente*. A existência é uma nota característica do conceito que representa a essência ou a qüididade do composto *leão existente*. Portanto, a afirmação "o leão existente existe" é uma proposição analítica. Mas a verdade dessa proposição é uma prova da existência do objeto representado pelo conceito *leão existente*?

Segundo a análise de Caterus, mesmo se do conceito *leão existente* pudesse ser extraído analiticamente o predicado *existência*, disso não se seguiria que o conceito *leão existente* teria efetivamente uma instância; seguir-se-ia apenas que desse conceito poderia ser extraído o conceito de existência. Assim, esse objeto, toda vez que é pensado por esse conceito, é pensado existente. No entanto, pensá-lo através de um conceito como existente não significa conhecer que esse objeto existe, pois uma prova de existência requer, além da apreensão conceitual qüididativa, o ato judicativo, que afirma a existência efetiva da qüididade apreendida conceitualmente.

Essas reflexões de Caterus seriam mais conclusivas se fossem complementadas por uma análise do juízo onde não só seriam distinguidas as funções dos juízos de existência da dos juízos atributivos (predicativos),[18] mas também onde fosse assinalado que os juízos de existência não podem ser reduzidos a juízos atributivos, pois só eles significam primariamente o ato de ser (*esse*).

O exemplo formulado por Caterus pretendeu tornar patente a falácia que o argumento ontológico parece ocultar. Do conceito de Deus (assim como do conceito *leão existente*) pretendeu-se inferir o juízo existencial *Deus existe*. De fato, do conceito de Deus pode-se inferir um juízo atributivo, que atribui justificadamente o predicado gramatical "existência" ao objeto pensado pelo conceito-sujeito em razão desse conceito conter implicitamente a nota característica *existência*. Esse juízo atributivo indica que seria contraditório ter um conceito adequado de Deus e negar uma de suas notas características, a saber, o conceito de existência ou de atualidade. Mas, como todo juízo atributivo afirmativo, ele pressupõe, sem afirmar, a existência do objeto mencionado pelo conceito-sujeito. O seu sentido parece depender da verdade do juízo existencial *Deus existe*. Este juízo existencial foi pressuposto, mas ainda não foi demonstrado e a sua prova requer procedimentos específicos.[19]

Assim, a tese de que só através do juízo (sobretudo do juízo existencial) é conhecida a existência (*esse*) de um ente torna problemática a inferência da existência de Deus a partir da sua definição ou do seu conceito, já que a apreensão de uma qüididade por um conceito não é uma razão suficiente para justificar a verdade de um juízo de existência.

Mas, se é verdade, como afirma S. Tomás,[20] que a essência de Deus é idêntica ao seu ato de ser (*esse*), não seria ainda possível afirmar que a existência de Deus pode ser inferida a partir da sua essência? A resposta de S. Tomás é clara: tudo o que a mente humana entende (*intelligere*) nesta vida, entende pelas *species* abstraídas da imagem sensível. Ora, nenhuma *species* inteligível abstraída da imagem sensível pode representar a essência divina, pois as *species* inteligíveis são similitudes das qüididades das coisas materiais, que têm uma natureza diferente da essência de Deus.[21]

Descartes afirma explicitamente nas *Respostas às Primeiras Objeções*[22] que concorda com a crítica de S. Tomás a S. Anselmo. É difícil precisar em que exatamente Descartes concorda com as teses tomistas.[23] No entanto, é certo que ele pretende que sua prova *a priori* difere do argumento de S. Anselmo, já que a premissa do seu argumento não é o conceito nem a definição, mas a essência de Deus. Assim, a existência de Deus não seria inferida do seu conceito, mas da sua essência, o que supõe que de algum modo essa essência possa ser entendida (*intelligere*) pela mente humana. Essa tese é complementada por outra afirmação que mostra que embora as essências sejam conhecidas pelas suas representações, algumas delas têm uma realidade que independe de serem representadas. Estas essências devem ser consideradas como verdadeiras realidades.

Como é possível ter acesso às essências das coisas e, em particular, à essência de Deus?

Segundo a teoria cartesiana, os objetos de conhecimento não são *as coisas mesmas*, mas as idéias das coisas:

> "Pois estando certo que eu não posso ter conhecimento algum do que está fora de mim senão através das idéias dessas coisas que tive em mim, eu me preservo [*je me garde bien*] de relacionar meus juízos imediatamente às coisas e de nada lhes atribuir de positivo que não perceba anteriormente em suas idéias [...]" (Carta a Gibieuf, de 19 de janeiro de 1642, *OPD* II, p. 907).

Para que a essência de Deus possa ser premissa da prova ontológica, obviamente ela deve ser conhecida. Para ser conhecida, ela deve ser representada por uma idéia. Mas, nesse caso, a premissa da prova não seria a essência de Deus, mas sua idéia e, então, a prova cartesiana se assemelharia à prova de S. Anselmo, pois sua conclusão seria que Deus não pode ser representado senão como existente.

Nas *Meditações* a prova *a priori* sucede às provas *a posteriori*. Não é, portanto, inconsistente a utilização da Regra Geral ("[...] todas as coisas que nós concebemos mui claramente e mui distintamente são todas a verdadeiras", *Terceira Meditação, OE*, p. 137) na prova *a priori*, já que ela fora validada anteriormente pelas provas pelos efeitos da *Terceira Meditação*. Em outros textos de Descartes, como os *Princípios da Filosofia* e a *Exposição Geométrica*, a prova *a priori* precede as provas pelos efeitos. Nesse caso, obviamente, a Regra Geral não pode ser utilizada. De fato, a prova *a priori não* necessita da Regra Geral, pois é suficiente, como Descartes assinala na *Quinta Meditação*, a constatação do seguinte fato: "[...] a natureza do meu espírito é tal que não poderia me impedir de julgá-las [as coisas que percebo] verdadeiras durante o tempo (*quamdiu, pendant*) que as concebo clara e distintamente" (*AT* VII, p. 65).[24]

Ora, tudo o que é verdadeiro é algo de real ("[...] tudo o que é verdadeiro é alguma coisa [...]", *Quinta Meditação, AT* IX-1, p. 51-2).[25] E o que é real tem propriedades, pois é uma noção comum a proposição de que o *nada não tem propriedades*. Um objeto real sem propriedades seria assimilado ao nada. Por conseguinte, as *coisas* representadas pelas idéias claras e distintas são objetos reais.

Dessa tese pode-se inferir que a idéia clara e distinta de Deus representa algo de real, embora do fato de representar algo de real não possa ser inferido que o que é real tem uma realidade formal ou atual.

Mas, qual é o significado preciso do termo "real"?

A teoria cartesiana distingue a noção de realidade da noção de existência e sem essa distinção a prova ontológica seria um contra-senso, pois não seria possível explicar o sentido de frases que negam a existência de um objeto designado pelo sujeito lógico da frase. Os termos "realidade" e "existência" não podem ter, por conseguinte, o mesmo significado. Descartes exemplifica a diferença de significado entre esses dois termos analisando a natureza dos objetos matemáticos: estes objetos são coisas reais, têm uma essência imutável, embora não existam na natureza.

Mas seria legítimo inferir das idéias claras e distintas dos objetos matemáticos o conhecimento da essência imutável desses objetos? Pelo fato dos objetos matemáticos serem representados por idéias claras e distintas, segue-se que eles são entes reais. Mas, pelo fato de serem entes reais, seguir-se-ia que têm uma essência imutável, não "inventada" pelo pensamento? De maneira análoga, seria válido o argumento que inferiria da idéia clara e distinta de Deus a tese de que Deus é um objeto real e que, por conseguinte, a sua essência não é "inventada" pelo pensamento?

Certos textos de Descartes parecem sugerir o seguinte argumento: a idéia de Deus como a de um ente sumamente perfeito é clara e distinta. Portanto, Deus, segundo a *Regra Geral*, é um ente real. Mas, como perceber Deus como ente real é percebê-lo como existente, é impossível ter uma idéia clara e distinta de Deus e não reconhecer que Deus existe. Descartes escreve na *Exposição Geométrica*:

> "[...] mas que, na idéia de Deus, não só a existência possível está contida, mas além disso a necessária. Pois, daí só, e sem qualquer raciocínio, conhecerão que Deus existe;..." (*Exposição Geométrica,* Postulado V, *OE*, p. 237).[26]

De fato, essas afirmações de Descartes não constituem uma prova da existência de Deus, mas assinalam aquilo que deve ser demonstrado pelo argumento ontológico. De nenhuma maneira, sob risco de trivialização dogmática, as afirmações do 'Postulado V' da Exposição Geométrica podem ser compreendidas como a conclusão de uma prova da existência de Deus que não teria premissas anteriores. Caso contrário, o argumento ontológico não seria um argumento, mas uma mera intuição, que poderia ser contestada, sem contradição, por aqueles que não tivessem acesso a essa intuição privilegiada. Se textos de Descartes afirmam que "*sem qualquer raciocínio*" pode-se conhecer que Deus existe, todo leitor da obra de Descartes tem o legítimo direito de duvidar disso, apesar de conceder, para efeito de discussão, que tem uma idéia clara e distinta de Deus. Além disso, Descartes escreve ainda no 'Postulado V' que talvez seja necessária uma longa e penosa argumentação para tornar plausível o argumento ontológico: "[...] há coisas que são assim conhecidas por alguns [isto é, sem prova], enquanto outros só as entendem por um longo discurso e raciocínio." (*Exposição Geométrica, Postulado V, OE*, p. 237).[27] Nesse caso, somos os *outros*.

Uma dificuldade poderia problematizar a inferência imediata que pretendesse extrair o conhecimento da essência de uma coisa a partir da idéia clara e distinta dessa coisa, mesmo sendo concedido, por hipótese, que as idéias claras e distintas representam algo de real. Com efeito, a teoria cartesiana das idéias reconhece que os objetos fictícios, fabricados pela mente, são também entes reais. Se os objetos fictícios, representados por idéias imaginativas, são entes reais, o fato de um objeto ser um ente real não implica, ao menos de imediato, que este objeto tenha uma essência verdadeira, não "inventada" pelo pensamento. Assim, embora seja legítimo inferir da clareza e da distinção de uma idéia a realidade do objeto dessa idéia, não é legítimo inferir da realidade de um objeto a afirmação de que este objeto possui uma essência verdadeira e que ela é conhecida. No entanto, se os objetos fictícios *não* são objetos reais, o predicado "ser um objeto real" pode equivaler a "ter uma essência verdadeira". Daí seguir-se-á que a prova de que um objeto é real equivale à prova de que esse objeto possui uma essência verdadeira, que é conhecida pela idéia clara e distinta que o representa. Mas, se os objetos fictícios são entes reais, esse argumento não é válido.

Mas, os entes fictícios seriam entes reais? Teriam uma essência verdadeira?

O termo "real" parece significar que o objeto ao qual ele se aplica é um objeto possível e que, vice-versa, o objeto possível é também real.[28] Ora, "existência possível" significa *"tudo o que não repugna ao pensamento, humano"*, isto é, tudo o que satisfaz ao princípio de não-contradição.[29] Assim, até mesmo as quimeras,[30] compreendidas não como objetos contraditórios, mas como objetos fictícios, seriam objetos reais, pois são entes possíveis.[31] Em última análise, o critério de realidade seria dado pelo princípio de não-contradição: qualquer conteúdo das idéias que satisfaça ao princípio de não-contradição será considerado real. Ao afirmar no axioma X da *Exposição Geométrica*, que em toda idéia, seja ela clara e distinta ou não, a existência possível está contida, Descartes parece reafirmar que os objetos fictícios são entes reais, pois são entes possíveis.

Essa tese introduz uma nova dificuldade para a validade da prova ontológica. Se as quimeras (objetos fictícios) são objetos reais, elas têm propriedades (qualidades) e podem ter, até mesmo, propriedades essenciais (atributos) (*L'Entretien avec Burman*, texto 26. In: Descartes 6). Assim, a ontologia cartesiana parece introduzir diferentes classes de objetos: [i] *objetos reais atualmente existentes*; e [ii] *objetos reais sem existência atual*. Dentre os objetos reais sem existência atual, devem ser distinguidos [ii.a] *objetos não-fictícios* (objetos matemáticos[32]) e [ii.b] *objetos fictícios*. Isso significa que a ontologia cartesiana deve admitir que certos objetos "existem" somente no pensamento (objetos fictícios); que outros objetos podem não existir "fora" do pensamento, embora não sejam inventados pelo pensamento (objetos matemáticos) e que, finalmente, certos objetos têm uma realidade atual ou formal.

Mas, se os objetos fictícios são objetos reais, como distinguir a essência dos objetos matemáticos das propriedades dos objetos fictícios? Admitindo-se essa "ontologia" e aceitando, então, que as quimeras são objetos reais e que têm propriedades, como todos os objetos reais, seria possível formular a seguinte dúvida: embora fossem propriedades de um objeto possível (real), as propriedades que constituiriam a essência de Deus, formariam uma essência fictícia, inventada pelo pensamento humano. Essa hipótese é considerada pelo próprio Descartes: "[...] e depois, porque não distinguindo as coisas que pertencem à verdadeira e imutável essência de alguma coisa daquelas que lhe são atribuídas somente por ficção do intelecto, ainda que nós estejamos bastante atentos (*advertamus*) [ao fato de que] a existência pertence à essência de Deus {traduzido por Clerselier por *"nous apercevions assez clairement que l'existence appartient à l'essence de Dieu* [...]"}, disso nós não concluímos, entretanto, que Deus existe, *porque nós não sabemos se sua essência é imutável e verdadeira ou se ela foi somente inventada por nós*" (*Respostas às Primeiras Objeções, AT* VII, p. 116; grifo nosso).

Mas qual é o significado da expressão "essência fictícia"? Freqüentemente, Descartes opõe a noção de essência imutável à noção de essência forjada pelo pensamento. Uma "essência verdadeira e imutável" se caracterizaria, então, por não depender do pensamento. Ora, "não depender do pensamento" não significa existir "fora" do pensamento. Os objetos matemáticos, por exemplo, têm essências imutáveis, independentes do pensamento, embora não tenham existência atual. Assim, um objeto pode "existir" apenas no pensamento e não depender do pensamento. Um triângulo, por exemplo, mesmo não existindo na natureza, tem necessariamente certas propriedades, que não dependem do pensamento. A essência representada pela idéia de Deus dependerá do pensamento?

Qual é o significado preciso da expressão "depender do pensamento"?

Em oposição às essências imutáveis, Descartes parece admitir que certas essências são *"inventadas por nós"* ou são *"naturezas fictícias compostas pelo intelecto"*. O que é uma essência inventada?

Descartes utilizou-se dessa expressão sem a preocupação de defini-la com precisão. Mas, tal como ela é utilizada no contexto da prova ontológica, nota-se que "essência fictícia" não é uma falsa essência nem é um conjunto de propriedades[33] que *não* pertence a um objeto, propiciando, dessa maneira, a produção de juízos atributivos falsos. Mas, ao contrário, as "essências fictícias" são atributos que, por invenção ou ficção do pensamento, seriam consideradas como pertencentes a objetos. Mas como podem ser inventadas pelo pensamento, não serem atributos falsamente atribuídos a objetos e serem consideradas como propriedades essenciais de objetos? As "essências fictícias" seriam essências de objetos fictícios.

Como caracterizar os objetos fictícios?

O termo "objeto" designa qualquer conteúdo determinado de idéias. Objetos fictícios (ou quimeras, isto é, objetos forjados pela mente) são objetos que são representados por idéias complexas, que foram produzidas pelo pensamento por composição arbitrária de idéias dadas. Esses objetos, conteúdos de idéias complexas arbitrariamente compostas, só têm realidade, quando a têm, por serem representados. E são representados como objetos, graças à operação de composição arbitrária de idéias efetuada pela mente. Ora, como os objetos são representados com ao menos uma propriedade, a representação de um objeto fictício consiste necessariamente na representação dele com sua(s) propriedade(s). O conjunto dessas propriedades forma a essência fictícia do objeto. Assim, ela é uma essência inventada pelo pensamento caracterizando um objeto. O objeto caracterizado por ela é, portanto, fictício.

Já que certas essências produzidas pelo pensamento são fictícias, é necessário encontrar, então, um critério que permita a distinção entre as essências (fictícias) dos objetos fictícios e as essências dos objetos reais que não são fictícios. Descartes terá, então, que provar que os conteúdos de certas idéias claras e distintas, que são entes possíveis, mesmo que não existam "fora" do pensamento (como é o caso dos objetos matemáticos) têm propriedades "verdadeiras e imutáveis", que não dependem do pensamento.

Se não houver critério para distinguir os objetos reais não-fictícios dos objetos reais fictícios, não haverá critérios para distinguir essências imutáveis de essências forjadas pelo pensamento. Daí se seguiria que a essência de Deus poderia ser considerada como dependente do pensamento. Ela envolveria a existência da mesma maneira que a essência do leão existente envolveria também a sua existência.

Encontrar um critério para distinguir essências fictícias de essências imutáveis equivale a encontrar um critério que permita distinguir objetos fictícios de objetos não-fictícios.

Como distinguir os objetos fictícios, cuja essência é fictícia, dos objetos matemáticos que não existem "fora" do pensamento (tal como os objetos fictícios), mas cuja natureza é imutável e não depende do pensamento?

Não é correto distinguir esses objetos, supondo que os objetos fictícios sejam compostos e que os objetos não-fictícios não sejam compostos, pois Descartes reconhece que não só os objetos fictícios, como também os objetos matemáticos podem ser compostos. Descartes cita como exemplo de objeto matemático composto[34] o *triângulo inscrito num quadrado*. Embora composto, esse objeto tem uma natureza verdadeira e imutável.

Descartes parece supor (corretamente) que todos os objetos fictícios são compostos, embora certos objetos compostos (objetos matemáticos) não sejam fictícios. No entanto, como distinguir no pensamento objetos fictícios de objetos não-fictícios ou como distinguir as idéias de objetos fictícios das idéias de objetos não fictícios? Por que os objetos matemáticos compostos pela mente não são objetos fictícios?

Na parte final das *Respostas às Primeiras Objeções* (*AT* VII, p. 113-20) são formulados ao menos dois critérios de distinção entre idéias que representam objetos fictícios e idéias que representam objetos não-fictícios: o critério da *divisibilidade ou da decomposição* e o critério das conseqüências *necessárias imprevistas* (cf. Wilson 30, cap. 5, p. 172-6; Wilson 31; e Doney 7).

O critério da divisibilidade diz que se a idéia complexa não pode ser decomposta por uma operação clara e distinta da mente, mas apenas por abstração, então ela não foi inventada pela mente e representa, dessa maneira, uma natureza imutável:

> "[...] as idéias que não contêm verdadeiras e imutáveis naturezas, mas somente naturezas fictícias e compostas pelo intelecto, podem ser divididas pelo mesmo intelecto, não somente por uma abstração, mas por uma clara e distinta operação, de maneira que as coisas que o intelecto não pode dessa maneira dividir, sem dúvida não foram compostas por ele" (*AT* VII, p. 117).

Um exemplo de objeto composto (ou da idéia complexa de um objeto composto)[35] citado pelo próprio Descartes nas *Respostas às Primeiras Objeções*, põe em questão a eficácia desse critério. Certas idéias de objetos matemáticos não podem ser decompostas seja porque são idéias simples que representam objetos simples, seja porque são idéias complexas de objetos compostos que não podem ser divididas senão por uma operação de abstração. Tal parece ser o caso da idéia do objeto triângulo e da idéia do objeto quadrado. Outras idéias de objetos matemáticos podem ser decompostas por uma operação clara e distinta da mente. Tal é o caso, por exemplo, da idéia (complexa) do *triângulo inscrito no quadrado*: ela pode ser decomposta na idéia de triângulo e na idéia de quadrado. No entanto, esse mesmo objeto *triângulo inscrito no quadrado* é considerado na seqüência do texto das *Primeiras Objeções* como tendo uma natureza imutável. Donde, neste caso, a idéia que o representa só poderia ser decomposta pela operação de abstração.

Assim, sob um aspecto, a idéia do objeto *triângulo inscrito no quadrado* pode ser decomposta na idéia de triângulo e na idéia de quadrado por uma operação clara e distinta da mente. Em razão do critério da divisibilidade, esse objeto depende do pensamento por ser um objeto composto pelo próprio pensamento. Em conseqüência, ele não tem uma natureza imutável. Mas, sob um outro aspecto, a idéia desse objeto não poderia ser decomposta senão por abstração. Em conseqüência, ele não é forjado pelo pensamento e tem, portanto, uma natureza imutável. Como isso é possível?

Numa carta a Mersenne de 22 de julho de 1641, Descartes pretende justificar essa tese afirmando que o *triângulo inscrito no quadrado* pode ser representado por uma ou por muitas idéias: "[...] *peut être pris pour une seule idée ou pour plusieurs*" (carta a Mersenne, 22 de julho de 1641, *OPD* II,

p. 350-2). Mas, então, como saber se o *triângulo inscrito no quadrado* é representado por uma idéia ou por uma composição de idéias, visto que o conteúdo de ambas as idéias é o mesmo? Como distinguir o objeto *triângulo inscrito no quadrado* cuja idéia pode ser clara e distintamente decomposta, de um (outro) objeto *triângulo inscrito no quadrado*, cuja idéia não pode ser decomposta dessa maneira?

De fato, não há nem contradição nem ambigüidade no texto de Descartes. Há, apenas, uma mudança de critério. Se o critério da divisibilidade discriminasse os objetos que teriam ou não uma natureza imutável, o objeto *triângulo inscrito no quadrado* não poderia ser considerado como tendo uma natureza imutável. Mas, o critério de divisibilidade terá essa função?

W. Doney, num artigo, sugere que o critério da divisibilidade serve para distinguir as idéias complexas (ou os objetos compostos) das idéias não-complexas (ou os objetos não-compostos), mas não serve para discriminar os objetos que teriam ou não uma natureza imutável (cf. Doney 8). Os objetos *triângulo inscrito no quadrado*, *leão existente*, *cavalo alado* etc. são objetos compostos representados por idéias complexas. Prova-se que são compostos pelo fato das suas idéias poderem ser decompostas por uma operação clara e distinta da mente.

O critério para discriminar os objetos que teriam ou não uma natureza imutável seria o critério das *conseqüências necessárias imprevistas*. Se da idéia de um objeto decorrem necessariamente propriedades imprevistas, essas propriedades pertenceriam à natureza do objeto que teria, assim, uma essência imutável constituída por essas propriedades.[36] A função desse critério pode ser resumida da seguinte maneira: se da idéia de um objeto podem ser extraídas conseqüências necessárias imprevistas, o objeto dessa idéia tem uma natureza imutável. Se ele tem uma natureza imutável, ele não é um objeto inventado pelo pensamento, isto é, ele não é um objeto fictício.[37]

Mas a aplicação desse critério às idéias complexas (ou aos objetos compostos) é problemática. De partes de uma idéia complexa podem se seguir necessariamente propriedades. Da idéia de sereia, por exemplo, seguem-se necessariamente as propriedades que são conseqüências necessárias da idéia de peixe e da idéia de mulher. Mas da idéia de sereia, considerada como um todo, seguir-se-ia necessariamente alguma propriedade?

É ao objeto considerado como um todo (como tendo uma unidade) que deve ser atribuída uma natureza imutável. Somente as propriedades que necessariamente decorreriam de uma idéia complexa, considerada como um todo, caracterizariam o objeto da idéia complexa como tendo uma natureza imutável. Se as propriedades necessariamente decorressem das idéias partes que formam a idéia complexa ou decorressem da idéia complexa em razão de decorrerem de suas idéias partes, não se poderia atribuir ao objeto complexo, representado pela idéia complexa, uma natureza imutável.

Assim, o critério das conseqüências imprevistas necessitaria do critério de divisibilidade para que pudessem ser distinguidas as propriedades que decorreriam da idéia complexa, considerada como um todo, das propriedades que decorreriam da idéia complexa em razão de decorrerem das idéias partes que a formam.

Mas, o critério das conseqüências imprevistas permitiria de fato discriminar os objetos fictícios dos objetos não fictícios?

A dificuldade sobre a validade desse critério não reside numa suposta ambigüidade na caracterização dos objetos que têm uma natureza imutável, mas reside no fato de que ele não exclui a hipótese de que um objeto, considerado fictício, possa ter também uma natureza imutável.

O objetivo do critério das conseqüências imprevistas seria o de discriminar objetos fictícios de objetos não fictícios. Ora, ele parece caracterizar os objetos que têm uma natureza imutável, sem excluir a possibilidade dos objetos fictícios também a terem. Assim, por exemplo, se o *triângulo inscrito no quadrado* tem uma natureza imutável, pois a propriedade "o quadrado não é menor que o dobro do triângulo que está nele inscrito" (*Respostas às Primeiras Objeções*, AT VII, p. 118) é uma conseqüência necessária da sua idéia, não está excluída a hipótese de que a sereia tenha também uma natureza imutável, pois talvez da sua idéia decorram necessariamente propriedades *ainda não conhecidas*.

Assim, se X é um objeto representado por uma idéia complexa cujas partes foram compostas arbitrariamente pelo pensamento, isto é, se X é um objeto fictício[38] e se da idéia de X, considerada como um todo, não se conseguiu extrair conseqüências necessárias, não está excluída a hipótese de que da idéia de X *possam* decorrer conseqüências necessárias. Portanto, embora X seja um objeto fictício, inventado pelo pensamento, X *pode* ter uma natureza imutável, segundo o critério das conseqüências necessárias imprevistas. *Não seria, pois contraditório afirmar que X é inventado pelo pensamento e que X pode ter uma natureza imutável.*

O critério das conseqüências imprevistas seria significativo se o predicado "ter uma natureza imutável" fosse incompatível seja com o predicado "é um objeto fictício", seja com o predicado "tem uma essência fictícia", pois o que é relevante para o argumento ontológico é demonstrar que se Deus tem uma natureza imutável, segue-se que a sua essência não é inventada pelo pensamento. No entanto, não está excluída a hipótese de que um objeto fictício *possa* ter uma natureza imutável, pois da idéia de um objeto, reconhecido como fictício, não está excluída a hipótese de que dela *possam* decorrer conseqüências necessárias imprevistas. Com efeito, se um objeto satisfaz ao critério das conseqüências necessárias imprevistas, segue-se que ele tem uma natureza imutável. Se não satisfaz ao critério, isto é, se da idéia desse objeto *não* foram extraídas conseqüências necessárias imprevistas, não fica excluída a hipótese de que dessa idéia *possam* vir a ser extraídas conseqüências necessárias imprevistas; donde, não fica excluída a hipótese de que o objeto fictício, representado por essa idéia, *possa* satisfazer a esse critério. Por conseguinte, se esse critério é válido, não é contraditório afirmar que um objeto fictício *possa* ter conseqüências imprevistas e portanto *possa* ter uma natureza imutável. Assim, o predicado "ter uma natureza imutável" não é um critério para distinguir objetos fictícios de não-fictícios, já que não é contraditório que um objeto fictício possa ter uma natureza imutável.

Se o critério das conseqüências necessárias serve para caracterizar os objetos que têm uma natureza imutável, ele não serve para distinguir objetos fictícios de objetos não-fictícios. Assim, poder-se-ia afirmar que Deus tem uma natureza imutável, pois da idéia de Deus decorrem propriedades necessárias não previstas. Mas *disso não se pode concluir* (segundo o critério das conseqüências imprevistas) *que Deus não seja um objeto fictício, inventado ou fabricado pelo pensamento, já que objetos fictícios podem ter uma natureza imutável.*

Uma outra "via" se faz necessária para tornar plausível a prova *a priori* cartesiana.

Essa via consistiria simplesmente em encontrar critérios que permitissem distinguir as idéias inatas, claras e distintas, das idéias factícias. Como Descartes afirma numa carta a Mersenne,[39] as idéias inatas representariam essências verdadeiras e imutáveis; as idéias factícias, por sua vez, representariam essências fictícias.

O que distinguiria uma idéia factícia de uma idéia inata não seria o fato da idéia factícia ser complexa e da idéia inata ser simples. Ambas poderiam ser idéias complexas formadas por conexão de outras idéias.[40] No entanto, uma idéia inata é clara e distinta e se é complexa, é composta por idéias claras e distintas conectadas por elos clara e distintamente percebidos, isto é, por *elos necessários*. No entanto, as idéias fictícias (imaginativas) são idéias complexas, compostas por conexão *arbitrária* de idéias. Por esta razão, elas têm sempre um aspecto obscuro ou confuso, embora representem entes possíveis (não contraditórios), isto é, entes reais. Por serem compostas por conexão arbitrária, os objetos que apresentam "dependem" do pensamento. Por isso, são denominados de objetos fictícios.

Assim a distinção entre essência fictícia e essência imutável se reduziria à distinção entre idéias inatas complexas e idéias imaginativas. E o critério para distinguir essas idéias complexas seria em última análise o seu modo de composição: composição necessária ou composição arbitrária.

Mas como determinar se a conexão entre as idéias, que compõem uma idéia complexa, é necessária ou arbitrária? Não teria sido esse o objetivo do critério das conseqüências necessárias imprevistas? Não se repetirão aqui as mesmas dificuldades já assinaladas sobre a função desse critério?

A falência dos critérios propostos por Descartes para distinguir essências imutáveis (objetos não fictícios) das essências fictícias (objetos fictícios) torna extremamente problemática a prova da primeira parte do argumento ontológico. Com efeito, a prova cartesiana exige que se infira da idéia de Deus a essência real de Deus. Mas como não é excluído pelo critério cartesiano o fato de que os objetos fictícios, que são objetos reais, possam ter naturezas imutáveis, como saber que a idéia de Deus representa uma essência que não é inventada pelo pensamento? Caso não haja critérios para distinguir essências fictícias de essências imutáveis, sempre é possível pensar a essência de Deus como uma essência inventada pelo pensamento.

[II.2] *Segunda parte da prova:*
*a essência de Deus implica sua existência*

A primeira etapa da prova cartesiana, como já assinalamos, consistiu essencialmente numa reflexão sobre a natureza dos objetos matemáticos. Graças a essa reflexão, foi introduzido o conceito de natureza imutável. A partir desse conceito, pretendeu-se distinguir os objetos que dependem do pensamento, no sentido de serem compostos ou fabricados pelo próprio pensamento, dos objetos que, embora possam não existir na natureza, não são inventados pelo pensamento. Uma das conseqüências dessa distinção é que ter uma essência imutável não implica uma existência efetiva ou atual. Assim, a pergunta sobre a existência efetiva de um objeto, que tem uma essência imutável, tem sentido.

A segunda parte da prova procurará demonstrar que, ao contrário da essência dos objetos matemáticos, a essência imutável de Deus envolve existência. O núcleo central da prova, como assinalamos, consistirá em mostrar que a existência é uma propriedade necessária da essência de Deus e por isso, não pode ser separada ou distinguida da própria essência.[41] Mas se é uma propriedade ou uma perfeição da essência, a existência é um atributo ou um predicado de Deus.

Mas será a existência um predicado?[42]

A partir das análises de Kant (no opúsculo *O único argumento possível para uma demonstração da existência de Deus* e na *Crítica da Razão Pura* (*CRP*, 'Da impossibilidade de uma prova ontológica da existência de Deus', B, p. 592-631)⁴³ e da lógica contemporânea, essa pergunta se transformou no fio condutor das reflexões sobre a validade do argumento ontológico.

Antes de Kant, Gassendi já objetara a Descartes que a existência, ao invés de ser uma perfeição, é o que torna possível que algo tenha perfeições ou propriedades "[...] ela [a existência] não é uma perfeição [...], mas é algo na ausência do que não pode haver perfeição" (*Quintas Objeções, Contra a Quinta Meditação*, II, *OPD* II, p. 762). Descartes na sua resposta ratifica, sem justificar, a sua posição⁴⁴: tal como a onipotência, a existência é uma propriedade, isto é, algo que pode ser atribuído a uma coisa. Os juízos *Deus é onipotente* e *Deus é existente* teriam, dessa forma, a mesma estrutura lógica.

A célebre afirmação de Kant de que a existência não é um predicado real (*CRP*, B, p. 626-7) parece visar a tese cartesiana de que a existência é uma propriedade da essência de Deus. Mas essa afirmação é apenas uma etapa de um argumento mais abrangente que põe em questão a validade do argumento ontológico.

Kant reconstrói a prova ontológica cartesiana da seguinte maneira: seja Deus um ente realíssimo, que, para fins da argumentação, se admite que é um ente possível. Ora, um ente realíssimo contém todas as perfeições. Segue-se que um ente realíssimo possível existe de maneira absolutamente necessária, pois se fosse negada a sua existência, haveria contradição. Por que? Foi admitido que o ente realíssimo contém todas as perfeições e que a existência é uma dessas perfeições. Mas foi admitido também que o ente realíssimo com todas as suas perfeições é um ente possível. Assim, negar a existência do ente realíssimo consiste em negar uma das suas perfeições, isto é, significa negar que o ente realíssimo contém todas as perfeições, o que equivale a negar ou bem que se esteja analisando a noção de ente realíssimo ou bem que o ente realíssimo seja possível. Na primeira alternativa, nada há a contrapor, pois não se está analisando a noção de ente realíssimo. Na segunda alternativa, dado que foi admitida a possibilidade do ente realíssimo, negar uma das suas perfeições, a existência, e admitir, ao mesmo tempo, que o ente realíssimo seja possível e que, por conseguinte, possua todas as perfeições, é contraditório. Ora, como é impossível negar que o ente realíssimo existe, então, necessariamente ele existe.

Kant refuta este argumento da seguinte maneira:

O juízo *X existe* ou *o ente realíssimo existe* é uma proposição analítica ou sintética.

Se a proposição é analítica, pelo predicado "existência" nada foi acrescentado ao pensamento do objeto indicado pelo sujeito da proposição. Duas hipóteses devem então ser analisadas. Ou a atribuição do predicado "existência" ao sujeito significa que o objeto é pensado como existindo no pensamento e "existência", neste caso, significa apenas existência intencional[45] ou bem o predicado "existência" não significa existência no pensamento, mas significa que algo é efetivamente real. Na primeira hipótese, dizer que *X existe* significa apenas dizer que *X* é pensado como existente. Na segunda hipótese, "existência" não significa existência intencional, mas efetividade. Mas, nesse caso, a proposição *X existe* não é apenas uma proposição analítica, é também uma proposição tautológica. Uma proposição tautológica, segundo Kant, é uma proposição analítica onde a identidade dos conceitos é explícita e, em conseqüência, ela não tem nem utilidade nem uso (*Lógica*, cap. II, Dos Juízos, # 37; cf. Kant 18).

Mas, por que, nesse segundo caso, a proposição *X existe* é tautológica? O argumento ontológico para ser significativo não distinguira o significado da noção de realidade do significado da noção de existência? A proposição *X existe* não afirmara algo ainda não afirmado pela proposição *X é real*?

Como provar que o ente realíssimo existe efetivamente (e não apenas intencionalmente) a partir da premissa de que ele é um ente possível? Seria necessário supor que o ente realíssimo, enquanto ente possível, contivesse todas as perfeições (dentre as quais, a perfeição de existência). E, para que a prova fosse uma demonstração da existência efetiva de Deus, "existência" não poderia significar existência intencional; deveria significar existência efetiva. Assim, as proposições: [i] que o ente realíssimo é possível, [ii] que ele contém a perfeição "existência" e [iii] que "existência", nesse contexto, significa existência efetiva seriam também suposições dessa prova. Daí seguir-se-ia que as premissas da prova suporiam, ao menos implicitamente, que as perfeições do ente realíssimo estariam efetivamente realizadas, já que a existência efetiva seria uma perfeição dele. O argumento seria, portanto, uma mera tautologia, pois a sua conclusão repetiria o que fora assumido nas premissas. De fato, um ente possível, que contivesse a perfeição de existência efetiva, existiria efetivamente. E é isto que as premissas do argumento ontológico parecem assumir. Por conseguinte, a conclusão de que o ente realíssimo, enquanto possível, existe efetivamente não é senão uma mera tautologia.

Assim, segundo Kant, o argumento ontológico não pode ser constituído por proposições analíticas, pois se a prova estabelecesse apenas conexões analíticas entre o conceito Deus e o conceito existência, teria sido apenas provado que se Deus é pensado, ele é pensado como existente. Também não seria suficiente demonstrar que Deus existe efetivamente pelo fato da premissa da prova supor que o ente realíssimo é um ente possível e perfeito e que, portanto, todas as suas perfeições, dentre as quais a de existência, estão efetivamente realizadas. Essa prova seria inútil, pois assume na premissa aquilo que deveria ser demonstrado na conclusão. Portanto, se o argumento é analítico, ou bem "existência" significa existência intencional e, então, é apenas demonstrado que, pelo conceito de Deus, Deus é necessariamente pensado como existente ou bem "existência" significa existência efetiva e, então, o argumento é tautológico.

Como tornar o argumento não-tautológico e transformá-lo numa prova da existência efetiva de Deus?

Ao menos duas condições são necessárias para que o argumento ontológico tenha como conclusão a proposição que afirma a existência efetiva de Deus e que exprima, dessa maneira, um conhecimento de objeto e não apenas a explicitação do sentido de um conceito: [a] a proposição *Deus existe* não é uma proposição analítica, isto é, é uma proposição sintética, [b] a noção de existência envolvida na prova é a de existência efetiva.

Obviamente, a proposição *Deus existe* não poderia ser uma proposição sintética *a posteriori*, pois seria então uma proposição contingente que poderia ser falsa e a conclusão do argumento ontológico pretende ser uma proposição sempre verdadeira (necessária). Deveria ser uma proposição sintética *a priori*, que exprimiria ou bem um conhecimento racional por construção de conceitos ou bem um conhecimento discursivo por conceitos (*CRP*, B, p. 741-2). Como é impossível exibir Deus numa intuição pura do espaço e do tempo, fica afastada a primeira hipótese. Além disso, o conhecimento da existência de Deus não é um conhecimento de tipo matemático, justamente por se tratar de um conhecimento sobre a existência de um objeto. Por sua vez, um conhecimento discursivo por conceitos é um conhecimento das regras necessárias para a constituição de objetos e não pode ser também um conhecimento sobre a existência de objetos.

Kant coloca o defensor do argumento ontológico diante de um impasse: pelas razões já mencionadas, a proposição

*Deus existe* não pode ser analítica. Deve ser sintética. Nesse caso, o argumento ontológico teria de fato uma dimensão cognitiva. E de uma maneira coerente, a noção de existência poderia significar existência efetiva e não existência intencional. Mas a proposição *Deus existe* não pode ser nem uma proposição sintética *a posteriori* nem uma proposição sintética *a priori*.

Assim, se "existência" fosse uma nota característica do conceito Deus, a conclusão do argumento ontológico seria analítica. Mas, nesse caso, a existência efetiva de Deus não seria demonstrada. Se a noção de existência é a de existência efetiva, seria possível uma demonstração da existência de Deus. Mas, nesse caso, a conclusão seria uma proposição sintética, embora não pudesse ser uma proposição sintética *a priori*. Se fosse uma proposição sintética *a posteriori*, a conclusão do argumento seria uma proposição contingente.

Para tornar mais convincente a sua crítica à prova ontológica, Kant analisará o significado do termo "existência" efetiva (que se opõe à noção de existência intencional) e essa análise será realizada através do esclarecimento do termo "ser". "Ser" significa ou bem posição relativa, expressa pela cópula do juízo que põe em relação dois conceitos ou bem posição absoluta, isto é, existência.

Mas o que significa "posição absoluta"?

O significado de "posição absoluta" obviamente se contrapõe ao significado de "posição relativa", que exprime, como já assinalamos, uma relação entre conceitos. Portanto, "posição absoluta" não significa uma relação entre conceitos, mas a satisfação de conceitos por objetos. De maneira imprecisa, poder-se-ia dizer que "posição absoluta" exprimiria uma relação entre conceitos e objetos. Dizer que $X$ existe significaria, então, dizer que um objeto satisfaz efetivamente a todas as notas contidas no conceito expresso por $X$.

Se a análise de Kant é correta, os juízos *Deus é onipotente* e *Deus é (existe)* têm uma estrutura lógica inteiramente diferente em razão da função do termo "ser" exprimindo "posição relativa" ou "posição absoluta". Enquanto expresso pela cópula do juízo, o termo "é" no juízo *Deus é onipotente*, relaciona dois conceitos, exprimindo, em última análise, que o conceito "*onipotente*" é uma nota do conceito "*Deus*". Assim, se um objeto satisfizer ao conceito *Deus*, ele satisfará necessariamente ao conceito *onipotente*. No entanto, *Deus é (existe)* não relaciona conceitos, mas indica que o conceito Deus é satisfeito por um objeto que contém todas as perfeições contidas no conceito Deus. No opúsculo *O único argumento possível para uma Demonstração da Existência de Deus*, Kant exprime essa tese de uma maneira clara:

> "Se eu digo 'Deus é uma coisa existente' parece que eu estou exprimindo a relação de um predicado com o sujeito. Mas há uma impropriedade nessa expressão. Falando estritamente, ela deveria ser assim formulada: 'algo de existente é Deus'. Em outras palavras, pertencem a uma coisa existente aqueles predicados que, tomados conjuntamente, nós designamos através da expressão 'Deus'. Estes predicados são colocados relativamente ao sujeito, enquanto que a coisa nela mesma, com todos os seus predicados, é colocada absolutamente" (*Der Einzig mögliche Beweisgrund* ..., p. 634; cf. Kant 17).

É a partir dessa análise que deve ser compreendida a afirmação de Kant de que "existência" não é um predicado real (*CRP*, B, p. 626-7) (podendo ser obviamente um predicado gramatical), pois se o termo "existência" exprime uma posição absoluta, ele não acrescenta qualquer determinação ao conceito do objeto expresso num juízo.

Adaptando uma explicação da Plantinga, poderíamos ilustrar o que Kant pretende dizer através de um exemplo (cf. Plantinga 23, p. 95-7).

Sejam dados três conceitos: o conceito de leão, o de leão existente e o de leão domesticado. Obviamente, se um objeto satisfaz ao conceito de leão domesticado, satisfaz também ao conceito de leão. Mas, é possível que um objeto satisfaça ao conceito de leão e não satisfaça ao conceito de leão domesticado. Assim, o conceito "domesticado" é um predicado real, isto é, acrescenta algo à determinação do objeto que fora indicado através do conceito leão.

Ora, todo objeto que satisfaz ao conceito leão satisfaz ao conceito leão existente e vice-versa. Dessa maneira, existência não acrescenta qualquer nova determinação ao conceito leão. Assim, para qualquer conceito $C$, se o predicado gramatical *"existência"* é acrescentado às notas de $C$, formando aparentemente um novo conceito $C'$, todo objeto que satisfaz a $C$ satisfará também a $C'$ e vice-versa. Por isso, "existência" não é um predicado real.

Corroborando as análises informais kantianas, certas semânticas da lógica moderna interpretam a noção de existência como um predicado de conceitos ou de funções proposicionais e não como um predicado de primeira ordem. O significado de existência seria expresso pelo quantificador existencial interpretado objectualmente. *X existe* (se $X$ é um nome próprio) significaria que há algo que *é X* ou se $X$ é uma descrição definida significaria que há um objeto que tem a propriedade de ser $X$ e nenhum outro objeto diferente de $X$ possui essa propriedade. Assim, provar que $X$ existe equivale a encontrar um objeto no domínio da teoria nomeado por $X$ ou equivale a encontrar um único objeto que tenha a propriedade $X$. Provas de existência remetem, portanto, a um domínio de objetos *já dados*. Nesse contexto, a noção de uma prova conceitual de existência é sem significado.

Obviamente, ocorre uma ambigüidade nessa tentativa de explicar a noção de existência através do operador existencial, pois dizer que existe algo que tem a propriedade $P$ significa dizer que há um objeto no domínio que tem a propriedade $P$. Assim, ao invés de elucidar o conceito de existência, essa explicação parece supor *objetos dados* (*existentes*), que poderiam satisfazer ou não às propriedades contidas num determinado conceito. Dessa maneira, o operador existencial interpretado objectualmente não esclarece o significado de existir, mas apenas o significado da expressão "um objeto dado satisfaz a uma determinada propriedade".

No entanto, é verdade que a crítica de Kant se aplica a provas que afirmam que existência é um predicado de primeira ordem. Como mostramos, o argumento cartesiano faz esta suposição. Mas não é essencial ao argumento ontológico que existência seja considerada como um predicado de primeira ordem, pois ele pretende mostrar apenas que para um único conceito, dado este conceito, segue-se que ele tem uma instância. A crítica kantiana não elimina essa possibilidade e a lógica contemporânea não consegue, através do operador existencial interpretado objectualmente, recuperar o sentido de existência que está em questão no argumento ontológico.

O argumento ontológico ainda não encontrou nem uma crítica definitiva nem uma formulação convincente. É o que nos mostra a prova *a priori* cartesiana e a sua crítica kantiana.

## Notas

1. Citaremos Descartes nas seguintes edições: *Œuvres de Descartes* (*AT*), ed. C. Adam & P. Tannery, Paris, J. Vrin, 1973, 11 vols. (Descartes 3); *Œuvres Philosophiques de Descartes* (*OPD*), ed. F. Alquié, Paris, Garnier, 1963-73, 3 vols. (Descartes 4); *Obra Escolhida* (*OE*), trad. de J. Guinsburg e Bento Prado Júnior, São Paulo, Difusão Européia do Livro, 1962 (Descartes 5).
2. I. Kant, *Kritik der reinen Vernunft* (*KrV*), B, p. 266, Hamburgo, Felix Meiner, 1956 (Kant 15). As citações em português da edição [B] da *Crítica da Razão Pura* (*CRP*) foram extraídas, com raras exceções, da tradução de Valério Rohden e Udo Moosburger da *CRP*, São Paulo, Abril Cultural, 1980 (Kant 16). Quando forem citados os textos da *CRP* (ou da *KrV*) será indicada a edição (A ou B) seguida do número da página.
3. O termo "*a priori*" é nesta frase usado no sentido em que foi habitualmente empregado pela tradição pré-kantiana, isto é, no sentido de que a prova procede da causa para os efeitos (ver *Secundae Responsiones*, *AT* VII, p. 155-6; ver também a interessante nota de Alquié comentando essa passagem das *Segundas Respostas* em *OPD* II, p. 582, nota 1). Em todo caso, em Descartes uma prova da existência de Deus é considerada *a posteriori* quando remonta do efeito (por exemplo, da realidade objetiva infinita da idéia de Deus) à sua causa (realidade formal infinita), graças ao princípio de causalidade. É considerada *a priori* quando infere da essência a existência de Deus. "Mas, porque são somente duas vias pelas quais se pode demonstrar que Deus existe, a saber, uma pelos efeitos e a outra pela própria essência ou natureza [...]", *Primae Responsiones*, *AT* VII, p. 120.
4. Prova que da essência de Deus infere a sua existência. Essa prova foi denominada por Kant de prova ontológica.
5. "E aqui só posso me objetar que talvez essa idéia de triângulo tenha vindo ao meu espírito por intermédio de meus sentidos, porque vi algumas vezes corpos de figura triangular; pois posso formar em meu espírito uma infinidade de outras figuras, a cujo respeito não se pode alimentar a menor suspeita de que jamais tenham caído sob os sentidos e não deixo, todavia, de poder demonstrar diversas propriedades

relativas à sua natureza, bem como à do triângulo: as quais devem certamente ser todas verdadeiras, visto que as concebo claramente", *Quinta Meditação*, *OE*, p. 171-2. Vê-se por essa passagem que as propriedades dos objetos matemáticos são demonstradas de maneira *a priori* no sentido kantiano, isto é, independente de qualquer experiência e não no sentido em que Descartes e a tradição pré-cartesiana empregavam habitualmente o termo "*a priori*".
6. As premissas da prova seriam formadas, segundo a terminologia kantiana, por juízos analíticos ou sintéticos *a priori*.
7. Descartes, nas *Respostas às Primeiras Objeções* (*AT* VII, p. 118-20), parece apresentar uma outra versão da sua prova que teria como premissa inicial a idéia de Deus como a de um ente onipotente. Da onipotência divina seria inferida a existência de Deus. Nós não analisaremos essa versão do argumento ontológico cartesiano.
8. A prova *a priori* cartesiana não necessita da "Regra Geral" ("todas as coisas que concebemos mui claramente e mui distintamente são todas verdadeiras"), mas apenas da constatação do seguinte fato: "[...] todavia a natureza do meu espírito é tal que não me poderia impedir de julgá-las [as coisas que concebo] verdadeiras enquanto as concebo clara e distintamente", *Quinta Meditação*, *OE*, p. 172.
9. "Quando dizemos que algum atributo está contido na natureza ou no conceito de uma coisa é o mesmo que se disséssemos que tal atributo é verdadeiramente dessa coisa e que se pode assegurar que se encontra nela", *Exposição Geométrica*, definição 9, *OE*, p. 236. Ver também *Respostas às Primeiras Objeções* (premissa maior do silogismo do argumento ontológico), *AT* VII, p. 115; IX-1, p. 91; e *Respostas às Segundas Objeções*, *AT* VII, p. 150; IX-1, p. 117.
10. Como já assinalamos, Descartes apresenta nas *Respostas às Primeiras Objeções* o que poderia ser interpretado como uma outra maneira de demonstrar a priori a existência de Deus. Esta "segunda via da prova ontológica" não será analisada neste capítulo. O ponto de partida dessa "via" é a idéia de Deus como um ente onipotente. Dessa propriedade podem ser derivadas todas as perfeições de Deus, inclusive a existência (cf. *Primae Responsiones*, *AT* VII, p. 118-20).
11. "Mas porque são somente duas as vias pelas quais se pode demonstrar que Deus existe, a saber, uma pelos efeitos e a outra pela sua própria essência ou natureza [...]", *Primae Responsiones*, *AT* VII, p. 120.

12. S. Tomás atribui a S. Anselmo a tese de que a proposição *Deus existe* é evidente por si (*per se nota*) e, contra essa tese, procura mostrar que a existência de Deus necessita ser demonstrada. Ora, para S. Anselmo o argumento ontológico é por excelência uma prova da existência de Deus e, por conseguinte, a proposição *Deus existe* não é por ele considerada *per se nota*. Criticando a tese que atribui a S. Anselmo, S. Tomás formula outras críticas ao argumento de S. Anselmo. São essas críticas que serão analisadas neste capítulo. Ver *Summa Theologiae*, Iª, q. 2, art. 1, ad 2 (Tomás de Aquino 24); *Summa contra Gentiles*, Iª, c. XI (Tomás de Aquino 25).

13. Caterus resume nas *Primeiras Objeções* de maneira exemplar a crítica de S. Tomás à prova anselmiana: "[...] embora se conceda que pelo seu próprio nome o ente sumamente perfeito envolve (*importare*) existência, contudo não se segue que essa mesma existência seja na realidade algo de atual, mas somente que com o *conceito de ente soberano o conceito de existência seja inseparavelmente conectado*. Daí você não infere que a existência de Deus seja qualquer coisa de atual, salvo se você supõe que esse ente supremo exista em ato. Com efeito, nesse caso, ele envolve em ato não só todas as perfeições e como também a da existência real", (*OPD* II, p. 517; grifo nosso).

14. Sobre a teoria do conhecimento de S. Tomás, ver a interpretação de Joseph Maréchal no livro *Le Point de Départ de la Métaphysique. Cahier V: Le Thomisme devant la Philosophie Critique* (Maréchal 20). Ver em especial o "# 3: L'affirmation comme fonction objective du jugement" e o "# 4: La nature da l'affirmation" (p. 299-315) e a "Section III: Déduction de l'affirmation ontologique" (p. 321-55). Ver também o brilhante artigo de H. C. L. Vaz (Vaz 29).

15. Sobre a noção de conceito na perspectiva tomista, ver J. Maritain *Les Dégrés du savoir*, cap. "Le réalisme critique", item III, "De la connaissance elle même", (Maritain 21, p. 215-53) e Apêndice 1, "À propos du concept" (Maritain 21, p. 669-826).

16. Ver *In Aristotelis Libros Perihermeneias ... Expositio*, I, v, 355-376 (Tomás de Aquino 26), onde S. Tomás, comentando Aristóteles, analisa num texto extremamente denso, mas claro, o significado dos termos *ens* e *esse*.

17. Ver L. B. Geiger (Geiger 10), e o comentário de Tomás de Aquino sobre a q. V, art. 3 do *De Trinitate* de Boécio (Tomás de Aquino 27).

Ver também de É. Gilson as seguintes obras: [a] *Le Thomisme*, 5ᵉ éd., capítulo "Existence et Réalité" (Gilson 11, p. 43-68); [b] *Le Thomisme*, 6ᵉ éd., item II do capítulo IV: "Une Nouvelle Ontologie" (Gilson 12, p. 169-89); [c] *Being and Some Philosophers*, Appendix (Gilson 13, p. 216-32); [d] *L'Être et l'essence*, cap. IX "Connaissance de l'existence" (Gilson 14, p. 248-85). Ver também a crítica à interpretação de Gilson de R. McInerny formulada no capítulo 13: "Being and Predication" (McInerny 22, p. 172-246). Sobre os diversos sentidos da expressão *esse* em S. Tomás, ver o livro de C. Fabro (Fabro 9, p. 179-315).

18. Usaremos a expressão "juízo atributivo" como sinônima da expressão "juízo predicativo".

19. As interpretações dos néo-tomistas J. Maréchal e E. Gilson, por razões diferentes, são compatíveis com essas reflexões. Ver a obra acima indicada de J. Maréchal (nota 15) e os livros de É. Gilson citados na nota 18.

20. *Summa contra Gentiles*, Iᵃ, c. XXII (Tomás de Aquino 25) e *Summa Theologiae*, Iᵃ, q. 3, art. 4 (Tomás de Aquino 24).

21. *De Veritate*, q. X, art. 11 (Tomás de Aquino 28). Segundo S. Tomás a essência de Deus pode ser conhecida por via negativa, eminente e analógica.

22. *Primae Responsiones, AT* VII, p. 115: "S. Tomás não se serviu desse argumento como seu e ele não conclui a mesma coisa que o argumento que utilizei e enfim eu não me afastarei de nenhuma maneira da opinião desse doutor angélico".

23. Ver sobre esse tema o artigo de K. Kramer (Kramer 19, p. 271-91).

24. Sobre esta questão, ver carta a Regius de 24 de maio de 1640, *OPD* II, p. 243-6.

25. Ver também carta para Mersenne, de março de 1642, *OPD* II, p. 925.

26. Ver também carta para Mersenne, de março de 1642, *OPD* II, p. 925. Essa afirmação de Descartes é paradoxal, pois Descartes afirma concordar com as objeções de S. Tomás à prova anselmiana. Ora, a principal objeção de S. Tomás a S. Anselmo é de que a existência de Deus não é por si conhecida. Ver textos acima citados de S. Tomás.

27. Ver também a carta para Mersenne, de março de 1642, *OPD* II, p. 925.
28. "Pois ou pelo termo 'possível' entendeis, como se faz ordinariamente, tudo o que não repugna ao pensamento humano [...]", *Respostas às Segundas Objeções*, *OE*, p. 227; *AT* VII, p. 150.
29. No axioma 10 da *Exposição Geométrica* é afirmado que toda idéia contém uma *existência possível*. Por conseguinte, se "realidade" tem o mesmo significado que "existência possível", todo conteúdo determinado de uma idéia seria um objeto real.
30. Objetos fictícios ou quimeras. No século XVII, o termo "quimera" podia designar ou bem um objeto contraditório, que não tem existência possível, ou bem um objeto forjado arbitrariamente pelo pensamento, mas que tem uma existência possível. Neste capítulo, utilizaremos a expressão "quimera" com o sentido de designar um objeto possível. Sobre o sentido do termo "quimera", ver *L'Entretien avec Burman*, texto 26 (Descartes 6, p. 72, nota 1) e os comentários de E. Curley (Curley 2, cap. 6, item III, p. 150, nota 1).
31. "[...] primeiramente a existência possível convém a Deus, como a todas as outras coisas das quais nós temos em nós alguma idéia distinta, mesmo àquelas coisas que *são compostas por ficção do nosso intelecto*", *AT* VII, p. 119 (grifo nosso). Ver também *L'Entretien avec Burman*, Texto 26 e as notas 1 e 2 (Descartes 6) e a carta a Clerselier, de 23 de abril de 1649, *OPD* II, p. 922.
32. Os objetos matemáticos "talvez não tenham existência fora do meu pensamento", *Quinta Meditação*, *OE*, p. 171. Ver também *Primeira Meditação*, *OE*, p. 120 e *L'Entretien avec Burman*, Texto 26: "[...] a matemática o considera [o seu objeto que é um ente verdadeiro e real] somente enquanto possível e que, sem dúvida, não existe em ato no espaço, mas que pode, entretanto, existir" (Descartes 6, p. 73).
33. Descartes nos *Principia Philosophiae*, I, precisa o sentido dos termos "modos", "qualidades" e "atributos" (*AT* VIII-1, p. LVI). O termo "propriedade" é usado na *Quinta Meditação* num sentido genérico abrangendo o significado dos termos "qualidades" ou "atributos". Neste capítulo usamos o termo "propriedade" também com um sentido genérico: ora ele significa qualidade do atributo essencial, ora é usado como sinônimo de atributo essencial, ora ele designa um dos elementos do atributo essencial.

34. Ver *Respostas às Primeiras Objeções*: "[...] a natureza desta figura *composta* pelo triângulo e pelo quadrado não é menos *verdadeira e imutável* do que aquela {formada} somente pelo quadrado ou somente pelo triângulo", *AT* IX-1, p. 93 (grifo nosso).
35. "Objeto composto" significa que a idéia desse objeto é complexa, isto é, é uma idéia que tem partes que são idéias. Toda vez que usarmos a expressão "objeto composto" deve ser compreendido que esse objeto é representado por uma idéia complexa.
36. Neste contexto, a expressão "conseqüências necessárias" significa que da idéia de um objeto necessariamente se segue uma propriedade e que, portanto, necessariamente essa propriedade pertence ao objeto. Obviamente, isso não significa que a propriedade é uma propriedade necessária, mas que dada a idéia de um objeto, necessariamente o objeto possui essa propriedade, pois se a propriedade se segue necessariamente da idéia do objeto, então ela é uma *propriedade necessária do objeto*.
37. Doney, no artigo acima citado, formula dessa maneira esse critério: "A idéia de X exibe uma verdadeira e imutável natureza se e somente se, em relação a X existem conseqüências imprevistas e necessárias e estas conseqüências não são conseqüências de parte ou de partes da idéia de X" (Doney 8, p. 752).
38. Um objeto fictício é um objeto inventado pelo pensamento. Um objeto "inventado" pelo pensamento é representado por idéias complexas cujas partes, que são idéias, são conectadas arbitrariamente pelo pensamento.
39. Carta de 16 de junho de 1641, *OPD* II, p. 337-8: "Outras são inatas, como a idéia de Deus, da alma, do corpo e do triângulo e geralmente todas as que representam as essências verdadeiras imutáveis e eternas."
40. Ver *L'Entretien avec Burman*, texto 26: "Porém, note-se que aqui nós falamos não da imaginação mas de uma percepção clara; com efeito, tão *claramente* que nós imaginemos uma cabeça de leão unida ao corpo de uma cabra e *coisas que tais*, não se segue disso, entretanto, que elas *existem*, pois nós não percebemos claramente o tipo de nexo que ocorre entre as duas coisas, da mesma maneira que eu vejo claramente Pedro em pé, mas nem por isso [percebo] claramente que estar em

pé está contido e em conexão com Pedro", Descartes 6, p. 75 (grifo nosso).

41. "[...] verifico claramente que a existência não pode ser separada da essência de Deus, tanto quanto da essência de um triângulo retilíneo não pode ser separada a grandeza de seus ângulos iguais a dois retos [...]", *Meditações*, *OE*, p. 173.

42. Sobre a crítica cartesiana ao argumento ontológico cartesiano, ver o capítulo "Juízos Predicativos e Juízos de Existência. A propósito da crítica kantiana ao argumento ontológico cartesiano", neste livro, p. 309. Ali, os argumentos de Kant são examinados, reconstruídos e avaliados.

43. Ver também o opúsculo *Der Einzig mögliche Beweisgrund zu einer Demonstration des Daseins Gottes* [*O único argumento possível para a demonstração da existência de Deus*], 1ª parte, primeira consideração, I e II ( Kant 17).

44. *Respostas às Quintas Objeções*, item 2, *AT* VII, p. 382-4: "Não vejo aqui a que gênero de coisas quereis que a existência pertença. Nem porque ela não pode ser denominada de uma propriedade, como a onipotência, tomando o nome de propriedade para toda a espécie de atributo ou para tudo que pode ser atribuído a uma coisa, como efetivamente deve ser aqui entendido".

45. Kant exprime essa afirmação da seguinte maneira: "[...] ou bem o pensamento que está em você deveria ser a coisa mesma [...]", *CRP*, B, p. 625.

# Referências Bibliográficas

1. ANSELMO. *Proslogion*. In: *L'Œuvre de S. Anselme Cantorbery*. Org. de M. Corbin. Paris, Cerf, 1986, vol. 1.
2. CURLEY, Edwin. *Descartes Against the Skeptics*. Cambridge, Mass., Harvard University Press, 1978.
3. DESCARTES, René. *Oeuvres de Descartes*. Ed. de C. Adam & P. Tannery. Paris, J. Vrin, 1973, 11 vols. (abreviado *AT*).
4. \_\_\_\_\_. *Œuvres Philosophiques de Descartes*. Ed. de F. Alquié. Paris, Garnier, 1963-73, 3 vols. (abreviado *OPD*).
5. \_\_\_\_\_. *Obra Escolhida*. Trad. de J. Guinsburg e B. Prado Júnior. São Paulo, Difusão Européia do Livro, 1962. (abreviado *OE*).
6. \_\_\_\_\_. *L'Entretien avec Burman*. Org. de J.-M. Beyssade. Paris, P.U.F., 1981.
7. DONEY, W. "La réponse de Descartes à Caterus". In: *Descartes, Objecter et Répondre*. Org. de J.-M. Beyssade, J.-L. Marion et Lia Levy. Paris, P.U.F., 1994, p. 249-70.
8. \_\_\_\_\_. "True and Immutable Natures". In: *Laval Théologique et Philosophique*, vol. 53, nº 3, outubro 1997, p. 743-54.
9. FABRO, Cornelio. *Participation et causalité selon Saint Thomas d'Aquin*. Louvain, Paris, Publications Universitaires de Louvain, 1961.
10. GEIGER, L.-B. "Abstraction et séparation d'après St. Thomas d'Aquin". In: *Philosophie et spiritualité*. Paris, Cerf, 1963.
11. GILSON, Étienne. *Le Thomisme*. 5$^e$ éd. Paris, J. Vrin, 1947.
12. \_\_\_\_\_. *Le Thomisme*. 6$^e$ éd. Paris, J. Vrin, 1997.
13. \_\_\_\_\_. *Being and Some Philosophers*. 2$^{nd}$ ed. Toronto, The Medieval Studies, 1952.
14. \_\_\_\_\_. *L'Être et l'essence*. Paris, J. Vrin, 1948.
15. KANT, Immanuel. *Kritik der reinen Vernunft* (*KrV*). Ed. de R. Schmidt. Hamburgo, Felix Meiner, 1956.

16. \_\_\_\_\_. *Crítica da razão pura (CRP)*. Trad. de V. Rohden e U. Moosburger. São Paulo, Abril Cultural, 1980 (col. Os Pensadores).

17. \_\_\_\_\_. *Der Einzig mögliche Beweisgrund zu einer Demonstration des Daseins Gottes*. In: *Kant Werke in zehn Banden*. Org. de W. Weischedel. Darmstadt, WBG, 1983, vol. 2.

18. \_\_\_\_\_. *Lógica*. Trad. de G. A. de Almeida. Rio de Janeiro, Tempo Brasileiro, 1992.

19. KRAMER, K. "Descartes, interprète de l'objection de saint Thomas contre la preuve ontologique de l'existence de Dieu dans les *Premières Réponses*". In: *Descartes, Objecter et Répondre*. Org. de J.-M. Beyssade, J.-L. Marion et Lia Levy. Paris, P.U.F., 1994, p. 271-91.

20. MARÉCHAL, Joseph. *Le Point de Départ de la Métaphysique*. Cahier V: *Le Thomisme devant la Philosophie Critique*. Bruxelles, Paris, Desclée de Brouwer, 1949.

21. MARITAIN, Jacques. *Les dégrés du savoir*. 6ᵉ ed. Paris, Desclée de Brouwer, 1959.

22. McINERNY, R. *Being and Predication*. Washington, The Catholic University of American Press, 1986.

23. PLANTINGA, A. *God, Freedom and Evil*. Michigan, W. B. Eerdmans, 1999.

24. TOMÁS DE AQUINO. *Summa Theologiae*. In *S. Thomae Aquinatis Opera Omnia*. Org. R. Busa. Frommann-holzboog, 1980, vol 2.

25. \_\_\_\_\_. *Summa contra Gentiles*. Idem, vol. 2.

26. \_\_\_\_\_. *Expositio Libri Peryermeneias*. Editio altera retractata. Vrin, 1980.

27. \_\_\_\_\_. *Expositio super librum Boethii de Trinitate*. In *S. Thomae Aquinatis Opera Omnia*. Org. R. Busa. Frommann-holzboog, 1980, vol 4.

28. \_\_\_\_\_. *Quaestiones disputatae. De veritate*. Idem, vol. 3.
29. VAZ, Henrique Cláudio de Lima. "Tomás de Aquino: pensar a metafísica na aurora de um novo século". In: *Síntese*, vol. 23, nº 73, 1996, p. 159-207.
30. WILSON, Margaret. *Descartes*. Londres, Routledge, 1978.
31. \_\_\_\_\_. "Naturezas verdadeiras e imutáveis". In: *Analytica*, vol. 2, nº 2, 1997, p. 235-56.

# PARTE III

# KANT CRÍTICO DE DESCARTES

# 1

## IDEALISMO OU REALISMO NA FILOSOFIA PRIMEIRA DE DESCARTES.

## ANÁLISE DA CRÍTICA DE KANT A DESCARTES NO IVº PARALOGISMO DA CRP [A]

[I] *Introdução*

A filosofia primeira de Descartes, como se sabe, pretende fundamentar o saber, isto é, justificar a possibilidade da verdade e validar a certeza objetiva. Neste sentido, ela pode ser interpretada como uma tentativa de refutar o cético, não só o cético que duvida da verdade, mas também o cético que duvida da existência do mundo.

A refutação do cético se inicia pela descoberta do enunciado indubitável *eu penso*, que emerge da dúvida por ser condição da própria duvida. Prossegue pela demonstração da proposição verdadeira *eu sou pensante*, extraída imediatamente do enunciado *eu penso*. O mero exercício do ato de pensar e a percepção clara da conexão entre o exercício desse ato e a existência do sujeito são as condições de verdade e de certeza da proposição *eu sou pensante*. Assim, a prova dessa proposição não supõe o conhecimento da existência do mundo nem o de Deus nem o de outras mentes. De fato, a proposição *eu sou pensante* foi demonstrada num contexto cético e solipsista. Segue-se daí que o *conhecimento de si*, que é imediato, não depende do conhecimento das realidades externas. O conhecimento dessas realidades, ao contrário, é sempre mediato, pois é sempre inferido a partir da proposição *eu sou pensante*. Sendo mediato, até que seja provada a sua objetividade, ele pode, em princípio, ser posto em questão. Por conseguinte, a verdade da proposição *eu sou pensante* é compatível com a dúvida sobre a existência das coisas externas. Daí se segue que o conhecimento da mente precede, é mais certo e mais evidente do que o conhecimento do corpo.[1]

Mas será legítima essa estratégia cartesiana que parte da prioridade do conhecimento de si e considera, ao mesmo tempo, problemático o conhecimento das realidades externas?

No Quarto Paralogismo da *Crítica da Razão Pura* (*CRP*[2]) [A, 366-380], analisando a questão da "idealidade da relação externa", Kant apresenta, sob a forma de um paralogismo, o que poderia ser interpretado como uma das conseqüências de um conjunto de princípios que teriam a sua origem na filosofia cartesiana; esses princípios teriam engendrado "a questão da existência do mundo exterior", isto é, teriam produzido uma dúvida sobre a existência "dos objetos dos sentidos externos" [A, 367]. Após apresentar o paralogismo e diagnosticar os princípios que o engendraram, Kant os critica à luz das principais teses do seu sistema.

Poder-se-ia perguntar por que a questão da idealidade (dos objetos externos) é analisada num capítulo da 'Dialética Transcendental' onde são criticadas as pretensões de uma ciência da razão pura, a doutrina racional da alma, que considera o sujeito lógico do pensamento como sujeito real. Se os três primeiros paralogismos questionam os pretensos conhecimentos, engendrados pelo juízo *eu penso,* sobre o sujeito pensante, Kant, ao analisar a questão da idealidade no 'IVº Paralogismo' [A], procura mostrar que o conhecimento dos objetos externos é tão certo e indubitável quanto o conhecimento de si e que, portanto, não há qualquer prioridade do conhecimento do que *ocorre em nós* sobre o conhecimento do que existe *fora de nós*. Pode-se admitir, escreve Kant, "... a existência da matéria sem sair da mera consciência de si e sem aceitar nada mais do que a certeza das representações em mim, portanto, *o cogito, ergo sum.*" [A, 370]. Assim, através da questão da idealidade, no *IVº Paralogismo* é analisada a questão da prioridade do conhecimento de si sobre o conhecimento de objetos externos.

Ora, questionada essa prioridade, fica, então, posta em questão a tese cartesiana de que o conhecimento da mente precede, é mais certo e mais evidente do que o conhecimento do corpo.[3] Mas, se essa tese cartesiana não é verdadeira e é, ao mesmo tempo, uma das conseqüências da proposição *eu sou pensante*, então não só a tese da prioridade do conhecimento de si sobre o conhecimento de objetos externos, como também a tese de que o conhecimento de si não envolve o conhecimento de objetos externos estão sendo postas em questão.

Na 'Refutação do Idealismo' da edição B da *CRP* essas teses cartesianas serão questionadas de uma maneira mais incisiva. Nessa refutação, pretende-se demonstrar não apenas o que já fora provado em [A], que não há prioridade do conhecimento de si sobre o conhecimento de objetos externos, mas também que o conhecimento de objetos externos é condição do conhecimento de si. Assim, Kant, retomando, aliás, teses já conhecidas por alguns filósofos medievais, afirma que o conhecimento de objetos externos é direto, enquanto que o conhecimento de si é mediato (indireto), já que supõe aquele conhecimento direto: "... a própria experiência interna só é possível mediatamente e por meio da externa." [B, 277].

Quer no 'IVº Paralogismo' [A], quer de uma maneira mais incisiva na Refutação do Idealismo [B] o que está em questão, portanto, é a prioridade do conhecimento de si sobre o conhecimento de objetos externos e, em conseqüência, a possibilidade de que a proposição *eu sou pensante* possa ser demonstrada independentemente do conhecimento de objetos externos: "... não sei se esta consciência de mim mesmo é possível sem coisas fora de mim pelas quais me são dadas representações e, portanto, se posso existir simplesmente como ente pensante (sem ser homem)." B [409].

No entanto, no IVº Paralogismo [A], Kant, de um lado, assume certos princípios, que poderiam ser considerados cartesianos, para mostrar, em seguida, as conseqüências céticas que estes princípios parecem acarretar. Nisso consiste o paralogismo propriamente dito. Por outro lado, numa segunda etapa do 'IVº Paralogismo', Kant pretende mostrar, contra Descartes, como na sua teoria o conhecimento de objetos externos é tão indubitável quanto o conhecimento de si. Portanto, do ponto de vista da crítica de Kant a Descartes, as considerações do 'IVº Paralogismo' [A] são mais interessantes do que as da 'Refutação' (que tem como ponto de partida premissas não cartesianas), pois elas parecem assumir certos princípios cartesianos (ou compatíveis com o sistema cartesiano) para, em seguida, extrair deles conseqüências que contradizem a intenção e as teses do próprio sistema de Descartes.

Para mostrar no 'IVº Paralogismo' [A] as conseqüências indesejáveis de alguns dos princípios da filosofia cartesiana, Kant construirá um paralogismo que tem como premissas teses que poderiam ser consideradas como cartesianas: [a] a tese da indubitabilidade do *Cogito* e de suas modalidades (isto é, a tese que afirma que [i] o que ocorre em nós é imediatamente percebido e que [ii] o que é imediatamente percebido é indubitável); [b] a tese realista: os objetos conhecidos são as coisas mesmas. E finalmente, [c] a tese de que os objetos externos são causas de nossas percepções. A conjunção destas três teses ([a]–[c]) engendraria um ceticismo sobre a existência do mundo externo.[4]

O paralogismo do 'IVº Paralogismo' [A] poderia ser reconstruído segundo as seguintes etapas:

> [1] O que ocorre em nós é imediatamente percebido e o que é imediatamente percebido é indubitável.
>
> [2] A existência de objetos exteriores, isto é, de objetos *fora de nós não* é percebida imediatamente.
>
> Diante dessas duas premissas, é colocada a seguinte questão: Como é possível perceber objetos exteriores?
>
> [3] A percepção (representação) de objetos exteriores é um efeito da existência desses objetos, que é causa dessa percepção.
>
> [4] Um efeito, no entanto, pode ter múltiplas causas, conhecidas e desconhecidas.
>
> [5] Segue-se, então, a conclusão cética: o conhecimento da existência dos objetos exteriores é incerto.

Analisemos mais em detalhe os argumentos utilizados no Paralogismo.

Premissa: [1] O que ocorre em nós é imediatamente percebido e o que é imediatamente percebido é indubitável.

A primeira premissa exprime uma tese considerada por Kant como uma tese central do cartesianismo. Essa premissa é formulada por Kant da seguinte maneira: "Nós podemos com razão afirmar que apenas aquilo que está [*ist*] em nós mesmos pode ser imediatamente percebido e que somente a minha própria existência pode ser o objeto de uma mera [*blossen*] percepção. [...] Daí também Descartes tinha razão de restringir toda percepção, no sentido o mais estreito do termo, à proposição: Eu (como um ente pensante) sou". [A, 367].

Nesse texto, Kant parece distinguir "o que está em nós e que pode ser imediatamente percebido" da "mera percepção da minha própria existência". Qual a razão e a função dessa distinção?

Como *"o que está em nós"* é o que pertence ao sentido interno e como o sentido interno exprime a consciência imediata (não conceitual) que o sujeito tem de seus estados internos (discriminados pela síntese da apreensão segundo a forma do tempo), é impossível que algo ocorra no sujeito, isto é, que algo pertença ao seu sentido interno e que o sujeito não seja consciente disso. Desta maneira, se *X está em nós*, então *X é imediatamente percebido*. E, obviamente, se *X é imediatamente percebido*, então *X é indubitável*. A indubitabilidade do que *ocorre em nós* decorre, portanto, de uma propriedade fundamental do sentido interno: a ocorrência (ou a existência) de algo no sentido interno implica sua percepção (consciência) imediata. De fato, essa é uma propriedade que os estados de consciência possuem, pois o que ocorre *em nós* (e que, portanto, pertence ao sentido interno) são os estados dos quais somos imediatamente conscientes.[5] Ora, os estados dos quais somos imediatamente conscientes são os estados de consciência. Com efeito, "*X* é um estado de consciência" se e somente se a existência de *X* implica a consciência imediata de *X*. Essa propriedade torna plausível a tese de que *só* os estados de consciência de um sujeito são imediatamente indubitáveis para o sujeito desses estados.

A expressão "mera percepção [da minha própria existência]" parece ter sido introduzida para realçar a distinção entre a percepção *imediata* do que ocorre em nós e a simples percepção da própria existência. Mas, tendo sido assumido que as percepções imediatas são percepções do que ocorre em nós, segue-se, como escreve Kant neste mesmo parágrafo, que Descartes tinha razão em limitar toda percepção à proposição "eu (como um ente pensante) sou". Como as percepções imediatas são percepções do que ocorre em nós, o texto parece, então, indicar que o sujeito, que tem essas percepções imediatas, ao ter consciência de seus estados, tem consciência também da sua existência. Assim, de uma percepção imediata (indubitável) pode ser inferida, de maneira direta e sem que seja utilizado o princípio de causalidade, a percepção da existência do sujeito.

Obviamente, nessa primeira premissa do paralogismo, Kant não está expondo a sua interpretação do juízo *eu penso* ou da proposição *eu sou*, mas estão sendo apresentadas, no quadro conceitual da sua teoria, as razões que teria Descartes (segundo Kant) para justificar a indubitabilidade e a verdade do *cogito*.[6]

De fato, em Descartes, da indubitabilidade dos atos de consciência (do *eu penso* e das suas modalidades) é demonstrada a proposição: *eu existo como ser pensante*. Se *eu penso* é indubitável, é porque é impossível negar que se pensa sem exercer um ato de pensamento. Isso implica que o exercício do ato de pensamento está conectado necessariamente à consciência do ato. Donde, é impossível que se exerça um ato de pensar e não se esteja consciente dele, pois se isso fosse possível, seria também possível negá-lo ou duvidar dele. Assim, os atos de consciência ou de pensamento são imediatamente percebidos, isto é, se são atos efetivamente exercidos, então o sujeito desses atos é consciente deles.

Essa propriedade dos atos de consciência ou dos atos de pensamento é admiravelmente formulada por Descartes na definição do termo "pensamento" no artigo 9 dos *Principia Philosophiae*: "Pelo termo *pensamento* entendo todas aquelas coisas que, estando nós conscientes, ocorrem em nós, na medida em que há em nós uma consciência delas".[7] Assim, se algo ocorre em nós, isto é, se alguma coisa ocorre em nós enquanto somos sujeitos pensantes (*estando nós conscientes*), então nós somos conscientes dessa coisa (*há em nós uma consciência delas*). Uma das funções do enunciado indubitável *eu penso*, que emerge da dúvida cética, é a de mostrar que todas as modalidades do pensamento, isto é, todos os atos de consciência, tais como *eu penso que* (*duvido, afirmo, sinto, temo* etc.) são indubitáveis enquanto exercidos efetivamente pelo sujeito destes atos. São indubitáveis porque é impossível realizar um ato de consciência (pensamento) sem ter consciência do ato; a imediaticidade dos atos de consciência garante, portanto, a sua indubitabilidade, o que permite inferir imediatamente a proposição *eu sou pensante*.

Premissa: [2] A existência de objetos exteriores, isto é, de objetos *fora de nós* não é percebida imediatamente.

O sentido preciso da segunda premissa só pode ser estabelecido a partir do esclarecimento do significado da expressão "*fora de nós*". Ora, como assinala Kant, [A, 373] a expressão "*fora de nós*" pode ser usada em dois sentidos:[8]

> [a] num sentido transcendental, como designando objetos cuja existência não depende de condições epistêmicas[9] e, sob este aspecto, designando objetos "distintos (ou diferentes) de nós" (*coisas em si*);
> 
> [b] num sentido empírico, como designando objetos submetidos às relações espaciais (fenômenos) e, sob este aspecto, designando objetos (fenômenos) exteriores a nós.

É a interpretação dada à expressão "objeto externo" que justifica, em última análise, a prova da premissa [2]. Se ela não designasse a coisa em si, não seria possível, então, construir o paralogismo, pois se a expressão "coisa em si" designa a coisa mesma enquanto considerada como existindo independentemente de relações epistêmicas ou cognitivas, certamente a existência de coisas em si (supondo que elas existam) não implica a sua percepção. Assim, é possível que algo (que, por hipótese, é uma coisa em si) exista e não seja percebido. Ora, como algo só pode ser considerado como percebido imediatamente se a sua existência implicar a sua percepção (ou a sua consciência) e como a existência da coisa em si não implica a sua percepção, então, em razão da premissa inicial do paralogismo [1], ela não é percebida imediatamente.

É possível, portanto, duvidar da existência de objetos externos, se os objetos externos são objetos *fora de nós* e se objetos *fora de nós* são objetos que existem independentemente de condições epistêmicas, isto é, se os objetos *fora de nós* são coisas em si.

Como é possível, então, perceber objetos exteriores, se, por hipótese, os objetos exteriores são coisas em si?

[3] Uma solução possível é a de interpretar a relação entre representações e objetos como uma relação de causa / efeito: a percepção (representação) de objetos exteriores seria, então, um efeito, que teria como causa os próprios objetos externos. Uma teoria causal da percepção, na qual as coisas em si são conhecidas por serem causas das suas próprias representações, parece solucionar a aparente dificuldade dos sistemas que aceitam ao mesmo tempo a premissa [1] e a tese do realismo epistêmico ou cognitivo.[10] Nesse caso, a existência de objetos exteriores, percebida mediatamente, seria, portanto, *inferida* graças à aplicação do princípio de causalidade

às representações dos objetos externos, que são *imediatamente percebidas*.

[4] Mas, como assinala Kant, um efeito pode ter múltiplas causas, conhecidas e desconhecidas; além disso, certos efeitos podem ter causas ocultas. Ora, se as coisas exteriores (coisas em si) só podem ser conhecidas por serem causas das suas representações, a sua existência, em princípio, é incerta por ser inferida pela relação causal. Segue-se daí o ceticismo sobre a existência do mundo externo.

A construção do paralogismo se baseou, assim, na conjugação de três princípios: [a] a tese de que o imediatamente percebido é indubitável, [b] a tese do realismo epistêmico e [c] a teoria causal da percepção. A conseqüência da conjunção desses princípios é o ceticismo sobre a existência de coisas *fora de nós*.

Segundo a análise kantiana, o realismo parece se defrontar com dificuldades insuperáveis: de um lado, a conjunção da tese de que as representações são imediatamente percebidas com a tese de que *só* pelas representações se tem acesso aos objetos *fora de nós* exige do realista uma "prova do mundo externo"; por outro lado, a tese central do realismo de que os objetos *fora de nós* são coisas em si e que, portanto, só podem ser conhecidos *mediatamente* pelas suas representações, obriga o realista a recorrer a uma "teoria causal da percepção" para explicar as relações entre representações e objetos *fora de nós* e justificar, dessa maneira, a possibilidade do acesso ao mundo externo. Mas, se uma representação pode ter múltiplas causas, então é sempre problemático o conhecimento dos objetos *fora de nós*.

[II] *As análises kantianas do IVº Paralogismo se aplicam a Descartes?*

Um historiador do cartesianismo poderia contestar a legitimidade da atribuição do epíteto "cartesiano" aos princípios que geraram o paralogismo. De fato, a reflexão kantiana não se apóia numa análise minuciosa da obra de Descartes; ela pretende apenas extrair uma conseqüência (problemática) de certos princípios, que talvez tenham sua origem na filosofia cartesiana. Um intérprete de Descartes poderia ainda alegar que, embora a questão da existência "do mundo externo" seja necessariamente um problema que a filosofia primeira cartesiana deve esclarecer, a existência de um ser infinito (de um ser "exterior" não espacial) e a existência de objetos corporais extensos (de objetos dos sentidos externos) foram demonstradas pela teoria cartesiana e que, portanto, não se pode imputar a essa filosofia um ceticismo sobre a existência de "objetos exteriores".

No entanto, analisando o sistema do ponto de vista da sua gênese segundo o método de demonstração analítico, a prova da primeira proposição verdadeira e a de suas conseqüências imediatas não eliminam a dúvida cética sobre a existência de objetos *"fora de nós"*. A indubitabilidade do *cogito* e a das suas modalidades não são incompatíveis com a dúvida sobre a existência de qualquer objeto *fora de nós*, pois a demonstração dessa primeira proposição não recorreu nem à prova da existência do mundo nem à de Deus nem à de outras mentes. De fato, a prova dessa verdade não depende da prova da verdade de qualquer outra proposição. Nas etapas iniciais da gênese do sistema, *só* a existência do sujeito que pensa, enquanto pensa, e de suas modalidades efetivas são indubitáveis, embora não seja excluída a hipótese de que certas percepções *mediatas* de objetos *fora de nós* possam vir a ser consideradas posteriormente como indubitáveis.[11]

Se essa análise é correta, Kant, na primeira premissa do paralogismo, parece ter descrito de uma maneira precisa a situação inicial do sistema cartesiano: "Daí também Descartes tinha razão de restringir toda percepção, no sentido mais estreito do termo, à proposição: Eu (como um ente pensante) sou." [A, 367]. Nesse contexto, o sistema cartesiano pode ser classificado como um "idealismo problemático", isto é, como "... a teoria que declara a existência dos objetos no espaço fora de nós [...] simplesmente duvidosa e indemonstrável ...." [B, 274]. "Indemonstrável" nesta frase significa apenas que a existência de objetos *fora de mim* não pode ser imediatamente inferida da proposição verdadeira "*eu sou pensante*".

No entanto, não se pode aplicar o predicado "*idealismo problemático*" à filosofia primeira cartesiana considerada não mais na sua gênese, mas como um sistema completo, pois a existência de Deus e a dos corpos extensos foram demonstradas. De fato, o sistema cartesiano inferiu o conhecimento das coisas mesmas (das coisas *fora de nós*) a partir das idéias indubitáveis dessas coisas. O que é imediatamente percebido pelo sujeito são as suas idéias (representações) de coisas e não as coisas mesmas. "... eu não posso ter qualquer conhecimento do que existe fora de mim senão pela mediação das idéias, que eu tive em mim, destas coisas, ..."[12] O conhecimento verdadeiro das *coisas fora de nós* é, portanto, inferido a partir das idéias dessas coisas.

Mas, essa inferência se fundamentaria numa teoria causal do conhecimento, isto é, numa teoria que explicaria a relação entre as representações (que são atos mentais imediatamente percebidos) e as coisas exteriores (que existem independentemente de serem representadas e são somente percebidas pelas suas representações) pela relação de causa e efeito, de condição a condicionado?

Esta parece ser a tese cartesiana formulada em inúmeros textos e, de uma maneira incisiva, no axioma V da *Exposição Geométrica*:[13] "Daí se segue também que a realidade objetiva de nossas idéias requer uma causa, em que esta mesma realidade seja contida, não só objetiva, mas também formal ou eminentemente."

Mas, se seguir-se-ia desse axioma que as causas das idéias são as coisas mesmas? A tese de que toda realidade tem uma causa é um princípio fundamental do racionalismo.[14] Mas, a causa das idéias seriam as realidades formais das coisas? Nas *Meditações,* é admitido, ao menos como hipótese, que as idéias (ou mais precisamente, a realidade objetiva das idéias) podem ser causas de outras idéias (realidades objetivas):

> "... pois assim como essa maneira de ser objetivamente pertence às idéias, pela própria natureza delas, do mesmo modo a maneira ou a forma de ser formalmente pertence às causas dessas idéias (ao menos as primeiras e principais) pela própria natureza delas. E ainda que possa ocorrer que uma idéia dê origem a uma outra idéia, isso todavia não pode se estender ao infinito, mas é preciso chegar ao fim a uma primeira idéia...".[15]

Todavia, essa análise das *Meditações* conjugada com a tese de que certas idéias são noções primitivas, isto é, são idéias que não são derivadas de outras idéias, torna plausível a afirmação de que, ao menos, algumas idéias (aquelas que são "como originais, sob cujo padrão formamos todos os nossos outros conhecimentos"[16]) têm como causa uma realidade formal.[17] Além disso, duas das três provas da existência de Deus e a prova de que os corpos existem usam (ou legitimam o uso) do princípio de causalidade aplicado às idéias. O 'acesso' aos seres 'exteriores à consciência' parece ser inferencial e se basear, portanto, no princípio de causalidade. É o que, aliás, afirma peremptoriamente o axioma V da *Exposição Geométrica* acima (parcialmente) citado*:*

> "Pois, como sabemos, por exemplo, que o céu existe? Será porque o vemos? Mas essa visão não afeta de modo algum o espírito, a não ser na medida em que há uma idéia: uma idéia, digo, inerente ao próprio espírito, e não uma imagem pintada na fantasia; e, por ocasião dessa idéia não podemos julgar que o céu existe, a não ser que suponhamos que toda idéia deve ter uma causa de sua realidade objetiva que seja realmente existente; causa que julgamos ser o céu mesmo; e assim por diante."[18]

O diagnóstico de Kant formulado no paralogismo do *IVº Paralogismo* parece, então, descrever corretamente a filosofia primeira cartesiana. Com efeito, a proposição *eu sou pensante* foi demonstrada graças à cadeia regressiva de enunciados, onde o enunciado conseqüente é condição de possibilidade do enunciado antecedente e é, obviamente, implicado por ele. *Eu duvido, eu penso, eu sou* formam essa cadeia dedutiva que progride de condicionado a condição a partir do exercício pelo sujeito de um ato de pensar. O realismo, por sua vez, não é simplesmente postulado, mas é aparentemente demonstrado pelo sistema: os objetos conhecidos, supondo que eles sejam realmente conhecidos, são as realidades formais das coisas, isto é, são as coisas mesmas. Enfim, o princípio de causalidade é uma noção comum ou derivada analiticamente da noção comum de que *o nada não tem propriedades* ou de que *do nada nada se faz*. Em duas das três provas da existência de Deus, o princípio de causalidade é utilizado.

E a prova da existência dos corpos, além de utilizá-lo, parece justificar a tese de que as idéias sensíveis são efeitos dos corpos extensos.

Se a análise do *IV° Paralogismo* é correta, o sistema cartesiano deveria, *malgré lui*, considerar duvidosa a realidade dos objetos cuja existência foi demonstrada graças ao princípio de causalidade. Assim, a filosofia primeira de Descartes (e não apenas suas etapas iniciais) seria corretamente classificada como *idealista problemática*, pois as provas de existência, exceção feita ao *cogito* e à prova ontológica de Deus, usariam do princípio de causalidade. Mas, se é correto classificá-la como *idealista problemática*, então é também correto considerá-la como *idealista empírica*,[19] se se entende por *idealismo empírico* a doutrina que vincula a certeza à percepção imediata dos objetos e afirma que *só* o que ocorre *em nós* é indubitável. Com efeito, o único enunciado de existência verdadeiro para o sistema cartesiano seria a proposição *eu sou pensante*.[20] Então, como afirma Kant descrevendo a posição de Descartes, "... somente a minha existência pode ser objeto de uma mera percepção." [A, 367]. Ora, nesse caso, *só* a percepção dos estados do sujeito e da sua existência seriam indubitáveis. E assim, a indubitabilidade e a certeza estariam vinculadas exclusivamente ao que é imediatamente percebido.

De fato, o diagnóstico do *IV° Paralogismo* se aplicaria a qualquer sistema que tivesse como ponto de partida a indubitabilidade da existência do sujeito pensante e de suas modalidades; que supusesse o realismo epistêmico e enfim que explicasse o conhecimento das coisas *fora de nós* (isto é, das coisas independentes de nossas representações) através de uma inferência baseada na relação causal entre as coisas mesmas, consideradas como causa, e as representações, consideradas como efeito. Esses sistemas seriam considerados não só como *idealistas problemáticos*, mas também como *idealistas empíricos*. Seguir-se-ia, então, que as coisas externas poderiam ser objeto de crença, mas jamais de saber.

[III] *Idealismo ou Realismo na filosofia primeira de Descartes?*

No entanto, na *3ª Meditação*,[21] Descartes parece antecipar algumas das objeções expostas no *IVº Paralogismo*. A prova da existência de coisas *fora de mim* a partir das idéias *em mim*, graças ao princípio de causalidade, é questionada.

[III.1] *Idéias sensíveis, efeitos de realidades* fora de mim?

Após ter caracterizado, por mera análise do enunciado *eu sou*, o que pode ser pensado da natureza do sujeito pensante e ter mostrado que o sujeito pensante, por pensar, tem representações (idéias) de coisas, mesmo que as coisas representadas não existam,[22] Descartes tematiza a questão da existência de realidades *fora de mim*. Analisando as idéias sensíveis, Descartes afirma:

> "Mas havia ainda outra coisa que eu afirmava e que, devido ao hábito que tinha de acreditar nela, pensava perceber mui claramente, embora na verdade não a percebesse de modo algum, a saber, que havia coisas fora de mim donde procediam estas idéias e às quais elas eram semelhantes."[23]

São as representações sensíveis, mais do que as representações puramente intelectuais, que produzem a crença, talvez ingênua, de que existem *coisas fora de mim*. É necessário submeter esta crença ingênua ao crivo da crítica do conhecimento, isto é, ao método da dúvida.

Na *3ª Meditação*,[24] após uma classificação provisória das idéias em inatas, fictícias (fabricadas ou produzidas) e adventícias (sensíveis), Descartes analisa as idéias sensíveis, pois elas permitem de uma maneira inequívoca a tematização da hipótese de que os objetos exteriores sejam causa de suas representações e, por isso mesmo, possam ser considerados como realidades formais, isto é, como realidades que existem independentemente de serem representadas. Com efeito, as idéias inatas, produzidas pelo intelecto, ocultariam, em princípio, a questão da relação causal entre coisas exteriores e representações, na medida em que elas seriam produzidas pelo intelecto independentemente da relação que ele mantém com seus objetos. As idéias produzidas por composição de idéias, por serem derivadas de outras idéias, reenviam, por sua vez, à análise das idéias mais elementares que as compõem.

Quais são as razões que engendram a crença de que as idéias sensíveis indicam a existência de realidades exteriores? Além da sua aparência de vivacidade e de clareza,[25] as representações sensíveis se caracterizariam por manifestarem no sujeito pensante uma passividade associada a um sentimento de coerção. "Passividade" significaria que as coisas exteriores parecem afetar, pelas suas impressões, o sujeito pensante. "Coerção" significaria que as representações sensíveis são involuntárias e, por serem involuntárias, não dependeriam do sujeito pensante, isto é, não seriam produzidas pelo próprio sujeito. Passividade e coerção tornariam, assim, plausível a hipótese de que os corpos exteriores seriam a causa das representações sensíveis.

A dúvida do sonho mostrou, no entanto, que sem critérios que permitam distinguir a percepção na vigília da percepção no sonho, a percepção de coisas, consideradas como exteriores, pode se efetuar independentemente da existência e da presença destas coisas; as conseqüências extraídas da consciência da passividade poderiam ser, portanto, ilusórias. O sentimento de coerção, que caracteriza o aspecto involuntário das representações sensíveis, não permite também extrair as conseqüências pretendidas, pois uma *faculdade oculta* do próprio sujeito pensante poderia produzir esse sentimento. Passividade e coerção não permitem, portanto, inferir das representações sensíveis a existência de coisas *fora de mim*.

Esse argumento cartesiano é exemplar, pois ele parece antecipar algumas das críticas kantianas aos princípios que engendraram o *IV° Paralogismo*. Com efeito, o fracasso da prova da existência de coisas *fora de mim* a partir das idéias sensíveis, apesar dessas idéias serem provisoriamente consideradas como representações de objetos externos, mostra que a relação de causalidade entre idéias/efeitos e objetos/causas é problemática. De fato, os argumentos que consideram as idéias como efeitos de objetos exteriores quase sempre podem ser postos em questão. O argumento do sonho ou o argumento da faculdade oculta, por exemplo, servem, entre outras coisas, para tematizar a inferência, pela relação causal, da existência de coisas *fora de mim* a partir do que ocorre *em mim*. A hipótese da faculdade oculta complementa a dúvida do sonho. Se a existência de objetos não é uma condição da sua percepção, como revela o argumento do sonho, o aspecto involuntário das representações sensíveis, evidenciado pelo seu aspecto coercitivo, não permite a inferência de que os objetos destas representações sejam considerados como independentes do sujeito pensante e causa de suas representações. Com efeito, algo *em mim* poderia ser "*causa dessas idéias...*".[26] Um efeito, como afirmou Kant, pode ter múltiplas causas, conhecidas e desconhecidas.

# IDEALISMO OU REALISMO
## NA FILOSOFIA PRIMEIRA DE DESCARTES

Descartes, nas suas provas da existência das coisas *fora de mim* levará sempre em consideração o fracasso desse argumento, que pretende mostrar a existência das coisas pela inferência causal entre idéias e objetos externos:

> "[...] foi [...] por um cego e temerário impulso que acreditei haver coisas fora de mim e diferentes do meu ser, as quais pelos órgãos de meus sentidos *ou por qualquer outro meio que seja*, enviam-me suas idéias ou imagens e imprimem em mim suas semelhanças."[27] [grifo nosso]

Para fundamentar a inferência causal sobre juízos de existência, o princípio de causalidade só será usado por Descartes em condições bem específicas e estritamente delimitadas. As inquietações kantianas do *IVº Paralogismo* sobre esse uso problemático do princípio de causalidade foram também inquietações cartesianas.

[III.2] *Uma* "outra via"

As dificuldades da prova da existência das coisas *fora de mim* baseada na inferência causal não impuseram a Descartes um abandono do objetivo inicial – o de justificar a possibilidade do conhecimento das coisas mesmas – mas apenas uma mudança de rumo: "Mas há ainda uma outra via para pesquisar se, entre as coisas das quais tenho em mim as idéias, há algumas que existem fora de mim."[28] A *"outra via"* retoma o problema que não fora resolvido pela análise das idéias sensíveis. Embora mantenha como seu fio condutor a reflexão sobre as idéias que, enquanto representações *em mim*, são indubitáveis, ela visa também resolver a antiga questão:

como, a partir das idéias *em mim,* é possível conhecer as *coisas fora de mim*?

Nesta "*outra via*" são introduzidas as noções de graus de perfeição ou de realidade objetiva das idéias e é provada a existência de Deus através da idéia de infinito. Mas, o seu principal objetivo é o de validar a *Regra Geral da Verdade*. Com efeito, a descoberta de certas propriedades intrínsecas às representações, que poderiam ser usadas como critério de verdade não só substitui a "via" da inferência causal, que encontrou dificuldades aparentemente incontornáveis, como também retoma a análise das idéias, tematizadas, inicialmente, do ponto de vista da sua origem hipotética e agora consideradas do ponto de vista da sua função representativa. Ora, como nenhuma realidade formal, além da do sujeito pensante, pode ser suposta, a elucidação da função representativa da idéia se restringe aos dados imanentes da consciência e, desta maneira, *não* rompe com a "ordem das razões". De fato, "a via" da legitimação da *Regra Geral da Verdade* exprime um novo retorno reflexivo sobre o ato de pensar, tematizado agora na sua função intencional.

No entanto, a *Regra Geral da Verdade*, descoberta a partir do *Cogito,* tal como o próprio *Cogito,* não escapa em definitivo à dúvida metafísica. [29] Assim, ela não pode ainda ser considerada como um critério de verdade válido. Mas, se a dúvida metafísica impede que se recorra ao critério de verdade para que seja justificado o conhecimento das coisas mesmas, demonstrada a sua validade, seria, então, possível solucionar o problema do acesso às realidades formais das coisas representadas sem recorrer à inferência causal.

[III.3] *Validação do Critério de Verdade*

Como justificar o critério de verdade?
Em Descartes, a justificação do critério de verdade exige, como sabemos, a prova da existência de um Deus Veraz. Mas como provar um Deus Veraz, a existência de um ser *fora de mim*, isto é, independente de mim? Se o ponto de partida da prova são as idéias *em mim*, as dificuldades das provas de existência baseadas numa inferência causal certamente reaparecerão.

Para evitar as dificuldades encontradas anteriormente, Descartes introduz uma tese problemática, mas que não rompe com a coerência do seu sistema: a tese de que os conteúdos das idéias são realidades objetivas, isto é, realidades na consciência. Ora, enquanto realidades, estes conteúdos representados têm um grau de perfeição e são submetidos ao princípio de causalidade como toda e qualquer entidade.

Mas, se as idéias são realidades, elas podem não só ser efeitos, mas também podem ser *causas* de outras entidades. É verdade que, no sistema cartesiano, toda realidade existente tem uma causa, mas nem toda realidade é uma causa. No entanto, a hipótese de que as idéias na sua realidade objetiva sejam causas de outras idéias não pode ser ainda descartada neste momento da construção do sistema: a "teoria" das idéias está sendo construída e nenhuma teoria do real pode ainda ser formulada em razão da dúvida do deus enganador.

Ora, como uma idéia pode ser causa de uma outra idéia, pelo simples fato de uma realidade objetiva ocorrer *em mim* e, portanto, necessitar de uma causa, não se pode inferir que a sua causa ocorra *fora de mim*, pois é possível que uma outra idéia, que também ocorre *em mim*, possa ser causa da idéia em questão. Das teses de que [i] toda realidade tem uma causa e de que [ii] as idéias têm uma realidade objetiva não se pode, portanto, inferir que a causa das idéias seja uma realidade formal. A hipótese de uma sucessão causal, imanente à consciência, entre as idéias não pode ainda ser descartada.

Como romper com a sucessão causal entre as idéias? Segundo Descartes, é necessário encontrar uma realidade objetiva específica, que não possa ter por causa uma outra realidade objetiva. Assim, é necessário encontrar " ... uma primeira idéia, cuja causa seja como um padrão ou original ...".[30] Mas, o próprio sujeito pensante, que *"existe verdadeiramente"*,[31] pode ser, por hipótese, causa formal ou eminente dessa idéia. Assim, para romper com uma hipotética sucessão causal entre as idéias é necessário encontrar uma idéia cuja realidade objetiva não possa ter como causa a realidade objetiva de uma outra idéia. Mas, para superar o solipsismo, é necessário encontrar a realidade objetiva de uma idéia *em mim* que tenha como causa uma realidade formal *diferente* de mim. Descartes escreve: "... se não se encontrar em mim uma tal idéia, não terei nenhum argumento que me possa convencer e me certificar da existência de qualquer outra coisa além de mim mesmo...".[32] Só a idéia do infinito, que tem pretensamente uma realidade objetiva infinita, pode exercer essa função.

As provas da existência de um ser infinito, com exceção da prova dita ontológica, aplicam à idéia do infinito ou à existência do sujeito pensante que tem a idéia do infinito o princípio de causalidade. A realidade objetiva infinita seria um efeito de uma causa infinita. Ora, como a idéia do infinito não pode ser causada por outra idéia e como o sujeito pensante é finito, a causa infinita deve ser uma realidade exterior ao sujeito finito, que tem essa idéia.

Não é nosso objetivo analisar a plausibilidade das provas da existência de um ser infinito. O que nos interessa é saber se a elas se aplica a objeção de que um efeito pode ter múltiplas causas, conhecidas e desconhecidas, pois até o momento dessas provas a hipótese da existência de uma faculdade oculta e a dúvida do sonho ainda não foram eliminadas. Segundo Descartes, se a realidade objetiva é infinita, nenhuma causa dessa realidade pode ser finita; donde só uma realidade infinita pode ser causa da realidade objetiva infinita, pois é uma noção comum que não pode haver maior realidade ou perfeição no efeito do que na causa, se a causa é de fato causa do efeito. Como é possível derivar da realidade infinita a propriedade de unicidade, não é legítimo supor, neste caso específico, uma pluralidade de causas da realidade objetiva infinita. Assim, a idéia infinita seria efeito e seria semelhante a uma única causa.

A legitimidade dessa prova se baseia obviamente na suposição de que a idéia do infinito tem uma realidade objetiva infinita. Graças a essa suposição, que Descartes procura demonstrar nas *Meditações*,[33] os argumentos do sonho e da faculdade oculta se tornam irrelevantes. Com efeito, a idéia do infinito é uma entidade na consciência e, por isso mesmo, o argumento que prova a sua realidade objetiva infinita se desenvolve no contexto dos "dados" imanentes da consciência. Por esta razão, o argumento do sonho, que põe em questão a realidade das coisas externas percebidas, não a atinge. Além disso, qualquer faculdade do sujeito pensante finito jamais poderia produzir, mesmo na consciência, uma realidade infinita. Por essa e por outras razões, o argumento da faculdade oculta não pode colocar em dúvida essa prova.

Mas, a dificuldade dessa prova consiste obviamente na suposição de que a idéia do infinito, que ocorre *em mim*, tem uma realidade objetiva infinita. Se ela o tem, se ela é uma idéia primitiva ou uma idéia original e, se o princípio de causalidade é válido, então ela deve ter por causa uma realidade formal infinita.

Provada a existência de uma realidade infinita, segue-se que essa realidade é veraz; e se ela o é, a *Regra Geral da Verda*de (*Critério de Verdade* ) pode ser legitimada. Por conseguinte, o accesso às coisas *fora de mim* parece dispensar doravante, graças ao critério de verdade, o princípio de causalidade.

No entanto, da clareza e da distinção de uma idéia segue-se que essa idéia, afirmada num juízo, é verdadeira. Ora, tudo o que é verdadeiro é real, mas o real é apenas uma existência possível representado nas idéias claras e distintas e logicamente independente de qualquer ato de representar.[34] Donde, não se segue da clareza e da distinção de uma idéia a existência daquilo que é nela representado: "... *tudo o que nós percebemos claramente é verdadeiro e, assim, existe, se nós percebemos que não pode deixar de existir; ou bem que pode existir se nós percebemos que sua existência é possível.*"[35]

As idéias claras e distintas da matemática exemplificam, no seu contraste com a prova ontológica, essa afirmação de Descartes. Elas são verdadeiras, representam naturezas eternas e imutáveis, embora talvez as "coisas" que elas representem não existam *fora* do pensamento. São, portanto, verdadeiras, pois tudo o que é claro e distinto é verdadeiro; representam realidades, pois tudo o que é verdadeiro é alguma coisa. Mas, isso não implica nem que esta coisa *exista fora* do pensamento tampouco que essa coisa seja inventada ou produzida pelo pensamento.[36]

Assim, o critério de verdade, validado pela Veracidade Divina, não é uma condição suficiente para provar a existência das coisas que existem efetivamente na natureza.

[III.4] *A prova de que os corpos existem* fora de mim.

Como as idéias intelectuais, claras e distintas, da natureza extensa mostram a possibilidade da sua existência e as idéias imaginativas a sua probabilidade, cabe, então, às idéias sensíveis provar a existência efetiva das coisas extensas. Ora, as idéias sensíveis não são verdadeiras representações; elas são materialmente falsas, pois não conseguem identificar como objetos os conteúdos que elas parecem apresentar à consciência. Por essa razão, elas não podem ser consideradas como representações de objetos. De fato, as idéias sensíveis não têm uma função representativa, embora talvez tenham uma função referencial. Podem elas se referir às coisas que existem "fora" da consciência?

A prova da existência dos corpos pelas idéias sensíveis esbarrou na objeção da faculdade oculta, que inviabilizou qualquer tentativa de encontrar nos objetos exteriores a causa dessas idéias. Além disso, o argumento que rompeu com o solipsismo, mostrando que existe uma realidade exterior ao sujeito pensante, se baseou na realidade objetiva da idéia do infinito: da realidade objetiva infinita foi inferida, graças ao princípio de causalidade, a realidade formal infinita. Esse esquema de argumentação não pode obviamente se aplicar às idéias sensíveis, pois é problemática a realidade objetiva dos conteúdos que elas parecem apresentar à consciência. Enfim, da clareza e da distinção da idéia de extensão não se segue a existência de coisas extensas. A prova da existência dos corpos terá, portanto, que contornar essas dificuldades.

A estratégia cartesiana da prova da existência de corpos será inicialmente a de analisar as características da consciência sensível. Como já assinalamos, é a consciência de uma passividade, que se manifesta no sentimento de receptividade em relação às coisas exteriores, e a consciência de uma presença, que não depende do consentimento do sujeito pensante, que caracterizam a consciência sensível. Pouco importa o fato da receptividade como evento real ou o da coerção como fato efetivo. A consciência da receptividade e da coerção não supõem eventos reais exteriores à consciência. O ponto de partida da prova não contradiz, portanto, a tese da filosofia da consciência cartesiana.

É a partir dessas características da consciência sensível que será demonstrada a existência dos corpos. Não cabe aqui recapitular em detalhe cada uma das etapas dessa prova; [37] propomo-nos apenas a indicar, esquematicamente, suas etapas tendo em vista as objeções kantianas e as dificuldades engendradas pela gênese do próprio sistema cartesiano.

Essa prova envolve quatro etapas distintas:

[1] Segundo a teoria cartesiana, o grau de perfeição ou de realidade objetiva das idéias sensíveis [38] é indeterminado. Segue-se daí que a aplicação do princípio de causalidade a essas idéias é problemático, pois o que tornaria plausível esse uso seria o fato das idéias terem efetivamente uma realidade objetiva, isto é, um grau de perfeição. A primeira etapa da prova da existência dos corpos apresenta, então, um argumento que não envolve a tese da realidade objetiva das idéias, embora recorra a um princípio análogo ao princípio de causalidade: se a consciência sensível do sujeito pensante se caracteriza pela consciência de uma passividade, como atividade e passividade são noções complementares, [39] isto é, são aspectos diferentes de um mesmo evento, a passividade da consciência sensível requer um princípio ativo que a explique. A exigência desse princípio não supõe a tese da realidade objetiva das idéias, mas recorre não só à constatação (indubitável) de que a consciência sensível é passiva, mas também à noção comum que mostra que toda passividade requer

um princípio ativo. Note-se, no entanto, que esse argumento não exclui a hipótese de que o princípio ativo da consciência sensível seja encontrado no próprio sujeito pensante, sendo, assim, imanente a ele.

[2] A segunda etapa da prova procura demonstrar que esse princípio ativo não é imanente, mas exterior à consciência. Como já assinalamos, os sentimentos de passividade e de coerção poderiam ser produzidos pela faculdade oculta do próprio sujeito pensante. Para eliminar essa hipótese, Descartes demonstra a tese da distinção real entre a mente e o corpo.

A prova dessa tese contém inúmeras etapas e vários pressupostos. Mencionaremos apenas o significado da noção de distinção real e a sua função na prova da existência dos corpos. Duas entidades são realmente distintas, se elas podem existir separadamente uma da outra. [40] A distinção real é, então, uma distinção que só se aplica às substâncias (ou aos modos de substâncias diferentes). Para se reconhecer a distinção real entre duas entidades (sejam elas $\alpha$ e $\beta$) é necessário que a idéia de $\alpha$ possa ser pensada clara e distintamente como uma idéia completa, [41] que exclui, por ser completa, a idéia também clara, distinta e completa de $\beta$. É necessário, assim, que $\alpha$ possa ser pensada clara e distintamente como uma entidade completa, isto é, como uma entidade que não é apenas independente de $\beta$, mas que é também diferente dela. Do ponto de vista epistêmico, o termo "diferente" significa que a idéia de $\alpha$ não foi obtida por *abstração* da idéia de $\beta$. A idéia de $\alpha$ *exclui*, dessa maneira, a idéia de $\beta$ (e vice-versa), isto é, todas as propriedades que $\beta$ possuiria podem ser negadas de $\alpha$. Assim, ambas as entidades são pensadas como diferentes, isto é, como podendo existir separadamente.

Ora, da tese da distinção real entre a mente e o corpo resulta que a essência do sujeito pensante, enquanto sujeito pensante, "consiste apenas em pensar".[42] Como pensar é ter consciência, o sujeito pensante é consciente dos atos que suas faculdades produzem; assim, se existisse uma faculdade oculta e se ela produzisse um ato, o sujeito pensante seria consciente desse ato e da própria faculdade. Nesse caso, ela não seria uma faculdade oculta. Eliminada essa hipótese, segue-se que a causa do sentimento de passividade e de coerção da consciência sensível não pode ser encontrada no próprio sujeito pensante, mas em algo diferente e exterior ao próprio sujeito. Se na prova da existência do Deus Veraz é o princípio de causalidade que prova a existência de uma realidade infinita exterior, na prova da existência dos corpos, são os sentimentos de passividade e de coerção, conjugados com as conseqüências da tese da distinção real, que provam que existe algo de exterior à consciência, que é a razão desses sentimentos da consciência sensível.

[3] A terceira etapa da prova procura mostrar que as realidades extensas podem ser consideradas como realidades distintas e diferentes do sujeito pensante. Já se sabe que a realidade infinita é exterior; mas ainda não foi demonstrado que as coisas extensas podem ser consideradas também como realidades exteriores. Com efeito, a segunda etapa da prova mostrou que há algo de exterior, que é a razão dos sentimentos que caracterizam a consciência sensível. Mas, por que as coisas extensas podem ser consideradas como realidades exteriores ao sujeito pensante? Para responder a essa pergunta, é necessário, mais uma vez, recorrer à distinção real: as coisas extensas, sendo realmente distintas do sujeito pensante, podem existir independentemente dele e as propriedades que a elas se aplicam não podem ser aplicadas ao próprio sujeito (e vice-versa). Sob este aspecto, as coisas extensas seriam exteriores ao sujeito pensante num duplo sentido: seriam realida-

des espaciais (extensas) e teriam uma existência independente da existência do sujeito pensante.

Nesse momento da prova, é, então, mencionado explicitamente o princípio de causalidade. No entanto, ele não é utilizado para demonstrar que as coisas exteriores existem, mas tendo sido especificadas as entidades exteriores que poderiam explicar a passividade da consciência sensível (os corpos e Deus) procura-se, então, determinar se essas entidades seriam causa eminente ou formal dessa passividade. O uso do princípio de causalidade visa, portanto, a determinar a proporção de perfeição entre a consciência sensível passiva e a natureza das entidades, já conhecidas como realidades externas, que poderiam ser causa dessa passividade.

[4] Na quarta etapa da prova, graças a uma seqüência de argumentos (que conjuga a tese da Veracidade Divina, o fato de uma inclinação natural, que faz crer que as idéias sensíveis "...me são enviadas pelas coisas corporais ou partem destas...", e a constatação da ausência de qualquer faculdade que permitiria corrigir essa inclinação natural, mostrando que as causas das idéias sensíveis seriam causas eminentes) é demonstrado que os corpos são causas das idéias sensíveis e que, portanto, existem.

Assim, a prova da existência dos corpos demonstrou sucessivamente, e nessa ordem de argumentação, [i] que existe um princípio ativo que é razão da passividade da consciência sensível (etapa [1]); [ii] que esse princípio é *exterior* e independente do sujeito pensante (etapa [2]); [iii] que os corpos são realidades exteriores ao sujeito pensante e que, por essa razão, podem ser considerados como causa da passividade da consciência sensível (etapa [3]); [iv] que há "... *uma fortíssima inclinação para crer que elas [as idéias sensíveis] me são enviadas pelas coisas corporais ou partem delas...*"[43] e que Deus seria enganador (e não seria Veraz) caso esse princípio ativo externo não fosse identificado com os corpos extensos (etapa [4]). Cada uma dessas etapas (salvo a primeira) supõe, obviamente, a prova da etapa anterior.

A tese da distinção real desempenhou uma função determinante nessa prova: ela eliminou a hipótese da faculdade oculta, o que permitiu provar que algo de exterior ao sujeito pensante produz o sentimento de coerção e de passividade da consciência sensível, e mostrou que, independentemente de qualquer uso do princípio de causalidade e de qualquer suposição sobre a existência dos corpos, as coisas extensas, se existirem, são exteriores e independentes do sujeito pensante e, por isso, podem ser causa das idéias sensíveis. Com efeito, graças à distinção real, foi provado que [i] o princípio que explica a passividade das idéias sensíveis é uma realidade externa e diferente do sujeito pensante e [ii] que os corpos *podem* ser considerados como um dos *possíveis* princípios de explicação da passividade das idéias sensíveis pois, *se* eles existirem, são externos ao sujeito pensante.

Portanto, a tese da externalidade dos corpos independe da tese de que eles são causas das idéias sensíveis e, assim, independe da prova da existência deles. No entanto, para poderem ser considerados como causas dessas idéias, é necessário demonstrar que os corpos são externos. A prova da externalidade dos corpos é, dessa maneira, uma das *condições* da prova da existência deles.

Essa interpretação da prova da existência dos corpos é compatível com a teoria causal da percepção ou com o Axioma V da *Exposição Geométrica* acima citado. Ela mostra apenas que a tese da externalidade dos corpos *antecede* e é uma *condição* da tese que afirma que os corpos existem já que são causas das idéias sensíveis.

No *IVº Paralogismo*, Kant parece atribuir ao cartesianismo a tese de que o *conhecimento* da existência dos corpos seria mediato e demonstrado a partir da relação causal entre os corpos externos e as idéias. Ora, é necessário distinguir [i] o argumento que afirma que a existência dos corpos é conhecida pelo fato dos corpos serem causa das idéias [ii] do argumento, propriamente cartesiano, que prova, inicialmente, que [a] *se* os corpos existem, então são exteriores e [b] se são exteriores, podem ser causa (formal) das idéias sensíveis. Assim, a tese de que os corpos são a causa das idéias sensíveis é uma conseqüência da tese de que eles são exteriores ao sujeito pensante. Se Descartes adota uma teoria causal da percepção, ela não é um elemento da prova da existência dos corpos, mas uma conseqüência dessa prova.

Mas, em relação às idéias sensíveis, Descartes adota uma teoria causal da percepção?

Num conhecido texto, Descartes afirma não só que todas as idéias são inatas ("... de tal modo que nada existe nas nossas idéias que não seja inato à mente ou à faculdade que ela tem de pensar ..."[44]), como também que os corpos exteriores são causas *ocasionais* das idéias sensíveis, pois, agindo sobre os órgãos sensoriais, eles fornecem a ocasião para que a mente forme, neste momento, as idéias.[45]

Qualquer que seja o gênero da causa das idéias sensíveis, dificilmente o diagnóstico kantiano se aplicaria à prova cartesiana da existência dos corpos.

[IV] *Conclusão*

Segundo o *IVº Paralogismo* da *CRP*, a dúvida sobre a existência dos objetos dos sentidos externos se deve à conjugação de três princípios: a indubitabilidade imediata do *cogi-*

*to* e de suas modalidades, o realismo transcendental e a tese de que as representações que ocorrem *em mim* são efeitos de causas que são *coisas fora de mim*. As realidades exteriores seriam, dessa maneira, inferidas e não imediatamente percebidas. Daí a incerteza sobre a sua existência.

De fato, Descartes demonstrou a existência do sujeito pensante a partir da indubitabilidade do exercício efetivo de atos de pensamento, assumiu e procurou justificar o seu realismo transcendental e tentou demonstrar a validade de conhecimentos mediatos, isto é, procurou legitimar o conhecimento das coisas *fora de mim* a partir das idéias dessas coisas. Como justificou, então, essas teses?

A primeira tentativa de inferir a existência dos objetos dos sentidos externos através das idéias sensíveis mostrou, confirmando o diagnóstico de Kant, que a inferência baseada numa relação causal, onde as idéias indubitáveis seriam efeitos de causas exteriores, é extremamente problemática. O fracasso dessa tentativa (que se evidenciou graças à hipótese da *faculdade oculta*) pôs em questão o uso indiscriminado do princípio de causalidade.

Face a esse fracasso, o princípio de causalidade foi, então, usado em condições restritas e bem delimitadas. Para que fosse possível aplicá-lo, foi preciso demonstrar, entre outras teses, que os conteúdos das idéias são realidades objetivas, que a idéia do infinito tem uma realidade objetiva infinita e não pode ser derivada nem de uma outra idéia nem pode ser produzida pelo sujeito pensante finito.

Provada a existência do Deus Veraz, é o critério de verdade que doravante justificará a verdade dos juízos compostos por idéias claras e distintas. Mas, este critério não permite inferir das idéias sensíveis a existência de *coisas fora de mim*. A prova da distinção real exercerá, então, um papel fundamental. Graças a ela, foi possível eliminar a hipótese da *faculdade oculta* e mostrar que, se existem corpos, eles são diferentes e distintos do sujeito pensante. A veracidade divina, garantindo uma inclinação natural, completará a prova da existência dos corpos.

Provadas as proposições, *eu sou, Deus existe* e os *corpos existem,* fica, então, fundamentada a "árvore do saber".[46] Assim, não é correto classificar o sistema cartesiano quer como um *idealismo empírico,* quer como um *idealismo problemático.* Ao contrário, a filosofia primeira cartesiana parece ter conseguido algo que aos olhos críticos de Kant seria considerado impossível: provar a existência do sujeito pensante num contexto cético e solipsista, justificar o realismo e demonstrar o conhecimento da existência das coisas externas sem utilizar como cerne da prova um argumento inferencial baseado no princípio de causalidade. Mas, para refutar o cético, foi necessário provar, dentre outras, a tese da realidade objetiva infinita da idéia de Deus, a da Veracidade Divina e a da distinção real entre a mente e o corpo. O abandono dessas teses tornaria inviável o projeto de justificação do realismo e a prova do "mundo externo" a partir da proposição *eu sou pensante.* A sua aceitação, no entanto, vincula a questão da fundamentação do saber às questões em que a ontologia pós-cartesiana se emaranhou. O caminho trilhado pela *Crítica da Razão Pura* parece, então, oferecer uma alternativa para a refutação do cético nos limites imanentes do entendimento humano.

# Notas

1. Ver R. Descartes, *Meditationes de Prima Philosophia,* Secunda, in *Oeuvres de Descartes (O. D.),* organização de Charles Adam e Paul Tannery (AT), 11 volumes, Paris: Vrin, 1973, p. 34. Ver também R. Descartes, *Principia Philosophiae,* I, op. cit., v. VIII-1, art. 8 e art. 11.
2. I. Kant, *Kritik der reinen Vernunft (KrV),* Hamburgo: Felix Meiner Verlag, 1956. As citações em português da edição [B] da *Crítica da Razão Pura (CRP)* foram extraídas, fora ressalvas, da *Crítica da Razão Pura,* tradução de Valério Rohden e Udo Moosburger, col. *Os Pensadores,* São Paulo: Abril, 1980. Quando citarmos no corpo do capítulo os textos da *CRP* (ou da *KrV*), indicaremos apenas a edição (A ou B) seguida do número da página.
3. *Principia Philosophiae* I , op. cit., art. 11.
4. O objetivo prioritário do 'IV° Paralogismo' é a crítica ao idealismo empírico e ao realismo transcendental e não apenas às teses cartesianas acima mencionadas.
5. Ver *KrV* [B, 49]; #24, [A, 98-100].
6. Não podemos perder de vista que o *IV° Paralogismo* não tem como objetivo indicar o sentido correto do juízo *eu penso* ou da proposição *eu sou.* Os paralogismos anteriores já elucidaram as ilusões racionalistas que confundiram, segundo Kant, a função lógica do sujeito, esclarecida através de proposições analíticas, com a existência real do sujeito, que só pode ser descrita por proposições sintéticas. Na teoria de Kant, a proposição verdadeira *eu sou* ou *eu existo pensando* é uma proposição empírica que exige, além *"da consciência ou do fato de me pensar",* uma intuição interna [B, 158] que, por ser submetida à sucessividade temporal, pressupõe a percepção de algo de permanente *"fora de mim"* [B, 275]. *"Eu sou"* significa, portanto, *"eu tenho consciência da minha existência determinada no tempo".*
7. Ver Descartes, *Principia Philosophiae I,* in *Oeuvres de Descartes,* op. cit., v. VIII-1, art. 9. Ver também Descartes, *Secundae Responsiones,* op. cit., v. VII, Exposição Geométrica, Definição I, p. 160.
8. As reflexões sobre o significado da expressão "fora de nós" se apoiam no texto citado de Kant *KrV,* [A, 373], embora não pretendam ser um comentário estrito desse texto.

9. Condições epistêmicas são condições que concernem às condições da representação de objetos.

10. Por "realismo epistêmico ou cognitivo" entende-se a doutrina que afirma que os objetos do conhecimento são as coisas mesmas. Assim, "realismo epistêmico" tem o mesmo significado de "realismo transcendental".

11. "Mas também pode ocorrer que essas mesmas coisas que suponho não existirem, já que me são desconhecidas, não difiram, entretanto, na verdade da coisa, deste eu que eu reconheci? Nada sei a respeito; não o discuto atualmente, não posso dar meu juízo senão sobre as coisas que me são conhecidas ...." R. Descartes, *Meditações Metafísicas*, Segunda Meditação in *Descartes, Obra Escolhida*, tradução de J. Guinsburg e Bento Prado Júnior, São Paulo: Difusão Européia do Livro, 1962, p. 129.

12. R. Descartes, Carta ao P. Gibieuf de 19 de janeiro de 1642, v. II in *Descartes, Oeuvres Philosophiques (OPD)*, edição Ferdinand Alquié, 3 volumes, Paris: Garnier, 1967, p. 905.

13. R. Descartes, Axioma V, Exposição Geométrica, *Respostas às Segundas Objeções*, in *Descartes, Obra Escolhida*, op. cit., p. 239. Ver também, R. Descartes, *Secundae Responsiones*, in *Oeuvres de Descartes*, op. cit., v. VII, p. 135-136.

14. R. Descartes, Axioma I, Exposição Geométrica, *Respostas às Segundas Objeções*, in *Descartes, Obra Escolhida*, op. cit., p. 239.

15. R. Descartes, idem, *Meditações*, Terceira, p. 145-146. Ver também. *Principia Philosophiae*, I, in *Oeuvres de Descartes*, op. cit., v. VIII-1, art. 17.

16. Sobre o conceito de noção primitiva, ver cartas à Princesa Elisabeth de 21 de maio de 1643 e de 28 de junho de 1644 in *Descartes, Oeuvres Philosophiques (OPD)*, v. III, edição Ferdinand Alquié, 3 volumes, Paris: Garnier, 1967, p.18-23 e 43-49 respectivamente. Ver também, R. Descartes, *Oeuvres de Descartes*, op. cit., *Principia Philosophiae*, I, v. VIII-1, art. 48.

17. Assim, a tese de Descartes parece ser: todas as idéias, por terem um grau de perfeição ou uma realidade objetiva, têm uma causa formal (mesma proporção de perfeição entre a realidade-causa e a realidade-efeito) ou uma causa eminente (nesse caso, o grau de perfeição da cau-

sa é superior ao grau de perfeição do efeito). Mas, as idéias primitivas têm como causa uma realidade formal.

18. R. Descartes, Axioma V, Exposição Geométrica, *Respostas às Segundas Objeções*, in *Descartes, Obra Escolhida*, op. cit., p. 239.

19. Kant classifica o 'idealismo' cartesiano de diversas maneiras: idealismo material, problemático etc. O termo "idealista empírico" classificaria, segundo os intérpretes de Kant, a filosofia de Berkeley. No entanto, nos *Prolegômenos*, esse termo é usado para classificar o 'idealismo' cartesiano. Ver *Prolegomena zu einer jeden künftigen Metaphysik*, Hamburgo, Felix Meiner, 1976, # 13, Observação III, p. 47.

20. Não levamos em consideração a prova ontológica de Deus, pois são por demais conhecidas as penetrantes críticas de Kant à validade deste gênero de prova.

21. R. Descartes, *Oeuvres de Descartes, Meditationes,* Tertia, v. VII, op. cit., p. 37-40.

22. É indubitável que o sujeito pensante representa coisas, mas é dubitável que estas representações sejam verdadeiras.

23. *Descartes, Obra Escolhida*, op. cit., 3ª Meditação, *Meditações*, p. 137.

24. *Descartes, Obra Escolhida*, op. cit., 3ª Meditação, *Meditações*, p.140-142. Nesse texto, através da análise da hipótese de que as idéias (que ocorrem em nós e que, portanto, são indubitáveis) são semelhantes às coisas *fora de nós*, é analisada a questão da origem (causa) das idéias sensíveis. Ver também, 6ª Meditação, p. 182-184.

25. Descartes, para caracterizar as idéias sensíveis, introduz ainda a noção de inclinação natural que, sem a garantia da Veracidade Divina, não pode ser considerada como um argumento relevante para a prova da existência dos corpos. Sobre a vivacidade das idéias sensíveis, ver *Descartes, Obra Escolhida*, op. cit., 6ª Meditação, *Meditações*, p. 183-184.

26. *Descartes, Obra Escolhida*, op. cit., idem, p. 185.

27. *Descartes, Obra Escolhida*, op. cit., 3ª Meditação, *Meditações*, p. 142-143.

28. *Descartes, Obra Escolhida*, op. cit., idem, p. 143.

29. "Certamente se julguei depois que se podia duvidar dessas coisas, não foi por outra razão senão porque me veio ao espírito que talvez algum Deus tivesse podido me dar tal natureza, que eu me enganasse mes-

mo no concernente às coisas que me parecem as mais manifestas". *Descartes, Obra Escolhida,* op. cit., ibidem, p. 138. Sobre a dubitabilidade do *Cogito,* ver nosso artigo: "Pode o *Cogito* ser posto em questão?" *Discurso,* Revista do Departamento de Filosofia da USP, nº 24, São Paulo 1994, p. 9-30.

30. *Descartes, Obra Escolhida,* op. cit., 3ª Meditação, *Meditações,* p. 146.
31. Idem, *Descartes, Obra Escolhida,* op. cit. 2ª Meditação, *Meditações,* p. 128.
32. *Descartes, Obra Escolhida,* op. cit., idem, p. 146.
33. *Descartes, Obra Escolhida,* op. cit., 3ª Meditação, *Meditações,* p. 149-152.
34. M. Beyssade, "Réponse à Lili Alanen et à R. Landim" in *Descartes: Objecter et Répondre,* (org. J-M Beyssade e J-L Marion) PUF, Paris, 1994, p. 238.
35. Carta a Mersenne, março de 1642, in *OPD,* op. cit., v. II, p. 923. Ver também, *Oeuvres de Descartes,* op. cit., *Primae Responsiones,* AT, v. VII., p. 116-117.
36. *Descartes, Obra Escolhida,* op. cit., 4ª Meditação, *Meditações,* p. 170-172.
37. Ver *Descartes, Obra Escolhida,* op. cit., 6ª Meditação, *Meditações,* p. 187-188 e *Oeuvres de Descartes* op. cit., *Principia Philosophiae,* AT, v. VIII-1, II, art. 1.
38. *Oeuvres de Descartes,* op. cit., *Quartae Responsiones,* AT, v. II, p. 232-235.
39. Ver *OPD,* op. cit., v. III, *Les Passions de l'Ame,* Primeira parte, artigo 1.
40. Sobre a noção de *distinção real* ver *Oeuvres de Descartes,* op. cit., [a] *Meditationes,* Sexta, AT, v. VII, p. 78; [b] *Principia Philosophiae,* AT, v. VIII-1, I art. 60-63; [c] *Primae Responsiones,* AT, v. VII, p. 120-121; [d] *Secundae Responsiones,* idem, p. 131-133; [e] *Quartae Responsiones,* ibidem, p. 219-227.
41. Uma idéia completa de $\alpha$ é uma idéia onde $\alpha$ é concebida clara e distintamente como uma coisa completa. Para se reconhecer uma idéia completa, é necessário saber que ela *não* foi obtida *por abstração* de uma outra idéia. Em conseqüência, de uma coisa da qual se tem uma

idéia completa podem ser excluídas ou negadas todas as propriedades de uma *outra* coisa da qual se tem também uma *outra* idéia completa Sobre esta questão, ver *OPD,* op. cit., v. II, carta a Gibieuf de 19 de janeiro 1642, p. 904-910; v. III, carta a Mesland de 2 de maio de 1644, p. 75-76 e *Oeuvres de Descartes,* op. cit., *Quartae Responsiones,* AT, v. II, p. 219-227.

42. *Descartes, Obra Escolhida,* op. cit., 6ª Meditação, *Meditações,* p. 186.
43. *Descartes, Obra Escolhida,* op. cit., idem, p. 188. A prova da existência dos corpos nos *Princípios da Filosofia,* que esclarece em certos aspectos a prova das *Meditações,* não utiliza explicitamente o argumento da inclinação. Ver *Oeuvres de Descartes,* op. cit., *Principia Philosophiae II,* AT, v. VIII-1, artigo 1.
44. *Oeuvres de Descartes,* op. cit., *Notae in Programma,* AT, v. VIII-2, p. 358.
45. *Oeuvres de Descartes,* op. cit., idem, p. 358-359.
46. *Principes* in *Oeuvres de Descartes,* op. cit., v. IX-2, *Carta Prefácio,* p. 14.

# 2

## DO *EU PENSO* CARTESIANO AO *EU PENSO* KANTIANO[1]

[I] *Introdução*

É conhecida a função do enunciado *eu penso* na filosofia primeira de Descartes. Sem eliminar qualquer uma das razões de duvidar, esse enunciado é indubitável, embora não possa ainda ser considerado verdadeiro. A sua indubitabilidade decorre de propriedades que só os atos de consciência têm, enquanto atribuídos ao sujeito desses atos. Com efeito, o sujeito de um ato de consciência é imediatamente consciente de seu ato, pois é impossível dissociar, neste caso, o ato (de consciência) da consciência do ato. Ter consciência significa realizar um ato de consciência e, vice versa, realizar um ato de consciência significa ser consciente do ato.

Do enunciado indubitável *eu penso* pode ser inferida a proposição verdadeira *eu sou*: o sujeito do ato de pensar se descobre como existente pelo fato de exercer o ato indubitável de pensar e por perceber claramente a conexão entre o exercício desse ato e a existência do sujeito. Com efeito, como *o nada não tem propriedades*, o exercício de um ato indubitável de pensar supõe a existência do sujeito que está exercendo este ato. Assim, apenas a existência do sujeito que pensa, que, por pensar, tem consciência de ser sujeito de seus estados de consciência, escapa à dúvida cética.

Ora, para demonstrar a verdade da proposição *eu sou* é necessário efetuar um ato de consciência e perceber, ao mesmo tempo, a conexão necessária entre a realização do ato (de consciência) e a consciência de existir como sujeito pensante. Logo, *eu sou* significa *eu sou* (um sujeito) *pensante*.

Mas, o sujeito pensante, ao provar a verdade da proposição *eu sou pensante*, duvidou, negou e finalmente asseriu uma proposição verdadeira; ele realizou efetivamente diferentes atos de pensar. Foi, portanto, *o mesmo* sujeito, que, realizando diferentes atos, permaneceu idêntico a si mesmo. Sob este aspecto, existir como sujeito pensante significa existir como um sujeito que, por ter uma identidade real, dá unidade aos seus diferentes atos de pensamento. Assim, se o termo "substância" exprime apenas a função de unidade dos atos de pensamentos exercida por um sujeito verdadeiramente existente, *eu sou pensante* significa *eu sou uma substância pensante*.

Essas conseqüências extraídas do enunciado *eu penso* são demonstradas na Segunda Meditação das *Meditações Metafísicas*.[2] Elas caracterizam de maneira correta, embora parcial, a natureza da *res cogitans*. Provadas as teses da distinção real e da existência dos corpos na *Sexta Meditação*, será, então, possível determinar de maneira adequada a natureza do sujeito pensante.[3]

Mas, será legítimo, como pretende Descartes na *Segunda Meditação*, inferir a proposição *eu sou* do enunciado indubitável *eu penso*?

Kant, numa nota célebre do # 25 da 'Dedução Transcendental' (*CRP* [B]),[4] escreve:

"O *eu penso* expressa o ato de determinar minha existência. Através disso, portanto, a existência já é dada, mas mediante tal ainda não é dada a maneira pela qual devo determiná-la, isto é, pôr em mim o múltiplo pertencente a ela".

No mesmo # 25, Kant afirmara:

"Ao contrário, na síntese transcendental do múltiplo das representações em geral, por conseguinte na unidade sintética originária da apercepção, sou consciente de mim mesmo não como me apareço nem *como* sou em mim mesmo, mas somente *que* sou. Esta *representação* é um *pensar* e não um *intuir.*"

Nesse texto e também em outras passagens da *CRP*, Kant parece admitir que, embora o *eu penso* seja um pensar, isto é, um ato *exclusivo* do entendimento, a existência já está dada nele.

Sob esse aspecto, teriam Kant e Descartes uma posição análoga?

Um sutil historiador do cartesianismo, Jean-Marie Beyssade, conclui o seu artigo sobre o # 25 da 'Dedução Transcendental' dessa maneira:

"Eu concluo não que Kant fosse muito ou pouco cartesiano: a fórmula não teria nem muito sentido nem muita significação. Mas, ao invés disso, [diria] que Kant revisitou os lugares que lhe eram tradicionalmente assinalados como cartesianos, para redesenhar o mapa desses lugares e que ele, nessa tarefa arquitetônica e crítica, repetiu o movimento da Segunda Meditação de Descartes sem conhecê-lo ou reconhecê-lo."

E acrescenta:

> "Kant remontou até a consciência do ato que dá ao mesmo tempo a existência certa e a espontaneidade não sensível do meu pensamento. Não é necessário assinalar a importância dessas teses em Descartes."[5]

Será legítima essa assimilação do *"cogito ergo sum"* cartesiano ao *cogito* kantiano? Pretendemos analisar essa questão neste capítulo.

[II] *O juízo* eu penso *na CRP*

Na *CRP*, o juízo *eu penso* tem vários significados.

[1] "*Eu penso*" pode significar uma proposição empírica, que envolve uma intuição interna *determinada* [B, 420, B, 428-429]. Neste caso, "eu penso" significa *eu penso que eu P* (onde "P" indica uma classificação conceitual de um múltiplo que ocorre no sujeito). Sob esse aspecto, a proposição *eu penso* é uma proposição empírica e envolve necessariamente uma síntese: a de submeter o múltiplo dado à consciência da identidade do sujeito. De fato, ela exprime o conhecimento empiricamente determinado da existência do próprio sujeito no tempo.

[2] "*Eu penso*" pode significar também uma proposição que, por conter uma percepção *indeterminada*, contém a proposição *eu existo*.[6] Neste caso, foi efetuada uma abstração da intuição empírica determinada, mas não da intuição sensível, isto é, não foi efetuada uma abstração da relação do ato de pensar com o múltiplo sensível em geral. *Eu penso* supõe, assim, uma intuição empírica indeterminada. Nos 'Paralogismos' [B, 422, nota] Kant escreve:

"Esta [a proposição eu existo que é idêntica à proposição eu penso] expressa uma intuição empírica indeterminada, isto é, uma percepção (por conseguinte prova que já a sensação, que conseqüentemente pertence à sensibilidade, subjaz a tal proposição existencial) [...]. Uma percepção indeterminada significa aqui apenas que algo de real (*Reales*) foi dado, mas só ao pensamento em geral, portanto não como fenômeno, tampouco como coisa em si mesma (númeno), mas sim como algo que de fato existe (*existiert*) e que na proposição "eu penso" é designado como tal."

Assim, como, por hipótese, um ato do entendimento está em relação com uma intuição sensível qualquer, e não com uma intuição empírica determinada, o sujeito do ato de pensar pode ser considerado como um sujeito real, embora a sua existência (*Dasein*) não possa ser considerada como determinada.

Esse é o significado do juízo *eu penso* no # 16 da 'Dedução Transcendental' [B, 131-136].

O ponto de partida do # 16 é a consciência do múltiplo. É, assim, suposto que o múltiplo seja dado, pois "[...] sem qualquer representação empírica, que fornece a matéria do pensamento, o ato *eu penso* absolutamente não ocorreria [...]" [B, 423, nota].

Suposta a consciência do múltiplo, é, então, demonstrado que, para que o múltiplo seja pensado num mesmo ato de consciência, isto é, para que o múltiplo seja unificado por um conceito, é necessária a consciência da identidade do sujeito, pois a consciência da unidade do ato de consciência (a consciência conceitual) pressupõe, como sua condição, a consciência da identidade do sujeito. No # 16, a proposição *eu penso* exprime, portanto, a consciência que o sujeito tem de ser o mesmo sujeito ao pensar o (seu) múltiplo de representações.

É necessário, no entanto, distinguir a consciência da identidade do sujeito, a *apercepção originária*, do juízo *eu penso*. O juízo *eu penso*, de um lado, exprime a consciência do múltiplo unificado conceitualmente, de outro lado, a consciência da identidade do sujeito (a *apercepção originária*) que é condição da unidade conceitual do múltiplo. A *apercepção originária* é, assim, o que permite pensar a unidade (conceitual) do múltiplo num mesmo ato de consciência,

> "[...] ou ainda, a *apercepção originária* por ser aquela autoconsciência que ao produzir [*hervorbringt*] a representação *eu penso* que tem que *poder acompanhar* todas as demais e é una e idêntica em toda a consciência [...]." [B, # 16] [7]

[3] "*Eu penso*" pode significar um ato exclusivo do entendimento, abstração feita da existência do sujeito. Sob este aspecto, "*eu penso*" significa *eu sou pensante* ou *eu sou um ente pensante*, isto é, um ente que tem todas as características extraídas analiticamente do juízo *eu penso*. [8] Essas características podem ser atribuídas a todos os entes considerados como entes pensantes.

> "A proposição *eu penso*, todavia, é tomada aqui só problematicamente, não enquanto ela possa conter uma percepção de uma existência (o cartesiano *cogito ergo sum*), mas segundo a sua simples possibilidade, para ver que propriedades possam decorrer dessa proposição tão simples sobre o sujeito dela (quer ele exista ou não)." [B, 405].

[4] Finalmente, o juízo *eu penso* pode exprimir o que Kant denominou de consciência de si. É o que ocorre no # 25 da 'Dedução Transcendental' da *CRP* [B].

O nosso objetivo inicial é o de determinar o significado e a função do juízo *eu penso* na *CRP* quando ele exprime a consciência de si.

[III] *Análise do juízo* eu penso
      *no # 25 da Dedução Transcendental*

O juízo *eu penso*, quando exprime a *consciência de si*, se opõe à consciência do sentido interno, que "[...] é em si dispersa e sem referência à identidade do sujeito." [B, # 16] e ao conhecimento de si, que envolve "[...] além da consciência ou do fato de me pensar [...] uma intuição do múltiplo em mim pela qual determino tal pensamento." [B, # 25]. A consciência de si é um ato do entendimento ("Esta *representação* é um *pensar* e não um *intuir*." [B, idem]) e se distingue, portanto, não só da consciência sensível do sentido interno, como também do conhecimento de si.

[a] A consciência sensível: o *sentido interno*.

O sentido interno foi definido na *Estética Transcendental* como a intuição de nós mesmos e (isto é) dos nossos estados internos [B, 49], o que talvez signifique que o sentido interno é a consciência sensível (passiva) imediata dos estados internos do sujeito. Na *síntese da apreensão* [A, 98-100; B # 26] são descritas as condições dessa consciência sensível: os dados recebidos pelos sentidos externos devem ser apreendidos, isto é, devem ser tornados conscientes. Para serem apreendidos, devem ser percorridos e coligidos (e talvez, reproduzidos). Isso só é possível em razão do múltiplo, dado através dos sentidos externos, ser discriminado internamente no sujeito pela forma do tempo, isto é, ser discriminado como uma seqüência de representações sucessivas. Mas, o tempo como forma do sentido interno é apenas uma condição da consciência sensível. A ação sintética de percorrer e de coligir o múltiplo (dado pelos sentidos externos ao sentido interno) permite apreendê-lo numa intuição empírica. Mas, como essa ação ocorre no próprio sujeito, o sujeito se auto-afeta, isto é, produz nele mesmo, pela síntese da apreensão, uma modificação interna, cujo resultado é a consciência sensível do múltiplo (ou a percepção empírica do múltiplo). Dessa maneira, a consciência sensível (ou a apreensão do múltiplo enquanto múltiplo) não tem como condição a consciência da identidade do sujeito, mas apenas o tempo como forma da intuição interna e a síntese da apreensão que percorre e colige o múltiplo dado.

[b] A *consciência de si* não é ainda um *conhecimento de si*.

Conceitos e intuições são os elementos necessários e complementares de qualquer conhecimento objetivo. O *conhecimento de si* não é uma exceção a esta tese da filosofia crítica kantiana. Além do ato de (me) pensar (além da consciência de si), o conhecimento de si requer uma intuição sensível (interna).

Assim, o *eu penso*, quando exprime a consciência de si, é um ato *exclusivo* do entendimento (pensamento), que envolve a identidade do sujeito,[9] ao contrário da consciência sensível do sentido interno, e *não* envolve uma intuição sensível, ao contrário do conhecimento de si.

Como caracterizar, então, de uma maneira precisa a consciência de si expressa pelo juízo *eu penso*? Exprime ela a mera consciência de uma condição formal de conhecimento ou envolve um conhecimento incipiente do sujeito (já que na consciência de si "a existência já é dada")?

Certas afirmações de Kant nos 'Paralogismos' parecem confirmar a hipótese de que o *eu penso* exprime apenas uma condição lógico-formal dos atos do pensamento: a consciência de unidade pressuposta em todo ato de pensamento. Com efeito, nos 'Paralogismos', Kant afirma que o *eu penso* não é um conceito "mas é o veículo de todos os conceitos em geral" [A, 341; B, 399], é "uma mera consciência que acompanha todos os conceitos" [A, 346; B, 404], "serve somente para representar todo o pensamento como pertencente à consciência" [A, 341; B, 400], "contém a forma de todo juízo do entendimento em geral e acompanha todas as categorias como o seu veículo" [A, 348; B, 406].[10] Além disso, no primeiro paralogismo da edição A [348-351], Kant introduz as noções de *sujeito lógico* e de *sujeito real*. Nesse texto, a expressão "sujeito lógico" designa a função de unidade pressuposta em todo ato do entendimento. O "eu" do juízo *eu penso* poderia, então, designar o que designa a expressão "sujeito lógico", isto é, a condição de unidade dos atos de pensamento.

No entanto, no # 25, Kant escreve: a consciência de si

"...expressa o ato de determinar a minha existência. Através disso, portanto, a existência já é dada, mas mediante tal ainda não é dada a maneira pela qual devo determiná-la, isto é, pôr em mim o múltiplo pertencente a ela." [B, 158, nota].

Sob esse aspecto, a consciência de si parece envolver um conhecimento incipiente do sujeito, pois ela exprimiria a consciência da existência do sujeito (consciência do sujeito enquanto determinante, embora, na ausência de uma intuição interna, consciência não objetiva). Assim, ela não deveria ser interpretada como a mera consciência de uma condição formal, mas como a consciência de uma condição formal de unidade que supõe um substrato real. Em conseqüência, esse substrato real seria sempre pensado como sujeito, embora, ele mesmo, não possa ser conhecido.

Portanto, o *eu penso* ou bem exprime a consciência da mera função lógica de unidade, envolvida em todo ato de pensamento, que torna possível a ligação do múltiplo de uma intuição empírica, ou bem exprime a consciência que o sujeito tem de existir como sujeito na medida em que a consciência dessa condição formal de unidade supõe um substrato real. Sob este aspecto, a consciência de si envolveria um conhecimento incipiente, pois, como escreve Kant, nesse mero ato do pensamento a "existência já é dada".

Mas, será possível considerar a existência como dada através de um ato exclusivo do entendimento? Se "consciência de si", expressa pelo juízo *eu penso*, significa a mera consciência de uma condição formal, não tem sentido afirmar que nela "a existência já é dada", isto é, não tem sentido caracterizar o sujeito como *lógico* e considerá-lo como sujeito *real*. Este talvez tenha sido o 'erro' cometido pelos racionalistas ao considerarem a psicologia racional pura como ciência de uma entidade real. Mas, se no *eu penso* "a existência já é dada", a consciência de si parece envolver, de alguma maneira, a consciência da existência do sujeito. Isso significaria que um ato do entendimento, sem se relacionar com o múltiplo dado pela intuição sensível, poderia produzir um conhecimento sobre uma entidade real. Neste caso, a consciência de si exprimiria um conhecimento incipiente, indeterminado, do sujeito real, embora este conhecimento seja "um pensar e não um intuir" [# 25].

É correta essa última hipótese? Ela não contradiria outra tese kantiana que afirma que o conhecimento de objetos envolve necessariamente intuições sensíveis e conceitos do entendimento? Do ponto de vista da *Crítica*, ela não faria uma concessão ilegítima ao racionalismo supondo que o entendimento, por si só, poderia produzir conhecimentos objetivos?

[IV] *O sentido do termo "existir"*

Para esclarecer essa dificuldade é necessário analisar o sentido do termo "existir".

Kant fixa para as categorias dois sentidos e um critério de uso: [a] o sentido lógico, definido na 'Dedução Metafísica'; [b] o sentido transcendental, ou o sentido determinado pelo uso (as categorias temporalizadas), definido no 'Esquematismo'; [c] o critério de uso das categorias esquematizadas, determinado na 'Analítica dos Princípios', em especial, nas 'Analogias da Experiência' e nos 'Postulados do Pensamento Empírico'.

Categorias, no sentido lógico, são meras funções de unidade dos juízos e não são ainda conceitos de objetos. "Portanto, sem esquemas as categorias são apenas funções do entendimento para conceitos, mas não representam objeto algum."[11] [B, 187] Mas, pelas categorias esquematizadas são pensadas formas de objetos em geral.

A categoria de substância, por exemplo, como toda categoria, tem um sentido lógico e um sentido determinado pelo uso. No seu sentido lógico, substância significa "[...] um algo que somente pode ser pensado como sujeito (sem ser um predicado de algo diverso)" [B, 186]; no sentido esquematizado, substância é a permanência de algo de real no tempo [B, 182]. O critério de uso da categoria esquematizada de substância é formulado na 'Primeira Analogia da Experiência'.

Ora, o termo "existência" [*Dasein*] é "atribuído" à consciência de si, que é um ato do mero pensar e não do intuir. Assim, no contexto da análise do *eu penso*, o significado de "existência" deve ser lógico e não transcendental.

Qual o significado lógico da categoria de existência? O esquema da categoria de existência [*Dasein*] é a realidade efetiva [*Wirklichkeit*] num tempo determinado [B, 184]. O seu critério de uso é definido no 'Segundo Postulado do Pensamento Empírico em Geral'. Kant, no entanto, reconhece a dificuldade de determinar o sentido exclusivamente lógico da categoria de existência, pois dificilmente ele se distinguiria do sentido lógico da categoria de possibilidade: "Ao contrário, se quisermos pensar a existência unicamente através da categoria pura, então não constitui surpresa alguma o fato de não podermos indicar nenhuma nota característica que a distinga simplesmente da possibilidade." [B, 629]. Ora, se possibilidade no sentido lógico significa apenas não contradição, o que distinguiria o sentido lógico de existência do sentido lógico de possibilidade?

Na análise da prova ontológica na *CRP* [B, 626-630] e no opúsculo pré-crítico *O Único Argumento Possível para uma Demonstração da Existência Deus*,[12] Kant distingue dois sentidos para o termo "ser" [*Sein*]: como *posição* relativa ou absoluta. Como posição relativa, "ser" é a cópula do juízo; como posição absoluta, "ser" significa existir [*Dasein*]. Pôr algo absolutamente (dizer que algo existe) significa dizer que alguns predicados convêm a *algo dado* (posto), isto é, significa dizer que algo, que é dado por uma qualquer intuição, é o caso de conceitos. Sem conceitos, os objetos não podem ser pensados, mas sem intuições, os objetos não podem ser dados. Existir é ser o caso do que é pensado; é realizar efetivamente predicados. Assim, pensar um objeto como existente e conferir-lhe existência são duas operações inteiramente distintas. Pensar um objeto é pensar que algo pode ser o caso de um conceito ou, em outras palavras, significa pensar que algo pode ser dado à intuição. Todo pensamento de objeto é relativo a uma intuição possível. Mas conferir existência a um objeto é exibir efetivamente algo numa intuição, é, portanto, ir além do mero fato de pensar algo como objeto: "Nosso conceito de objeto pode pois conter o que e o quanto quiser, mas para conferir-lhe a existência [Existenz] precisamos de qualquer maneira sair dele." [B, 628] [13]

Ora, afirmar que o *eu penso*, enquanto ato exclusivo do entendimento, contém uma existência, só tem sentido se "existência" tem significado lógico e não esquematizado. Assim, a afirmação de que no "*eu penso* [...] a existência já é dada" poderia significar que na consciência de si algo *é pensado* como posto e o que é pensado como posto é considerado como sujeito, pois pensar a condição de unidade dos atos de pensamento significa pensar em algo ao qual inerem todos os pensamentos. Assim, nos atos de pensamento, algo é pensado como sua unidade, isto é, como sujeito que reúne e unifica esses atos. Como algo é pensado como sujeito em cada ato do entendimento, poder-se-ia dizer que algo é pensado como existente, no sentido lógico da categoria de existência, isto é, algo seria pensado na sua função de unificar os atos de pensamento. Ao se pensar o múltiplo de representações ou ao se realizar diferentes atos de pensamento, tem-se consciência da função de unidade do pensamento e daí, da identidade do sujeito, pois todo ato de pensamento supõe essa identidade. De fato, o *eu* está presente em todo ato de pensamento como condição de unidade dos atos do entendimento.[14] A consciência dessa função de identidade exprime a consciência de que algo é pensado como sujeito.

Não se pode, pois, pensar sem se ter consciência; não se pode ter consciência sem se ter consciência da unidade do ato de pensar; não se pode ter consciência da unidade do ato de pensar sem se ter consciência da identidade desse ato; mas ter consciência da identidade do ato de pensar significa ter consciência de que algo é sujeito ao qual os atos de pensar são inerentes; logo, não se pode pensar sem pensar em algo como sujeito, isto é sem pensar em algo "existindo" ou posto (num sentido lógico da categoria existência) como sujeito.

Obviamente, há uma distinção entre afirmar que no *eu penso* a "existência já é dada" e afirmar que algo é pensado como sujeito. (Há uma distinção entre afirmar que do *eu penso* pode ser extraída a proposição *eu existo* e afirmar que do *eu penso* pode ser extraída a proposição *eu penso que existo*). No # 25 é afirmado que no juízo *eu penso* "a existência já é dada". Segundo a nossa interpretação, isto significaria que algo exerce a função de sujeito toda vez que um ato do pensamento é efetuado, pois não há ato de pensamento sem consciência da unidade do ato de pensar e, em conseqüência, sem consciência da identidade do sujeito.

Mas, afirmar que o sujeito, isto é, a função de unidade dos atos do entendimento, é pensado como posto (ou como existindo) não significaria pensá-lo como algo de real, isto é, como um objeto possível? Algo de real seria pensado através do reconhecimento dessa função de unidade do entendimento? Em outras palavras, quando algo é pensado como sujeito, é pensado como um objeto possível? [15] Afinal, o que é pensado quando o sujeito é posto e é considerado como condição de unidade dos atos do pensamento?

Pelas categorias esquematizadas modais, são pensados os modos pelos quais os objetos, supostamente já constituídos, se relacionam com as faculdades de conhecer. (As categorias modais esquematizadas não seriam regras de constituição de objetos, mas de classificação de objetos em relação à sua posição absoluta). Mas, pela categoria não esquematizada de existência (categoria no seu sentido lógico) algo é *pensado como objeto*?

As categorias não esquematizadas são meras funções de unidade e não são conceitos de objetos. Isso significa que as categorias não esquematizadas não são pensadas numa relação com uma intuição possível, pois caso se relacionassem seriam pensamentos de objetos. Para que algo seja pensado como objeto é necessária uma relação do entendimento com uma intuição possível (intelectual ou sensível). As categorias esquematizadas obviamente são conceitos de objetos, pois o esquema tem algo de homogêneo, de um lado à categoria, de outro à intuição [B, 177].

No paralogismo propriamente dito da *CRP* [B], Kant parece responder à questão acima mencionada (a saber, "quando algo é pensado como sujeito, é pensado como um possível objeto?"). Ele distingue dois significados da expressão *"pensado como sujeito"*, retomando, com outras palavras, a distinção do 'Paralogismo da Substancialidade' da edição A: a distinção entre sujeito lógico e sujeito real. A expressão *"pensado como sujeito"*, observa Kant, pode se referir "[...] a um objeto em geral (por conseguinte, segundo o modo como possa ser dado na intuição)" ou pode se referir à "[...] autoconsciência, caso em que portanto não é pensado absolutamente objeto algum, mas apenas representada a referência a si como sujeito (enquanto forma do pensamento)." [B, 411-412]. Kant parece, portanto, admitir que pensar algo como sujeito não significa pensar algo em relação a um objeto em geral ou em relação com uma intuição possível.

Uma análise mais detalhada dos 'Paralogismos' nos possibilitará um esclarecimento dessa questão.

## [V] O Paralogismo da Substancialidade

Os Paralogismos denunciam um erro clássico do racionalismo: "A exposição lógica do pensamento em geral é tomada falsamente como uma determinação metafísica do objeto." [B, 409].

Como conduz Kant sua crítica aos defensores de uma psicologia racional pura que pretendiam, a partir do juízo *eu penso*, construir uma ciência pura sobre o sujeito pensante?

É a partir do juízo *eu penso* (ou do conceito de ente pensante), considerado como um *ato exclusivo do entendimento*, que tem início a crítica às pretensões racionalistas de fundar uma doutrina pura da alma. A estratégia de Kant consiste em construir silogismos que teriam como conclusão a afirmação de que a expressão *"eu"* do juízo *eu penso* designaria um sujeito real, substancial, simples, com identidade pessoal. Dessas propriedades do sujeito substancial pensante, extraídas do juízo *eu penso*, poder-se-ia concluir que o sujeito pensante é um sujeito pessoal, imaterial, incorruptível, espiritual e imortal. A psicologia racional pura teria, assim, não só um objeto próprio de conhecimento, o sujeito pensante, como também teria demonstrado uma seqüência de teses verdadeiras (sobre o sujeito pensante) fundadas exclusivamente num ato puro do entendimento: o juízo *eu penso*.

A estratégia de Kant consistirá em mostrar primeiramente o que pode legitimamente ser dito do sujeito pensante a partir do juízo *eu penso*. Em segundo lugar, consistirá em construir silogismos que têm como conclusão as teses acima mencionadas. Kant mostra que, embora essas conclusões possam ser consideradas corretas do ponto de vista da teoria racionalista, esses silogismos, em razão da distinção entre pensar e intuir, são de fato paralogismos, isto é, são inferências falsas segundo a forma que, graças a sua aparência de correção, conduzem ao engano.[16] O erro formal desse silogismos consistiria em tomar o termo médio em dois sentidos diferentes.

Analisemos a estratégia inicial da crítica kantiana.

Kant retoma a distinção fundamental entre pensar e conhecer [B, # 22; B, 406-407]. Com efeito, essa distinção supõe que pensar e intuir são operações heterogêneas e autônomas.[17] Mediante intuições objetos seriam dados; mediante o entendimento algo seria pensado. A tese da distinção entre intuir e pensar *não* significa, obviamente, que intuições são representações de objetos, *mas significa apenas que os objetos só podem ser representados mediante intuições:* "Em última análise, todo o nosso conhecimento se refere a intuições possíveis, pois é exclusivamente através destas que um objeto é dado." [B, 747]. As intuições sensíveis são elementos necessários, embora não suficientes, da representação e do conhecimento de objetos, pois o seu conteúdo (o múltiplo dado) necessita ser determinado conceitualmente para ser conhecido como objeto. As intuições intelectuais,[18] se existissem, seriam uma condição necessária e suficiente para o conhecimento de objetos. Assim, a operação pela qual algo é imediatamente dado (intuição) e a função mediante a qual algo é pensado conceitualmente são consideradas logicamente independentes (autônomas): intuições são condições necessárias (e, em certos casos, seriam também condições suficientes) de representações de objetos e aquilo que é representado conceitualmente por um ato exclusivo do entendimento não é necessariamente uma representação de objeto, pois o que é pensado (o conteúdo de um conceito, por exemplo) pode ser abstraído da sua relação com intuições possíveis. Conceitos, por exemplo, abstraídos de suas relações com intuições, têm um sentido lógico, são regras ou critérios de classificação, mas não são estritamente representações de objetos por notas comuns. Só no juízo, conceitos podem ser considerados como representações de objetos.[19]

Assim, pensar não é necessariamente pensar um objeto e pensar um objeto não significa conhecê-lo. Pensar um objeto é pensar a relação entre conteúdos de pensamentos (conceitos) e intuições possíveis. Conhecer um objeto, do ponto de vista do conhecimento humano, é determinar o múltiplo dado intuitivamente mediante regras (conceitos) do entendimento. É, portanto, exibir uma intuição que é o caso de conceitos. Mas, em razão da heterogeneidade e da autonomia entre pensar e intuir, o entendimento pode ter regras de classificação de objetos, isto é, conceitos (ou "razões de conhecimento", segundo a *Lógica* de Kant[20]) que, considerados isoladamente, independentemente do ato judicativo, não são representações de objetos.

Tendo em vista essa distinção entre pensar e intuir, é possível responder à questão sobre o que pode ser legitimamente extraído do juízo *eu penso* ("do simples fato de me pensar"). Ora, por hipótese, o *eu penso* é um ato exclusivo do entendimento. Segue-se daí que deverão ser distinguidos os juízos que envolvem apenas operações do entendimento e que esclareçam o significado de "ente pensante" (juízos analíticos) dos juízos que descrevem um conhecimento sobre o sujeito pensante (juízos sintéticos que supõem uma intuição (sensível)). O 'erro' racionalista teria consistido em interpretar os juízos analíticos (juízos extraídos do juízo *eu penso* que esclareçam o conceito de ente pensante) como juízos sintéticos (que exprimem um conhecimento sobre o sujeito pensante, apesar de não estar envolvida qualquer intuição sensível).

Do *eu penso* ou do simples fato de me pensar poderão ser inferidos juízos analíticos que esclareçam o conceito de ente pensante:

[i] *eu sou sujeito*, isto é, uma substância no sentido lógico desse termo [B, 407], [ii] *sou um sujeito singular*, isto é, logicamente simples [B, 407-482], [iii] *tenho consciência da unidade do ato de consciência* face à diversidade de representações [B, 408].

Estes juízos de esclarecimento não podem ser confundidos com juízos (sintéticos) de conhecimento sobre o sujeito pensante:

[i'] *eu sou um ente subsistente ou uma substância* (no sentido transcendental desse termo), [ii'] *eu sou uma substância simples*, [iii'] *eu tenho uma identidade pessoal*, isto é, tenho consciência da minha identidade substancial.

Por exprimirem proposições cognitivas e serem, portanto, juízos sintéticos, esses últimos juízos [i'-iii'] deveriam envolver uma intuição (sensível). Ora, como pensar e intuir são atos logicamente independentes, é possível pensar sem que nenhuma intuição seja dada. Donde, pelo mero juízo *eu penso*, que, por hipótese, é um ato exclusivo do entendimento, não é possível produzir um juízo (sintético) de conhecimento sobre o sujeito pensante.

O racionalismo cartesiano partindo do juízo *eu penso*, que exprime o ato de me pensar, inferiu legitimamente os juízos [i-iii], mas os interpretou como se fossem juízos sintéticos cognitivos [i'-iii'].

A segunda parte da análise crítica kantiana ao racionalismo consiste em construir paralogismos que têm como conclusão as pretensas teses racionalistas sobre o sujeito pensante. Ora, a versão dos 'Paralogismos' *CRP* [B] mostra que o paralogismo da substancialidade é o paralogismo central, pois todos os outros o pressupõem. Podemos, então, analisar o paralogismo da substância quer na edição [A], quer na edição [B] como um modelo de paralogismo que põe em questão a tese central do racionalismo sobre o sujeito pensante.

Os paralogismos da edição [A] e da edição [B] da *CRP* sobre a substancialidade do sujeito pensante[21] poderiam ser reconstruídos genericamente da seguinte maneira: a premissa maior afirma que aquilo que só é pensado como sujeito e que, se existe, existe como sujeito, é substância. A premissa menor afirma que o *eu* do juízo *eu penso* (ou o *ente pensante*) é sujeito. (Nessa premissa, fica ambíguo o papel exercido pelo termo "*eu*" no juízo *eu penso*: ele designa uma entidade real ou se refere apenas a uma função de unidade dos atos de pensamento?) Conclui-se, então, que o "*eu penso*" (ou o *ente pensante*) designa uma substância.

Estes paralogismos são classificados por Kant como "*sophismae figurae dictionis*". Ora, na *Lógica*, Kant afirma que esse tipo de paralogismo se caracteriza pelo fato do seu termo médio ser tomado em sentido diverso.[22]

Mas, do ponto de vista racionalista, o silogismo não contém um erro semântico-formal e não é, portanto, um paralogismo. Por que?

O sentido do conceito de substância, expresso na premissa maior, poderia ser aceito pelo racionalista, pois ele fixa apenas um critério para identificar coisas como substâncias. Assim, segundo esse critério, uma entidade para ser considerada como substância deveria satisfazer as seguintes condições: [a] se existe, existe sempre como sujeito e não é determinação de qualquer outra coisa e [b] é sempre pensada como sujeito e, portanto, não pode ser pensada como predicado de outros sujeitos. Esse critério de substância não é, em princípio, incompatível com a definição cartesiana de substância.[23]

Na premissa menor, graças às análises sobre o juízo *eu penso*, é afirmado que o dêitico *"eu"* (ou o termo *"ente pensante"*) designa ao menos o sujeito de pensamentos e nunca pode ocorrer como predicado de qualquer outra representação. Os pensamentos, por sua vez, inerem nesse sujeito. Essa tese poderia ser aceita pelo racionalista cartesiano.

Assim, a caracterização de substância na premissa maior do silogismo-paralogismo e a função atribuída ao *ente pensante* como sujeito de pensamentos na premissa menor não são incompatíveis com as análises cartesianas ou kantianas. Ora, a conclusão de que o *eu* do *eu penso* é uma substância é legítima para o racionalista [24] e incorreta para a análise kantiana.

Por que o silogismo da substancialidade é para Kant um paralogismo?

O pretenso silogismo da substancialidade é de fato um paralogismo porque o termo médio é tomado em dois sentidos: sujeito lógico (que exprime a função de unidade dos atos do pensamento) e sujeito real (que designa uma entidade que é o substrato real da função de unidade dos atos do pensamento). Ora, o que torna possível, nesse caso, dar sentidos diversos ao termo médio é a distinção, própria da teoria kantiana, entre pensar e intuir. Por serem operações autônomas e heterogêneas, o sentido do termo "sujeito" ou bem se refere *exclusivamente* à determinação do entendimento ou bem pode ser determinado recorrendo-se à relação entre pensamento e intuição possível. Ora, o que é determinado exclusivamente pelo entendimento, como já assinalamos, não é necessariamente uma representação de objeto.

No 'Primeiro Paralogismo da Substancialidade' em [A] a expressão *"sujeito absoluto"* desempenha o papel de termo médio. O termo médio do paralogismo em [B] é a expressão *"pensado como sujeito"*. Ambas as expressões (*"pensado como sujeito"* e *"sujeito absoluto"*) podem designar ou bem o *sujeito lógico*, isto é, o sujeito considerado como condição de unidade dos atos do entendimento ou bem um *sujeito real*, isto é, uma coisa que jamais seria um acidente (determinação) de qualquer outra coisa, que só pode ser pensada como sujeito e que, portanto, pode legitimamente ser considerada como substância. A análise de Kant mostra que a expressão "*sujeito real*" se refere a coisas reais que seriam substâncias, enquanto que o termo "sujeito" na premissa menor do paralogismo refere-se a uma condição dos atos do entendimento, independentemente da relação desses atos com intuições. De fato, na premissa menor, o termo médio "*pensado como sujeito*" indica uma relação entre atos do entendimento e a condição de possibilidade deles: "[...] não é pensado absolutamente qualquer objeto, mas apenas representada a referência a si como sujeito (como forma do pensamento)." [B, 411-412, nota]. Algo, portanto, é pensado, mas o que é pensado, o sujeito, não é pensado como objeto, mas como condição de atos do entendimento (sujeito lógico).

A falácia expressa no paralogismo consistiu em interpretar a função de unidade do pensamento (sujeito lógico) como se fosse um objeto possível, que poderia existir efetivamente (sujeito real). O paralogismo da substancialidade da edição A, [348-351] formula claramente esta ambigüidade:

> "Segue-se daí que o primeiro raciocínio (*Vernunftscchlus*s) da Psicologia Transcendental nos impinge apenas um pretenso (*vermeintlich*e) novo esclarecimento (*Einsicht*) quando ele faz passar (*ausgibt*) o sujeito lógico constante do pensamento pelo conhecimento do sujeito real de inerência, do qual nós não temos nem podemos ter o menor conhecimento [...]" [A, 350].[25]

A falácia do argumento não consistiu, portanto, em reconhecer dois sentidos para o termo "sujeito": sujeito lógico e sujeito real. A falácia consistiu em derivar o que é significado pelo sentido real, que supõe uma relação com uma intuição, *a partir* do que é significado pelo sentido lógico, que supõe apenas um ato do entendimento, abstração feita da sua relação com uma intuição possível. A conclusão legítima do paralogismo (que seria, então, um mero silogismo) deveria ser: *pensando* a função de unidade do pensamento (por um ato do entendimento sem qualquer relação com uma intuição), penso que algo é posto como sujeito: "[...] no *pensamento* da minha existência eu só posso utilizar-me como sujeito do juízo [...]" [B, 412, nota]; (grifo nosso).

Essa interpretação do paralogismo da substancialidade se apóia na distinção entre sujeito lógico e sujeito real que, em última análise, se fundamenta na distinção entre pensar, pensar (representar) objetos e intuir. No entanto, se todo ato do entendimento supusesse uma relação com uma intuição possível, então todo pensamento seria pensamento de objeto e todos os conceitos seriam conceitos de objetos. A distinção entre sujeito lógico e sujeito real, tal como a formulamos, se diluiria, pois tudo aquilo que fosse pensado seria pensado como objeto e o sujeito lógico seria pensado como um objeto possível, isto é, como algo que pode ser dado numa intuição (possível). É o que parece afirmar o seguinte texto de Kant: "Pelo pensamento não represento a mim mesmo nem como sou nem como apareço a mim, mas me penso somente como um objeto qualquer em geral, de cujo modo de intuição abstraio." [B, 429].

Outra interpretação para os 'Paralogismos', onde a distinção entre sujeito lógico e sujeito real tem um outro significado e não desempenha um papel determinante, pode, no entanto, ser formulada.[26] A unidade dos atos do entendimento, presente em todos os atos do pensamento, consistiria na ocorrência da existência de uma consciência numericamente idêntica que, por ser numericamente idêntica, suporia um substrato real (sujeito real). Ora, a natureza desse substrato não pode ser conhecida seja porque o sujeito real é o sujeito *em si* e o sujeito *em si*, tal como a *coisa em si*, não pode ser conhecido, seja porque o sujeito real não pode ser conhecido, como qualquer outro objeto, por um ato exclusivo do entendimento. Assim, todos os atos do entendimento teriam como condição a consciência numericamente idêntica que, por sua vez, dependeria de um substrato real, cuja natureza seria desconhecida.

Sob este ponto de vista, a crítica ao racionalismo, formulada nos 'Paralogismos', não se apoiaria basicamente na distinção entre sujeito lógico e sujeito real, pois a função de unidade dos atos do entendimento dependeria de um substrato real, mas consistiria em mostrar que o sujeito real, cuja *"existência já é dada"*, não pode ser *conhecido*. De fato, os racionalistas cartesianos pretendem conhecer, por um ato exclusivo do entendimento, o modo substancial de existência do sujeito real (em si). Embora, segundo essa interpretação, tenham razão afirmar que a consciência numericamente idêntica, que é condição de unidade dos atos do pensamento e que foi descoberta graças ao juízo *eu penso*, supõe um substrato real, disso não se segue que a natureza (substancial) desse substrato real possa ser conhecida. Se os atos do entendimento supõem, como sua condição última, um substrato real (o sujeito real), o modo de existência desse sujeito não poderá ser conhecido quer pelo fato da expressão "sujeito real" designar o sujeito *em si*, e o sujeito *em si* não poder ser conhecido, quer pelo fato do termo "sujeito real" designar um objeto possível de conhecimento e todo conhecimento de objetos exigir, além de um ato do entendimento, uma intuição sensível: "[...] mas além deste significado lógico do "eu" nós não temos qualquer *conhecimento* do sujeito em si mesmo que subjaz, como substrato, a esse "eu", assim como a todos os pensamentos" [A, 350; (grifo nosso)].

O principal mérito dessa interpretação é o de compatibilizar as críticas ao racionalismo, formuladas nos 'Paralogismos', com a tese paradoxal sobre o *eu penso* expressa no # 25 da 'Dedução Transcendental': "[...] sou consciente de mim mesmo não como me apareço, nem *como* sou em mim mesmo, mas somente *que* sou" [B, 157]. Com efeito, segundo essa interpretação, a *consciência de si* suporia não só um substrato real, como também envolveria a consciência desse substrato, pois a função de unidade dos atos de pensamento, expressa pela consciência numericamente idêntica de um sujeito, é possível graças à consciência da existência de um substrato real. Assim, no *eu penso* a *"existência já é dada"*, embora o modo de existência desse sujeito não possa ser determinado exclusivamente pelo entendimento.[27]

Ambas as interpretações dos 'Paralogismos' têm como fio condutor a distinção entre pensar e conhecer.[28] Mas, segundo a primeira interpretação, a raiz do equívoco racionalista consistiria em ter considerado como objeto (pensado) o que é apenas uma condição de unidade dos atos do pensamento. Ora, isso ocorreu porque os racionalistas não distinguiram claramente pensar de intuir e, em conseqüência, não puderam distinguir claramente sujeito lógico de sujeito real. A segunda interpretação, no entanto, não atribui o mesmo significado à distinção mencionada, pois parece admitir que pensar é sempre pensar um objeto. A raiz do equívoco racionalista consistiria, então, em inferir incorretamente – a partir da tese verdadeira (descoberta graças ao *eu penso*) de que o sujeito, ao qual inerem todos os pensamentos, tem um substrato real (sujeito real) – a proposição de que o sujeito real pode ser conhecido por um ato exclusivo do entendimento.

Mas, segundo essa última interpretação, o que estaria de fato sendo criticado no paralogismo da substancialidade? Seria o pretenso conhecimento do sujeito *em si* que, tal como a *coisa em si*, não pode ser conhecido, embora possa ser pensado como objeto ou seria o pretenso conhecimento do sujeito por um ato exclusivo do entendimento? Seria a tese do conhecimento do substrato real ou a tese de que um ato do entendimento pudesse, por si só, produzir um conhecimento objetivo do sujeito?[29]

A primeira hipótese interpretativa dos 'Paralogismos' parece tornar supérflua a resposta a essa questão. Com efeito, se o sujeito lógico não é pensado como objeto, ele não pode ser considerado como um objeto possível de conhecimento. Embora, em princípio, seja legítima a questão sobre os pressupostos ontológicos de uma condição lógico-formal, afirmar que uma condição tem um pressuposto ontológico ou um substrato real significa pensar essa condição em relação a um objeto possível e isso requer algo mais do que simplesmente pensar em uma condição como condição formal. Exige, como pretendemos ter mostrado, uma relação do pensamento com uma intuição possível. Daí se segue que o reconhecimento de uma condição formal não satisfaz às condições necessárias para que algo seja pensado como objeto e, portanto, como um objeto possível de conhecimento.

Nos 'Paralogismos', Kant prolonga ainda a sua crítica ao cartesianismo mostrando que do juízo *eu penso* (na medida em que esse juízo tem o mesmo significado que o significado da proposição *eu existo pensando*) não se pode extrair a proposição *eu sou uma substância*. Com efeito, Descartes pretendeu ter demonstrado na *Segunda Meditação* que a *res cogitans* é conhecida como uma coisa verdadeiramente existente; na *Sexta Meditação* foi demonstrado que a *res cogitans* existente é conhecida como substância. Assim, através de uma seqüência de argumentos, extraiu-se do enunciado *eu penso* a proposição verdadeira *eu sou pensante* e finalmente, após um longo percurso que começou na *Segunda Meditação* e terminou na *Sexta Meditação*, foi demonstrada a proposição *eu sou uma substância pensante*. Ora, o 'Paralogismo'[30] denuncia também essa pretensão racionalista, pois mesmo se fosse concedido ao racionalista a verdade da proposição empírica *eu existo pensando* (*eu sou pensante*), dela não se poderia inferir a proposição *eu sou uma substância pensante*. Com efeito, foi demonstrado no 'Esquematismo' que "substância" no sentido transcendental significa "permanência do real no tempo" [B, 183]. Como mostra a '1ª Analogia', sem algo de permanente as relações temporais dos fenômenos seriam impossíveis. Com efeito, a prova da validade objetiva da categoria esquematizada de substância, que formula as condições de sua aplicação, consiste em demonstrar que algo de permanente é condição de possibilidade das alterações dos fenômenos no mundo empírico. Assim, não basta que uma mera intuição sensível seja dada para que algo possa ser identificado, através de categorias e de conceitos empíricos, como substância. É necessário ainda através da intuição interna determinar algo como permanente. Uma mera intuição sensível (além do ato de me pensar) não é, portanto, suficiente para considerar o sujeito pensante como sujeito substancial. "Logo, se tal conceito sob o nome de substância deve indicar um objeto que pode ser dado; se ele deve tornar-se um conhecimento; então como seu fundamento deve ser posta uma intuição permanente como condição indispensável da realidade objetiva de um conceito ou seja aquilo pelo qual unicamente o objeto é dado." [B, 412]. Ora, na intuição interna nada pode ser determinado como permanente: "[...] nada de semelhante me é dado na intuição interna enquanto penso a mim mesmo, assim mediante esta simples consciência de si é impossível determinar o modo como eu existo, se como substância ou como acidente." [B, 420].

Portanto, o paralogismo denuncia duas teses sobre o sujeito pensante, que caracterizariam o procedimento racionalista:

> [i] a tese que confunde o sujeito lógico, que é uma condição de unidade dos atos do entendimento, com o sujeito real, que é uma entidade pensada e pretensamente conhecida como sujeito. (É o que parece fazer o sistema cartesiano ao inferir de *eu penso* a proposição verdadeira *eu sou* );[31]
>
> [ii] a tese que pretenderia deduzir da existência do sujeito (da proposição empírica *eu existo pensando*) a proposição de que o sujeito é uma substância. (Em termos cartesianos, inferir de *eu sou pensante* a proposição *eu sou uma substância pensante*).

Kant mostra, assim, que a passagem da unidade lógica do pensamento para o sujeito real requer uma relação com uma intuição possível e a passagem de sujeito real para sujeito substancial requer a "[...] existência de coisas reais que percebo fora de mim." [B, 276]

## [VI] *Conclusão*

O juízo *eu penso* é um ato exclusivo do entendimento ("Esta *representação* é um *pensar* e não um *intuir*" [B, 157]). Nenhuma relação com o múltiplo sensível é suposta. Desta maneira, o *eu penso* tem um significado diferente não só do *eu penso* descrito no # 16, como também do *eu penso* considerado como uma proposição empírica e que supõe, portanto, uma intuição sensível determinada ou indeterminada.

Distinguindo cuidadosamente a consciência sensível da consciência intelectual, Kant mostra que não há consciência intelectual (formal) sem consciência de unidade e por isso em todo ato do entendimento algo é pensado como condição do ato de pensar. Ora, o que é pensado como condição do ato de pensar não pode ser considerado como determinação do pensamento (como predicado), isto é, só pode ser pensado como sujeito (lógico). Assim, como em todo ato do entendimento algo é pensado como sujeito, então algo é pensado como posto (como existindo, dado o significado de "*existir*") em qualquer ato do entendimento.

Se estas análises são corretas, a *consciência de si* não exprime obviamente um saber nem mesmo um saber incipiente; ela exprimiria, em oposição à consciência dos sentidos internos, as características da consciência intelectual analiticamente extraídas do juízo *eu penso*: consciência de uma função que é condição de todo ato intelectual e que é caracterizada pelas propriedades de identidade, simplicidade etc. Assim, em todo ato de pensamento algo é pensado como condição do ato de pensamento, isto é, algo é pensado como sujeito. Sob este aspecto, algo é pensado como posto, mas o que é pensado não é uma entidade, mas apenas uma função de unidade.

# Notas

1. Agradeço aos professores Balthazar Barbosa e Guido Antônio de Almeida pelas críticas a algumas das teses expostas neste capítulo.
2. Ver Descartes, *Meditationes de Prima Philosophia*, in *Oeuvres de Descartes (O.D.)*, org. C. Adam e P. Tannery (AT), v. VII, Paris, Vrin, 1973, p. 23-34.
3. Sobre essa questão, ver o capítulo "A Referência do Dêitico "Eu" na Gênese do Sistema Cartesiano", neste livro, p. 159.
4. I. Kant, *Kritik der reinen Vernunft (KrV)*, Hamburgo: Felix Meiner Verlag, 1956. As citações em português da edição [B] da *Crítica da Razão Pura (CRP)* foram extraídas, com raras exceções, da tradução de Valério Rohden e Udo Moosburger da *CRP*, col. *Os Pensadores*, São Paulo: Abril, 1980. Quando no corpo do capítulo forem citados os textos da *CRP* (ou da *KrV*) será indicada a edição (A ou B) seguida do número da página.
5. "La critique Kantienne du "Cogito" de Descartes" (sur le paragraphe 25 de la Déduction Transcendentale) in *Kant et la pensée moderne: alternatives critiques, Bordeaux*, Presses Universitaires de Bordeaux, p. 60.
6. *"O* "eu penso", como já se disse, é uma proposição empírica e contém em si a proposição "eu existo"." [B, 423, nota].
7. Sobre a 'Dedução Transcendental', ver o artigo de Guido Antônio de Almeida "Consciência de si e Conhecimento Objetivo na 'Dedução Transcendental' da "*Crítica da Razão Pura*" in "*Analytica*", v. 1, n.1, 1993, p. 187-219.
8. "Portanto, a expressão "eu", como um ente pensante, significa já o objeto da Psicologia, que pode denominar-se doutrina racional da alma, se não pretendo saber da alma nada além do que possa ser inferido do conceito **eu**, independentemente de toda a experiência (a qual me determina mais particularmente e *in concreto*), enquanto tal conceito apresenta-se em todo o pensamento." [B, 400].
9. "A proposição da identidade de mim mesmo em todo o múltiplo do qual sou consciente é igualmente uma proposição apoiada nos conceitos mesmos, por conseguinte, analítica [...]" [B, 408].

10. Sob este aspecto, o *eu penso* não seria estritamente um juízo, mas a forma geral de toda representação e, por isso mesmo, a forma geral de todo juízo.
11. Ver também [B, 407; A, 349].
12. *Der Einzig Mögliche Beweisgrund Zu Einer Demonstration Des Daseins Gottes* in *Kant Werke in Zehn Banden*, org. W. Weischedel, Darmstadt, v. 2, 1983.
13. Ver também: *Der Einzig Mögliche Beweisgrund...*, op. cit., p. 635.
14. "Pois o eu está de fato em todos os pensamentos; [...]" [A, 350].
15. O termo "objeto" (*Objekt* ou *Gegenstand*) não tem um significado unívoco na *CRP.* Uma das dificuldades de determinar precisamente o significado do termo "objeto" é que muitas vezes ele é definido na *Crítica* admitindo-se apenas, como um dos seus elementos constitutivos, as intuições sensíveis (submetidas (ou não) à forma do espaço e do tempo); outras vezes, define-se objeto levando-se em consideração qualquer gênero de intuição (intelectual ou sensível). Um dos possíveis sentidos do termo "objeto" (*Objekt*) é fixado na 'Dedução Transcendental', # 17, [B, 137]: "Objeto, porém, é aquilo em cujo conceito é *reunido* o múltiplo de uma intuição dada.". Sem considerar essa definição como padrão ou como modelo de definição de objeto, pois ela se refere apenas a objetos sensíveis ("o múltiplo de uma intuição dada"), devemos distinguir aquilo que é *pensado como objeto* daquilo que é *conhecido como objeto*. Algo *é pensado como objeto* se o que é representado pelo entendimento está relacionado com uma intuição possível (intelectual ou sensível), isto é, se está relacionado com algo que *pode* ser dado em uma intuição. Mas, se o que é pensado como objeto é efetivamente dado numa intuição, ele é conhecido como objeto. No entanto, dizer que o que é pensado não é um objeto significa dizer que o conteúdo pensado não está relacionado com uma intuição possível.
16. Ver *Lógica*, tradução de Guido Antônio de Almeida, Rio, Tempo Brasileiro, 1992, Capítulo III, Das Inferências, # 90.
17. Pensamentos sem relação com intuições possíveis (intelectuais ou sensíveis) não são pensamentos de objetos, mas são meras formas de unidade. "Com efeito, se ao conceito não pudesse ser dada uma intuição

correspondente, seria um pensamento segundo a forma mas sem nenhum objeto [...]" *CRP*, [B, 146], 'Dedução Transcendental', # 22.

18. Kant parece afirmar que somente os entes infinitos, dotados de um intelecto infinito, são capazes de ter uma intuição intelectual: "[...] esta última [intuição intelectual] parece atribuível unicamente ao ente originário e jamais a um ente dependente [...]" [B, 72]. Se, por hipótese, um ente fosse dotado de intuição intelectual, possivelmente intuir seria equivalente a pensar e a conhecer (e vice versa), pois em relação a um conhecimento intuitivo, "[...] as categorias não teriam significação alguma [...]" [B, 145].

19. Ver o capítulo "Juízo, Conceito e Existência na *Crítica da Razão Pura* de Kant", neste livro, p. 429, no qual é analisada a tese de que conceitos só são representações de objetos no juízo.

20. *Lógica*, op. cit. # 7 e c.VIII.

21. Paralogismo da Substancialidade em [A, 348]:
    Premissa maior: "Aquilo cuja representação é o *sujeito absoluto* de nossos juízos e, por conseguinte, não pode ser usado como determinação de outra coisa é *substância*".
    Premissa menor: "Eu sou, como ente pensante, o *sujeito absoluto* de todos os meus juízos possíveis e esta representação de mim mesmo não pode ser usada como predicado de qualquer outra coisa."
    Conclusão: "Eu sou, como ente pensante (alma), uma *substância*."
    Paralogismo [B, 410-411]:
    Premissa maior: "O que não pode ser pensado de outro modo senão como sujeito, não existe também de outro modo senão como sujeito e é, portanto, uma substância."
    Premissa menor: "Ora, um ente pensante, considerado meramente como tal, não pode ser pensado de outro modo senão como sujeito".
    Conclusão: "Portanto, um ente pensante existe também meramente como tal , isto é, como substância."

22. Ver *Lógica*, op. cit., c. III, 'Das Inferências', # 90.

23. Ver *Secundae Responsiones*, in *Oeuvres de Descartes*, op. cit., vol VII, definição V, p. 161 e *Principia Philosophiae* in *Oeuvres de Descartes*, op. cit., vol VIII-1, I, prop. 51.

24. A demonstração, em Descartes, de que o *eu* do *eu penso* é uma substância, obviamente exige a prova de uma série de premissas complementares. Embora a existência do sujeito pensante seja demonstrada na *Segunda Meditação,* só na *Sexta Meditação* é demonstrado que o sujeito pensante é uma substância.
25. Ver também [B, 427]: "[...] e creio *conhecer (erkennen)* o que é substancial em mim como sujeito transcendental, enquanto tenho no pensamento meramente a unidade da consciência, que subjaz a toda determinação como simples forma do conhecimento."
26. Esta interpretação me foi sugerida pelo Prof. Guido de Almeida.
27. Ver # 25, nota.
28. Kant, ao rescrever o texto dos 'Paralogismos', na edição [B] da *CRP,* inicia a sua análise recapitulando essa distinção: "Mediante o fato do simples pensar não conheço qualquer objeto [...]" [B, 406].
29. As razões que mostram a impossibilidade do conhecimento do sujeito *em si* são significativamente diferentes das razões que mostram que um entendimento finito pode pensar em objetos, mas não pode produzir, por si só, um conhecimento de objetos.
30. Ver especialmente [B, 419-421 e B, 429].
31. Não seria esse o "movimento" conceptual da *Segunda Meditação* que Kant pretende denunciar construindo o paralogismo? Afirmar a validade do *cogito ergo sum* não significa confundir os dois sentidos, lógico e real, do dêitico *eu*? O sentido do termo "*eu*", que ocorre em *eu penso,* seria idêntico ao sentido do termo "*eu*", que ocorre em *eu sou*"?

# 3

# JUÍZOS PREDICATIVOS E JUÍZOS DE EXISTÊNCIA.[1]
## A PROPÓSITO DA CRÍTICA KANTIANA
## AO ARGUMENTO ONTOLÓGICO CARTESIANO

*Introdução*

De uma maneira esquemática, a prova cartesiana *a priori* da existência de Deus, denominada por Kant de argumento ontológico, contém duas etapas principais: [a] a primeira deriva o conhecimento da realidade da essência de Deus da idéia inata, clara e distinta de Deus; [b] a segunda deriva o conhecimento da existência de Deus do conhecimento de sua essência.

Na segunda etapa da prova, da proposição *Deus é perfeito* e da suposição de que a existência é uma perfeição (suposição explicitamente admitida por Descartes nas *Respostas às Quintas Objeções*)[2] é deduzida a proposição predicativa *Deus é existente*. Mas como *existência* é uma perfeição ou um predicado real, a proposição *Deus é existente* equivaleria à proposição *Deus existe*. A conclusão do argumento ontológico seria, então, uma proposição existencial.

A refutação por Kant da versão cartesiana do argumento ontológico baseia-se na tese de que *existência* não é um predicado real.[3] Dessa tese, seguir-se-ia que juízos existenciais[4] não podem ser reduzidos a juízos categóricos (predicativos)[5], pois juízos categóricos representariam um objeto com suas propriedades, conectando, mediante a cópula, diferentes representações conceituais, enquanto que juízos existenciais significariam que objetos dados satisfazem a conceitos.

Tendo em vista a caracterização kantiana de *juízos categóricos*, formulada nos textos de lógica,[6] e a de *juízos existenciais*, formulada no opúsculo *O único argumento possível para a demonstração da existência de Deus*[7] e retomada pela *CRP* [A, 592; B, 620] na secção 'Da Impossibilidade de uma Prova Ontológica da Existência de Deus', pretendemos analisar a crítica kantiana ao argumento ontológico cartesiano, procurando mostrar as conexões entre a tese que afirma que *existência* não é um predicado real e a relação entre juízos categóricos (analíticos ou sintéticos) e juízos existenciais, cuja forma lógica não é reconhecida por Kant em seus textos de lógica.[8]

No entanto, para reconstruir essa crítica, *não* nos utilizaremos dos resultados da 'Analítica dos Princípios' [*CRP*, A, 137-292; B 176-349],[9] pois eles eliminam de antemão e tornam destituída de sentido a possibilidade de provas *a priori* de existência.

De fato, a pretensão da versão cartesiana do argumento ontológico é a de mostrar que, em razão de características de uma idéia ou de um conceito específico, o conceito de ente sumamente perfeito, esse conceito tem uma instância efetiva, isto é, não pode ser vazio.

Mas, se o sentido de *existência* é expresso pela categoria esquematizada de existência,[10] e se a prova de que algo existe efetivamente exige, como diz o '2º Postulado do Pensamento Empírico', a conexão, através de regras, desse algo com a percepção sensível, isto é, com a sensação, obviamente toda prova de existência deve ser *a posteriori*. Em conseqüência, provas *a priori* de existência (analíticas ou sintéticas) são de antemão excluídas. Assim, os resultados da 'Analítica dos Princípios' tornam trivial a refutação do argumento ontológico.

Ora, a tese de que a existência não é um predicado real é uma tese pré-crítica, retomada na 'Dialética Transcendental', e parece ser suficiente para a refutação da versão cartesiana do argumento ontológico.[11] Obviamente, ela não depende de teses demonstradas na 'Analítica dos Princípios', ainda que, para o seu esclarecimento, sejam utilizadas noções tematizadas nessa parte da *CRP*, tais como as noções de juízo, de conceito, de predicado, de objeto etc.

*Juízos Categóricos e Juízos de Existência*

Em Kant, a função lógica dos juízos é a de unificar o múltiplo das representações dadas (intuições ou conceitos) na unidade da apercepção [*CRP*, B, 143, # 20].[12]

No item 'Do uso Lógico do Entendimento em Geral' da *Crítica da Razão Pura* [A, 67-70; B, 92-94], Kant analisa a função de conceito e de juízo, tomando como modelo o juízo afirmativo categórico. Juízo é inicialmente [13] caracterizado como função de unidade, uma "espécie" de conceito complexo, representação de representações ("Assim, todos os juízos são funções de unidade sob nossas representações..."). De fato, no juízo (afirmativo) é efetuada uma unificação conceitual mediante a relação de subordinação: uma representação "mais *alta*" subordina *sob si* várias outras representações conceituais ("...pois,... ao invés de uma representação imediata, outra mais elevada que compreende sob si esta e diversas outras ..."). Dessa maneira, conceitos são conectados no juízo afirmativo pela relação de subordinação. Mas, ao subordinarem conceitos, juízos subsumem, através do conceito-sujeito, um múltiplo de representações intuitivas "Em cada juízo há um conceito válido para muitos e que ainda sob estes muitos concebe uma representação dada relacionada imediatamente ao objeto" [*CRP*, A, 68; B 93].

O parágrafo #19 da 'Dedução Transcendental' da *CRP* complementa a análise da função de juízo. Nesse texto, é introduzida, como noção constitutiva de todo juízo, a noção de *unidade objetiva da apercepção*. Juízos têm unidade objetiva, isto é, têm necessariamente relação com objetos, na medida em que satisfazem, além da relação de subordinação e de subsunção, a regras necessárias do entendimento. Só assim eles têm uma validade objetiva, isto é, podem concordar ou não com o objeto representado judicativamente.

Conectando-se o conceito-sujeito com o conceito-predicado através da cópula judicativa num juízo categórico afirmativo, uma unidade sintética de diferentes representações é formada. Essa unidade deve poder representar, ao menos no juízo categórico, a unidade do objeto que, com suas múltiplas determinações, se distingue e se opõe à representação judicativa [*CRP*, A, 104-105].

Do ponto de vista da Relação, juízos são classificados em categóricos, hipotéticos e disjuntivos. Juízos categóricos (afirmativos) são conexões de conceitos que têm a forma *S é P*. Eles significam que tudo aquilo a que o conceito-sujeito *S* convém, o conceito-predicado *P* também convém. [14]

Ao criticar a definição clássica de juízo como uma relação entre conceitos [*CRP*, 140-141, # 19], Kant sugere que essa definição se aplicaria tão-somente aos juízos categóricos. De fato, esses juízos têm como matéria o sujeito e o predicado e como forma a cópula judicativa que conecta o predicado ao sujeito [*Lógica*, #24]. Ora, como sujeito e predicado são conceitos, simples ou complexos, a matéria dos juízos categóricos seria o conceito-sujeito e o conceito-predicado. É o que é afirmado na *Lógica de Viena*: "A matéria do juízo categórico consiste em dois conceitos, a forma consiste na relação na qual um conceito concerne ao sujeito, o outro, ao predicado".[15] Os juízos hipotéticos e disjuntivos têm como matéria outros juízos,[16] o que torna plausível a tese de que os juízos categóricos, que se decompõem em conceitos, podem ser definidos como conexões de conceitos, enquanto que os juízos hipotéticos ou disjuntivos, que se decompõem em juízos, são ligações de juízos.

Embora a lógica de Kant não apresente um método de decomposição de juízos complexos em juízos simples [17], parece evidente que os juízos categóricos, por não serem decompostos em outros juízos, mas apenas em conceitos, são os juízos simples (elementares) da lógica kantiana. Obviamente, o termo "simples" nesse caso não significa atômico, pois o juízo "Todo homem é branco" é um juízo categórico e é também um juízo simples, por não poder ser decomposto em outros juízos. De fato, é um juízo da forma sujeito-predicado, onde o conceito sujeito foi tomado universalmente. Não é, no entanto, um juízo atômico, tendo em vista a ocorrência da expressão sincategoremática "todo". É bem verdade que os juízos hipotéticos ou disjuntivos não têm a mesma forma lógica da dos juízos categóricos e não podem ser reduzidos a juízos categóricos, como afirma Kant repetidamente nos seus textos de lógica. No entanto, isso não refuta a tese de que os juízos categóricos sejam os elementos judicativos constitutivos dos juízos hipotéticos ou disjuntivos. Juízos categóricos conectam o conceito-sujeito ao conceito-predicado mediante a cópula judicativa. Eles são ligações de conceitos. Juízos hipotéticos ou disjuntivos são ligações de juízos.

Como os juízos categóricos não podem ser decompostos em outros juízos e são eles que constituem os juízos hipotéticos ou disjuntivos, ou bem eles têm uma função existencial, e juízos compostos por eles poderão exercer também essa função, ou bem eles não a têm, e essa função não pode ser encontrada em nenhum desses outros juízos. Assim, a pergunta sobre a função existencial de juízos complexos, hipotéticos ou disjuntivos, pode ser respondida pela análise da função dos juízos categóricos.

Nos seus textos de lógica, Kant não tematiza a forma dos juízos existenciais. Esse gênero de juízo não faz parte da Tábua dos Juízos na *CRP*[18] nem é considerado nos diversos textos de lógica de Kant como um juízo que teria uma forma específica. É somente no contexto da crítica ao argumento ontológico, formulada seja no *Único Argumento...*, seja na 'Dialética Transcendental' da *CRP*, que Kant parece reconhecer a especificidade da forma dos juízos existenciais.

No opúsculo *O Único Argumento Possível para uma Demonstração da Existência de Deus*, Kant caracteriza o juízo existencial da seguinte maneira:

> "Se eu digo 'Deus é uma coisa existente', parece que estou exprimindo a relação de um predicado com o sujeito. Mas há uma impropriedade nessa expressão. Falando estritamente, ela deveria ser assim formulada: 'algo de existente é Deus', isto é, pertencem a uma coisa existente aqueles predicados que, tomados conjuntamente, nós designamos através da expressão 'Deus'. Estes predicados são colocados relativamente ao sujeito, enquanto que a coisa nela mesma, com todos os seus predicados, é colocada absolutamente."[19]

Dessa maneira, juízos existenciais parecem ter uma função diferente da dos juízos categóricos, que são conexões de conceitos. Um juízo existencial exprime que um objeto dado (real)[20] satisfaz efetivamente às notas características contidas no conceito-sujeito. O termo "existência" num juízo existencial indica a efetiva satisfação, por objetos reais, das notas (propriedades) contidas no conceito-sujeito. Um juízo categórico exprime que o que é pensado segundo as notas do conceito-sujeito tem as propriedades significadas pelo conceito-predicado. Se *existência* fosse um predicado real, um juízo categórico que contivesse esse predicado real poderia exercer uma função existencial. Mas, se *existência* não é um predicado real, qual seria a sua função num juízo categórico?

A distinção entre juízos categóricos e juízos de existência pode ser ilustrada pela análise dos juízos *Deus é onipotente* e *Deus existe*.[21] O termo "é" no juízo *Deus é onipotente* relaciona dois conceitos, exprimindo, em última análise, que o objeto pensado pelo conceito *Deus* tem a propriedade expressa pelo conceito *onipotente*. Assim, se o juízo *Deus é onipotente* é verdadeiro, um objeto que satisfizer ao conceito *Deus*, satisfará ao conceito *onipotente*. No entanto, o juízo *Deus é* (*existe*) (juízo existencial de segundo adjacente formado pela expressão conceito-sujeito e pelo verbo "ser") não relaciona conceitos, mas indica que o conceito *Deus* é satisfeito por um objeto efetivamente existente que contém todas as propriedades expressas pelo conceito *Deus*.

É bem verdade que a diferença de função entre juízos categóricos e juízos existenciais não exclui a possibilidade de que certos juízos categóricos possam ter uma função existencial. De fato, os juízos categóricos, como qualquer juízo, representam objetos. Por essa razão, não exerceriam uma função existencial, ao menos implicitamente?

Nos juízos categóricos, considerados independentemente de outras formas lógicas de juízos, fica indeterminada a modalidade,[22] expressa pela cópula, da atribuição do predicado aos objetos significados pelo conceito-sujeito. Assim, juízos categóricos podem ser usados sem função assertórica (como antecedentes, por exemplo, de juízos hipotéticos). Se, mediante a cópula, a conexão do conceito-sujeito com o conceito-predicado exprime apenas a compatibilidade entre as notas características do conceito-sujeito com as propriedades significadas pelo conceito-predicado, então o juízo exprime apenas uma possibilidade lógica:[23] o que é pensado pelas notas do conceito-sujeito *pode* ter as propriedades expressas pelo conceito-predicado. Esse juízo não é considerado nem determinadamente verdadeiro nem determinadamente falso, embora dele possam ser inferidos outros juízos. Ele é denominado de juízo problemático.[24] Mas juízos categóricos podem também ser assertóricos. Se a conexão entre o conceito-sujeito e o conceito-predicado é considerada como efetiva, isto é, se o que é pensado pelo conceito-sujeito é pensado como contendo *efetivamente* as propriedades expressas pelo conceito-predicado, o juízo tem um valor de verdade e é denominado de juízo assertórico. Se o juízo é sempre verdadeiro, ele é denominado de juízo apodítico. Assim, a unidade conceitual do juízo categórico, que exprime a unidade do objeto $x$, pode ser pensada meramente como possível, como efetiva ou como necessária. Sob esse aspecto, Kant retoma as análises da lógica clássica já presentes no capítulo 4 do *De Interpretatione* de Aristóteles: é necessário distinguir a unidade judicativa, produzida pela conexão do conceito-predicado com o conceito-sujeito, do juízo assertórico (proposição), em que a conexão conceitual, já efetuada, é considerada sob o aspecto do seu valor de verdade.

Se o juízo categórico for assertórico, então ele pressupõe a existência efetiva dos objetos significados pelo conceito-sujeito? Os juízos categóricos assertóricos exprimem uma unidade objetiva, pois se apóiam em regras necessárias [*CRP*, B, 141-142, # 19] e têm um valor de verdade. Em certos casos, têm um valor de verdade em razão de exprimirem regras necessárias. É o que ocorre com certas proposições de caráter filosófico. Em outros casos, a unidade conceitual expressa pelo juízo "concorda" com a unidade efetiva do objeto. Nesses casos, não seria implausível interpretar essas proposições categóricas verdadeiras como pressupondo uma proposição existencial ou como asserindo a existência efetiva de um objeto.[25] De fato, é preciso distinguir o que é *pressuposto* daquilo que *é asserido* pelos juízos. Pressupor a existência não equivale a afirmá-la.

Seriam as proposições categóricas, que pressupõem ou asserem a existência de algo, autênticos juízos hipotéticos, cujo antecedente seria uma proposição existencial e o conseqüente a própria proposição categórica?

Juízos categóricos são os mais simples juízos da lógica clássica. Se juízos categóricos assertóricos tivessem a forma de juízos hipotéticos, haveria uma impossibilidade de determinar a verdade das proposições, pois juízos hipotéticos são constituídos por juízos categóricos e o seu valor de verdade (o valor assertórico da relação de conseqüência) é determinado, em última instância, pelos juízos categóricos. Mas estes, por sua vez, seriam juízos hipotéticos, cuja verdade seria determinada por outros juízos categóricos, e assim indefinidamente. Não se pode, portanto, interpretar um juízo categórico como um juízo hipotético. Isso não impede, no entanto, de considerar que certas proposições categóricas verdadeiras, aquelas que exprimem conhecimento de objetos empíricos, suporiam a verdade de uma proposição existencial.[26] Kant não formulou na sua Lógica uma teoria da suposição, mas as análises de Strawson[27] sobre a suposição estão longe de ser incompatíveis com as teses kantianas sobre a Lógica Geral (Formal).

A tese de que *existência* não é um predicado real excluiria a possibilidade de que juízos categóricos possam ter uma função existencial?[28] Uma resposta afirmativa a essa questão invalidaria a pretensão existencial da conclusão do argumento ontológico.

*A crítica kantiana à versão cartesiana do Argumento Ontológico*

Kant reconhece que a prova cartesiana seria persuasiva se o termo "existência" designasse um predicado real: "Se se pudesse, dentre os diferentes predicados suscetíveis de pertencer a uma coisa, considerar a existência como um dentre eles, não se poderia certamente exigir de uma prova que fosse ao mesmo tempo mais probante e mais compreensível para mostrar a existência de Deus do que a prova cartesiana".[29]

O argumento ontológico cartesiano é reconstruído por Kant em diversas etapas [*CRP*, A, 596-597; B, 624-625]. A etapa inicial consiste na admissão de uma suposição que foi considerada como óbvia por Descartes, mas que foi posteriormente tematizada por Leibniz. Aceita-se, para efeito de argumentação, que o conceito de *ente sumamente real*[30] não é logicamente contraditório. Em seguida, como a possibilidade lógica de um conceito implica a possibilidade (analítica) do objeto desse conceito,[31] assume-se que o *ente sumamente real* é possível. Obviamente, na teoria kantiana, a possibilidade lógica de um objeto (não contradição do conceito) não implica a possibilidade real do objeto (possibilidade do objeto na experiência), pois a distinção entre o sentido lógico e o sentido transcendental de possibilidade impede essa implicação.[32]

Admitidas essas suposições, a reconstrução kantiana da prova cartesiana procurará demonstrar que, dado o conceito (não contraditório) de um *ente sumamente real*, segue-se que esse conceito não é vazio, pois a supressão da existência efetiva (e não meramente possível) do objeto desse conceito implicaria uma contradição. Se o conceito de *ente sumamente real* não é contraditório, o seu objeto é possível, isto é, o *ente sumamente real* é um ente possível. Se é possível, então ele existe e existe necessariamente.

O que autorizaria essas últimas afirmações?

Foi admitido que o conceito de *ente sumamente real*, isto é, o conceito de um ente que contém todas as perfeições, não é contraditório. Assim, todas as propriedades que exprimem perfeições estão contidas nas notas desse conceito. Foi admitido ainda que o *ente sumamente real*, com todas as suas perfeições, é um ente possível. Se *existência* é uma perfeição, isto é, se *existência* é uma nota contida no conceito de um *ente* (logicamente possível) *sumamente real*, negar a existência do *ente sumamente real* consiste em negar uma das suas perfeições, isto é, significa negar que o *ente sumamente real* contém todas as perfeições, o que equivale [a] a negar que esteja sendo analisada a noção de *ente sumamente real* (pois o ente que está sendo analisado não contém todas as perfeições), [b] ou bem negar que *o ente sumamente real* seja possível (pois talvez um ente com todas as perfeições não fosse um ente possível). Na primeira alternativa [a], nada há a contrapor, pois não se estaria analisando a noção de *ente sumamente real*. Na segunda alternativa [b], dado que foi admitida a possibilidade do *ente sumamente real*, negar uma das suas perfeições, a existência, e admitir, ao mesmo tempo, que o *ente sumamente real* seja possível e que, por conseguinte, possua todas as perfeições, é contraditório. Ora, como é impossível negar que o *ente sumamente real* existe, então necessariamente ele existe.

Admitida a hipótese da não contradição do conceito de *ente sumamente real* e, daí, admitida a possibilidade do seu objeto, a suposição decisiva e problemática da prova é a de que *existência* é uma nota do conceito desse ente e que, portanto, enquanto objeto possível, o *ente sumamente real* contém como propriedade o que aquela nota exprime. Como *existência* é uma propriedade, uma proposição categórica (predicativa) que conectasse o conceito de *ente sumamente real* ao conceito de *existência* teria uma função existencial.

Qual seria o sentido dessa pretensa proposição existencial?

Kant responde a essa questão analisando o significado do conceito de existência envolvido nessa prova. Como o argumento extrai da premissa *o ente sumamente real é possível* a proposição categórica *o ente sumamente real existe*, esta proposição, ao conectar os conceitos de *ente sumamente real* e de *existência*, estaria explicitando o que está implicitamente suposto no conceito de *ente sumamente real*. Da mesma maneira, a proposição *o ente sumamente real é onipotente*, conectando os conceitos de *ente sumamente real* e de *onipotência*, explicitaria também o que é pensado quando é pensado o conceito-sujeito *ente sumamente real*. Assim, a conclusão do argumento seria uma proposição que explicitaria o *sentido* do conceito de *ente sumamente real*.

Obviamente, o argumento ontológico não visa esclarecer o sentido do conceito de *ente sumamente real*, mas provar que o ente sumamente real existe efetivamente. Na conclusão do argumento, é a existência efetiva que deve ser significada pelo conceito de existência. Nesse caso, segundo Kant [*CRP*, A, 597-598; B, 625-626], a prova seria não apenas analítica,[33] mas uma mera tautologia, pois repetiria na conclusão o que já fora assumido na premissa. Com efeito, supor que o ente sumamente real é possível equivale a supor que ele tem todas as perfeições; como também foi suposto que a existência efetiva é uma perfeição, supor que o ente sumamente real é possível equivale a supor que o ente sumamente real existe efetivamente. Kant mostra por esse argumento que, se existência é um predicado real e "existência" significa existência efetiva, no ente sumamente real possibilidade lógica (ausência de contradição no conceito) e existência efetiva são noções equivalentes. Daí se segue que o ente sumamente real só pode ser considerado como um ente possível na medida em que existe efetivamente. Portanto, se a prova assume como premissa que o ente sumamente real é possível, ela assume também como premissa que o ente sumamente real existe efetivamente.

Assim, segundo essa reconstrução do argumento kantiano, a conclusão do argumento ontológico pode ser uma proposição *aparentemente* existencial, mas é de fato uma proposição categórica analítica[34] que explicita o sentido do conceito de *ente sumamente real*. Mas, se a conclusão do argumento ontológico fosse uma proposição existencial, uma vez que a prova é constituída por premissas analíticas, a conclusão existencial deve ter sido assumida em uma das premissas da prova, tornando o argumento tautológico,[35] pois proposições analíticas não são razões suficientes para a justificação de uma asserção existencial. Assim, o dilema formulado por Kant põe em questão a versão da prova ontológica cartesiana: [a] se *existência* é uma nota característica do conceito-sujeito de um juízo[36] que conecta conceitos, a conclusão do argumento não é existencial, mas apenas explicita o significado do conceito sujeito; [b] se *existência* é assumida como um predicado real e significa existência efetiva, a conclusão do argumento *parece* ser existencial, mas a prova seria uma mera tautologia.

Esse dilema supõe que as premissas do argumento ontológico sejam proposições analíticas e a conclusão pretenda ser uma proposição existencial. Com efeito, o dilema se apóia nas teses de que proposições analíticas não têm uma função existencial e de que delas não podem ser extraídas proposições existenciais. O que justificaria essa afirmação?

Se é verdade que a forma do juízo existencial não é explicitamente tematizada nos seus textos de lógica, as análises de Kant sobre o significado do termo "existência" (*Dasein, Existenz*) permitem uma melhor compreensão do que seria um juízo existencial.[37] Para determinar o significado de "existência", analisa-se o significado de um termo mais geral, o significado do termo "ser" (*Sein*), que abrange o significado de "existência". O fio condutor do esclarecimento do verbo "ser" é a análise da sua função na estrutura do ato judicativo. Num juízo, "ser" exerce a função de cópula e/ou indica a dimensão existencial do juízo. Enquanto cópula, "ser" exprime a conexão entre conceitos: a determinação expressa pelo conceito-predicado é posta em relação aos objetos significados pelo conceito-sujeito. Assim, os juízos categóricos parecem exprimir de uma maneira paradigmática o "ser" enquanto cópula: conectando a determinação predicativa ao conceito-sujeito, a unidade conceitual constituída pela cópula desse juízo exprime a unidade complexa do objeto: "Ora, algo pode ser posto de uma maneira simplesmente relativa, ou melhor, pode-se pensar simplesmente a relação (*respectus logicus*) de algo, enquanto nota característica, com uma outra coisa e então ser, isto é, a posição dessa relação, não é senão a cópula (*Verbindungsbegriff*) de um juízo".[38]

Mas "ser" (*Sein*) pode significar também posição absoluta. Qual é o significado desta expressão "posição absoluta"? Ela obviamente se opõe a "posição relativa". Então, o juízo que exprimiria a noção de posição absoluta não poderia ter a forma de um juízo categórico, que se caracteriza por estabelecer uma relação entre conceitos e por exprimir, portanto, uma relação entre diferentes significados de um conceito. "Ser" como posição absoluta significa a realização efetiva de propriedades por objetos. Assim, o juízo que exprime essa noção deve mostrar que as determinações significadas pelos conceitos que nele ocorrem estão efetivamente realizadas num objeto e não apenas conectadas com outros conceitos. Ele designa a posição de uma coisa, isto é, indica que as determinações ou propriedades expressas pelo conceito-sujeito estão efetivamente realizadas na coisa ou que o seu conceito-sujeito não é vazio.

Os dois sentidos de *ser*, como posição relativa e como posição absoluta, parecem exprimir duas maneiras de conceber a forma do ato judicativo: "ser" como posição relativa teria como modelo o juízo categórico: as determinações expressas pelo conceito-predicado, graças à cópula, são postas no que é significado pelo conceito-sujeito. O que é posto não é o objeto nele mesmo, mas a atribuição de propriedades, expressas pelo predicado, aos objetos significados pelo conceito-sujeito. "Ser" como posição absoluta teria como modelo o juízo existencial: as determinações contidas no conceito-sujeito são afirmadas como efetivamente satisfeitas pelos objetos significados pelo conceito.

O argumento que prova que uma proposição analítica não tem uma função existencial apóia-se em dois gêneros de razões: razões que concernem à questão da verificação do valor de verdade de uma proposição e à forma lógica das proposições. Do ponto de vista da forma lógica, uma proposição categórica é uma conexão de conceitos; uma proposição categórica analítica é uma proposição onde o conceito-predicado é uma nota característica do conceito-sujeito. Uma proposição existencial supõe a existência do objeto significado pelo conceito-sujeito e diz que o objeto satisfaz às propriedades expressas pelas notas características que estão contidas no conceito-sujeito. Do ponto de vista das condições de verdade, a verdade de uma proposição categórica analítica é estabelecida por mero desmembramento conceitual do conceito-sujeito, enquanto que a verdade de uma proposição existencial exige que se *saia do conceito* e que se verifique se o objeto é uma instância efetiva do conceito-sujeito.

Se essa análise é correta, um juízo existencial não é um juízo categórico, isto é, não é uma conexão de conceitos. Um juízo categórico pode pressupor um juízo existencial. Mas uma conexão de conceitos não exprime *a posição absoluta de uma coisa*. Essa é a função do juízo existencial que a exerce na medida em que não relaciona conceitos, mas *põe* o objeto com suas próprias determinações. Assim, o termo *"existência"* num juízo existencial não tem função atributiva, isto é, não acrescenta uma nova determinação aos objetos significados pelo conceito-sujeito.

Essa análise exclui que uma prova cuja conclusão é existencial se reduza a uma prova exclusivamente conceitual, isto é, a uma prova constituída apenas por proposições analíticas.

Mas a Lógica Transcendental classifica os juízos em analíticos ou sintéticos. Proposições categóricas sintéticas, enquanto juízos categóricos, são conexões de conceitos. Mas, a razão que justifica essa conexão envolve algo de não conceitual. Assim, os argumentos que excluem que provas que têm uma conclusão existencial sejam provas meramente conceituais não excluem a possibilidade de que proposições categóricas sintéticas tenham uma função existencial e que, portanto, elas possam ser conclusões de provas que tenham premissas que são proposições sintéticas. Mas, proposições categóricas sintéticas poderão ter uma função existencial?

É certo que proposições sintéticas envolvem sempre intuições; portanto, *saem do conceito* e se referem mediatamente a objetos. Mas, as proposições sintéticas *a priori* exprimem ou bem um conhecimento racional por construção de conceitos ou bem um conhecimento racional discursivo por conceitos [*CRP*, A, 713-714; B, 741-742]. Um conhecimento discursivo por conceitos é um conhecimento das regras necessárias para a constituição de objetos [*CRP*, A, 720-722; B, 748-750]. Um conhecimento por construção de conceitos exibe um objeto na intuição pura do espaço e do tempo. Assim, ao menos do ponto de vista da razão teórica, as proposições sintéticas *a priori* remetem à forma dos objetos sensíveis (no caso do conhecimento racional por construção de conceitos) ou a regras de constituição de objetos (no caso do conhecimento racional por conceitos). Mas, em ambos os casos, nenhum desses conhecimentos expressos por juízos sintéticos *a priori* concerne à existência efetiva de objetos.

Desempenhariam os juízos categóricos sintéticos *a posteriori* uma função existencial que nem os juízos analíticos nem os juízos sintéticos *a priori* podem desempenhar?

Juízos categóricos sintéticos *a posteriori* podem "concordar" com os objetos dados factualmente na experiência. Por isso, esses juízos parecem desempenhar uma função existencial. Qual seria a relação entre os juízos categóricos sintéticos *a posteriori* e as proposições existenciais?

Para tornar mais clara a análise dessa questão, é preciso distinguir o que uma proposição pressupõe e o que ela assere.

A lógica aristotélica, analisando as relações entre as formas das proposições universais, particulares, afirmativas e negativas, postulou que a validade de certas relações lógicas depende da suposição de que certos termos gerais, que ocorrem nas proposições que exemplificariam aquelas formas, não sejam vazios. A exigência de que certos termos gerais tenham instâncias para que certas inferências imediatas possam ser consideradas válidas foi denominada de *existential import*, pois a afirmação de que um termo geral tenha ao menos uma instância significaria que a instância do termo geral existe.

A Lógica Geral kantiana assume como válidas as inferências imediatas aristotélicas denominadas de inferências *per judicia subalternata* [39], *conversio per accidens* [40] e *per judicia contrarie opposita* [41], inferências que só são válidas em razão da suposição de existência de certas proposições que nelas ocorrem. Dessa maneira, a Lógica Geral kantiana, como quase todas as lógicas pré-fregeanas, tem um *existential import*.

Não cabe aqui examinar as diversas interpretações sobre a pressuposição de existência da Lógica Geral de Kant. Mas, P. Strawson num dos seus livros, [42] retomando uma interpretação do lógico e filósofo tomista do século XVII, João de S. Tomás, reformulou em termos contemporâneos a antiga teoria da suposição medieval e a aplicou-a à Lógica Clássica e, em particular, à lógica kantiana. A *existência* de ao menos um membro da extensão do conceito-sujeito[43] das proposições que têm uma das formas descritas pelo quadrado lógico aristotélico seria, então, *pressuposta* e a verdade dos enunciados existenciais, que têm como sujeito esses conceitos não vazios que ocorrem naquelas proposições que pertencem ao quadrado lógico, seria condição necessária, *não* para que a proposição predicativa (que exemplificaria uma daquelas formas) fosse considerada verdadeira, mas para que pudesse ser a ela atribuído um valor de verdade (verdadeiro ou falso). Assim, as proposições categóricas afirmativas que têm a forma *A é B* pressuporiam a verdade de enunciados existenciais da forma *A existe*. Em conseqüência, as inferências imediatas oriundas do quadrado lógico aristotélico poderiam ser consideradas válidas.

Mas supor *não* equivale a afirmar a existência.

Os enunciados existenciais, que são pressupostos pelas proposições predicativas, não podem pertencer ao sistema lógico que analisa as relações de inferência das proposições predicativas. Se pertencessem a ele, ocorreria o seguinte absurdo: uma proposição existencial para ter o valor de verdade falso deveria ser verdadeira.

O que deve, então, ser explicado é como na lógica kantiana juízos categóricos assertóricos sintéticos *a posteriori* poderiam desempenhar a mesma função que é desempenhada, em outros sistemas, pela asserção de juízos existenciais.

É a Lógica Transcendental que determina pelo '2º Postulado do Pensamento Empírico' as condições que um juízo *sintético a posteriori* deve satisfazer para ser verdadeiro [*CRP*, B, 272-274]. Conseqüentemente, do ponto de vista da Lógica Geral, os juízos podem ter pressuposições de existência. Mas do ponto de vista da Lógica Transcendental, além das eventuais pressuposições de existência, certos juízos categóricos assertóricos sintéticos *a posteriori* podem afirmar a existência efetiva dos objetos dados na experiência. Mas a satisfação desses critérios implica que juízos *sintéticos a posteriori* sejam juízos contingentes, e não juízos necessariamente verdadeiros como pretende ser a conclusão do argumento ontológico. Além disso, juízos categóricos assertóricos sintéticos *a posteriori* não atribuem *existência* a uma coisa, mas asserem que uma coisa efetivamente existente tem as propriedades expressas pelo juízo. Assim, nesses juízos *existência* não tem função atributiva, isto é, não acrescenta uma nova determinação relativamente aos objetos significados pelo conceito-sujeito. Por isso, nesses juízos, *existência* não pode ser considerada um predicado real.

Os juízos sintéticos *a posteriori* desempenham uma função particular na explicação kantiana do conhecimento de objetos: enquanto juízos categóricos, eles são conexões de conceitos e podem ter pressuposição de existência. Não é pelo fato de serem juízos categóricos, isto é, de conectarem conceitos mediante a relação de subordinação, que eles podem exprimir conhecimento de objetos existentes; é em razão do seu conceito-sujeito *subsumir* intuições empíricas, segundo regras necessárias. Assim, se do ponto de vista da Lógica Geral é plausível afirmar que os juízos categóricos têm pressuposição existencial, do ponto de vista da Lógica Transcendental só os juízos categóricos assertóricos sintéticos *a posteriori* parecem exercer uma função atribuída, em outros contextos, aos juízos de existência.

*Conclusão*

A análise da função dos juízos, dos juízos categóricos assertóricos e a dos juízos existenciais na perspectiva kantiana, acompanhada por uma reflexão sobre a classificação dos juízos do ponto de vista da Lógica Transcendental, nos permitiu, neste capítulo, explicar as razões da rejeição por Kant da tese cartesiana de que existência é um predicado real.

O argumento ontológico pretende mostrar que, face às características específicas de um único conceito, é necessário afirmar que esse conceito não é vazio, pois, em caso contrário, ocorreria uma contradição. Kant resume essa tese num diálogo imaginário com o defensor do argumento ontológico: "...desafiais-me com um caso que apresentais como uma prova ... de que não obstante há um conceito, e na verdade só esse único, em que o não-ser ou a supressão de um objeto seja em si mesma contraditória, e este é o conceito de ente realíssimo."[*CRP*, A, 596; B, 624]

De fato, Descartes procurou extrair analiticamente do conceito de um ente sumamente perfeito ou de um ente realíssimo a proposição existencial *Deus existe*. Construiu, então, uma prova onde só ocorrem proposições analíticas, salvo a conclusão da prova que seria uma proposição existencial. A validade dessa demonstração se apoiou na tese de que *existência* é um predicado real, pois um ente sumamente perfeito deve conter todas as perfeições, inclusive a perfeição de existência que é uma das propriedades que caracterizaria esse ente.

Tendo em vista as análises lógico-semânticas kantianas sobre a noção de juízo, foi possível criticar o argumento cartesiano mostrando que: [a] de uma proposição analítica (categórica assertórica) nenhuma proposição existencial pode ser inferida; [b] proposições (categóricas assertóricas) sintéticas *a priori* não envolvem asserção de existência e finalmente [c] que, embora as proposições sintéticas *a posteriori* possam exercer uma função existencial, nelas *existência* não exerce qualquer função atributiva, não podendo, assim, ser considerada um predicado real. Dessa maneira, os fundamentos da prova cartesiana foram postos em questão.

## Notas

1. Agradeço aos membros do *Seminário Filosofia da Linguagem*, em especial aos professores Luiz Carlos Dias Pereira e Ulysses Pinheiro, e também aos professores Balthasar Barbosa e Sílvia Altmann, pelas suas inúmeras e pertinentes observações críticas às teses apresentadas neste capítulo.
2. *Oeuvres de Descartes*, C.Adam & P. Tannery, *(AT) Meditationes de Prima Philosophia, Quintae Responsiones*, v. VII, Paris, Vrin, 1973, p. 382-383.
3. A definição de "predicado real" dada por Kant não é esclarecedora: "... é o conceito de qualquer coisa que possa ser acrescentado ao conceito de uma coisa" [*CRP*, A, 598; B, 626]. Citaremos a *Crítica da Razão Pura* (*CRP*, B) na tradução de Valério Rohden e Udo Moosburger, col. *Os Pensadores*, São Paulo: Abril, 1980. As referências da edição A da *CRP* foram extraídas da *Kritik der reinen Vernunft*, Hamburgo, Felix Meiner Verlag, 1956.

4. Na lógica clássica, juízos existenciais são juízos de segundo adjacente da forma *S existe* (ou *S é*).
5. Utilizaremos neste capítulo a terminologia que Kant emprega nos seus textos de lógica: uma proposição é um juízo assertórico, isto é, é um juízo dotado de valor de verdade. Proposições predicativas são juízos categóricos assertóricos.
6. Ver, por exemplo, *Lógica*, #24 (trad. Guido Antônio de Almeida, Rio, Tempo Brasileiro, 1992) e *The Vienna Logic*, 'Of Judgments' in *Lectures on Logic* (org. Michael Young), The Cambridge Edition of the Works of Immanuel Kant, Cambridge, Cambridge University Press, 1992, p. 372 e 373.
7. *Der Einzig Mögliche Beweisgrund Zu Einer Demonstration des Daseins Gottes* in *Kant Werke in zehn Bänden*, org. W. Weischedel, Darmstadt, v. 2, 1983.
8. Note-se que Kant, na sua classificação dos juízos na *CRP* [A, 70, B, 95], que pretende ser uma classificação completa, e nos seus diversos textos de lógica, não introduz a noção de juízo de existência. *Existência* (*Dasein*) é uma categoria extraída dos juízos assertóricos e *existência efetiva* (*Wirklichkeit*) é a categoria de existência esquematizada. A modalidade dos juízos (juízos problemáticos, assertóricos e necessários) concerne ao valor da cópula do juízo [*CRP*, A, 74-76; B, 99-101].
9. Ao analisar o sentido de *juízos sintéticos a posteriori*, obviamente farei uso do '2º Postulado do Pensamento Empírico' da 'Analítica dos Princípios'.
10. *CRP* [A, 145, B, 184]: "O esquema da existência efetiva (Wirklichkeit) é a existência (Dasein) em um tempo determinado".
11. Ver *Der Einzig...* 3ª Secção, 2, p. 730.
12. Kant formula diferentes definições de juízos nos seus textos de lógica e na *CRP*. Ver B. Longuenesse, *Kant and the capacity of judge*, cap. 4, 'Logical definitions of judgments', Princenton, Princenton University Press, 1998, p. 81-106 Ver também R. Stuhlmann-Laeisz, *Kants Logik*, cap. 3, 'Kants Definitionen eines Urteils', Berlim, De Gruyter, 1976, p. 55-59.
13. "... todos os juízos são funções de unidade entre (*unter*) nossas representações, pois para o conhecimento de objetos é usada, ao invés de uma representação imediata, uma mais alta, que compreende sob si (*unter*) esta e muitas outras e através disso muitos possíveis conhecimentos são reunidos num só" [*CRP*, A, 69; B, 94].

14. Essa caracterização de juízos categóricos assume de uma maneira implícita uma das diferentes definições de juízo formuladas por Kant: juízos são subordinações de conceitos. Assim, por exemplo, na *Dohna-Wundlacken Logic*, 'Judgments', (in *Lectures on Logic*, p. 495), Kant define o juízo como "...a representação da unidade de conceitos dados na medida em que um é subordinado ao outro ou excluído dele." Juízos categóricos podem também ser definidos a partir de condições que justificariam a atribuição do predicado ao sujeito: se o que permite a atribuição do predicado ao sujeito do juízo é o próprio conceito-sujeito, o juízo é dito categórico. (Ver *Lógica*, #25). Assim, no juízo categórico "... não há qualquer condição posta" (*The Vienna Logic*, p. 374). A definição que apresentamos de juízos categóricos mostra que esses juízos subordinam conceitos na medida em que são considerados como conexões de conceitos. Note-se ainda que os juízos categóricos, como todos os outros juízos, têm uma modalidade, isto é, eles são juízos problemáticos ou assertóricos ou apodíticos. Isso significa, segundo a expressão de Kant, que "o valor da cópula" do juízo categórico não pertence à sua definição.

15. *The Vienna Logic*, 'Of Judgments', p. 373. Ver também na página 372 da mesma obra a seguinte afirmação de Kant: "A matéria de todas as proposições categóricas consiste em conceitos nas quais o conceito sujeito pertence ao conceito predicado".

16. "Os juízos categóricos constituem, é verdade, a matéria dos demais juízos", *Lógica*, #24.

17. A Lógica Medieval denominava de simples os juízos predicativos e os opunha aos juízos hipotéticos, disjuntivos etc. Segundo N. K. Smith (*Commentary to Kant's "Critique of Pure Reason"*, 2ª edição, Atlantic, Humanities Paperback Library, 1993, p. 193), Wolff, Meier, Baumgarten, Baumeister e outros consideravam os juízos categóricos (com um só sujeito lógico) como os juízos simples da Lógica.

18. Note-se ainda que a Tábua dos Juízos pretende dar uma classificação completa da forma dos juízos.

19. *Der Einzig...*, 1ª parte, primeira consideração, 2, p. 634.

20. Em diversas passagens do seu livro *Kant and the capacity to judge* (ver, por exemplo, as páginas 108-111), B. Longuenesse afirma que faz parte da forma lógica do juízo a indicação do elemento intuitivo ($x$), não discursivo, que "*cimenta a ligação discursiva*" e que significa *o ob-*

*jeto* do juízo. Assim, todo juízo da forma *S é P* diz que: o objeto *x* a que o conceito *S* pertence, pertence também o conceito *P*. Mas o que significa "objeto do juízo"? Qual é a instância substitucional da variável "*x*" que pertence à forma lógica do juízo? Como introduzir, do ponto de vista da Lógica Geral, a noção de objeto na definição formal de juízo? De um lado, nenhum conteúdo determinado, nenhum objeto com identidade numérica pertence à forma lógica do juízo. De outro lado, se a subsunção de intuições por conceitos é uma condição necessária do juízo, segue-se que o juízo envolve necessariamente uma relação com algo de não conceitual. Como o dado da intuição sensível e o que é organizado pela imaginação, independentemente das regras necessárias do entendimento, não podem ser considerados como objeto, a referência a algo de não conceitual na forma lógica do juízo é uma referência a algo de indeterminado. Muitas vezes Kant representa esse indeterminado, que pertence à forma lógica do juízo, através de uma variável. Por exemplo, na *Lógica* #36, a forma da proposição analítica é explicada da seguinte maneira: "A todo x ao qual convenha o conceito de corpo ($a + b$), também convém a extensão ($b$)". Assim, mesmo nos juízos analíticos, o conceito-sujeito, que representa o sujeito lógico do juízo, menciona um objeto (um **x** qualquer). No livro *Kant's Transcendental Idealims* (revised and enlarged edition, Yale, Yale University Press, 2004, p. 91), H. Allison interpreta da seguinte maneira essa tese: "Juízos analíticos são, contudo, "sobre" um objeto; eles têm um sujeito lógico e, como o exemplo de Kant mostra, eles podem também ter um sujeito real. Entretanto, como a verdade ou a falsidade de um juízo é determinada meramente pela análise do conceito–sujeito, a referência ao objeto x é ociosa." Obviamente, introduzir na definição lógica de juízo a noção de objeto não significa assumir, por exemplo, que juízos, em especial os juízos categóricos, ao mencionarem algo de indeterminado dado pela intuição sensível, façam algum tipo de suposição de existência.

21. *Der Einzig...*, p. 633: "Quando eu digo 'Deus é onipotente' tudo o que está sendo pensado é a relação lógica entre Deus e a onipotência, pois esta última é uma nota característica da outra. Nada mais é posto aqui. Se Deus é, isto é, se ele é posto absolutamente ou existe, isto não é absolutamente contido nessa proposição."

22. Kant [*CRP*, A, 74; B, 100] afirma que "a modalidade dos juízos... diz respeito apenas ao valor da cópula em relação ao pensamento em geral". Ao contrário da lógica medieval, que, do ponto de vista da forma lógica, distinguia juízos de "*inesse*" (atributivos) de juízos modais, na Lógica de Kant os juízos de relação (categóricos, hipotéticos ou disjuntivos) e também as outras formas de juízo (quantidade, qualidade) têm uma modalidade, pois essa concerne ao valor de verdade de qualquer juízo: um juízo sem valor de verdade determinado é um juízo problemático, um juízo com um valor de verdade determinado é um juízo assertórico, um juízo sempre verdadeiro é um juízo apodítico.

23. "... juízos problemáticos contêm uma possibilidade lógica." (*Dohna-Wundlacken Logic* in *Lectures on Logic,* p. 498). Ver também *CRP*, [A, 75; B, 101]: "Contudo juízos problemáticos são aqueles que expressam somente uma possibilidade lógica...".

24. Na *Lógica* #25, Kant parece assimilar os juízos categóricos aos juízos assertóricos: "Nos juízos categóricos nada é problemático, mas tudo é assertórico, mas nos hipotéticos somente a *conseqüência* é assertórica" Note-se que Kant parece introduzir a noção de juízo problemático para esclarecer a noção de juízo hipotético ou de juízo disjuntivo. Assim, o juízo problemático seria um juízo que comporia um juízo complexo, hipotético ou disjuntivo. Mas, do ponto de vista da relação, qual seria a forma desse juízo problemático? Como os juízos disjuntivos ou hipotéticos são decompostos em juízos categóricos, um juízo problemático que não fosse um juízo complexo (hipotético ou disjuntivo) deveria ter a forma de um juízo categórico. O que não se pode perder de vista é que, mesmo num juízo problemático, um ato judicativo é efetuado: o predicado é conectado através da cópula ao conceito-sujeito; ele é, portanto, posto relativamente aos objetos significados pelo conceito-sujeito.

25. Strawson, no seu livro *Introduction to Logical Theory* (Londres, Methuen, 1971, p.175) e em outros artigos, interpretando as suposições de existência dos quatro modos dos juízos categóricos da lógica clássica, define de uma maneira precisa a noção de pressuposição: o enunciado *S* pressupõe *S'* (que é uma proposição existencial), se *S* só for verdadeiro ou falso caso *S'* seja verdadeiro. A *verdade* de *S'* seria, assim, condição do valor de verdade de *S*. Por exemplo, o enunciado

"Este bolo é amargo" pressuporia o enunciado "Este bolo existe", pois se "Este bolo existe" fosse falso, não teria sentido pretender que o enunciado "Este bolo é amargo" tivesse um valor de verdade.

26. As proposições categóricas sintéticas *a posteriori*, embora sejam conexões de conceitos e afirmem prioritariamente que o objeto significado pelo conceito-sujeito tem as propriedades expressas pelo predicado, parecem fazer uma suposição de existência efetiva do objeto. Essa afirmação será explicada posteriormente.

27. Vide nota 25.

28. Uma resposta afirmativa a essa questão equivaleria a demonstrar que se juízos categóricos têm uma função existencial, então *existência é* um predicado real.

29. Reflexão 3706, *Notes and Fragments,* ed. Paul Guyer, trads. C. Bowman, P. Guyer e F. R. Rauscher, The Cambridge Edition of the Works of Immanuel Kant, Cambridge, Cambridge University Press, 2005, p. 74.

30. Kant usa diversas expressões como sinônimas do termo "Deus": *ente sumamente real, o ente absolutamente necessário, o mais perfeito ente, etc.*

31. O conceito *o ente sumamente real* não é um *nihil negativum* [*CRP*, A, 292; B, 348-349], isto é, não é um conceito logicamente contraditório, portanto, sem objeto. Na *CRP* Kant afirma: "Claro que não se pode negar a um tal conceito [o conceito de ente supremo] o caráter analítico de possibilidade, que consiste no fato de simples posições (realidades) não gerarem qualquer contradição" [A, 602; B, 630].

32. Ver [*CRP*, B, 100; 184; 265-272; 624, nota; 629-630].

33. Kant não usa a expressão "prova analítica". Mas, por abuso de linguagem, poderíamos dizer que prova analítica seria uma prova constituída somente por proposições analíticas.

34. Análises filosóficas contemporâneas mostram a dificuldade para caracterizar de uma maneira precisa a noção de analiticidade. Kant quer nos seus textos de lógica, quer nos seus textos de crítica da razão teórica, caracteriza um juízo analítico como a mera explicitação ou elucidação pelo conceito-predicado do conceito-sujeito do juízo [*CRP*, 'Introdução', A, 6-7; B, 10-11]. Portanto, para verificar o valor de verdade das proposições analíticas, basta examinar as notas características ou os conceitos parciais que compõem o seu conceito-sujeito. A

*Lógica*, #36, por exemplo, define as proposições analíticas como aquelas "cuja certeza repousa sobre *a identidade* dos conceitos (do predicado com a noção de sujeito)" (grifo nosso). Por isso, o princípio supremo das proposições analíticas é o princípio de contradição [*CRP*, A, 150-154; B, 189-194]. Assim, é uma conseqüência da analiticidade de uma proposição que o seu valor de verdade possa ser determinado apenas pela análise dos conceitos parciais que compõem o conceito-sujeito. Note-se que, segundo essa caracterização de proposição analítica, só as proposições categóricas poderiam ser analíticas, pois só elas conectam conceitos. Nem as proposições disjuntivas nem as hipotéticas nem as proposições tautológicas da lógica contemporânea seriam consideradas proposições analíticas. No entanto, Kant, na secção 'Do Princípio Supremo de todos os Juízos Analíticos' [*CRP* A, 150; B 189], formula um critério de proposição analítica mais abrangente do que a definição enunciada na 'Introdução' da *CRP*: proposições analíticas seriam aquelas cuja verdade se apoiaria exclusivamente no princípio de contradição. Assim, em vista desse critério, certas proposições hipotéticas e disjuntivas poderiam ser também classificadas como proposições analíticas.

35. Segundo Kant, uma proposição tautológica é uma proposição analítica onde ocorre uma identidade expressa dos conceitos que constituem a proposição (*Lógica*, #37 e *Hecksel Logic* in *Lectures on Logic*, p. 381).
36. Kant distingue a noção de *juízo* da noção de *proposição*, que é um juízo *assertórico* (*Lógica*, #30). Rigorosamente, são as proposições, e não os juízos, que deveriam ser classificados como analíticos e sintéticos, pois essa classificação determina as condições de verificação da verdade de um juízo assertórico (proposição).
37. Ver *Der Einzig...*, p. 630-634 e *CRP*, [A, 598-600; B, 626-628].
38. *Der Einzig...*, p. 632. Ver também *CRP*, [A, 598/599; B, 626/627].
39. Ver *Lógica* , #46.
40. Ver *Lógica*, #52 e #53.
41. Ver Lógica, #49.
42. *Introduction to Logic Theory*, Londres, Methuen, (reimpressão 1971), cap. 6, 'Subjects, Predicates and Existence', p.152-194.
43. Em certos casos, o conceito-predicado deve também ser não vazio.

# PARTE IV

## CONCEITO E JUÍZO EM TOMÁS DE AQUINO E KANT

# 1

## PREDICAÇÃO E EXISTÊNCIA
## NA SEMÂNTICA CLÁSSICA

No opúsculo *Sobre a Interpretação* (*Peryermenias*) Aristóteles indaga se o enunciado *Homero existe* pode ser inferido do enunciado *Homero é poeta*.[1] Embora essa pergunta tenha sido formulada a partir de um problema específico da predicação, dela emerge a questão das relações entre enunciados predicativos e enunciados existenciais.

Analisamos aqui duas questões: [a] qual é a interpretação na filosofia clássica da estrutura formal da predicação? [b] Qual é a relação entre enunciados predicativos e enunciados existenciais?

Como a questão é extremamente vasta e genérica e como os clássicos, sobretudo os medievais, formularam várias interpretações sobre a forma da proposição, vamos nos restringir a duas interpretações originadas do próprio livro de Aristóteles, *Peryermenias*: a interpretação bipartida, que analisa a proposição predicativa como uma seqüência formada por um nome seguido de um verbo, e a interpretação tripartida, que analisa a proposição predicativa como a conexão entre dois nomes efetuada pela cópula.

A partir dessas duas interpretações, refletiremos acerca de cada uma delas analisando a relação do enunciado predicativo com o enunciado existencial.

Ao longo da história, essas interpretações divergentes conheceram inúmeras variantes. Para delimitar nossa análise, tomaremos como fio condutor da interpretação bipartida a semântica de Tomás de Aquino exposta especialmente nos seus comentários sobre o *Peryermenias* de Aristóteles.[2] Em contraposição a essa análise, exporemos sucintamente a interpretação tripartida da proposição predicativa segundo a Lógica racionalista de *Port Royal*.[3] Como é sabido, essa Lógica influenciou os cursos de Lógica de Kant. Mas, apesar de adotarem uma interpretação tripartida da proposição, a Lógica de *Port Royal* e a de Kant divergem na análise das relações entre enunciados predicativos e existenciais. Por isso, apresentaremos a teoria tripartida sob um duplo enfoque, o da Lógica de *Port Royal* e o de Kant, mas com um único objetivo: o de analisar, no quadro de uma mesma interpretação da estrutura formal da predicação, duas maneiras inteiramente divergentes de determinar as relações entre os enunciados predicativos e os enunciados existenciais.

Os filósofos cujas semânticas serão brevemente analisadas, salvo Nicole e Arnauld, não se distinguiram pela originalidade de suas contribuições à área da Lógica, embora possam ser considerados, cada um à sua medida, como filósofos que marcaram a História da Filosofia. A importância de suas análises lógico-semânticas se deve mais à função que elas exerceram na construção dos seus sistemas filosóficos do que pela contribuição que deram à História da Lógica.

## [1] *Análise Bipartida e Tripartida da Proposição*

De uma maneira genérica, a proposição[4] predicativa é analisada de duas maneiras: seja como constituída por dois termos diferentes (nome/verbo) que exerceriam a função de sujeito (lógico) e de predicado (análise bi-partida da proposição), seja como constituída por três termos: nome (sujeito), cópula e nome (predicado) (análise tripartida da proposição).

Segundo a análise bipartida, o nome, termo lingüístico que significa objetos mediante conceitos, teria a função de indicar na proposição aquilo sobre o que se está falando; o verbo teria a função de "dizer algo sobre algo",[5] isto é, de dizer algo sobre os objetos referidos pelo nome. Sob esse aspecto, o verbo é um termo incompleto: o seu significado está conectado ao significado do nome, sujeito da proposição, pois sua função é a de "dizer algo" sobre os objetos significados pelo sujeito. A proposição clássica tem, assim, algo em comum com as análises fregeanas e pós–fregeanas: nome é um termo completo porque significa, pela mediação de conceitos, objetos; verbo é um termo incompleto, porque, para exercer o seu papel na proposição, requer a função do nome.

Segundo a análise tripartida, a proposição seria composta por dois nomes, que seriam conectados pela cópula verbal *é*. Uma proposição da forma *S é P* significaria ou bem que o objeto referido pelo nome, que exerceria a função de sujeito, é o mesmo objeto que é significado pelo nome, que exerceria a função de predicado, ou bem que a propriedade significada pelo nome/predicado pertenceria ao que é significado pelo nome/sujeito. Nessa concepção, a predicação é interpretada como uma relação entre nomes que, em certos casos, significam entidades de natureza diferente (coisas singulares ou coisas universais).

Note-se que na interpretação tripartida, o estatuto dos predicados é ambíguo. Predicados têm a função na frase predicativa de "dizer coisas de outras coisas". Os termos que exercem essa função devem ser, portanto, termos gerais. Esses termos gerais são nomes *de coisas gerais* ou *nomes gerais de coisas*? Na teoria bipartida, termos gerais não precisam ser considerados como nomes; quando exercem a função de sujeito, eles apenas delimitam os objetos sobre os quais se está falando; quando exercem a função de predicado, classificam, mas não nomeiam, os objetos significados pelo termo-sujeito.

[2] *Análise de Tomás de Aquino: Nome/Verbo; Sujeito/Predicado*

Tomás de Aquino caracteriza a proposição predicativa[6] como uma seqüência de termos lingüísticos constituída por um nome seguido de um verbo.

"Nome" (próprio ou comum) é uma expressão lingüística, um som oral convencional, simples (sem partes significativas), que significa conceitos que, por sua vez, representam objetos.[7] Nomes significam, assim, mediatamente objetos e por isso, prioritariamente, exercem a função de sujeito.[8] Mas, como os conceitos, significados pelos nomes, expressam qüididades abstratas (o que são as coisas), nomes podem ocorrer na frase também como predicado.

"Verbos", que são expressões lingüísticas convencionais simples, significam, de maneira temporal, ações ou propriedades.[9] Um termo que significa uma ação ou uma propriedade, considerado isoladamente, "deixa de lado" (abstrai) o sujeito que exerce a ação ou o sujeito que possui a propriedade. Por isso, os verbos são prioritariamente predicados,[10] eles são expressões incompletas na medida em que exigem o complemento de um nome.

Se, de um modo geral, a análise tomásica procura determinar de uma maneira precisa as funções lógicas de sujeito e de predicado, *que são funções heterogêneas, mas complementares*, nomes e verbos, que são entidades lingüísticas significativas, podem exercer qualquer uma dessas funções. Mas, como nomes significam, mediante conceitos, objetos e como verbos são habitualmente usados como predicados, nomes são identificados com a função de sujeito lógico e verbos com a função de predicado, embora na proposição predicativa verbos possam ocorrer como sujeito e nomes possam ocorrer como parte de um predicado complexo. Essa ambigüidade da análise clássica, que muitas vezes mistura considerações gramaticais sobre nomes e verbos com análises lógicas sobre a função de sujeito lógico e de predicado, engendra inúmeras dificuldades para o esclarecimento da proposição predicativa. De fato, essa ambigüidade se torna patente sempre que a função de sujeito lógico é caracterizada pelas propriedades gramaticais do nome e a função de predicado caracterizada pelas propriedades do verbo.

A razão dessa ambigüidade talvez resida no célebre triângulo semântico aristotélico, formulado no início do *Peryermenias*[11] e que foi assumido por Tomás de Aquino: signos escritos convencionais simbolizam signos orais que, por sua vez, simbolizam conceitos.[12] Conceitos são entidades mentais que, por exprimirem qüididades, são semelhanças de coisas e por isso podem ser considerados representações abstratas de objetos Como vimos, a seqüência nome/verbo produz uma frase predicativa, que é a expressão lingüística de um ato judicativo mental. Os termos desse ato judicativo mental são conceitos. Ora, conceitos, enquanto universais, podem ocorrer como sujeito ou como predicado no ato judicativo, pois, exercendo a função de sujeito, delimitam a esfera dos objetos sobre os quais o juízo versa, enquanto que exercendo a função de predicado, caracterizam ou classificam os objetos delimitados pelo conceito-sujeito. Assim, como nomes e verbos significam conceitos e como conceitos exercem ora a função de sujeito, ora a função de predicado no ato judicativo mental, não é possível caracterizar apenas por considerações gramaticais a função lógica que os termos lingüísticos deveriam exercer na frase predicativa. Na ausência de critérios que fixariam as condições que os termos lingüísticos e os conceitos deveriam satisfazer para exercerem na frase ou no ato judicativo a função lógica de sujeito e de predicado, a análise clássica da proposição predicativa padece de uma ambigüidade de difícil superação.

Apesar dessas dificuldades, Tomás de Aquino, usando o vocabulário da teoria hilemórfica, caracteriza de uma maneira precisa a função de sujeito e de predicado: "*predicados são assumidos formalmente e sujeitos materialmente*".[13] Assim, na proposição, a função do sujeito é a de significar o supósito e a função do predicado é a de atribuir ao supósito uma determinação formal:

> "... em qualquer proposição afirmativa verdadeira é preciso que, de alguma maneira, o predicado e o sujeito signifiquem o mesmo objeto segundo a realidade [*secundum rem*] e coisas diversas segundo a razão [*secundum rationem*].... E assim, nesse caso também, predicado e sujeito são o mesmo [quanto ao] supósito, mas diversos quanto à razão... Ora, a esta diversidade, que é de razão, corresponde a pluralidade do predicado e do sujeito; mas o intelecto significa a identidade da coisa pela própria composição".[14]

A proposição envolve, portanto, uma complexidade, isto é uma composição; composição que sintetiza ou que divide: "... pois em toda proposição uma forma significada pelo predicado, ou é ligada a alguma coisa significada pelo sujeito, ou é excluída dela [coisa]."[15]

[3] *Análise da Proposição Predicativa Assertórica*

Tomás de Aquino distingue as proposições predicativas (proposições imperativas, interrogativas etc) das proposições predicativas que têm valor de verdade (orações enunciativas ou enunciados). Daí se segue que Tomás de Aquino distingue predicação de enunciado (asserção): uma proposição predicativa, considerada nela mesma, não é um enunciado, pois não tem ainda valor de verdade. Em outras palavras, o enunciado é uma espécie cujo gênero é a proposição (*oratio perfecta*).[16]

Um enunciado é uma proposição que tem um valor de verdade. Nesse caso, a composição predicativa não consistiu apenas em ligar o predicado ao sujeito, mas consistiu em *afirmar* que a composição, expressa pela proposição, é satisfeita na realidade pelo objeto significado pelo sujeito; a divisão é acompanhada por uma negação, que consiste em excluir do objeto, significado pelo sujeito, o que é significado pelo predicado. Portanto, afirmar ou negar são operações que relacionam representações, conectadas por composição ou divisão, a objetos reais, possíveis ou atuais. Em razão disso, o enunciado pode ou não corresponder à realidade e, por isso, pode ser falso ou verdadeiro. Assim, segundo a concepção tomásica, o enunciado não pode ser corretamente descrito sem levar em consideração que a operação propriamente predicativa de unir ou de excluir o predicado do sujeito por composição e divisão é conectada ao ato de afirmar ou de negar, isto é, a afirmação ou a negação é acrescentada à operação predicativa. J.

Maréchal no seu célebre livro *Le Point de Départ de la Métaphysique*[17] descreve de maneira precisa a função da afirmação no juízo: "A 'composição' não é uma síntese qualquer: é a síntese do predicado com o sujeito *pela afirmação*. Da mesma maneira, a 'divisão' não é uma disjunção qualquer, mas é aquela que a *negação* efetua entre o sujeito e o predicado."

Muitas vezes, a operação de afirmação, que caracteriza o enunciado, é identificada à afirmação e à negação, que exprimem a qualidade da proposição predicativa afirmativa ou negativa. Assim, a afirmação, que exprime a composição do predicado com o sujeito, e a divisão, que exprime a exclusão do predicado do sujeito, são muitas vezes assimiladas à operação assertórica ou apofântica. Dessa maneira, a *afirmação* ora funciona exprimindo a qualidade, afirmativa ou negativa, da proposição, ora exprimindo a função apofântica ou assertórica da proposição.

Tomás de Aquino teve clareza acerca dessa dificuldade. Ela transparece nos seus comentários sobre as interpretações de Alexandre, de Boécio e de Ammonius[18] a propósito das teses de Aristóteles formuladas no *Peryermenias* sobre a natureza do enunciado (16$^b$33), da afirmação e da negação (17$^a$23-25). A partir das interpretações dos seus antecessores, Tomás de Aquino afirma que o enunciado é a proposição (*oratio*) que tem um valor de verdade; a afirmação e a negação são divisões, ou melhor, espécies que têm como gênero comum o enunciado. A afirmação é, então, caracterizada como "'a enunciação de algo sobre algo' pela qual é significado o ser" e a negação é "'a enunciação de algo separado de algo' pela qual é significado o não ser".[19] Essas caracterizações sintetizam numa única "definição" as duas funções da afirmação (e da negação): afirmar (negar) significa asserir *que algo é* (*não é*); significa, portanto, exprimir através de um enunciado positivo (negativo) que a *coisa é* (*não é*). Assim, a função apofântica (que a coisa é ou que a coisa não é) do enunciado é expressa pela qualidade afirmativa ou negativa da proposição.

[4] *Proposições de Segundo, de Terceiro Adjacente e Proposição Existencial*

Tomás de Aquino classifica as proposições predicativas em duas espécies: as proposições predicativas cuja função seria a de determinar propriedades dos objetos significados pelo sujeito lógico da frase predicativa e as proposições predicativas cuja função seria a de mencionar a existência efetiva de objetos significados pelo sujeito lógico da proposição. Ele distingue, dessa maneira, proposições predicativas atributivas de proposições predicativas existenciais.

A proposição existencial, da mesma maneira que a proposição predicativa atributiva, é constituída pela aplicação de um verbo, neste caso, o verbo *ser*, a um nome. Ela é, assim, uma proposição predicativa constituída por um nome seguido do verbo *ser*. O que a distingue da proposição que denominamos de "proposição predicativa atributiva" é que, ao invés de prioritariamente classificar os objetos significados pelo sujeito da frase, ela afirma a existência desses objetos.

Tomás de Aquino exprime essa distinção introduzindo a diferença lingüística entre proposições de segundo adjacente e de terceiro adjacente.

Uma proposição de segundo adjacente é formada por dois termos: um termo sujeito e um termo simples, que é um verbo. Ela é o ponto de partida da análise das proposições predicativas.[20]

Uma proposição de terceiro adjacente é composta de um termo sujeito e de um predicado *formado por duas palavras:* o verbo *ser* e uma outra expressão (termo-nome). A forma desse enunciado é *S é P*, onde *é P* é uma expressão complexa, formada por dois termos, sendo que um deles é um nome. "... *é* é predicado como adjacente ao principal predicado. E diz-se que é terceiro, não porque seja um terceiro predicado, mas porque é uma terceira expressão colocada no enunciado que, simultaneamente, com um nome-predicado forma um único predicado, de tal maneira que o enunciado é divido em duas e não em três partes."[21]

A expressão *S é P* é habitualmente usada para caracterizar a forma da proposição predicativa interpretada de uma maneira tripartida. Mas, *S é P* exprime não só a forma da proposição composta de sujeito, cópula e predicado, como também exprime a forma da proposição constituída pelo sujeito e por uma expressão complexa que forma o predicado *é P*. Nesse caso, um nome pode exercer a função de sujeito da proposição e também pode ocorrer como parte do predicado sem ser, ele mesmo, um predicado.

O enunciado (proposição predicativa assertórica) de segundo adjacente da forma *S é*, é um enunciado existencial e significa que existe ou que há um objeto que tem a propriedade indicada pelo termo-sujeito. "... quando se diz que Sócrates é (existe): através disso nada de outro pretendemos significar senão que Sócrates existe na natureza (*sit in rerum natura*)".[22]

Em um enunciado de terceiro adjacente (da forma *S é P*) não é afirmada diretamente a existência efetiva do que é expresso pelo conceito-sujeito, mas é dito que o objeto indicado pelo sujeito satisfaz à propriedade significada pelo predicado, abstração feita do seu modo de existência. Assim, em um enunciado de terceiro adjacente, a existência do objeto *não é afirmada*, é, quando muito, *suposta*. Obviamente, supor a existência de um objeto não equivale a afirmar sua existência. "Mas, algumas vezes *é* não é predicado por si, como predicado principal, mas como unido ao predicado principal para conectá-lo ao sujeito, assim como quando se diz *Sócrates é branco*. Não é intenção do locutor afirmar que Sócrates existe na natureza, mas de atribuir a ele a brancura mediante este verbo *é*."[23]

Um esclarecimento sobre o significado do enunciado existencial necessita ser feito. Segundo Tomás de Aquino, um enunciado existencial verdadeiro afirma que o objeto significado pelo seu sujeito lógico existe efetivamente na natureza. Ora, em razão da definição da verdade como adequação do intelecto à coisa e também em razão da tese tomásica de que é o real, a coisa mesma, que torna o enunciado verdadeiro, o enunciado *Sócrates existe* é verdadeiro porque é fato que Sócrates existe na natureza.

Mas enunciados verdadeiros sobre não-entes podem ser formulados. Por exemplo, *a cegueira existe*. Como explicar a verdade desse enunciado existencial? A cegueira, segundo a ontologia tomásica, não é um ente predicamental, uma coisa "fora da alma" que tem uma essência, mas é uma privação de ente, assim como as negações, isto é, os não-entes.

O que significa asserir enunciados verdadeiros existenciais sobre não-entes?

A noção de ente veritativo, que se distingue da de ente predicamental, responde a essa questão. *Ente veritativo* é um dos significados de ente *per se*, é um ente de razão, produzido por um enunciado elementar afirmativo verdadeiro. Ao ente veritativo não corresponde um ente predicamental, algo fora da mente que tem uma essência. Se é verdade que todo ente predicamental pode ser um ente veritativo, pois é sempre possível formar proposições verdadeiras sobre o que existe, há entes veritativos que não são entes predicamentais, como por exemplo, as privações e as negações.

Como, então, conciliar a tese de que a verdade é adequação do intelecto à coisa, isto é, de que enunciados existenciais afirmam que os objetos indicados pelo sujeito lógico da frase existem na natureza com a afirmação de que a cegueira é um não-ente e de que o enunciado existencial *a cegueira existe* é verdadeiro?

Tomás de Aquino responde a essa pergunta explicando que o enunciado *a cegueira existe* significa que há um objeto que tem a propriedade de ser cego: "...pois a cegueira é dita ente da segunda maneira de ente, em razão de que a proposição na qual *algo é dito* ser cego é verdadeira.[24] (grifo nosso).

Segundo Tomás de Aquino, o enunciado *a cegueira existe* significa, portanto, que há algo que é cego e não que a cegueira é um ente na realidade. Assim, enunciados existenciais, enunciados de segundo adjacente formados por um termo sujeito seguido pelo verbo *ser*, significam que um objeto existe efetivamente com a propriedade indicada pelo termo sujeito da proposição existencial. *O homem existe* significa que há algo que é homem.

[5] *Predicação e Existência na Semântica Tomásica*

Qual é a relação entre enunciados predicativos e enunciados existenciais, na perspectiva da semântica tomásica?

Como foi assinalado, o enunciado existencial afirma a existência efetiva do objeto significado pelo termo-sujeito. Em um enunciado afirmativo atributivo, uma propriedade é aplicada ao objeto significado pelo sujeito do enunciado. Isso significa que é atribuída a um objeto – real ou possível – uma propriedade essencial, no caso das predicações essenciais

(*Pedro é homem* ou o *homem é um animal*), ou acidental, no caso das predicações acidentais (*Pedro é músico*). Um enunciado atributivo caracteriza, assim, um objeto mediante propriedades, sejam elas propriedades essenciais ou meramente acidentais. Enunciados predicativos atributivos têm, portanto, uma função diferente da dos enunciados existenciais.

Mas qual seria a relação entre enunciados atributivos e existenciais? A Lógica Medieval, embora distinguindo a função desses dois gêneros de enunciados, priorizou uma outra questão: que objetos devem ser assumidos (supostos) como existentes para que enunciados predicativos atributivos possam ser verdadeiros? As diferentes teorias da suposição procuraram responder a esse problema[25] e, através disso, fixaram uma interpretação para os diversos quantificadores da língua latina. "Suposição" é a função de um termo na proposição (seja ele termo-sujeito ou termo-predicado) de estar no lugar de algo, segundo as exigências temporais do verbo. Um termo tem suposição numa proposição, se ele é um termo-predicado em *outra* proposição elementar afirmativa verdadeira, cujo termo-sujeito é um demonstrativo. Assim, se *A é B* é uma proposição, *A* tem suposição, se a proposição elementar *isto é um A* for verdadeira, tendo em vista a modalidade temporal do verbo.

Os lógicos medievais classificaram diversos tipos de suposição (material, formal, natural acidental, pessoal etc) e formularam regras que determinam o tipo de suposição que um termo exerceria numa proposição. Assim, numa proposição cujo termo-sujeito é um nome próprio ou é a singularização de um conceito pela aplicação de um demonstrativo ao conceito, a suposição do termo-sujeito é denominada *acidental pessoal discreta*. Para que um enunciado predicativo singular afirmativo seja verdadeiro, o termo-sujeito deve fazer suposição discreta, isto é, deve designar um objeto existente segundo as modalidades temporais do verbo. Obviamente, o termo-sujeito pode não ter suposição. Nesse caso, o enunciado singular afirmativo seria falso. Mas, um enunciado singular negativo pode ser verdadeiro sem que o termo-sujeito tenha suposição.

Em relação a proposições cujo termo-sujeito é formado pelas expressões *Algum* e *Todo* aplicadas a um conceito, os medievais distinguiram a suposição *acidental pessoal determinada* da suposição *acidental pessoal confusa distributiva*. Uma proposição da forma *Algum A é B* teria, relativamente ao termo-sujeito, uma suposição *pessoal determinada*. *Algum A é B* equivaleria à disjunção de proposições $este_1$ *A é B ou* $este_2$ *A é B ...ou* $este_n$ *A é B*. Essa equivalência autorizava o que os lógicos medievais designaram por "*descida disjuntiva*". Uma proposição da forma *Todo A é B* teria uma suposição *pessoal confusa distributiva*. Ela equivaleria à conjunção de proposições $este_1$ *A é B e* $este_2$ *A é B...e* $este_n$ *A é B*, autorizando, assim, uma *descida copulativa*.[26]

As teorias da suposição formularam regras para a 'descida copulativa', a 'disjuntiva' e para outras 'descidas'. Desse modo, foi explicado o significado dos quantificadores e suas relações de implicação. Uma universal afirmativa, por exemplo, implicaria uma "descida copulativa".[27] Os termos-sujeitos singularizados de cada enunciado afirmativo que é parte da conjunção finita engendrada pela descida copulativa teriam suposição discreta, isto é, eles "estariam no lugar" de objetos individuais. A suposição discreta do termo-sujeito num enunciado afirmativo verdadeiro assume a existência do objeto denotado, segundo as exigências da modalidade temporal do verbo. Assim, uma proposição predicativa universal afirmativa teria suposição de existência (*existential import*), o que impediria que a proposição *Todo A é B* fosse interpretada como *Não há A que não seja B*. As implicações, como, por exemplo, a de subalternação, que só são válidas supondo que o termo-sujeito ou o termo-predicado não sejam vazios, podem ser justificadas a partir dessa interpretação dos quantificadores.

Numa interpretação tripartida da proposição, o termo-predicado é um nome e nomes (próprios ou comuns) podem ter suposição. Além disso, na interpretação (tripartida), como a de Ockham, as proposições se reduziriam, em última análise, a uma identidade entre nomes. Então, nada mais natural do que defender a tese de que os termos-predicados, assim como os termos-sujeitos, fossem também quantificados: numa proposição afirmativa, o predicado seria tomado particularmente e teria suposição *pessoal somente confusa*, enquanto que numa proposição negativa, o predicado seria tomado universalmente e teria suposição *pessoal confusa distributiva*. Por exemplo, *todo A é B* (relativamente ao predicado *B*) significa *Todo A é* (*este$_1$ B ou este$_2$ B ...ou este$_n$ B*).

No entanto, uma teoria bipartida, como a de Tomás de Aquino, tende a interpretar a relação sujeito e predicado como uma relação semelhante à que ocorre entre matéria e forma: o sujeito é a parte material do enunciado, o predicado, a sua parte formal. Predicados não são nomes, mas são expressos por termos gerais e, quando aplicados ao termo-sujeito, caracterizam, mediante propriedades, o que é suposto pelo termo-sujeito. Extraindo as conseqüências de que predicados não são nomes, mas termos gerais que significam formas,[28] Vicente Ferrer, lógico medieval tomista,[29] não aceitava a interpretação de que predicados pudessem ser quantificados e que, em conseqüência, pudessem ter suposição. Segundo Ferrer, só os termos-sujeitos fariam suposição.

A suposição de existência pelos termos-sujeitos dos enunciados predicativos contribui para a determinação do valor de verdade desses enunciados. Mas nem todos os termos-sujeitos dos enunciados predicativos atributivos afirmativos fazem suposição de existência. Segundo certos lógicos medievais, em particular, Vicente Ferrer,[30] na suposição denominada *natural* ou *essencial* (que se opõe à suposição denominada *acidental*), a existência do sujeito no tempo não seria exigida (*non requiritur existentia subjecti ut praedicatum verificetur de subjecto*). É o que ocorre, por exemplo, em certos enunciados de predicação essencial (enunciados considerados pelos escolásticos como enunciados necessários, como, por exemplo, o enunciado *o homem é racional*).

Tomás de Aquino não elaborou uma teoria da suposição, mas, como comprovam algumas de suas afirmações, tinha conhecimento das querelas envolvidas por essa questão.[31] Uma das razões que justificariam a noção de suposição natural seria a noção tomásica de *essência absolutamente considerada*.[32] *Essência*, segundo Tomás, pode ser considerada de duas maneiras: nela mesma, isto é, *absolutamente considerada*, ou segundo o ser (*esse*) que ela tem nisto ou naquilo. Se ela é *absolutamente considerada*, ela não é nem una nem múltipla, nem singular nem universal. Nesse caso, a essência é considerada tendo sido feita abstração de seus modos de existência. Mas, a essência pode ser analisada como essência disto ou daquilo. Nesse caso, trata-se de um genitivo objetivo, a essência de alguma coisa, possível ou atual, é designada. De fato, a essência existe nas coisas singulares ou, de modo universal, na mente. Mas, ela, nela mesma, não é nem singular nem universal, quando o seu modo de existência tiver sido abstraído.

Podem-se predicar verdadeiramente da essência homem *absolutamente considerada* as propriedades *animal, racional, bípede* etc. Mas só enquanto considerada nisto ou naquilo pode-se predicar dela alguma propriedade que não a caracteriza. Pode-se predicar de *homem* que ele é branco, porque Sócrates é branco, mas a noção de essência que está sendo considerada é a *essência de* Sócrates e não a essência homem *absolutamente considerada*.

É a essência *absolutamente considerada* que é atribuída aos indivíduos *"Et haec natura sic consideratat quae praedicatur de individuis omnibus"*.[33] Quando em um enunciado predicativo se atribui uma propriedade essencial *E* a um ente singular *x* (*x é E*), não se atribui ao ente singular *x* uma nota característica (propriedade) que *E* só teria enquanto instanciado num ente singular, mas apenas as notas características *P* que "convêm" a *E de tal modo que o enunciado E é P seria um juízo (analítico) que não pressuporia a instanciação efetiva de E.*[34] *Por essa razão, a essência absolutamente considerada pode ser atribuída, por predicação essencial, a entes numericamente distintos.* E quando *a essência absolutamente considerada* é significada pelo termo-sujeito de um enunciado predicativo, o enunciado pode ser verdadeiro, mesmo que o termo-sujeito não faça suposição de existência.

As relações de implicação entre enunciados predicativos e enunciados existenciais dependem das regras fixadas pela teoria da suposição para os enunciados de forma predicativa. No entanto, mesmo quando é suposta a existência de objetos, a função dos enunciados predicativos não se identifica com a dos enunciados existenciais, pois enunciados existenciais *afirmam* aquilo que *é suposto* pelos termos-sujeitos dos enunciados predicativos.

Se essas considerações são corretas, a semântica tomásica, adotando a interpretação bipartida da proposição predicativa, distingue [a] predicação (proposição predicativa) de asserção (enunciado predicativo); [b] proposição predicativa atributiva (proposição de 3º adjacente) de proposição existencial (proposição de 2º adjacente); [c] e, finalmente, formula de uma maneira plausível, o significado de uma proposição existencial.

## [6] Predicação e Existência segundo a Interpretação Tripartida da Proposição da Lógica de Port Royal

Em oposição à interpretação tomásica, apresentaremos de uma maneira extremamente sucinta a interpretação tripartida da proposição formulada pela *Lógica de Port-Royal*. Essa exposição, apesar da sua brevidade, tem um duplo objetivo: em primeiro lugar pretende mostrar que se *existência* é um predicado, juízos predicativos podem, obviamente, exercer uma função existencial. O juízo existencial (*S existe*) seria uma mera abreviação das proposições predicativas que têm como predicado o termo "existência" (*S é existente*). Em segundo lugar, a apresentação resumida da *Lógica de Port Royal* servirá como introdução à concepção kantiana do juízo. Como é sabido, Kant adotou, sob a influência da *Lógica de Port Royal*, a interpretação tripartida do juízo: do ponto de vista formal, o juízo se decompõe em [a] conceito-sujeito, [b] cópula, [c] conceito-predicado. No entanto, ao contrário de *Port-Royal*, a forma do juízo existencial não pertence à Tábua que discrimina, segundo Kant, as formas lógicas dos juízos. É também uma tese epistêmica de Kant que *existência* não é um predicado real. Como exprimir, mediante juízos elementares (juízos predicativos ou categóricos na Lógica de Kant) a função dos juízos existenciais? Se a resposta a essa questão não é problemática para a Lógica de Port Royal, ela é bastante complexa na Lógica de Kant, já que *existência* não é um predicado real e a forma dos juízos existenciais não é reconhecida pela Tábua dos Juízos.

Sistematizando teses cartesianas, a *Lógica de Port Royal* divide os atos do espírito em quatro operações[35]: a primeira operação é a de conceber, a segunda, a de julgar, a terceira é a de raciocinar e a quarta, é a de ordenar ou de estabelecer um método.[36] A idéia ou o conceito é a forma pela qual a mente, realizando a sua primeira operação, concebe objetos (coisas) ou propriedades de coisas. A operação de julgar consiste na operação de comparar as idéias, seja unindo-as por afirmação, seja separando-as por negação.

O juízo (a proposição) é decomposto em três termos:[37] *o sujeito*, aquilo sobre o qual algo é afirmado ou negado, *o predicado*, o que se afirma ou se nega do sujeito. Para julgar não basta, no entanto, conceber estes dois termos, é necessário compará-los e, ou bem uni-los por afirmação, ou bem separá-los por negação. Essa é a função do verbo *ser*, terceiro termo do juízo, verbo denominado de verbo substantivo pela *Lógica de Port Royal*.[38] O verbo *ser* no indicativo presente significa a ação da mente de afirmar os termos concebidos.

O juízo predicativo (*S é existente*) é analisado da seguinte maneira: o termo-sujeito, caso não signifique uma idéia contraditória ou materialmente falsa, representa objetos, possíveis ou atuais. A cópula *é* significa que o juízo une por afirmação o predicado ao sujeito. E o predicado *existente* atribui uma atualidade, contingente ou necessária, ao objeto representado pelo sujeito.

Essa análise do juízo predicativo torna irrelevante a questão da função específica dos juízos existenciais, já que certos juízos predicativos (aqueles cujo predicado é o termo "existente"), apesar de serem conexões de conceitos ou de idéias, exercem a função atribuída aos juízos existenciais. *S existe* seria, assim, uma abreviação[39] da proposição *S é existente*: o que primariamente fora significado pela composição de três termos, pode, através de uma abreviação, ser significado pela mera composição de dois termos.

A equivalência entre proposições predicativas da forma *S é existente* e a proposição existencial *S existe* se apóia na tese filosófica de que *existência* é uma propriedade e que, portanto, pode ser significada por um conceito ou por uma idéia que ocorre como termo-predicado num juízo. Mas, existência é um predicado real?[40]

[7] *Kant: Predicação e Existência*

Em Kant, a função lógica dos juízos é a de unificar o múltiplo das representações dadas (intuições ou conceitos) na unidade da apercepção [*CRP*, B, 143, # 20].[41] Em conseqüência, todo juízo envolve [a] a relação de subordinação entre conceitos (todo juízo envolve, portanto uma conexão de conceitos), [b] a subsunção por conceitos de intuições e [c] a subsunção dessas operações a regras necessárias (unidade objetiva).[42]

Na Tábua dos Juízos,[43] Kant discrimina as diversas formas do juízo. Ele é decomposto em sujeito, cópula e predicado (interpretação tripartida). As formas dos juízos são determinadas em razão da quantidade do termo-sujeito, da qualidade da cópula e das condições de aplicação do predicado ao sujeito (forma do ponto de vista da Relação). Ao contrário da lógica medieval, que distinguia a forma predicativa (juízos de *inesse*) da modalidade, em Kant, um juízo de forma predicativa tem também uma forma modal. Assim, por exemplo, um juízo categórico, que é caracterizado como uma conexão de conceitos,[44] tem também uma forma modal, pois, além da forma categórica, ele será classificado como um juízo problemático (que determina a categoria de possibilidade) ou assertórico (existência) ou apodítico (necessidade). No entanto, se a forma da qualidade, da quantidade e da relação concernem à estrutura formal do juízo, a modalidade concerne, como Kant assinala, ao modo pelo qual um juízo é tomado pelo entendimento do ponto de vista da verdade.

A interpretação tripartida do juízo de Kant delimita de forma precisa o papel do termo sujeito e do termo predicado num juízo. Num juízo categórico afirmativo, por exemplo, o conceito-predicado subordina o conceito sujeito que, por sua vez, subsume representações intuitivas segundo regras necessárias. Subordinando o conceito-sujeito, o conceito-predicado classifica as intuições que foram subsumidas pelo conceito sujeito. E se a operação judicativa de conexões de conceitos empíricos for governada por regras necessárias (categoriais) do entendimento, as intuições subsumidas pelo conceito-sujeito e classificadas pelo conceito-predicado determinam o dado intuído como objeto. Assim, conectando-se o conceito-sujeito com o conceito-predicado através da cópula judicativa num juízo categórico afirmativo, uma unidade sintética de diferentes representações é formada. Essa unidade deve poder representar a unidade do objeto real que, com suas múltiplas determinações, se distingue e se opõe à representação judicativa [*CRP*, A, 104-105].

A distinção entre a forma do juízo do ponto de vista da relação (categórico, hipotético, disjuntivo) e o da modalidade (problemático, assertórico, apodítico) permite distinguir as condições da predicação, fixadas pelas regras de formação do juízo categórico, das condições de verdade do juízo, estabelecidas pelas modalidades dos juízos, em especial, pela modalidade assertórica (proposição).[45] Nesse sentido, não ocorre qualquer ambigüidade entre as noções de afirmação e de negação, que são itens que pertencem à forma do juízo do ponto de vista da qualidade, e as condições impostas aos juízos para que possam ter um valor de verdade, condições que se exprimem pela forma da modalidade. Distinguindo as formas do juízo do ponto de vista da qualidade, da relação e da modalidade, a lógica kantiana evitou certas ambigüidades presentes na semântica medieval.

Neste capítulo nos restringiremos à análise de uma questão: Kant, como já assinalamos, negou que *existência* seja um predicado real. Mas, se *existência* não é um predicado real e se a forma lógica dos juízos existenciais não é reconhecida pela Tábua dos Juízos, como é possível que proposições categóricas (juízos categóricos (predicativos) assertóricos), que são, enquanto juízos categóricos, conexões de conceitos, possam desempenhar a função exercida pelos juízos existenciais, que seria a de correlacionar conceitos não a outros conceitos, mas a objetos efetivamente dados?[46]

[8] *Pressuposição de Existência na Lógica Geral*

Em geral, a lógica antiga, analisando as relações entre as formas das proposições universais, particulares, afirmativas e negativas, postulou a validade de certas relações lógicas que depende da suposição de que certos termos gerais que ocorrem nas proposições que exemplificariam aquelas formas não sejam vazios. Assim, por exemplo, as inferências imediatas denominadas de *subalternação*,[47] de *conversão por acidente*[48] e a relação de *contrariedade*[49] supõem que os termos gerais das proposições que exemplificam essas relações (em especial, o termo sujeito e, em alguns casos, o termo predicado) não sejam vazios, isto é, façam suposição de existência. Mas qual é o sentido exato dessa suposição?[50]

Já assinalamos que as teorias da suposição dos lógicos medievais procuraram caracterizar as suposições de existência assumidas pelos termos que ocorrem num enunciado predicativo e, através disso, formularam uma interpretação dos quantificadores da língua latina, tendo em vista validar as relações de implicação do "quadrado lógico aristotélico". Mas, a teoria da suposição foi abandonada pelos lógicos que influenciaram Kant. Como, então, explicar a questão da suposição de existência que torna válidas certas inferências do quadrado lógico aristotélico?

P. Strawson em um dos seus livros,[51] retomando uma interpretação de João de S. Tomás, lógico e filósofo tomista do século XVII, reformulou em termos modernos a antiga teoria da suposição medieval. As proposições que exemplificariam as formas do quadrado lógico[52] *só* poderiam ser verdadeiras ou falsas caso o conceito-sujeito dessas proposições não fosse vazio. Assim, a *existência* de ao menos um membro da extensão do conceito-sujeito[53] das proposições que têm uma das formas descritas pelo quadrado lógico seria, então, *pressuposta* e *a verdade* das proposições existenciais que têm como sujeito esses conceitos não vazios seria condição necessária, não para que a proposição predicativa (que exemplificaria uma daquelas formas) fosse considerada verdadeira, mas para que pudesse ser a ela atribuído um valor de verdade (verdadeiro ou falso).

A interpretação de Strawson suscita inúmeras questões. No entanto, ela apresenta uma hipótese, ao lado de tantas outras, para o esclarecimento da questão sobre as relações entre proposições predicativas, cujas formas são descritas pela Tábua Lógica dos Juízos, e proposições existenciais, cuja forma lógica não é reconhecida pela Lógica Kantiana e que, portanto, não é uma expressão que pertença a esse sistema. A hipótese, como assinalamos, é a seguinte: para ter um valor de verdade, proposições predicativas, cujas formas são descritas no quadrado lógico, pressupõem a verdade de proposições existenciais correspondentes.[54] Disso se segue que proposições existenciais são *condições necessárias* para que proposições predicativas tenham um valor de verdade e para que certas regras da lógica clássica possam funcionar corretamente. Assim, a regra que afirma que uma proposição universal afirmativa implica uma proposição particular afirmativa significa que, se as proposições que exemplificam essas formas têm pressuposição existencial, segue-se que, se a proposição universal é verdadeira, então a proposição particular é também verdadeira.

As proposições existenciais, que são meras condições do funcionamento da lógica das proposições predicativas, não são analisadas por essa lógica.[55] No entanto, como elas são pressupostas pelas proposições predicativas, elas indicam em que sentido deve ser compreendida a expressão "função existencial das proposições predicativas" do ponto de vista da Lógica Geral.

[9] *Predicação e Existência
do ponto de vista da Lógica Transcendental*

Assim, do ponto de vista da Lógica Geral, as proposições predicativas fazem suposição de existência.

Mas, Kant também classificou os juízos do ponto de vista da Lógica Transcendental. Juízos são classificados em analíticos e sintéticos. Segundo o método de verificação das condições de verdade desses juízos, eles são classificados em *a priori* e *a posteriori*.[56] Para determinar o valor de verdade de uma proposição analítica, basta determinar as notas características do conceito-sujeito e verificar se o conceito-predicado nele se encontra. A verificação da verdade dos juízos sintéticos *a priori* não concerne à existência efetiva de objetos, pois, em última análise, concerne seja à forma dos objetos empíricos dada na intuição pura (concerne, portanto, ao conhecimento racional por construção de conceitos), seja às regras de constituição de objetos e ao conhecimento não empírico que se pode extrair dessas regras. Esses dois "gêneros de juízos" não envolvem, portanto, questões de existência que não sejam aquelas envolvidas pela análise da Lógica Geral das proposições predicativas.

Mas, as proposições sintéticas *a posteriori* desempenhariam uma função existencial que nem as proposições analíticas nem as proposições sintéticas *a priori* podem desempenhar?

Proposições sintéticas *a posteriori*, que são os juízos de experiência dos *Prolegômenos*, podem "concordar" com os objetos dados factualmente na experiência. De fato, essas proposições parecem desempenhar uma função existencial, pois implicam uma proposição existencial ou, ao menos, parecem exprimir uma suposição de existência. Qual seria a relação entre as proposições sintéticas *a posteriori* e as proposições existenciais correspondentes?

As proposições sintéticas *a posteriori*, como todas as proposições que exemplificam uma das formas lógicas descritas no quadrado lógico, têm pressuposição de existência e implicariam sua proposição existencial correspondente, caso proposições existenciais pertencessem à lógica das proposições predicativas que têm valor de verdade.[57]

No entanto, na Lógica Transcendental, Kant formulou um critério de existência no 2º Postulado do Pensamento Empírico [*CRP*, B, 272-274]: só pode ser considerado como existente o que é percebido empiricamente ou é conectado ao que é percebido empiricamente por um sistema de regras. As proposições sintéticas *a posteriori* precisam preencher essa condição para serem verdadeiras. As proposições sintéticas *a priori*, que envolvem apenas uma intuição (pura) da forma do objeto, podem ser verdadeiras sem que um objeto empírico seja efetivamente dado ou empiricamente percebido. As proposições analíticas são verdadeiras em razão do Princípio de Contradição e têm sua verdade estabelecida através da análise do seu conceito-sujeito.

Assim, não seria incorreto afirmar que só as proposições sintéticas *a posteriori* (em particular, as proposições categóricas assertóricas) podem satisfazer ao critério de existência formulado pelo '2º Postulado do Pensamento Empírico'. Dessa maneira, do ponto de vista da Lógica Transcendental, só elas desempenhariam uma função existencial.

Os juízos sintéticos *a posteriori* desempenham uma função particular na explicação kantiana do conhecimento de objetos: enquanto juízos predicativos, eles são conexões de conceitos e têm, como todo juízo predicativo, pressuposição de existência. Mas, pelo fato do seu conceito-sujeito estar conectado, segundo regras necessárias, à intuição sensível empírica, eles podem representar mediatamente objetos existentes. Não é pelo fato de serem juízos predicativos, isto é, de conectarem conceitos mediante a relação de subordinação, que eles podem exprimir conhecimento de objetos existentes; mas é em razão do seu conceito-sujeito subsumir intuições empíricas segundo regras necessárias. Assim, se do ponto de vista da Lógica Geral é plausível afirmar que todas as proposições predicativas têm pressuposição existencial, do ponto de vista da Lógica Transcendental só as proposições sintéticas *a posteriori* parecem exercer uma função atribuída, em outros contextos, aos juízos de existência.

[10] *Conclusão*

O fio condutor de nossa análise foi a noção de enunciado predicativo. Percorrendo os conceitos envolvidos nessa noção, a saber, os conceitos de nome/verbo, sujeito/predicado, predicação e enunciado (asserção) pudemos avaliar as suas ambigüidades, de resto, não insuperáveis.

Como era de se esperar, as principais dificuldades encontradas ao longo de nossa análise não residiram na elucidação da noção de enunciado predicativo, mas no estudo da relação entre enunciados predicativos e enunciados existenciais.

Um enunciado predicativo afirmativo classifica os objetos significados pelo conceito-sujeito. Ele supõe a existência desses objetos? A existência desses objetos é apenas pressuposta? Ou os enunciados predicativos, além de classificarem os objetos significados pelo conceito-sujeito, afirmam também a existência deles?

A semântica clássica formulou diferentes respostas para essa questão. Na lógica medieval, a teoria da suposição foi uma dessas respostas, Na lógica racionalista de *Port Royal*, a solução consistiu em interpretar um enunciado existencial como a abreviação de um "gênero" de enunciado predicativo e dessa maneira a dificuldade da questão foi diluída.[58] Em Kant, a questão encontra uma solução original: do ponto de vista da Lógica Geral teria sido assumida, embora não tenha sido tematizada, a pressuposição de existência para que as inferências do quadrado lógico aristotélico possam ser válidas. Mas, do ponto de vista da Lógica Transcendental, foi explicado como os juízos predicativos sintéticos *a posteriori* podem exercer função existencial.

A semântica contemporânea, dando uma formulação precisa à noção de predicação, eliminou várias ambigüidades da semântica clássica. No entanto, ela apenas prolongou, sem subverter, as principais teses que caracterizaram algumas semânticas medievais e modernas.

## Notas

1. *Aristotle Categories, On Interpretation, Prior Analytics*, trad. H. P. Cooke e H. Tredennick, The Loeb Classical Library, Londres, Harvard University Press, 1996, c.11, 21ª18. Ver também *Aristotle Categories and De Interpretatione*, tradução com Notas e Glossário de J. L. Ackrill, Oxford, Clarendon Press, 2002.
2. Sancti Thomae de Aquino, *Opera Omnia, Expositio Libri Peryermenias*. Editio altera retractata, Paris, Vrin, 1989. Ver também *Commentaire du Traité de L'Interprétation d'Aristote*, tradução de Bruno e Malis Couillaud, Paris, Les Belles Lettres, 2004.
3. A. Arnauld e P. Nicole, *La Logique ou L'Art de Penser*, edição P. Clair e F. Girbal, 2ª edição, Paris, Vrin, 1993.
4. No seu comentário ao *Peryermenias*, Tomás de Aquino usa a expressão "*oratio*" para significar uma expressão complexa cujas partes, consideradas isoladamente, são significativas. Assim, "homem justo" seria uma "*oratio*". A "*oração perfeita*" (*oratio perfecta*) é uma entidade lingüística que exprime um sentido completo. Como a oração perfeita (em particular, a oração predicativa) é uma frase dotada de sentido, usaremos a expressão "proposição" como tradução da expressão latina "*oratio perfecta*". Enunciado ou oração enunciativa (*oratio enunciativa*) é uma oração perfeita (uma proposição predicativa) dotada de valor de verdade, isto é, é uma proposição predicativa assertórica.
5. Aristóteles, *Peryermenias*, 16$^b$6-11, Tomás de Aquino, *Expositio Libri Peryermenias*, livro, I, cap. 4, p. 26.
6. Tomás de Aquino, *Expositio Libri* ... l. 1, cap. 7, p. 36-37.
7. Idem, l. I, cap. 4, p. 19-24.
8. Ibidem, l. I, cap. 5, p. 26 e 29.
9. Ibidem, l. I, cap. 5, p. 26-27.
10. Ibidem, l. I, cap. 5, p. 26-27.
11. *Peryermenias*, 16ª3-8.
12. Segundo Aristóteles, nomes e verbos significam afecções ou paixões da alma (*Peryermenias* 16ª3). Em Tomás de Aquino, eles significam qüididades, que são o termo da primeira operação da mente: a apreensão.

13. *Summa Theologiae* (*ST*), I, q.13, a.12 in *S. Thomae Aquinatis Opera Omnia*, vol. 2, org, R. Busa, Stuttgart, frommann-holzboog, 1980. Ver também *Suma Teológica*, vol. 1, coordenação Geral de Carlos Josaphat, São Paulo, Edições Loyola, 2001.
14. Idem.
15. *ST*, I, 16, a. 2.
16. Ver João de S. Tomás, *Outlines of Formal Logic*, trad. F. Wade, 1955, Wisconsin, Marquette University Press, 1955, p.53.
17. J. Maréchal, *Le Point de Départ de la Métaphysique*, Bruxelas, Desclée de Brouwer, 1949, p. 300.
18. Tomás de Aquino, *Expositio Libri....*, l. I, cap. 8, p. 44-45.
19. " "*quod affirmatio est enunciatio alicuius de aliquo*", *per quod significatur esse; et "negatio est enunciatio alicuius ab aliquo" quod significat non esse*". idem, p. 45.
20. *Peryermenias*, 19$^b$5-19.
21. *Expositio Libri* ...l. II, cap. 2, p. 87-88.
22. Idem, l. II, cap. 2, p. 88.
23. Ibidem, l. II, cap. 2, p. 88.
24. Tomás de Aquino, *In Libros Metaphysicorum* in *S. Thomae Aquinatis Opera Omnia*, vol. 4, org. R. Busa, Stuttgart, frommann-holzboog, 1980, l.5 cap. 9: "*Dicitur enim, quod caecitas est secundo modo, ex eo quod vera est propositio, qua* **dicitur aliquid esse caecum***...*" (grifo nosso).
25. "Suposição" era habitualmente definida como *acceptio termini substantivi pro aliquo*. Ver sobre a noção de suposição a interpretação de João de S. Tomás, *Outlines of Formal Logic*, cap. 10-13, p. 60-70. Ver também um resumo das teorias da suposição no artigo de Ph. Boehner "A Medieval Theory of Supposition", *Franciscan Studies*, v. 18, 1958, p. 240-289. Uma síntese das análises expositivas de Boehner foi publicada em seu livro *Medieval Logic*, P. Boehner, Manchester, Hyperion Press, 1988, cap. II, Theory of Supposition.
26. É suposta uma enumeração completa dos objetos singulares para que a "descida" seja considerada "suficiente".
27. Uma universal negativa *Nenhum A é B* é significa *este$_1$ A não é B e este$_2$ A não é B...e este$_n$ A não é B*.

28. Ver sobre essa questão o sugestivo artigo de P. Geach, "Form and Existence" in *God and the Soul*, Routledge, Londres, 1969, p. 42-63.
29. Vincent Ferrer, *Tractatus de Suppositionibus*, ed. J. A. Trentman, Stuttgart, frommann-holzboog, 1977. Ver sobre essa questão o artigo de J. Trentman: "Predication and Universals in Vincent Ferrer's Logic" in *Fransciscan Studies*, v. 28, 1968, p. 47-62.
30. Ver W. Kneale e M. Kneale *O Desenvolvimento da Lógica*, 2ª edição, trad. M. S. Lourenço, Lisboa, Fundação Calouste Gulbenkian, 1962, p. 270. Ver também extratos das afirmações de V. Ferrer sobre essa questão no livro de I. M. Bochenski, *Historia de la Lógica Formal*, edição espanhola de Millan Bravo Lozano, Madri, Editorial Gredos, 1985, p. 176-178.
31. Ver sobre essa questão o item "Saint Thomas et la Théorie de la 'Suppositio'" em *Expositio Libri Peryermenias*, p. 54*-56* e I. M. Bochenski, *Historia de la Lógica Formal*, p. 234. Tomás de Aquino não formulou explicitamente teses sobre suposição, no entanto, seus discípulos, como Vicente Ferrer e João de S. Tomás, elaboraram, muitas vezes de maneira diferente, uma teoria da suposição compatível com a epistemologia e com a ontologia tomásica.
32. *De Ente e Essentia* (*L'Être et l'essence*, edição bilíngüe, trad. A de Libera e C. Michon, cap. IV, Seuil, Paris, 1996, cap. III, nº 2-4).
33. Idem, cap. III.
34. Ver A. de Libera, *La Querelle des Universaux*, Paris, Seuil, 1996, p. 281-82.
35. *La Logique ou....*, p. 37.
36. Apesar das diferenças epistêmicas, é interessante notar que a *Lógica de Jäsche* retoma a divisão das "*operações da mente*" na mesma seqüência da *Lógica de Port Royal*: conceito, juízo, inferência e método.
37. *La Logique ou ...*, p. 113-114.
38. *La Logique ou ...*, Du Verbe, p. 109.
39. Idem, p. 114.
40. Para os racionalistas, a tese de que *existência* é uma propriedade não é problemática. Ver, por exemplo, *Oeuvres de Descartes*, org. C. Adam, P. Tannery, *Meditationes de Prima Philosophia*, vol VII, Quintae Responsiones, Paris, Vrin, 1973, p. 382: "*Hic non vídeo cujus generis*

*rerum velis esse existentiam, nec quare non aeque proprietas atque omnipotentia, dici possit, scilicet nomen proprietatis pro quolibet attributo, sive pro omni eo quod de re potest praedicari, ut hic, omnino sumi debet."*

41. *Crítica da Razão Pura* (*CRP*), tradução de Valério Rohden e Udo Moosburger, col. *Os Pensadores*, São Paulo, Abril, 1980. As referências da edição A da *CRP* foram extraídas da *Kritik der reinen Vernunft*, Hamburgo, Felix Meiner Verlag, 1956.

42. Para uma discussão detalhada dessa interpretação, remetemos o leitor ao capítulo "Juízo, Conceito e Existência na *Crítica da Razão Pura* de Kant", neste livro, p. 429.

43. Ver *Crítica da Razão Pura* (*CRP*), [A, 70, B, 95 # 9]; *Lógica*, trad. Guido Antônio de Almeida, Rio, Tempo Brasileiro, 1992, #20-30, *Lectures on Logic* (org. Michael Young), The Cambridge Edition of the Works of Immanuel Kant, Cambridge, Cambridge University Press, 1992.

44. Certos juízos, como os juízos hipotéticos e os juízos disjuntivos, são conexões de juízos. Mas esses juízos complexos contêm juízos categóricos, que são conexões de conceitos. Nesse sentido, os juízos categóricos podem ser considerados os juízos elementares da lógica kantiana. Ver sobre essa questão o capítulo "Juízos Predicativos e Juízos de Existência", neste livro, p. 309.

45. Note-se que, se é tese da epistemologia kantiana na *CRP* de que todo juízo objetivo é submetido a regras necessárias e que, em conseqüência, todo juízo tem uma unidade objetiva, daí não se segue que todo juízo tem um valor de verdade, mas apenas pode tê-lo.

46. Na seqüência, apresentaremos de maneira resumida teses demonstradas no capítulo já citado "Juízo, Conceito e Existência na *Crítica da Razão Pura* de Kant", neste livro, p. 429.

47. Proposições universais implicam proposições particulares. Ver *Lógica*, #46.

48. Proposições da forma *Todo A é B* implicam proposições da forma *Algum B é A*; proposições da forma *Nenhum A é B* implicam proposições da forma *Algum B não é A*. Ver *Lógica*, #52 e #53.

49. Proposições que exemplificam as formas *Todo A é B* e *Nenhum A é B* não podem ser verdadeiras ao mesmo tempo. Ver *Lógica*, #49.

50. Sobre essa questão ver o artigo de A. Church "The History of the Question of Existential Import for Categorical Propositions" in *Logic, Methodology and Philosophy of Science*, org. Y Bar-Hillel, Amsterdam, North Holland, 1965.
51. *Introduction to Logic Theory*, Londres, Methuen, (reimpressão 1971), cap. 6, Subjects, Predicates and Existence, p.152-194.
52. *Todo A é..., Algum A é..., Nenhum A é..., Algum A não é...*".
53. Em certos casos, o conceito-predicado deve também ser não vazio. Por exemplo, a validade da inferência imediata *conversão por acidente* (*Nenhum homem é filósofo* segue-se que *Algum filósofo não é homem*) supõe não só que o conceito *homem*, mas também que o conceito *filósofo* não sejam vazios.
54. Se (*Todo, algum ou este*) *A é B* é uma proposição, *A existe* seria a proposição existencial correspondente à proposição (*Todo, algum, este*) *A é B*.
55. Se as proposições existenciais fossem proposições reconhecidas pela Lógica Kantiana, elas obviamente não poderiam ser assimiladas a proposições predicativas, já que toda proposição predicativa pressupõe a verdade de uma proposição existencial. Se proposições existenciais fossem consideradas proposições predicativas, seria produzido o seguinte paradoxo: para ser considerada falsa, a proposição existencial deveria ser verdadeira, isto é, a falsidade da proposição existencial pressuporia sua verdade.
56. Sobre essa questão, ver o capítulo: "Juízos Predicativos e Juízos de Existência. A propósito da Crítica Kantiana ao argumento Ontológico Cartesiano", neste livro, p. 309.
57. Se a proposição predicativa tivesse um valor de verdade, ela implicaria a proposição existencial que ela pressuporia, já que, se ela pressupõe uma proposição existencial, então essa proposição existencial tem que ser verdadeira. Assim, qualquer proposição predicativa, que tivesse um valor de verdade, implicaria uma proposição existencial correspondente, embora a proposição existencial não implique a proposição predicativa que a pressupõe. Mas, como já assinalamos, as proposições existenciais não pertencem ao sistema das proposições predicativas e por isso não tem sentido afirmar que uma proposição predicativa implica uma proposição existencial.

58. Solução análoga, embora num quadro conceitual inteiramente diferente, é dada por A. Bäck no livro *Aristotle's Theory of Predication*, Brill, Leiden, 2000. Segundo Bäck, o enunciado predicativo *S é P* significa em Aristóteles *S existe como P*. O enunciado predicativo exerce, assim, uma dupla função: ele classifica e afirma a existência do que é classificado.

# 2

# PREDICAÇÃO E JUÍZO EM TOMÁS DE AQUINO[1]

A partir do século XX, o neotomismo deu especial ênfase à teoria do juízo tomásica. Foram múltiplas, e muitas vezes divergentes, as razões dessa ênfase: certas interpretações procuraram mostrar que o ato judicativo é o ponto de partida da metafísica;[2] outras interpretações, com preocupações diferentes, defenderam a tese de que a noção central da metafísica tomásica é o *ser* e não o *ente,* e o ser, ao contrário do ente, é uma noção que não é captada por um conceito qüididativo, mas apenas por um juízo;[3] outras ainda, oriundas do quadro conceitual da filosofia analítica, tentaram aproximar a análise do juízo tomásica à lógica filosófica contemporânea, dando uma inesperada atualidade a certas reflexões semânticas de Tomás que tinham caído em desuso.[4]

O que pretendemos expor sinteticamente é a teoria do juízo tomásica,[5] mas isto, sem dúvida, pode ser considerado temerário face à multiplicidade de aspectos semânticos, epistêmicos e ontológicos por ela envolvidos. É a sutileza dessa teoria que nos faz correr esse risco.

## 1. *Análise lingüística: nome, verbo e enunciado*

Na filosofia tomásica o termo "juízo" tem vários sentidos.[6] A noção de juízo que será analisada neste capítulo é a de "juízo por composição e divisão", pois só nesse sentido um juízo tem valor de verdade.

Juízos por composição e divisão são atos mentais. Como, então, analisá-los?

Tomás de Aquino assume a validade do célebre triângulo[7] semântico formulado por Aristóteles[8] no *De interpretatione*: as palavras escritas significam por convenção os sons orais, que, por sua vez, significam por convenção paixões da alma (conceitos, segundo Tomás), que por natureza são similitudes de coisas. Se um signo escrito ou oral é simples (sem partes significativas) e significa, por convenção, atemporalmente, conceitos (que, por sua vez, são similitudes de coisas), esse signo é denominado *nome*. Um signo simples que convencionalmente significa, de maneira temporal, ações ou propriedades é denominado *verbo*. Verbos *são signos de coisas ditas de alguma outra coisa*.[9] Por isso, são expressões incompletas, na medida em que exigem o complemento de um nome para formar uma oração predicativa.

As análises tomásicas sobre nomes e verbos, tal como ocorre no *De interpretatione* de Aristóteles, flutuam entre uma caracterização meramente gramatical dessas expressões[10] (nome seria um signo oral convencional, sem partes significativas etc.) e uma caracterização funcional: nomes exerceriam a função de sujeito da oração predicativa; verbos, a de predicados; sujeitos teriam a função de mencionar coisas; predicados, a de caracterizá-las.[11] Embora sujeito e predicado sejam funções logicamente heterogêneas e complementares, nomes podem exercer a função de predicado e verbos (ao menos no infinitivo e no particípio) podem exercer a função de sujeito.

Essas ambigüidades, que surgem do fato de que nome não pode ser identificado com a função de sujeito e verbo com a de predicado, repercutem na análise do verbo "ser" nos *Comentários* de Tomás ao *De interpretatione*:[12] *ser* pode ser interpretado como nome, significando *ente* (*o que é*), portanto, significando coisas (objetos); pode ser interpretado como predicado (significando propriedades de coisas): seja como parte de um predicado complexo, exprimindo a inerência de propriedades nas coisas que foram mencionadas pelo sujeito (*ser* como cópula),[13] seja como um predicado simples, significando a existência factual das coisas mencionadas pelo sujeito (*ser* como existência factual);[14] finalmente essas considerações semânticas sugerem uma análise "metafísica": *ser* pode significar o ato pelo qual algo (o *ente*) é.[15]

Orações, diferentemente de nomes e de verbos, são expressões convencionais complexas, pois suas partes, tomadas isoladamente, são significativas. Mas, conectar ou aplicar um verbo a um nome é formar uma *oração* predicativa, pois predicar é atribuir uma propriedade a uma coisa. Nomes e verbos são "termos gramaticais"; mas, numa oração predicativa, nomes exercem prioritariamente a função lógica de sujeito; verbos, a de predicado; o nome-sujeito significa (mediante um conceito) uma coisa (objeto), que é caracterizada por uma propriedade significada pelo verbo-predicado.[16] Portanto, não há predicação elementar sem composição do predicado com o sujeito (do verbo com nome). São denominadas *enunciados* as orações predicativas que têm valor de verdade. Nome, verbo e enunciado exprimem, do ponto de vista lingüístico, as operações mentais, denominadas por Tomás *intelecção dos indivisíveis e juízo por composição e divisão*. Graças à correspondência entre as operações lingüísticas e as operações do intelecto correspondentes, é possível analisar lingüisticamente o ato judicativo sem recorrer a métodos introspectivos.

## 2. *Termos gerais e conceitos*

Segundo Tomás, conhecer é julgar: "É preciso dizer que em qualquer conhecimento há um duplo aspecto: o princípio e o termo. Com efeito, o princípio pertence à apreensão, o termo, porém, ao juízo; de fato aí o conhecimento é realizado (*perficitur*)".[17]

No Comentário ao *De Trinitate*, além de afirmar que só no juízo o conhecimento se realiza, Tomás distingue as duas operações, já mencionadas, do intelecto: a apreensão e o juízo. Em diversos outros textos,[18] Tomás tematiza essa distinção e as denomina intelecção dos indivisíveis (1ª operação do intelecto) e composição e divisão (2ª operação do intelecto). O inteligir os indivisíveis, habitualmente denominado pela tradição tomista *apreensão qüididativa*, é condição da realização da 2ª operação de compor e dividir que, segundo certas condições, exprime formalmente a realização do ato cognitivo. Note-se que a 2ª operação não é denominada *juízo*, pois, sob certo aspecto, os sentidos também julgam, embora só o intelecto julgue por composição e divisão.[19]

A análise dessa dupla operação será o fio condutor desta parte do capítulo.

A intelecção dos indivisíveis tem um duplo aspecto: ela consiste na intelecção *do que é*, qüididade (num sentido lato de *qüididade* ou de essência),[20] e na formação ou produção de conceitos através da apreensão do *que é*.

É por abstração[21] que se inteligeo *que é*, seja por abstração do universal a partir do particular (abstração denominada por Tomás abstração do todo, abstração sem exclusão ou sem precisão da "matéria assinalada"), seja por abstração da forma da matéria sensível comum, abstração que foi introduzida no *De Trinitate* para explicar o objeto formal da matemática.[22] Pela primeira operação do intelecto, apreende-se uma qüidade, uma determinação inteligível. A qüidade foi extraída da imagem sensível pela ação do intelecto agente graças a um processo abstrativo que deixa de lado as condições individualizantes do conteúdo apresentado pela imagem sensível. Ela é impressa no intelecto possível. Tomada nela mesma, isto é, considerada absolutamente sem relação com a imagem da qual foi abstraída ou com o indivíduo que a singulariza ou com o conceito que a exprime, ela não é nem una nem múltipla, nem universal nem singular, pois o seu modo de existência foi deixado de lado. Ela foi obtida por abstração do todo sem exclusão da *matéria signata*. Tomás no *De ente* denomina a qüidade assim obtida *natureza absolutamente considerada*.[23]

Assim, a essência ou qüidade pode ser considerada por abstração dos seus modos de existência. De fato, a essência existe nas coisas singulares ou é expressa pelo conceito de modo universal na mente. Ela pode ser analisada como essência disto ou daquilo e, nesse caso, é considerada a essência de alguma coisa, possível ou atual. Pode também ser expressa por um conceito universal. Mas, caso seu modo de existência tenha sido deixado de lado, ela, nela mesma, não é nem singular nem universal.

A partir da qüidade apreendida, o intelecto forma ou produz conceitos que são entes intencionais que existem no intelecto de modo universal. O conceito, ou ao menos o conceito denominado pelos escolásticos *universal direto*, exprime no intelecto a natureza absolutamente considerada, a qüidade ou a natureza da coisa apreendida, com a "intenção de universalidade (*intentio universalitatis*). Como o universal é o que pode ser predicado de muitos,[24] o conceito qüidativo, em princípio, pode ser predicado de diferentes coisas singulares.

Tomás afirma que é a essência absolutamente considerada que é predicada dos indivíduos.[25] Mas, já que o conteúdo de um conceito (universal direto) é uma mera determinação inteligível, uma essência absolutamente considerada, como é possível relacioná-la com coisas singulares? Por não ser nem una nem múltipla, nem singular nem universal, como a essência absolutamente considerada, expressa conceitualmente, poderia ser atribuída de maneira unívoca a entes numericamente distintos? Os enunciados *Pedro é homem* e *João é homem* são, em princípio, verdadeiros. Mas não é a essência singular de Pedro que é atribuída a Pedro, pois se o fosse, ela não poderia ser atribuída a João. É a essência absolutamente considerada que é atribuída de maneira unívoca a Pedro e a João e que, graças a essa atribuição, é considerada como instanciada em Pedro e em João. Mas, como pode ser atribuída a entes numericamente distintos, sem ser considerada universal, já que o universal é definido como o que pode ser dito de muitos? Mas, se for universal, como poderia "existir" individualizada em diferentes indivíduos?[26]

De fato, numa predicação afirmativa elementar, deve ser distinguido o que é atribuído à coisa mencionada pelo sujeito (a essência absolutamente considerada) das *condições* que permitem a atribuição (o fato de no intelecto a essência absolutamente considerada ter um modo de existência universal).[27] Por existir no intelecto de modo universal, a essência absolutamente considerada pode ser atribuída a muitos indivíduos numericamente diferentes. O predicado "homem", nas predicações "Pedro é homem" e "João é homem", tem um sentido unívoco, pois o que está sendo atribuído a entes numericamente diferentes (Pedro e João) é a essência absolutamente considerada que, por fazer abstração das características individuais de Pedro e de João, pode ter a mesma relação de semelhança uniforme com Pedro e com João, indivíduos que na realidade têm uma essência numericamente distinta. Tomado nele mesmo, independentemente da sua ocorrência na predicação, o conceito *homem* não significa nem a essência individual de João nem a de Pedro. Seu significado independe do modo pelo qual seu conteúdo existe no indivíduo ou na mente. São acidentais à própria essência, enquanto ela é absolutamente considerada, não só a universalidade do conceito que possibilita que a essência seja predicável de muitos indivíduos, como também a sua existência singular neste ou naquele indivíduo.

Mas como a essência absolutamente considerada, que não significa qualquer essência individual, pode ser a similitude da essência de um ente singular? Como um conceito universal, que exprime uma essência absolutamente considerada, pode representar uma coisa singular?

Essas questões repercutem na análise lingüística dos enunciados predicativos. Por razões epistêmicas e ontológicas, Tomás afirma que não é possível inteligir as coisas singulares, compostas de matéria e de forma, a não ser mediante conceitos. As coisas singulares materiais não são inteligíveis diretamente pelo intelecto em razão de serem individualizadas pela matéria e da matéria, que é o princípio de individuação, ser um princípio puramente potencial, conhecido, apenas, na sua relação com a forma. Segue-se, então, que o singular, composto na sua essência de forma e de matéria, é apenas potencialmente inteligível. Só indiretamente, mediante uma certa reflexão, o intelecto conhece as coisas singulares.[28] É preciso abstrair de maneira não-precisiva, isto é, deixar de lado, sem excluir, as condições individualizantes das coisas singulares materiais, para torná-las inteligíveis em ato. Em razão disso, o intelecto humano forma conceitos, que expressam naturezas absolutamente consideradas. Ora, como já assinalamos, numa oração predicativa, o sujeito lógico tem a função de mencionar coisas. As expressões que exercem a função de sujeito lógico numa oração predicativa são termos gerais, que significam conceitos, pois se não significassem conceitos, as coisas singulares, em princípio não seriam inteligidas, não podendo, em conseqüência, ser mencionadas. Uma pergunta, então, se impõe: Como termos gerais, que significam conceitos universais, podem mencionar coisas singulares, se conceitos exprimem essências absolutamente consideradas, portanto, qüididades sem qualquer relação com coisas singulares? Como os termos gerais significando conceitos podem mencionar coisas singulares?

A semântica de Tomás classifica[29] as orações predicativas elementares (*unas* e *simples*,[30] segundo o vocabulário tomásico) do ponto de vista da sua qualidade (afirmativas/negativas) e do ponto de vista da sua quantidade (universais/particulares/singulares/indefinidas). Uma oração predicativa é universal se seu conceito-sujeito é tomado universalmente. Note-se que o conceito é sempre universal. Quantificá-lo significa tomar o universal (conceito) universalmente, particularmente ou singularmente. Uma oração predicativa é particular (singular) se seu conceito-sujeito é tomado particularmente (singularmente). Uma oração predicativa é indefinida se seu conceito-sujeito não é precedido pelos sincategoremas "todo", "algum", "este". Nesse caso, ela é assimilada a uma oração particular. Assim, quantificar uma oração significa quantificar o conceito-sujeito[31] da oração predicativa. Mas, qual é o sujeito lógico dessas orações quantificadas, se o seu conceito-sujeito é sempre um universal que pode ser tomado universalmente, particularmente ou singularmente?

Do ponto de vista tomásico, não seria equivocado afirmar que os sujeitos lógicos (sobre o que versa a oração predicativa *elementar*)[32] são sempre os indivíduos singulares, ora considerados enquanto singulares, ora considerados enquanto o que é comum a vários indivíduos singulares. De fato, no seu *Comentário ao De Interpretatione* de Aristóteles, Tomás explica que se pode considerar numa coisa singular o que lhe é próprio (que, portanto, pertence somente a essa coisa singular) e também o que é comum a diversas outras coisas singulares. Pode-se atribuir a Sócrates o que pertence somente a Sócrates, como também se pode atribuir a Sócrates o que é comum a Sócrates, a Platão e a outros indivíduos.

Tomás, comentando Aristóteles, explica o sentido dos quantificadores da seguinte maneira. Pode-se predicar algo do universal de duas maneiras: a) como tendo uma existência separada dos singulares (uma existência na mente, por exemplo) ou b) como estando nos singulares. Isso explicaria a diferença entre os seguintes tipos de enunciado: *Homem é uma espécie* e *O homem é mortal*.[33] O caso "a" foi analisado exaustivamente pela teoria medieval da suposição, que diferenciou diversos tipos de suposição, o que, entre outras coisas, permitiu distinguir enunciados do tipo *'homem' tem 5 letras* dos enunciados do tipo *homem é uma espécie*. Mas, para Tomás, a quantificação aplica-se somente ao caso "b". Como já assinalamos, o (conceito) universal pode ser tomado universalmente, particularmente ou singularmente. O que significaria, por exemplo, tomar o universal universalmente? Tomás explica:

> "Com efeito, algumas vezes se atribui alguma coisa a um universal [a um conceito universal] em razão de sua natureza universal; diz-se, então, que algo é predicado universalmente de um universal, pois este universal convém a todos os singulares nos quais ele se encontra; também para significá-lo nas predicações afirmativas, forjou-se a expressão "todo", que designa um predicado atribuído a um sujeito universal para todas aquelas coisas que estão contidas sob esse sujeito."[34]

O conceito universal (obtido por abstração não-precisiva), que é sujeito de uma oração predicativa, pode significar uma única coisa. Nesse caso, o conceito universal é tomado singularmente. Daí as orações da forma: *Este homem (seja Sócrates) é X*. Mas o conceito universal pode significar também o que é comum a todas ou a algumas coisas singulares. Daí as orações da forma: *Todo homem (isto é, Sócrates e Platão e Aristóteles e ...) é X* e *Algum homem (Sócrates ou Platão ou ...) é X*. Nesse caso, o conceito universal é tomado universalmente ou particularmente significando uma propriedade *comum* a diferentes indivíduos. Daí se segue que o sujeito lógico *não é a propriedade comum* expressa pelo conceito, mas *são os indivíduos que têm em comum a propriedade* significada pelo conceito.

Explicar dessa maneira a função dos quantificadores pressupõe que os conceitos universais (obtidos por abstração não-precisiva) tomados universalmente, particularmente ou singularmente tenham uma relação com as coisas singulares. Assim, o conceito universal significaria singulares *sob uma propriedade comum*. Como justificar essa tese, uma vez que os conceitos têm como conteúdo essências absolutamente consideradas?

A 1ª operação do intelecto envolve uma relação com o sensível pelo fato da qüididade ter sido abstraída da imagem sensível. Mas envolve também uma outra relação com o sensível em razão da operação denominada por Tomás "retorno à imagem sensível".[35] A justificação da necessidade dessa operação é complexa, pois envolve considerações epistêmicas e ontológicas. Como já assinalamos, é tese tomásica que o intelecto apreende diretamente apenas o universal, só indiretamente o singular, pois este só seria captado pelos sentidos.[36] Assim, se o conhecimento humano tivesse como objeto próprio apenas a qüididade expressa conceitualmente, poderiam ser conhecidas pelo intelecto humano apenas as formas separadas da matéria, representadas pelas determinações inteligíveis abstratas. Mas, segundo a tese hilemórfica, pertence à natureza dessas formas existirem num indivíduo composto de matéria e de forma. É da razão da natureza da pedra existir *nessa* pedra.[37] Portanto, se o intelecto humano tiver o poder de conhecer, o objeto próprio de seu conhecimento não pode ser a qüididade que é expressa conceitualmente, mas deve ser a qüididade *nas* coisas materiais.[38] A qüididade abstrata é sempre para Tomás indeterminada; o determinado é sempre o singular concreto.[39] E este só pode ser "representado ou conhecido pelo 'retorno à imagem sensível'".

É, portanto, necessário *concretizar* a qüididade ou fazer, segundo a expressão de Maréchal, uma *síntese concretiva*, isto é, correlacionar a qüididade abstrata com a imagem sensível que, tomada nela mesma, é uma representação subjetiva de um conteúdo singular. Essa síntese concretiva torna inteligível a imagem e mostra como o conceito universal pode ser considerado como uma representação (similitude) inteligível de objetos singulares.

Mas a síntese concretiva é ainda uma operação que pertence à 1ª operação do intelecto. Ela não é uma síntese judicativa entre o predicado e o sujeito, é apenas uma condição para que seja efetuada uma predicação. De fato, as orações predicativas afirmativas elementares têm a forma *S é P*, onde "*S*" está no lugar de um termo geral, quantificado ou não. Os sujeitos das orações predicativas são sempre termos gerais que significam conceitos universais. A relação conceito-imagem é uma condição para que um conceito possa mencionar ou representar objetos singulares num juízo por composição e possa, dessa maneira, exercer a função de sujeito da oração predicativa.

Assim, a síntese concretiva permite explicar que, sob uma propriedade comum, expressa conceitualmente, estão contidas representações sensíveis de objetos singulares. Isso tornaria uma série de definições ou de teses tomásicas plausíveis: a definição do universal como *o que pode ser dito de muitos*; a tese de que o sujeito lógico das orações predicativas elementares com termos gerais quantificados seria as coisas singulares etc.

## 3. *Predicação, composição e divisão*

A 1ª operação da mente concerne à representação conceitual; a 2ª operação, ao conhecimento de objetos. Habitualmente, a 2ª operação do intelecto é denominada pelos intérpretes tomistas operação judicativa ou juízo. No entanto, de certa maneira, como já assinalamos, os sentidos também julgam.[40] De fato, Tomás denomina essa 2ª operação composição e divisão. Assim, é útil distinguir o juízo, que pode ser um ato dos sentidos ou do intelecto, do ato propriamente intelectual que consiste em julgar por composição e divisão, que caracteriza a 2ª operação. O intelecto humano conhece judicativamente mediante composição ou divisão.[41]

A composição de que trata a 2ª operação do intelecto não é, no entanto, uma mera união de conceitos, como seria a que uniria dois conceitos distintos; por exemplo, a que seria expressa pelo conceito complexo *homem justo*. Compor e dividir significam sintetizar conceitos por modo de predicação. Tomás explica de maneira precisa o significado de uma composição conceitual por predicação: "Em toda proposição, uma forma significada pelo predicado ou se aplica a alguma coisa significada pelo sujeito ou então é da coisa removida".[42] Numa oração predicativa afirmativa, mediante o conceito-sujeito, é expressa uma propriedade sob a qual podem cair diversas coisas (objetos) que têm em comum essa propriedade.

Mediante o conceito-predicado, é expressa uma propriedade que se aplica às coisas mencionadas pelo conceito-sujeito. Graças ao conceito-sujeito, o conceito-predicado (que significa uma forma[43]) é relacionado com as coisas mencionadas pelo sujeito da oração predicativa. Assim, vê-se que a oração predicativa não pode ser analisada como se fosse uma relação entre duas coisas significadas pelo conceito-sujeito e pelo conceito-predicado. Ela é analisada por Tomás de maneira análoga à relação da forma com a matéria: o predicado significa uma forma que determina inteligivelmente a coisa significada pelo sujeito da predicação, que, dessa maneira, exerce a função que a matéria exerce na composição hilemórfica. "Os predicados são assumidos formalmente e o sujeito materialmente."[44]

A composição ou divisão predicativa é caracterizada pela distinção de duas funções, ambas exercidas por conceitos: o conceito-sujeito menciona coisas (uma determinada coisa ou algumas coisas ou todas as coisas que têm em comum uma propriedade) e o predicado só classifica ou determina inteligivelmente as coisas pela mediação do conceito-sujeito. Daí se compreende a tese do lógico tomista Vincent Ferrer[45] que afirmava que os predicados não supõem, pois não mencionam diretamente as coisas; só o conceito-sujeito na predicação pode fazer suposição de existência; os predicados apenas classificam, mediante propriedades, as coisas mencionadas pelo conceito-sujeito.

Qual é a operação lingüística que significa a operação de composição e divisão?

Tomás de Aquino distinguiu, no *Peryermenias*,[46] as orações denominadas orações perfeitas que não têm valor de verdade (como as orações interrogativas, imperativas, deprecativas etc) das orações perfeitas que têm valor de verdade, os enunciados. Assim, enunciados seriam orações pertencentes ao gênero das orações perfeitas. As orações que Tomás denomina orações perfeitas são as que denominamos orações predicativas. Estas se caracterizariam pela aplicação ou exclusão de uma propriedade à coisa significada pelo sujeito. Dessa maneira, fica determinado *o que está sendo atribuído ao que está sendo mencionado*. Assim, por exemplo, por satisfazer às condições da predicação, uma oração interrogativa seria uma oração predicativa, mas não seria um enunciado, pois interrogações não são nem verdadeiras nem falsas.

Uma conseqüência dessa distinção é a de que as orações predicativas, embora nelas o predicado esteja unido ao sujeito pela cópula, não envolvem uma descrição do real, pois não dizem ou afirmam que algo é ou não é o caso. No entanto, a síntese do predicado com o sujeito na predicação realiza-se mediante o verbo *ser*. Qual é o significado desse verbo nas orações predicativas? Ao lado de sua função de síntese, ele não teria também uma função existencial? Ele não significaria (ou co-significaria, segundo a expressão de Tomás) que algo seria o caso? Se fosse assim, as orações predicativas não teriam, nelas mesmas, uma função apofântica? Em conseqüência, elas não deveriam ser assimiladas a enunciados?

Ao lado da distinção entre as orações perfeitas que têm e as que não têm valor de verdade, Tomás introduziu também outra distinção que se aplica às orações predicativas e, conseqüentemente, aos enunciados. Trata-se da diferença entre orações predicativas de segundo e de terceiro adjacente. Essa distinção esclarece a função desempenhada pelo verbo *ser* e diferencia a função atributiva da função existencial dos enunciados.

Uma oração de terceiro adjacente é composta de um termo-sujeito e de um predicado *formado por duas palavras*: o verbo *ser* e uma outra expressão (termo-nome que significa um conceito). A forma desse enunciado é *S é P*, onde *é P* é uma expressão complexa, formada por dois termos, sendo que um deles é um nome.

"[...] *é* é predicado como adjacente ao principal predicado. E diz-se que é terceiro, não porque seja um terceiro predicado, mas porque é uma *terceira expressão* colocada no enunciado que, simultaneamente, com um nome-predicado forma *um único predicado*, de tal maneira que o enunciado é divido em duas e não em três partes"[47] [grifos nossos].

Assim, o verbo *ser*, enquanto exerce a função de cópula, tem o sentido do verbo *inesse:* a forma significada pelo sujeito está (ou não) na coisa significada pelo sujeito.[48]

Uma oração de segundo adjacente é formada por dois termos: um termo-sujeito e um termo simples, que é um verbo, pois não há oração predicativa sem verbo.[49] Se o verbo da oração de segundo adjacente é o verbo *ser*, a oração predicativa significa que o que é significado pelo termo-sujeito existe. Note-se que essa predicação "existencial" poderia ser usada numa pergunta, numa prece, poderia ser usada, portanto, sem função apofântica.

Quando aplicada aos enunciados, a distinção entre orações de segundo adjacente e de terceiro adjacente permite diferenciar lingüisticamente a função existencial da função atributiva dessas orações. O enunciado de segundo adjacente da forma *S é* é um enunciado existencial e significa que existe o objeto mencionado pelo sujeito: "[...] quando se diz que Sócrates é (existe): através disso nada de outro pretendemos significar senão que Sócrates existe na natureza (*sit in rerum natura*)".[50] Mas, num enunciado de terceiro adjacente (da forma *S é P*), não é afirmada diretamente a existência efetiva do que é expresso pelo termo-sujeito, mas é dito que a coisa indicada pelo sujeito satisfaz à propriedade significada pelo predicado. Assim, num enunciado de terceiro adjacente, a existência da coisa mencionada *não é afirmada*, embora possa ser *suposta*. Obviamente, supor a existência de uma coisa não equivale a afirmar sua existência.

> "Mas, algumas vezes *é* não é predicado por si, como predicado principal, mas como unido ao predicado principal para conectá-lo ao sujeito, assim como quando se diz *Sócrates é branco*. Não é intenção do locutor afirmar que Sócrates existe na natureza, mas atribuir a ele a brancura mediante este verbo *é*."[51]

Dessa maneira, Tomás parece rejeitar a análise do enunciado predicativo da forma *S é P* como significando *S existe enquanto P*,[52] pois nos enunciados de terceiro adjacente, a existência não é posta, mas é apenas suposta.

## 4. *Enunciado e juízo por composição e divisão*

Tomás de Aquino afirma que, dentre as orações predicativas, só os enunciados têm valor de verdade. Daí se segue que só os termos complexos da 2ª operação do intelecto, isto é, os juízos por composição e divisão, podem ter valor de verdade. Termos incomplexos, os conceitos, não seriam nem verdadeiros nem falsos. No entanto, certos textos de Tomás contrariam essa tese, pois dizem que as faculdades cognoscitivas não podem errar e são sempre verdadeiras em relação a seus objetos próprios. Há, portanto, verdade nas operações dos sentidos e na 1ª operação do intelecto.[53] Ora, como o objeto próprio da faculdade intelectiva é a qüididade das coisas materiais, só acidentalmente o intelecto se enganaria nas definições que explicitam as características das qüididades.

Haveria uma inconsistência nas afirmações de Tomás de Aquino: de um lado, só os termos complexos por composição e divisão seriam verdadeiros ou falsos. Por outro lado, os sentidos e o intelecto (enquanto apreende as qüididades das coisas materiais) são verdadeiros em relação aos seus objetos próprios. Portanto, o que resulta das operações que precedem o ato judicativo por composição e divisão seria verdadeiro. Como, então, compatibilizar as afirmações tomásicas: de um lado, só há verdade no juízo por composição e divisão por outro lado, o termo de algumas das operações préjudicativas pode ser considerado verdadeiro?

O esclarecimento dessa questão nos remete à análise da noção de verdade.

Tomás de Aquino analisa a verdade sob três aspectos:[54] 1) o fundamento da verdade (o *ente*), aquilo que torna um enunciado verdadeiro, 2) a definição formal da verdade, que é a conformidade do intelecto à coisa e 3) a conseqüência da verdade, que é o conhecimento.

Os dois primeiros aspectos não são problemáticos quando formulados num contexto realista. Se a verdade é definida formalmente como conformidade do intelecto à coisa, é a coisa real que torna o enunciado verdadeiro, "[...] assim, a entidade da coisa precede a razão da verdade, mas a cognição é certamente o efeito da verdade".[55] Qual o significado preciso desse terceiro aspecto da análise da verdade?

Tomás parece ter sido levado a formular essa tese em razão dos seguintes argumentos: as *species* sensíveis,[56] e, particularmente, a *species* sensível da imaginação,[57] são representações (similitudes) das coisas sentidas. Os conceitos qüididativos são também similitudes de propriedades de coisas. Em relação aos seus objetos, os sensíveis próprios só acidentalmente[58] podem ser falsos. Tal ocorre também em relação aos conceitos na medida em que a qüididade das coisas materiais é o objeto próprio do intelecto humano e que conceitos significam qüididades.[59] Pode-se, então, afirmar que, sob esse aspecto, "descobre-se que os sentidos são verdadeiros de alguma coisa ou que o intelecto também o é quando conhece *aquilo que é*. Mas não que conheça ou diga a verdade".[60] Assim, se as faculdades sensíveis e a faculdade intelectual (enquanto apreende as qüididades das coisas materiais) não erram em relação aos seus objetos próprios e, sob esse aspecto, suas operações podem ser consideradas verdadeiras, elas, ao apreenderem os objetos que lhe são próprios, *não conhecem nem dizem a verdade*.[61] Só o intelecto no juízo por composição e divisão pode conhecer sua conformidade à coisa conhecida, isto é, só no juízo a verdade é conhecida.[62] Por quê?

Os atos das faculdades cognoscitivas envolvem reflexão, que [63] é a consciência (*cognitio*) do exercício de um ato mental,[64] isto é, é a consciência do ato exercido. O ato de julgar, enquanto ato do intelecto, envolve reflexão. Mas a reflexão envolvida nesse ato não é apenas a consciência que acompanha o exercício de um ato, mas é a consciência da *relação* (*proportio*) da atribuição da forma intencional significada pelo predicado à coisa significada pelo sujeito. É, portanto, a consciência da relação do ato intencional (juízo) com a coisa. Nesse caso, a consciência não se superpõe ao ato nem apenas acompanha o exercício do ato, mas constitui o próprio ato, pois sem reflexão o real não seria significado pelo juízo, isto é, não haveria relação do ato representacional com a própria coisa visada. Assim, o ato de julgar depende da consciência do ato porque é por ela constituído. Por quê?

O ato de julgar tem o intelecto como seu princípio. Em razão disso, a consciência do ato de julgar envolve a consciência desse princípio, isto é, a consciência da presença do intelecto no ato de julgar.[65] Mas, a consciência da presença desse princípio é a consciência da função do intelecto. Tomás exprime a consciência dessa "função" como sendo a consciência da "natureza" do intelecto. Não se trata, no entanto, da consciência qüididativa da essência do intelecto na medida em que o intelecto é uma faculdade imaterial, independente do corpo, que tem a alma humana como seu sujeito, pois, caso contrário, só os filósofos metafísicos poderiam julgar. Trata-se, nesse caso, da consciência de que a natureza do intelecto é a de visar às coisas ou "a de se conformar às coisas".[66] O intelecto seria, então, uma faculdade que se caracterizaria por um dinamismo imanente: o de visar às coisas.[67]

Assim, segundo o texto do *De veritate*, a atribuição de uma propriedade, expressa pelo predicado, a uma coisa, mencionada pelo sujeito do juízo, tem por condição: a) a consciência (*cognitio*) da relação (*proportio*) do ato de julgar à coisa, b) que, por sua vez, tem como condição a consciência de que o intelecto é o princípio do ato de julgar e c) que, finalmente, tem como condição a consciência da "natureza" do intelecto, isto é, a consciência de sua função ou de seu dinamismo, que é o de se conformar às coisas. A reflexão (consciência ou cognição) que constitui o ato de julgar e que envolve a consciência da "natureza" do intelecto é denominada *reflexão completa*.

Ter uma *species* inteligível, como ocorre, por exemplo, quando se apreende uma qüididade, pode envolver consciência na medida em que o ato de formar um conceito qüididativo é um ato intelectual; mas a consciência desse ato não envolve a consciência da relação de atribuição da forma à coisa, pois é essa relação que caracteriza o ato de julgar e o distingue do ato de formar conceitos. Não envolvendo essa consciência da relação, não pode envolver a consciência do dinamismo do intelecto, que é o de se conformar às coisas. Segue-se que o ato de produzir conceitos não envolve uma reflexão completa.[68]

Já assinalamos que "orações predicativas" significam a composição e a divisão pressuposta por todo juízo intelectual;

"enunciados" significam juízos por composição e divisão, que se caracterizam por terem valor de verdade. Mas se "predicar" significa compor ou dividir, e se a noção de juízo por composição e divisão não é assimilada à noção de predicação, é legítimo perguntar se as condições acima indicadas são condições necessárias e suficientes para a realização do ato predicativo (ou do ato de composição e divisão) ou se são condições necessárias e suficientes para a realização do ato judicativo por composição e divisão.

O texto do *De veritate* concerne ao conhecimento da verdade, isto é, ao conhecimento da conformidade do juízo com a coisa. Portanto, nessa questão o *De veritate* analisa uma das condições do conhecimento da verdade. É uma tese de Tomás de Aquino que só o juízo por composição e divisão (e não a mera predicação) é capaz de "dizer a verdade". Mas, se é assim, a mera predicação (ou composição e divisão) não pode satisfazer à condição que explicaria o fato de que só o juízo por composição e divisão é verdadeiro ou falso. Qual seria essa condição?

No *Comentário* à *Metafísica*,[69] Tomás, retomando e explicitando a tese expostas no do *De Veritate* I, 9, afirma:

> "Porém, o intelecto tem em si a similitude das coisas inteligidas quando concebe as razões dos incomplexos. Mas, em razão disso, ele não julga a própria similitude, mas só faz isso quando compõe e divide. Com efeito, quando o intelecto concebe o que é animal, mortal, racional, ele tem em si a similitude de homem, mas ele não conhece por causa disso que ele tem essa similitude porque não julga que 'homem é um animal racional mortal'. Daí, somente nessa segunda operação do intelecto [composição e divisão] está a verdade ou a falsidade segundo que o intelecto

não somente tem a similitude da coisa inteligida, mas também reflete [*reflectitur*] sobre ela [similitude] a conhecendo e a julgando."

A atribuição da similitude intencional à coisa extramental, que tem como condição a reflexão completa, se efetua através do ato de afirmar ou de negar: "Com efeito, os termos simples não significam nem a verdade nem a falsidade. Mas os termos complexos têm verdade ou falsidade *através da afirmação e da negação*"[70] [grifo nosso].

Qual é o significado das expressões *afirmação* e *negação*?

Comentando um texto do *De interpretatione*[71] de Aristóteles e algumas de suas interpretações medievais, Tomás assume a análise de Amônio e afirma: "[...] ele [Ammonius] acrescenta (*subdit*) que *a afirmação é a enunciação de algo sobre algo* pela qual é significado o ser, e *a negação é a enunciação de algo separado de algo*, o que significa o não-ser".[72]

Qual é o sentido desse texto?

Habitualmente, uma predicação é denominada afirmativa se a função da cópula é a de compor o predicado com o sujeito. Para realizar essa função, é usado o verbo *ser*. A predicação é denominada negativa se a função da cópula é a de dividir ou a de separar o predicado do sujeito. Obviamente, essa função é realizada quando a cópula é precedida pelo operador "não". Mas a afirmação referida pelo texto de Tomás não é uma afirmação ou negação predicativa, é uma afirmação ou negação apofântica, pois a sua função não é apenas a de compor ou separar o predicado do sujeito, mas é, *através dessa composição ou divisão*, pôr como real a composição ou a separação; é, assim, afirmar (ou negar) que algo é ou não é o caso.

A afirmação e a negação apofânticas são operadores que exercem suas funções através da afirmação ou da negação predicativa, transformando a predicação afirmativa num enunciado afirmativo ou transformando uma predicação negativa num enunciado negativo. *Enunciar* uma predicação afirmativa significa considerar que a propriedade expressa pelo predicado está efetivamente na coisa mencionada pelo conceito-sujeito; *enunciar* uma predicação negativa significa, por sua vez, *excluir* uma propriedade (expressa pelo conceito-predicado) de algo efetivamente real ou significa considerar não-existente a coisa mencionada pelo conceito-sujeito. Por isso, ao afirmar ou ao negar uma predicação, é significado o ser ou o não-ser. Entretanto, significar o *ser* ou o *não-ser* através de uma composição ou divisão não é algo que a predicação faça por si mesma, mas é algo que o enunciado faz graças à afirmação ou à negação apofântica. Assim, afirmação e negação são operadores apofânticos e predicativos, pois, de um lado, transformam uma predicação numa enunciação, pondo a predicação como real (objetiva); por outro lado, são também operadores predicativos que exprimem ou bem a união ou bem a separação do predicado com o sujeito.

Assim, a afirmação e a negação predicativa correlacionam o que é significado pela frase predicativa com a realidade. Por exemplo, um enunciado afirmativo é verdadeiro se enuncia que é *o que é;* um enunciado negativo é falso se enuncia que não é *o que é*; um enunciado afirmativo é falso se enuncia que é *o que não é*, um enunciado negativo é verdadeiro se enuncia que não é *o que não é*. Fixadas as condições de verdade dos enunciados afirmativos e negativos, fica evidenciada não só a função apofântica e predicativa deles, como também a relação de oposição contraditória entre eles.

Mas a afirmação de que um enunciado negativo verdadeiro significa que *não é o que não é* comprometeria a ontologia de Tomás de Aquino com o que foi denominado *fatos negativos?* *O que não é*, o não-ser, seria o que tornaria verdadeiro o enunciado negativo? Através do enunciado negativo verdadeiro não é significado que o que foi separado pela predicação corresponde ao não-ser, como se o não-ser fosse uma realidade tal como é o ser, mas é significado que na realidade não se encontra a composição da propriedade (expressa pelo predicado) com a coisa (mencionada pelo sujeito) ou que a própria coisa, mencionada pelo sujeito, inexiste Por isso, graças à negação, pode-se "dizer o não-ser" sem se comprometer com uma ontologia de fatos negativos.

## 5. Conclusão

São conhecidas as disputas entre intérpretes tomistas do passado e do presente sobre o papel que as noções de *essência* (ou *qüididade*), *ente, ser* e *existência* desempenham na metafísica tomásica. Essas noções apareceram na exposição da teoria judicativa tomásica quando foram analisadas as noções de conceito, de juízo por composição e divisão e de enunciado existencial de segundo adjacente. As diferentes funções que essas noções exercem na teoria do juízo são indícios de certas teses da metafísica tomásica que afirmam, por exemplo, a distinção ou a composição real entre ser e essência no ente finito.

Conceitos conectados às imagens são representações (similitudes) do que são as coisas singulares. Exprimem de modo universal qüididades que, tomadas nelas mesmas, não são nem singulares nem universais, embora existam de modo singular nas coisas materiais e de modo universal/abstrato no intelecto.[73]

A formação de conceitos é uma etapa da produção de juízos. Conceitos exercem no juízo o papel de sujeito e de predicado permitindo que "algo seja dito de algo". Mas a predicação não é ainda uma instanciação de qüididades num sujeito singular existente. Tomás escreve no *De ente et essentia*:[74] "[...] toda essência ou qüididade pode ser pensada sem que nada seja pensado do seu ser: posso com efeito inteligir o que [*quid est*] é homem ou o que é fênix e contudo ignorar se existe um tal ser na natureza; é claro que o ser é outra coisa que a essência ou qüididade". Esse argumento parece apoiar-se na diferença entre conceito e juízo e demonstra a distinção lógica (que não é ainda uma distinção real) entre essência e ser.

Todos os enunciados afirmativos ou negativos, verdadeiros ou falsos, significam o ser ou o não-ser, pois correlacionam a qüididade, expressa conceitualmente, com o real. Na teoria do juízo, a noção de *ser* ainda não tem o seu significado metafísico de "ato de todos os atos, perfeição de todas as perfeições".[75] No juízo, *ser* é a realidade tomada nela mesma, que se opõe à realidade representativa ou intencional. O *ser* é, assim, a "norma" da verdade.

Mas, sob esse aspecto, na teoria do juízo, a noção de *ser* não seria identificada com a noção de *ente*, "o que tem ser"? Sem analisar essa difícil questão, objeto de inúmeros livros e artigos, assinalamos apenas que, do ponto de vista do juízo, é necessário distinguir o que o conceito apreende e aquilo que o juízo, por composição e divisão, significa. Tudo o que é apreendido conceitualmente pelo intelecto envolve a noção de *ente*.[76] O *ser* não é expresso qüididativamente, mas é "apreendido" ou significado pelo juízo,[77] cuja função é a de "pôr" como real (possível ou atual) o que ele significa ou representa.

Alguns enunciados são existenciais (como os de segundo adjacente da forma *S é*), afirmando ou negando que de fato algo existe. Outros enunciados verdadeiros supõem a existência de algo sem, contudo, afirmá-la (como os enunciados afirmativos de terceiro adjacente da forma *S é P*); outros enunciados são verdadeiros e não afirmam nem supõem a existência (como alguns enunciados negativos de terceiro adjacente). Enunciados afirmativos ou negativos são caracterizados pela noção de ser ou de não-ser, enunciados existenciais são caracterizados pela afirmação ou negação da existência ou da atualidade factual do que é mencionado pelo conceito-sujeito. Assim, produzir um enunciado ou significar o *ser* mediante a produção de um enunciado afirmativo não equivale a afirmar que algo existe. Do ponto de vista da teoria do juízo, *ser* não tem o mesmo significado de *existência*.

As distinções entre ser, ente, essência e existência que estão envolvidas na análise do juízo tomásica são sugestivas e remetem sua justificação à análise metafísica. Seguindo, assim, certa tradição filosófica, vê-se que a teoria do juízo tomásica pode ser a ante-sala ou "o ponto de partida" da metafísica.

## Notas

1. Dedico este capítulo a Henrique Vaz filósofo, mestre e amigo, falecido em maio de 2002, que escreveu sobre o tema deste trabalho dois textos magistrais: "Itinerário da Ontologia Clássica" e "Tomás de Aquino: Pensar a Metafísica na Aurora de um Novo Século". Ver VAZ, 1968, p. 67-91 e VAZ, 1996, p. 159-207.
2. Ver o "tomismo transcendental", cuja obra fundamental é a de MARÉCHAL, 1949 e que teve em K. Rahner, J. de Finance e A. Marc os seus mais conhecidos seguidores.
3. Ver o "tomismo existencial", cujo texto fundamental é o livro de GILSON, 1948. Uma versão em inglês desse livro foi publicada com o título *Being and some philosophers*. A segunda edição desse livro contém um importante Apêndice com uma crítica de L. M. Régis à interpretação de Gilson e com resposta do próprio Gilson. J. Maritain, L. Geiger, J. Owens e outros participaram, a seu modo, dessa linha de interpretação. Ver também a penetrante crítica ao "tomismo existencial" de McINERNY, 1986, p. 173-228. WIPPEL, embora não possa ser considerado como um "tomista existencial", concorda com muitas teses dessa escola. Ver, por exemplo, o seu livro *The metaphysical thought of Thomas Aquinas*, p. 21-62.
4. Ver ANSCOMBE e GEACH, 1961. Geach publicou inúmeros artigos sobre a filosofia de Tomás. Ver, especialmente: GEACH, 1969, p. 42-64.
5. Neste capítulo, não analisaremos a questão da intelecção dos "primeiros princípios" e a função deles na constituição da ciência demonstrativa. De fato, os primeiros princípios são "normas reguladoras e constitutivas" do ato intelectual. (Ver, por exemplo, a função do princípio de contradição na apreensão qüiditativa e na operação judicativa de composição e de divisão). Mas a abordagem dessa questão envolve a análise do problema da "iluminação" do intelecto humano pelo intelecto divino ou a da participação do intelecto humano no intelecto divino. O estudo desses temas transcende o objetivo deste capítulo na medida em que impõe uma reflexão pormenorizada sobre a natureza qüiditativa do intelecto humano e a do intelecto em geral.
6. GARCEAU, 1968, p. 101-152 e 265-278.

7. AQUINO, 1989. (Ver também a tradução francesa de B. Couillaud e M. Couillaud: *Commentaire du traité de l'interprétation d'Aristote*).
8. ARISTÓTELES, 2002.
9. *De interpretatione, op. cit.*, $16^b$ 8.
10. *Idem, op. cit.*, $16^a$ 19-20 e $16^a$ 32- $16^b$ 7.
11. Ver a análise de Geach sobre as noções de sujeito e de predicado que se apóiam nos comentários de Tomás sobre o *De interpretatione:* GEACH, 1968, p. 22-44.
12. *Peryermenias, op. cit.*, I, cap. 5, p. 30-31.
13. "[...] daí que quando queremos significar que qualquer forma ou ato está atualmente (*inesse*) em algum sujeito, significamos isso por este verbo *é* ou sem qualificação (*simpliciter*) segundo o tempo presente ou com uma qualificação (*secundum quid*), mas segundo outros tempos" (*Peryermenias, op. cit.*, I, cap. 5, p. 31).
14. Geach afirma que Tomás de Aquino distingue dois tipos de enunciados "existenciais": os da forma "Há um x que é P" e os da forma *"S existe"*. Os enunciados que têm a primeira forma responderiam à questão *an sit* e significariam o ente veritativo, isto é, a verdade de um enunciado categórico afirmativo. A distinção entre esses dois gêneros de enunciados existenciais permitiria explicar o sentido dos enunciados existenciais verdadeiros cujo sujeito menciona privações como, por exemplo, "A cegueira existe". Esse enunciado significa um ente veritativo, não categorial, e equivaleria ao enunciado *Há algo que é cego*. Enunciados dessa forma correspondem aos enunciados existenciais da lógica de 1ª ordem. Os enunciados existenciais da forma *"S existe"* (onde *"S"* significa um indivíduo) afirmam a existência atual do indivíduo mencionado pelo sujeito e classificam o que é mencionado pelo sujeito como um ente categorial. Ver: GEACH. *Three philosophers*, p. 88-91. Ver também: WEIDEMANN, 2002, p. 77-95.
15. *Summa contra gentiles*, II, 54 "[...] que também pode ser dita [composição] *do que é* (***quod est***) e *ser* (***esse***) ou *do que é* (***quod est***) e *daquilo pelo qual algo é* (***quo est***)."
16. *Peryermenias, op. cit.*, I, cap. 2, p. 11.
17. *Librum boethii de trinitate*, q. 6, a. 2.

18. Ver, por exemplo, os comentários ao *De trinitate* (*op. cit.*, q. 5, a. 3), ao *Peryermenias* (*op. cit.*, I, 1, p. 5) e à *Metafísica* (in *Libros metaphysicorum*, 1, VI, cap. 4).

19. *De veritate*, q. 1, a. 9. (Ver tradução francesa, edição bilíngüe, de BROUWER e PEETERS, 2002).

20. *Qüididade* exprime a definição formal da essência. Ver: *Summa theologiae (ST)* I, 29, a. 3. Nós usaremos esse termo de uma maneira vaga significando apenas qualquer propriedade inteligível.

21. A operação de abstração foi analisada por Tomás tematicamente nos textos: *Librum boethii de trinitate* (*op. cit.*, q. 5, a. 3), no *De ente et essentia*, cap. 2 e na *Summa theologiae*, I, q. 85, a. 1 e 2 e em algumas passagens do Comentário ao *De Anima*.

22. Note-se que a teoria da abstração tomásica foi modificada, ao menos do ponto de vista terminológico, por Cajetano nos seus Comentários ao *De ente et essentia*. A abstração foi classificada então em abstração formal, com os seus três graus (abstração da matéria sensível, da matéria inteligível e da matéria) e abstração total que se assemelha à abstração do todo de Tomás. Essas distinções de *graus* de abstração da abstração dita formal não exprimem integralmente a concepção tomásica de abstração e, de toda maneira, põem indiretamente em questão a função do juízo que será exposta neste capítulo.

23. *De ente, op. cit.*, cap. 2, p. 91-95. Sobre a noção de *natureza absolutamente considerada* ver: a) CAJETANO, 1964, p. 155-164; b) EDWARDS, 2002, p. 97-115; c) OWENS, 1980, p. 52-96; d) TONQUÉDEC, 1961, p. 155-163.

24. *De interpretatione, op. cit.*, 17a 39-40. A. de Libera cita a distinção conceitual de Pedro de Espanha entre predicável e universal: *predicável* é o que está apto a ser dito de muitos e *universal*, o que é apto a existir em muitos. (Ver: LIBERA, 1996, p. 234).

25. *De ente, op. cit.*, cap. 3, p. 93 : "*Ergo patet quod natura hominis absolute considerata abstrahit a quolibet esse, ita tamen quod non fiat praecisio alicuius eorum. Et haec natura sic considerata est quae est praedicatur de individuis omnibus*".

26. Ver sobre esse problema : *De ente, op. cit.*, p. 91-94 e o livro de LIBERA, 1996, p. 281-282.

27. CAJETANO, 1964, p. 156.
28. *Summa theologiae*, I, 86, a. 1.
29. *Peryermenias, op. cit.*, I, cap. 10, p. 51-52.
30. *Idem*, I, cap. 8.
31. Certos lógicos medievais aceitavam que o predicado também pudesse ser "quantificado": o predicado de uma oração predicativa afirmativa seria tomado particularmente; o predicado de uma oração predicativa negativa seria tomado universalmente.
32. Obviamente, essa análise se aplica às orações predicativas cujos termos gerais significam o universal direto.
33. Assinale-se que não existe artigo definido em latim.
34. *Peryermenias, op. cit.*, I, cap. 10, p. 52.
35. *Summa theologiae*, I, 84, a. 7.
36. *Summa theologiae*, I, 86, a. 1. Note-se que o intelecto apreende diretamente, mas não imediatamente, o universal, já que o universal é obtido pela operação de abstração.
37. "[...] *sicut de ratione naturae lapidis est quod sit in hoc lapide, et de ratione naturae equi quod sit in hoc equo, et sic de aliis.*" (*Summa theologiae*, I, 84, a. 7, c).
38. *Summa theologiae*, I, 85, a. 8 ; I, 88, a. 2 e 3.
39. Ver FOREST, 1956, p. 72-97.
40. Ver, por exemplo, *De veritate, op. cit.*, I, 9 e *Summa theologiae*, I, 17, a. 2.
41. "[...] mas quando julga que a coisa é da maneira que é a forma que apreende da coisa; então primeiramente conhece e diz a verdade. *E faz isso compondo e dividindo*; pois em toda proposição alguma forma significada pelo predicado ou é aplicada a alguma coisa significada pelo sujeito ou é removida dele" (*Summa theologiae*, I, 16, a. 2, c; grifo nosso).
42. *Idem*.
43. Ver ANSCOMBE e GEACH, 1961, p. 75-81. Segundo esses autores, o que Tomás denomina forma pode ser expresso como um predicado lógico... *é P* ou (no caso da forma ocupar a posição de sujeito da predicação) pode ser significado pela expressão *P de...*, exigindo, assim, um complemento de um nome (próprio) de objeto. Mas

a semântica tomásica terá a noção de nome próprio? Nome próprio não seria uma descrição definida disfarçada?

44. *Summa theologiae*, I, 13, a. 12, c. e *Peryermenias, op. cit.*, I, cap. 8, p. 42: "[...] pois o predicado é relacionado ao seu sujeito como a forma à matéria".
45. FERRER, 1977, p. 93.
46. *Peryermenias, op. cit.*, I, cap. 7.
47. *Peryermenias, op. cit.*, II, cap. 2, p. 88.
48. *Libros metaphysicorum*, l, VI, cap. 4, n. 1223: "Assim, aqui afirmação é denominada (*dicitur*) composição porque ela significa que o predicado está (*inesse*) no sujeito. Mas a negação é denominada (*dicitur*) divisão, porque ela significa que o predicado foi removido do sujeito".
49. *Peryermenias, op. cit.*, I, cap. 8, p. 40-41.
50. *Idem*, II, cap. 2, p. 88.
51. *Ibidem*, p. 88.
52. Ver BÄCK, 2000, p. 98-131.
53. *Summa theologiae*, I, 17, a. 2-3; I, 85, a. 6 e *Peryermenias, op. cit.*, I, cap. 3, p. 16.
54. *De veritate, op. cit.*, I, 1.
55. *Idem*. Ver também: *Summa theologiae*, I, 16, a. 2, c.
56. *Summa theologiae*, I, 17, a. 2; I, 78, a. 4, ad 2.
57. *Summa theologiae*, I, 79, a. 4, ad 4.
58. *De veritate, op. cit.*, I, a. 11; *Summa theologiae*, I, 17, a. 2.
59. *Summa theologiae*, I, 17, a. 3; I, 85, a. 6.
60. *Summa theologiae*, I, 16, a. 2, c.
61. *Summa theologiae*, I, 16, a. 3, c.Ver também *Libros metaphysicorum*, l, VI, cap. 4 e *Peryermenias, op. cit.*, I, cap. 3, p. 16-17.
62. "Daí conhecer esta conformidade é conhecer a verdade." (*Summa theologiae*, I, 16, a. 2, c).
63. *De veritate, op. cit.*, q. 1, a. 9. Ver o comentário clássico desse artigo por BOYER, 1924, p. 219-224, o livro de DE FINANCE, 1946, p. 23-46 e o de PUTALLAZ, 1991, p. 150-202.

64. Os atos sensíveis têm também uma certa reflexão: "Porém os sentidos... conhecem o sensível, mas também conhecem que sentem..." (*De veritate, op. cit.*, I, 9).
65. *Summa Theologiae*, I, 87, a. 1, c.
66. *De veritate*, I, 9.
67. Ver PUTALLAZ, 1991, p. 195 : "[...] conhecer a natureza do intelecto não significa exatamente 'conhecer sua essência'; conhecer a natureza do intelecto significa apreender (*saisir*) o princípio do dinamismo intelectual que conduz o intelecto a se conformar às coisas, por natureza, ao que é". A noção de dinamismo intelectual é central à interpretação marechaliana da epistemologia tomásica. Graças a ela, seria possível, segundo Maréchal, superar o formalismo da interpretação kantiana do juízo.
68. Essa afirmação significa que o dinamismo intelectual só se exprime conscientemente no juízo por composição e divisão.
69. *Libros metaphysicorum*, l, VI, cap. 4, n. 1236.
70. *Libros metaphysicorum*, 1, VI, cap. 4, n. 1223.
71. *De interpretatione, op. cit.*, 17ª 23-17ª 25: "Assim, um enunciado simples é uma expressão oral significativa sobre aquilo que é algo ou não é (*de eo quod est aliquid vel non est*), segundo as divisões do tempo. Mas a afirmação é a enunciação de algo sobre algo e a negação é a enunciação de algo separado de algo".
72. *Peryermenias, op. cit.*, I, cap. 8, p. 45.
73. "Portanto, a própria natureza que ocorre ser inteligida ou abstraída ou a intenção de universalidade não existe senão nos singulares, mas isso mesmo que é inteligido ou abstraído ou a intenção de universalidade está no intelecto" (*Summa theologiae*, I, 85, ad 2).
74. *De ente et essentia, Op. cit.*, p. 102.
75. *De potentia*, q. 7, a. 2, ad 9.
76. Ver, por exemplo, *De veritate, op. cit.*, q. 1, a.1 ; *De ente, op. cit.*, Prólogo; *Summa theologiae*, I, q. 5, a. 2.
77. *De trinitate, op. cit.*, q. 5, a. 3.

## Referências bibliográficas

ANSCOMBE, G.; GEACH, P. *Three philosophers Aristotle, Aquinas, Frege*. Oxford: Basil Blackwell, 1961.

AQUINO, Tomás de. *Expositio libri peryermenias*. ed. rev. aum. In : Opera Omnia, t.I*1, introdução e notas de R. Gauthier, ed. Leonina. Paris : Vrin, 1989.

_____. *Commentaire du traité de l'interprétation d' Aristote*. Tradução de B. e de M. Couillaud. Paris : Belles Lettres, 2004. Título original: *Expositio libri peryermenias*.

_____. Summa Contra Gentiles. In: BUSA, R. (Ed.). *S. Thomae Aquinatis, opera omnia*. Stuttgart: Fromann-holzboog, 1980. v. 2.

_____. De veritate. In: BUSA, R. (Ed.). *S. Thomae Aquinatis, opera omnia*. Stuttgart: Fromann-holzboog, 1980. v. 3.

_____. *Première question disputée la vérité*. Tradução de C. Brower e M. Peeters. Paris: Vrin, 2002. Título original: *De veritate*.

_____. Summa Theologiae. In: BUSA, R. (Ed.). *S. Thomae Aquinatis, opera omnia*. Stuttgart: Fromann-holzboog, 1980. v. 2.

_____. *L'être et l'essence*. Tradução de A. Libera e C. Mychon. Paris: Seuil, 1996. Título original: *De ente et essentia*.

_____. *Le "de ente et essentia"*. Edição e tradução de M. Rolland-Gosselini. Paris: Vrin, 1947. Título original: *De ente et essentia*.

_____. Librum boethii de trinitate. In: BUSA, R. (Ed.). *S. Thomae Aquinatis, opera omnia*. Stuttgart: Fromann-holzboog, 1980. v. 4.

_____. Libros metaphysicorum. In: BUSA, R. (Ed.). *S. Thomae Aquinatis, opera omnia*. Stuttgart: Fromann-holzboog, 1980. v. 4.

ARISTÓTELES. *Aristotle categories and de interpretatione*. Tradução de J. L. Ackrill. Oxford : Clarendon Press, 2002. Título original: *Categoriae et liber de interpretatione*.

BÄCK, A. *Aristotle's theory of proposition*. Leiden: Brill, 2000.

BOYER, C. Le sens d'un texte de St. Thomas, De veritate, q. 1, a. 9. *Gregorianum*, Roma, v. 5, p. 424-443, 1924.

BROUWER, C.; PEETERS, M. *Première question disputée la vérité*. Paris: Vrin, 2002.

CAJETANO, Thomae de Vio. *Commentary on being and essence*. Tradução de L. Kendzierski e F. Wade. Wisconsin: Marquette University Press, 1964. Título original: *Commentarium super opusculum De ente et essentia Thomae Aquinatis*.

COUILLAUD, B.; COUILLAUD, M. *Commentaire du traité de l'interprétation d'Aristote*. Paris: Belles Lettres, 2004.

DAVIES, B. (Org.). *Thomas Aquinas*. Oxford : Oxford University Press, 2002.

DE FINANCE, J. *Cogito cartésien et réflexion thomiste*. Paris: Beauchesne,1946.

EDWARDS, S. The realism of Aquinas. In: DAVIES, B. (Org.). *Thomas Aquinas*. Oxford: Oxford University Press, 2002. p. 97-115.

FERRER, V. *Tractatus de suppositionibus*. Stuttgart: Frommannholzboog, 1977.

FOREST, A. *La structure métaphysique du concret*. 2e. ed. Paris: Vrin, 1956.

GARCEAU, B. *Iudicium*. Paris: Vrin, 1968.

GEACH, P. Form and existence. In: _____. *God and soul*. Londres: Routledge & Kegan Paul, 1969. p. 42-64.

_____. *Reference and generality*. Ithaca: Cornell University Press, 1968.

GILSON, E. *Being and some philosophers*. 2nd ed. Toronto: Pontifical Institute of Oriental Studies, 1953.

_____. *L'être et l'essence*. Paris : Vrin, 1948.

LIBERA, A. de. *La querelle des universaux*. Paris : Seuil, 1996. p. 234.

MARÉCHAL, J. *Le point de départ de la métaphysique*. 2e ed. Bruxelas : Desclée de Brouwer, 1949.

McINERNY, R. *Being and predication*. Washington: The Catholic University of American Press, 1986.

OWENS, J. The accidental and essential character of being. In: CATAN, J. (Org.). *St. Thomas Aquinas on the existence of God*. New York: State University of New York. Press, 1980.

PUTALLAZ, F. *Le sens de la réflexion chez Thomas d'Aquin*. Paris : Vrin, 1991.

ROLLAND-GOSSELINI, M. (Ed.). *Le "de ente et essentia"*. Paris: Vrin, 1947.

TONQUÉDEC, J. *La critique de la connaissance*. 3e ed. Paris : Lethielleux, 1961.

VAZ, H. *Ontologia e História*. São Paulo: Duas Cidades, 1968. p. 67-91.

_____. Síntese. *Revista de Filosofia*, Belo Horizonte, v. 23, n. 73, p. 159-207, 1996.

WEIDEMANN, H. The logic of being in Thomas Aquinas. In: DAVIES, B. (Org.). *Thomas Aquinas*. Oxford: Oxford University Press, 2002. p. 77-95.

WIPPEL, J. *The metaphysical thought of Thomas Aquinas*. Washington: The Catholic American Press, 2000.

_____. Metaphysics. In: KRETZMANN, N.; STUMP, E. (Orgs.). *The Cambridge companion to Aquinas*. Cambridge: Cambridge University Press, 1993. p. 85-127.

# 3

## A QUESTÃO DO UNIVERSAL SEGUNDO TOMÁS DE AQUINO

*Introdução*

Aristóteles deu início à querela dos universais ao escrever no *De Interpretatione*[1] (17ª38) as seguintes proposições:

> "Agora das coisas existentes algumas são universais, outras particulares. (Eu chamo universal aquilo que é por sua natureza predicado de muitas coisas e particular o que não o é). [...] Daí ocorrerá que do universal se enuncia algumas vezes que algo é o caso ou não".

Essas proposições desempenharam um papel relevante na controvérsia medieval sobre a natureza e a função dos universais. Em primeiro lugar, nesse texto o universal é caracterizado como uma relação de um com muitos ("é predicado de muitas coisas"). Daí se segue que o universal é propriamente um predicado, pois "diz algo de algo". Além disso, ele pode também exercer a função de sujeito, pois dele pode ser afirmado "*que é ou não é o caso*". "Sujeito", no *De Interpretatione*, são prioritariamente nomes e nomes, ao invés de dizerem algo de algo como os verbos-predicados ("signo de coisas ditas de outras coisas" (16$^b$7)), significam coisas, através das afecções da alma. Assim, segundo Aristóteles, *universal*, embora seja prioritariamente um predicado, pode exercer também a função de sujeito numa proposição predicativa simples.

O *De Interpretatione* formulou uma interpretação que se tornou clássica na Lógica antiga para a proposição predicativa elementar. Nomes e verbos,[2] além de suas caracterizações lingüísticas, têm uma caracterização funcional: nomes servem para significar coisas mediante as afecções da alma. Eles exercem prioritariamente a função de sujeito numa proposição predicativa. Verbos são expressões incompletas que dizem algo sobre algo e, aplicados a um nome, formam uma oração predicativa. Nesse sentido, verbos são prioritariamente predicados. Do ponto de vista lingüístico, predicar seria atribuir, mediante o verbo-predicado, uma determinação inteligível ao que é mencionado pelo nome-sujeito. Pela predicação afirmativa é significado que algo pertence ao objeto mencionado pelo sujeito. Assim, foram caracterizadas pelos medievais as proposições de *inesse*.

Desse ponto de vista, enquanto exercendo a função de sujeito, o papel do universal (ou do termo geral, contrapartida lingüística do conceito universal) seria o de significar os objetos (coisas) que a oração predicativa elementar está *falando sobre*; a função do universal, enquanto predicado, seria a de atribuir propriedades aos indivíduos significados pelo termo sujeito.

Mas como um universal (termo lingüístico ou conceito mental) poderia exercer a função de nome-sujeito, ou seja, como um universal poderia indicar os objetos que a proposição predicativa estaria classificando através de seu predicado? Universais mencionam objetos ou propriedades comuns de objetos?

Segundo a teoria tomásica do conhecimento, coisas singulares (objetos) só podem ser pensadas inteligivelmente pelo intelecto humano mediante conceitos; conceitos são meios *nos quais* os objetos são pensados. Sem conceitos, os objetos não podem ser pensados. Isso implica que uma proposição elementar predicativa é uma conexão de conceitos, pois, não só o termo predicado, mas também o termo sujeito são necessariamente conceitos universais.[3]

Do ponto de vista lingüístico, segundo o triângulo semântico aristotélico, interpretado por Tomás de Aquino, termos gerais (ou nomes comuns) significam conceitos universais. Ora, conceitos, para serem significativos, devem estar conectados à imagem sensível, que é uma representação sensível de um singular.[4] Assim, a conexão do conceito universal com uma imagem sensível permite que os conceitos universais, mediante a imagem, representem inteligivelmente objetos singulares. Daí se segue que conceitos universais podem, em princípio, mencionar objetos singulares e, portanto, universais podem exercer a função de sujeito numa proposição predicativa.

Já que conceitos universais podem mencionar objetos, pode-se assumir que os objetos singulares formam a extensão de um conceito. Quantificar um termo sujeito de uma proposição predicativa seria apenas uma maneira de precisar como a extensão de um conceito universal está sendo considerada.

Assim, segundo Tomás de Aquino,[5] do universal pode-se *predicar* de duas maneiras: [a] considerando o universal como tendo uma existência separada dos singulares (uma existência somente na mente, por exemplo) ou [b] como podendo ser instanciado pelos singulares. Isso explicaria a diferença entre os seguintes tipos de enunciado: *homem é uma espécie* e *homem é mortal*. O caso [a] foi analisado exaustivamente pela teoria medieval da suposição, o que, entre outras coisas, permitiu distinguir enunciados do tipo *homem tem 5 letras* dos enunciados do tipo *homem é uma espécie*. Mas, para Tomás, a quantificação aplica-se somente ao caso [b]. Por quê?

O conceito universal (*universal direto* na terminologia escolástica), que é sujeito de uma proposição predicativa, pode significar um único objeto de sua extensão. Nesse caso, na proposição, o conceito universal é tomado singularmente. Daí as proposições da forma: *Este homem (seja Sócrates) é X*. Mas, o conceito universal pode significar também *o que é comum* a todas ou a algumas coisas singulares. Daí as proposições da forma: *Todo homem (isto é, Sócrates e Platão e Aristóteles e...) é X* e *Algum homem (Sócrates ou Platão ou...) é X*. Nesse caso, o conceito universal é tomado universalmente ou particularmente, significando uma propriedade comum de indivíduos.

Qual seria o sujeito lógico de uma proposição predicativa, onde o termo sujeito é um universal tomado universalmente ou particularmente? Seria a propriedade comum que os diversos indivíduos (que estão na extensão do conceito) compartilham ou seriam os indivíduos que têm em comum a propriedade significada pelo conceito?

Para a semântica tomásica, formulada no seu Comentário ao *De Interpretatione*, só tem sentido quantificar o conceito-sujeito quando ele significa indivíduos que têm as propriedades expressas pelo conceito. Portanto, o sujeito lógico de uma proposição seria alguns ou todos os indivíduos da extensão do conceito-sujeito.

Mas indivíduos numericamente distintos teriam, entre eles, traços ou propriedades comuns? Uma resposta afirmativa a essa pergunta justificaria não só que pudesse ser determinada a extensão de um conceito, como também justificaria a validade da atribuição a diferentes indivíduos de uma propriedade comum. Assim, se *x* e *y* estão na extensão de *C* (*x* e *y* teriam, portanto, as propriedades significadas por *C*), *x* é *C* e *y* é *C* são proposições verdadeiras. Por outro lado, essa resposta afirmativa parece implicar que universais (ou propriedades comuns) existem *como universais* nos singulares. Mas, haveria traços comuns reais entre indivíduos singulares?

A afirmação de que universais podem ser sujeitos de predicações, assim como a afirmação de que conceitos universais, na função de predicados, significam propriedades, remete à questão central da querela dos universais: qual é a relação entre o universal, as propriedades comuns e o singular? Os indivíduos nomeados pelo termo-sujeito (ou pelo conceito-sujeito) de uma proposição teriam em comum as propriedades significadas pelo conceito? Existiriam, assim, traços comuns em indivíduos numericamente distintos? Se existem, isso significaria que o universal, enquanto algo de comum, existe nos indivíduos? Se não existirem traços comuns em indivíduos, o que significaria subsumir indivíduos a um conceito universal ou predicar um universal de um indivíduo?

É sabido que Porfírio, ao escrever uma introdução às *Categorias*[6] analisando no Prólogo do livro a natureza do gênero e da espécie, recolocou para os medievais, graças à tradução e à interpretação de Boécio, a questão dos universais: *os universais são coisas, são conceitos ou são palavras?* Foi isso, em síntese, o que perguntou Porfírio no Prólogo do *Isagogo*, sem, no entanto, responder a essas questões. O tema foi analisado pelo próprio Boécio, o que permitiu aos medievais, na época de Abelardo, retomar o tema que Boécio, com sua tradução do *Isagogo*, legara para a Idade Média latina.

Pedro de Espanha, no seu célebre *Tratado de Lógica*,[7] caracterizou o universal e o predicável: o predicável é definido como o que é apto a ser *dito* de muitos; o universal é compreendido como o que é apto a *existir* em muitos. Essa caracterização é compatível com as teorias que se defrontavam na Idade Média, a partir do século XII, sobre a interpretação a ser dada aos universais. Universais podem ser conceitos, na medida em que conceitos podem ser predicados de muitos. Pela mesma razão, podem ser palavras, mais especificamente, termos gerais. Universais podem ser coisas, seja existindo em muitos de maneira imanente e comum aos indivíduos, seja como algo separado dos indivíduos, embora os indivíduos dele participem.

## *Universal segundo Tomás de Aquino*

Nosso objetivo aqui é analisar o ponto de vista de Tomás de Aquino sobre os universais, refletindo sobre duas de suas teses, aparentemente contrárias: [a] os universais não são coisas nem meras palavras; eles só existem no intelecto; são, portanto, conceitos, modo humano de conceber as coisas; [b] os universais têm fundamento nas coisas, embora não sejam nem existam nas coisas.

Algumas afirmações de Tomás expressam essas teses, por exemplo, no *Comentário ao De Anima:*[8]

> "[1]... os universais, enquanto são universais, não existem (ou não estão {*sunt*}) senão na alma, [2] contudo, as próprias naturezas, às quais ocorre (*quibus accidit*) a intenção de universalidade, existem (estão {*sunt*}) nas coisas".

Antes de analisar essa afirmação, situemos o contexto ontológico em que Tomás discute a questão dos universais.

[a] O que existe no mundo natural são as substâncias individuais, compostas de matéria e de forma. *Matéria (prima)* é o princípio de individuação e explica, portanto, a multiplicidade dos indivíduos numa mesma espécie; a forma substancial determina a configuração da matéria, permitindo que cada indivíduo seja classificado numa espécie.

[b] A essência das substâncias compostas de matéria e de forma envolve a matéria e a forma "É, portanto, evidente que a essência compreende não só a matéria, como também a forma" (*De Ente*). [9]

[c] A matéria "*prima*" é pura potência, princípio de individuação,[10] não é inteligível em si mesma, só é inteligível pela forma. Daí se segue que as substâncias individuais, compostas na sua essência de matéria e forma, são apenas potencialmente inteligíveis.

Assumidas como válidas essas teses, analisemos a primeira tese sobre os universais expressa no *Comentário ao De Anima*.

*Tese* [1]: O universal só existe no pensamento ("...os universais, enquanto são universais, não existem [ou não estão {sunt}] senão na alma...").

Tomás modifica, no *Comentário à Metafísica*,[11] a definição do universal de Pedro de Espanha: "... o universal é comum a muitos, pois algo é dito ser universal se pertence (*inesse*) por natureza (*natum*) a muitas coisas *e* é predicado de muitos".[12] [grifo nosso]

A afirmação de que o universal *é o que pertence por natureza a muitas coisas* parece sugerir uma solução óbvia para a questão da relação entre o universal e as coisas singulares e daí para a questão da predicação. Conceitos, enquanto universais, podem ser atribuídos a muitos singulares. Podem ser atribuídos a muitos singulares porque esses singulares têm algo em comum, que é expresso pelo conteúdo do conceito.

Enquanto singulares, os indivíduos compostos de forma e de matéria são *"indivisíveis em si e distintos de todos os outros"*, mas o que determina que esses singulares pertençam a uma mesma espécie é algo que é comum a todos os indivíduos da espécie. Em outras palavras, os indivíduos singulares, compostos de matéria e forma, são obviamente distintos entre si enquanto entes singulares, mas o que determina a natureza desses indivíduos, isto é, a propriedade essencial que os caracteriza, é a forma substancial que seria algo essencialmente comum a todos os indivíduos classificados sob uma mesma espécie.

Todos os indivíduos de uma mesma espécie teriam algo essencialmente comum?

A teoria tomásica não precisa assumir essa suposição, embora certos textos pareçam indicar que essa é a tese de Tomás.[13] No entanto, forma substancial e matéria, embora façam uma composição real e sejam realmente partes integrais distintas de uma essência una, pois exercem funções diferentes na constituição da substância individual, são co-princípios do ente singular, isto é, não têm realidade independentemente da relação que um princípio mantém (reciprocamente) com outro. De um ponto de vista estrito, essas partes integrais da essência não são, enquanto consideradas isoladamente, entes categoriais.[14] Nada exige, na teoria tomásica, que a forma substancial seja realmente comum a indivíduos numericamente distintos, pois a forma substancial de uma substância composta é forma de uma matéria e é, portanto, uma forma individualizada, embora, enquanto considerada pelo intelecto, possa ser dita comum a vários indivíduos.[15]

O que justificaria a afirmação de Tomás de que o universal *"só existe na alma"*?

A teoria da abstração tomásica procura demonstrar que, de um lado, para inteligir as coisas, é preciso abstrair e que, de outro lado, o processo de abstração, mesmo quando começa a partir de um singular, necessariamente produz algo que, no intelecto, é universal.

Abstrair, num sentido lato, é considerar um aspecto, negligenciando outros: "... quando inteligimos uma coisa, nada considerando de outra" (*ST*, I, 85, a 1).

Tomás analisa vários gêneros de abstração intelectual: abstração do todo, abstração do universal a partir do particular, [16] abstração da forma da matéria sensível comum.[17] Focalizaremos apenas a abstração que permite formar um conceito universal passível de ser predicado de indivíduos num juízo predicativo elementar do tipo *Pedro é sábio*. Assim, serão analisados apenas os conceitos universais que são predicados de primeira ordem, segundo a terminologia da lógica contemporânea. A abstração que engendra esses conceitos é a abstração do todo (*totius*)[18] ou do universal a partir do particular, abstrações que não são precisivas, isto é, que não excluem aquilo que não incluem explicitamente.

Como é sabido, a teoria do conhecimento tomásica, entremeada de considerações de caráter ontológico, afirma que a mente humana "segundo o estado da vida presente" necessita da formação de imagens para inteligir as coisas.[19] Ora, a imagem, apesar de ser uma representação imaterial (*species* sensível expressa), é apenas potencialmente inteligível.[20] As imagens são representações, similitudes, de coisas singulares. As coisas singulares, compostas de matéria e de forma, têm na sua essência um princípio ininteligível, a matéria, e por isso elas são apenas potencialmente inteligíveis. Em razão disso, as imagens, que representam sensivelmente essas coisas, não são inteligíveis em ato. Para torná-las atualmente inteligíveis, é necessário deixar de lado os princípios materiais representados, que fazem com que elas sejam apenas potencialmente inteligíveis. Mas, esses princípios são as condições que individualizam o que é representado pela imagem. Portanto, ao deixar de lado as condições materiais individuantes que impedem a imagem de ser uma representação inteligível, é produzido um universal: "E isso é abstrair o universal do particular ou a *species* inteligível da imagem sensível, isto é, considerar a natureza da *species* sem considerar os princípios individuais que são representados pelas imagens sensíveis" (*ST*, I, q.85, a.1).

É um princípio da lógica medieval que não se pode predicar a parte integral, enquanto parte, do seu todo. Como seria possível predicar o termo universal "homem" do singular Sócrates, caso o predicado "homem" não significasse Sócrates todo, mas apenas uma parte de Sócrates? Como explicar que o juízo "Sócrates é homem" seja significativo e que, portanto, "homem" não seja uma parte integral que está sendo predicada do todo? Mas, como é possível que um processo abstrativo, caracterizado por deixar de lado um aspecto considerando outro aspecto da imagem sensível, possa ter como resultado a presença intencional na mente do objeto como um todo?

Tomás distingue duas características (ou dois modos) da abstração:[21] a abstração pode ser precisiva ou não-precisiva.[22] Uma abstração é considerada *precisiva* quando exclui o princípio de individuação, a matéria que singulariza a forma. "Não-precisiva", obviamente, é a abstração que não exclui o princípio individuante. Mas, será possível não excluir a matéria, se o conhecimento começa desde seu início sensível com a produção de algo intencional, isto é, de algo não físico? E se a matéria for excluída, como é possível afirmar que matéria e forma são partes integrais da essência de um composto individual? A exclusão da matéria não implicaria identificar a essência com a forma substancial e imaterial?

No De *Trinitate* (q. 5, a. 3), Tomás explica que a abstração do todo consiste em considerar algo de maneira simples e absoluta (considerar a essência, qüididade, natureza ou meramente uma propriedade), deixando de lado os aspectos acidentais desse algo considerado como um todo. É claro que a essência de um indivíduo composto, Sócrates, por exemplo, é a essência de um singular, ou mesmo, uma essência singular. Mas a singularidade de Sócrates é acidental relativamente à essência específica ou à essência comum dos indivíduos que são homens.[23] Daí se segue que aquilo que singulariza a essência de Sócrates, *a materia signata*, pode ser deixada de lado, considerando-se apenas a essência comum aos indivíduos de uma mesma espécie. Essa essência comum envolve a matéria – não a matéria que é princípio de individuação, mas a matéria comum sensível.

A abstração do todo é uma abstração *não-precisiva*, isto é, uma abstração que não inclui, sem, no entanto, *excluir*, as características individuais do objeto. Se ela deixa de lado as características individuantes determinadas pela *materia signata*, matéria que individualiza, ela *não exclui aquilo que ela não inclui determinadamente*. O conceito de homem, por exemplo, é obtido por uma abstração do todo em que os princípios individuantes são deixados de lado e é apenas considerada a essência específica (comum). Não é nota característica do conceito homem *esta* matéria (*este* corpo), mas ela não é tampouco excluída do conceito, na medida em que a matéria sensível comum é nota desse conceito. Assim, o conceito (ou a definição que o conceito expressa) inclui o que Tomás de Aquino denomina de *materia non-signata* ou de "matéria sensível comum".

Através do termo "homem", abstraído *não-precisivamente*, é pensado como um todo, *mas de maneira indeterminada*, qualquer homem particular. "Homem" significa indeterminadamente, isto é, abstratamente, qualquer indivíduo que é homem, embora cada homem individual contenha algo determinadamente que não está contido explicitamente no que é significado pelo termo "homem", a saber, a *materia signata* constitutiva da sua essência individual. "Porém, na definição de homem é posta a matéria não-designada; não se põe, com efeito, este osso, esta carne, mas se põe o osso e a carne tomados absolutamente, que são a matéria não-designada do homem". (*De Ente*, c. II, p. 371).

Justificando a predicação "Sócrates é homem", Tomás de Aquino escreve: "... pois este termo "homem" significa a essência como um todo, na medida em que ela de fato não exclui a designação da matéria, mas a contém implícita e indistintamente, assim como foi dito que o gênero contém a diferença; e, por essa razão, o termo "homem" se predica dos indivíduos" (*De Ente*, p. 173). [24]

Não é o caso de descrever e de avaliar as etapas do processo abstrativo que culmina na formação do conceito a partir da imagem. Assinalamos apenas que duas funções intelectuais diferentes participam desse processo: o intelecto agente, que, por pura espontaneidade, deixa de lado as condições individuantes da imagem e o intelecto possível, que recebe a determinação inteligível abstrata ou *species impressa* no intelecto. O que é recebido pelo intelecto possível é um conteúdo universalizado. Diferentes conteúdos são recebidos porque diferentes imagens podem ser submetidas ao processo de abstração. No entanto, tudo que é recebido pelo intelecto, a despeito de suas diferenças inteligíveis, é recebido de modo universal. Assim, o intelecto inteligue um conteúdo, a qüididade, e apreende de modo universal o que é a coisa. A partir dessa apreensão, o intelecto forma conceitos, expressando por aspectos inteligíveis o que foi apreendido. Conceitos são verbos mentais, *expressões mentais* do que o intelecto apreende.

Conceitos são formados a partir das naturezas recebidas no intelecto possível. É o que parece afirmar Tomás de Aquino no *Comentário à Metafísica, nº.* 1232 "... o intelecto forma conceitos simples das coisas através do inteligir o que é cada uma das coisas".

Com essas reflexões pretendemos ter respondido às seguintes questões: [i] por que produzimos universais? [ii] Como produzimos os universais que exercem a função de predicados de indivíduos?

Essas análises nos permitem retomar uma distinção banal, mas que tem relevância para a questão que está sendo analisada: a distinção entre forma e conteúdo do conceito. Em termos tomásicos, a distinção seria entre a natureza pensada, que pode ser denominada de qüididade, e a intenção de universalidade. Assim, seria necessário distinguir, no conceito, a intenção de universalidade do conteúdo qüididativo intencional, esse último tendo na mente uma "existência universal" (*ST*, I, 85, a. 2, ad 2, *Comentário ao De Anima*, obra citada L. II, c.XII).

O conteúdo qüididativo, que está ou existe no intelecto de modo universal, pode ser instanciado nas coisas e, nesse caso, existiria nas coisas de modo singular. É o que ocorre numa predicação elementar. Assim, na proposição *Pedro é sábio*, não é a universalidade do predicado que é atribuída a Pedro, mas é um conteúdo qüididativo, que está em Pedro singularmente (se a predicação for uma asserção verdadeira) e está na mente de modo universal. Em razão do conteúdo qüididativo estar universalmente na mente, ele pode ser atribuído a múltiplos singulares; em razão do conteúdo não ser, nele mesmo, um universal, ele pode existir (estar) num singular. Assim, é possível pensar um conteúdo qüididativo como universal no intelecto e como singular nas coisas singulares. Mas, se se negligencia seja o seu modo singular, seja o seu modo universal de "existir", esse conteúdo teria uma identidade qualitativa no intelecto e na coisa. Demonstrar a tese de que há identidade qualitativa entre *o que é a coisa* e *o que é pensado* intelectualmente dessa coisa significa demonstrar que o universal tem fundamento na coisa.

*Tese [2]*: O universal tem fundamento na coisa. (*De Ente*, c. III e *ST*, I, 85, a.2, ad 2).

Como vimos, a operação de abstração, ao tornar inteligível a imagem sensível, produz um universal no intelecto (abstração das condições individuantes) com um conteúdo inteligível (qüididade abstrata). O conteúdo abstrato "existe" de modo universal no intelecto e forma, segundo a denominação de Tomás, *um universal abstrato*. O conteúdo, deixado de lado seu modo de existência no intelecto e na coisa singular, é denominado *natureza ou essência absolutamente considerada*.

"Essência" pode ser 'dita' essência disso ou daquilo, significando *o que é* isso ou *o que é* aquilo. Nesse caso, "essência" significa a essência de um ente singular. Mas "essência" pode significar também razão da espécie, isto é, *o que é comum* de modo essencial a vários entes singulares. Nesse caso, a essência tem um modo de ser (universal) na mente. Esse modo é conseqüência do processo abstrativo. Mas, diferentemente dos outros sentidos mencionados, *essência ou natureza absolutamente considerada* significa o *modo de considerar* a essência independentemente de sua maneira de ser no singular ou no intelecto.

Como é formada essa noção?[25]

*A natureza ou essência absolutamente considerada* é fruto de uma dupla abstração não precisiva: abstração dos princípios individuantes do conteúdo singular da imagem sensível (abstração do todo) e abstração da intenção de universalidade da qüididade abstraída. Dessa dupla abstração, obtém-se uma estrutura inteligível considerada independentemente de suas relações com o intelecto e com as coisas.

Quais são as propriedades essenciais dessa qüididade assim considerada? O que pode ser dela predicado essencialmente?

Nem as propriedades que caracterizam a singularidade nem as propriedades que caracterizam a universalidade podem ser predicadas essencialmente dessa estrutura inteligível. Se fosse *numericamente una*, como são os singulares, enquanto singulares, ela não poderia ser instanciada em diferentes singulares, pois, nesse caso, diferentes singulares, que se distinguem numericamente e que são distintos de todos os outros singulares, teriam a mesma essência, isto é, não seriam distintos entre si. Assim, se fosse *una numericamente* e conviesse a um singular, ela só poderia ser a essência desse único singular. Se fosse comum a muitos indivíduos, como são os universais, ela não poderia ser *una* em cada indivíduo (não poderia ser a essência de um indivíduo particular), pois os indivíduos singulares seriam essencialmente constituídos por propriedades comuns, o que tornaria problemática sua singularidade. Assim, a *essência absolutamente considerada* nem é singular nem universal nem una nem múltipla. O modo de ser singular ou modo de ser universal é, para ela, acidental. Dela não pode ser predicada qualquer propriedade que caracterizaria o modo de existir singular ou o modo de ser universal: "Nada dela é verdadeiro senão o que lhe convém enquanto tal; daí qualquer coisa de outro que lhe for atribuída seria uma atribuição falsa", afirma Tomás no *De Ente*.[26]

Mas, por ter sido obtida por abstração não-precisiva, a natureza absolutamente considerada pode ser instanciada em indivíduos ou pode ter uma "existência" universal no intelecto. Por não excluir nem o modo de ser individual nem o modo de ser universal, *a essência absolutamente considerada*, na medida em que 'existe' de modo universal no intelecto, é uma *similitude* abstrata de cada um dos indivíduos que podem instanciá-la.

Note-se que o fato da *essência absolutamente considerada* "existir" de modo universal no intelecto é condição de sua atribuição a objetos singulares num juízo categórico afirmativo. A universalidade é condição da predicação e não é aquilo que é predicado. Tomás de Aquino escreve no *De Ente*: "Daí se segue, que a natureza do homem absolutamente considerada faz abstração de qualquer ser, embora de tal maneira que não faz exclusão de qualquer um deles. E esta natureza assim considerada é que é predicada de todos os indivíduos."[27]

Essas teses justificam a verdade simultânea dos seguintes enunciados:

[a] *João e Pedro, enquanto indivíduos numericamente distintos, são essencialmente diferentes* em razão de uma parte integral de suas essências individuais ser a *materia signata,* que é princípio de individuação.

[b] *João e Pedro são essencialmente homens*, pois *homem* é um conceito universal, isto é, um conteúdo qüididativo com uma intenção de universalidade. É o conteúdo qüididativo que é atribuído e pode ser instanciado em cada indivíduo distinto numericamente, mas esse conteúdo só pode ser atribuído a diferentes indivíduos em razão de sua universalidade no intelecto.

[c] *"Homem" significa a essência (comum) de Pedro e de João*. Dizer que uma essência é comum a diferentes singulares significa dizer, em primeiro lugar, que essa essência tem uma intenção de universalidade na mente e que, portanto, pode ser atribuída a muitos indivíduos.

Mas por que a essência universalizada pode ser atribuída a diferentes indivíduos? *Abstraída a intenção de universalidade e as condições individuantes que singularizam a essência, não há como distinguir a essência que na mente é universal e que é singular no indivíduo.* O que diferencia a essência singular da essência no intelecto (universal) é seu modo de ser e não seu conteúdo qüididativo. Dessa maneira, o universal abstrato, isto é, o conteúdo qüididativo com intenção de universalidade, tem um fundamento na coisa singular.

No entanto, a tese de que o universal tem um fundamento na coisa não implica que os indivíduos tenham na realidade traços comuns. O que é comum à essência do singular e à essência universal na mente não é, obviamente, a singularidade ou a universalidade, mas a essência ou a qüididade considerada sem seus aspectos acidentais: singularidade e universalidade. Portanto, o que diferencia a essência do singular da essência universal, no intelecto, são seus modos singular e universal de existir.

Assim, na perspectiva de Tomás de Aquino, a tese de que *no indivíduo tudo é individual* é consistente com a tese de que o universal abstrato tem fundamento na coisa: não há traços comuns nas substâncias individuais, distintas numericamente, pois os traços comuns estão no intelecto como universais abstratos, mas se instanciam nos indivíduos singulares e existem "fora" da mente apenas de modo singular (*De Ente*, c.III).

## Conclusão

A questão do universal concerne à primeira operação da mente: a intelecção dos indivisíveis ou a apreensão qüididativa. Nesta apreensão, é necessário distinguir *o que é* apreendido pelo intelecto, a qüididade extraída da imagem sensível pela operação abstrativa, e o modo dessa qüididade "existir" (ou estar) no intelecto, que é o modo universal. Dessa maneira, o universal não existe nas coisas singulares, mas somente no intelecto. Mas, a qüididade abstrata, quando é pensada independentemente de seus modos de existir (singular nas coisas e universal no intelecto), isto é, quando é pensada como uma natureza absolutamente considerada, é a mesma qüididade, que é singular nos indivíduos em que é instanciada e que está de modo universal no intelecto, enquanto é pensada. Só nesse sentido, o universal tem fundamento na coisa.

Desse modo, pretendemos ter respondido às seguintes perguntas:

[a] Por que o universal só existe na mente?

[b] Por que o universal pode ter fundamento nas coisas singulares?

[c] Por que a mesma qüididade pode ser predicada de diferentes coisas singulares?

# Notas

1. *Aristotle. Categories and De Interpretatione*, tradução com notas de J. L. Ackril, Oxford, Clarendon Press, 2002.
2. O célebre triângulo semântico aristotélico (*De Interpretatione*, 16ª3-16ª8) pretendeu fixar o sentido das expressões lingüísticas: palavras escritas significam por convenção palavras faladas, que, por sua vez, são símbolos convencionais das afecções alma. Estas são similitudes das coisas. Afecções da alma e coisas são sempre as mesmas porque determinadas no seu modo de ser por sua essência ou natureza. Os símbolos convencionais, no entanto, variam, pois são instituídos pelos homens.
3. Na teoria tomásica, todo conceito é universal.
4. *Suma Teológica*, tradução coordenada por Carlos-Josaphat de Oliveira, São Paulo, edições Loyola, 2001, I, q. 84, a. 7 e 86, a. 1.
5. *Expositio Libri Peryermenias*, in *Sancti Thomae de Aquino Opera Omnia*, t. I, editio Leonina, altera retractata, Paris, Vrin, 1989, c. 10, p. 51-56.
6. Porfírio, *Isagogo*, tradução A. Libera e A. Ph. Segonds, introdução e notas de A. Libera, Paris, Vrin, 1998.
7. Ver P. de Espanha, *Tractatus Summule Logicales*, ed. L.M. De Rijk, Van Gorcum & Comp. B.V. Assen, 1972 "Donde se segue que, propriamente considerado,"*predicável*" é o mesmo que "*universal*", mas diferem no fato de que predicável se define pelo *dizer* e o universal pelo *ser*. Com efeito, é predicável o que naturalmente é apto a ser dito de muitos. Mas é universal o que é naturalmente apto a ser em muitos.". 'Tratado' 1 'Dos Predicáveis'.
8. *Sentencia Libri de Anima*, in *Sancti Thomae de Aquino Opera Omnia*, t. XL, I, ed. Leonina, Roma, editori di San Tomasio, 1984, L. II, c.XII. Ver também, *ST*, I, 85, q. 2 , ad. 2.
9. *De Ente et Essentia* in *Sancti Thomae de Aquino Opera Omnia*, t. XLIII, ed. Leonina, Roma, Editori di San Tomasio, 1976, c. II, p. 370.
10. No *De Ente* (op. cit, p. 371), Tomás afirma que o princípio de individuação é a *matéria assinalada* (*materia signata*), isto é, a matéria

que pode ser designada, apontada: "Daí cumpre saber que não é a matéria tomada de qualquer maneira que é o princípio de individuação, mas apenas a matéria assinalada; e denomino 'matéria assinalada' aquela que é considerada sob dimensões determinadas." Tomás usa também a expressão *"materia non signata"* (sinônima da expressão "matéria comum" [*materia communis*]), que indica, numa definição, a dimensão material e essencial comum a todos os entes que caem sob a definição. A noção de matéria comum é obtida por um processo abstrativo. Embora Tomás tenha afirmado no *De Ente* que a *materia signata* é princípio de individuação, *"materia signata"* e *"materia prima"* não têm o mesmo significado, pois a *materia prima* não é a matéria considerada sob dimensões determinadas, mas é pura potencialidade.

11. *Commentary on Aristotle's Metaphysics*, trad. J. Rowan, prefácio de R. McInerny, Indiana, Dumb Ox Books, 1961, Livro 7, l. 13, n°. 1572.

12. Notar que Tomás *não* introduziu, como Pedro de Espanha, a distinção entre predicável e universal e caracterizou o universal como algo que existe em muitos *e* é predicado de muitos. Através dessa afirmação, Tomás estaria indicando que o universal pode ser predicado de muitos e tem fundamento na coisa e, sob esse aspecto, existe em muitos.

13. *ST* I, q. 50, a. 4: "As coisas que convêm na espécie e diferem em número convêm na forma e são distintas materialmente"; ou *ST*, I, 13 a. 9: "... toda forma recebida em um suposito singular pelo qual é individualizada é comum a muitos seja realmente, seja pelo menos quanto à razão. Por exemplo, a natureza humana é comum a muitos segundo a coisa e segundo a razão". Há outros textos que põem em questão que o comum existe no singular: *Expositio Libri Peryermenias*, t. I 1\*, *Anal Post* II, 20, n, 11; *Met* X, I, n. 1930; *ST*, 85, 2 ad 2.

14. *De Ente*, c. VI, p. 379-380.

15. Ver sobre essa questão a interessante análise E. Stump, *Aquinas*, Londres, Routledge, 2000, p. 47-50.

16. *ST*, I, 85, a. 1.

17. *Super Boetium De Trinitate* in *Sancti Thomae de Aquino Opera Omnia*, t. L, Paris, Cerf, 1982, q. 5, a. 3.

18. A abstração do todo e a abstração da forma a partir da matéria sensível não se identificam com a abstração denominada por Cajetano *abstração total* e *abstração formal*. Ver Cajetano, *Commentary on Being*

*and Essence* (trad. L. Kendzierski e F. Wade), Milwaukee, Marquette University Press, 1964, p. 40-48.

19. "... tudo o que a mente intelige nesta vida, intelige pelas *species* abstraídas das imagens". *Questions Disputées sur La Vérité (De Veritate)*, edição bilíngüe, Paris, Vrin, 1998, trad. K.S. Ong-Van-Cung, q. 10, a. 11. Ver também, *ST, I,* q. 84, a. 6 e a. 7.

20. Ver *ST,* I, q. 79, a. 3; q. 85, a. 1.

21. Ver F. Cunningham "A Theory of Abstraction in ST Thomas", *The Modern Schoolman*, nº XXXV, maio, 1958.

22. *De Ente*, c. II.

23. A abstração do todo é denominada também de abstração do universal a partir do particular, pois ao se considerar a essência específica de um singular, deixa-se de lado os princípios individuantes desse singular e produz-se, assim, um universal com um conteúdo abstrato. Um todo pode ser constituído em sua natureza por partes. As partes constitutivas do todo que entram na sua definição são denominadas *partes da forma*. As partes que são partes acidentais do todo são denominadas *partes da matéria*. Não se pode, obviamente, abstrair do todo as partes que são partes da forma (partes essenciais); só se pode abstrair do todo as partes que são partes da matéria (partes acidentais relativamente a um determinado todo). Portanto, pode-se abstrair a essência específica ou genérica das condições materiais individuantes, a forma côncava do nariz, o vermelho da maçã, a letra da sílaba. Não se pode abstrair o arrebitado do nariz, o homem de animal, a sílaba da letra.

24. J. Owens no artigo 'The accidental and essential character of Being' (in *ST Thomas Aquinas on the Existence of God,* org. J, Catan, Albany, State University of New York Press, , 1980, p. 84) descreve com clareza a posição de Tomás de Aquino: "A essência de um homem como tal contém a matéria, mas não a matéria designada. Para transformar essa essência na essência de Sócrates, você não acrescenta nada à essência, exceto a designação da matéria com certas determinadas dimensões. Sócrates é 'animal racional', não somente 'animal racional' em geral, mas este particular animal racional que você aponta com o seu dedo. Mas fazendo isso, você nada acrescenta ao que já estava con-

tido na essência 'animal racional'. Você está apenas apontando para uma instância particular."

25. A interpretação que apresentamos dessa noção diverge da interpretação de Sandra Edwards ("The Realism of Aquinas" in *Thomas Aquinas*, org. B. Davies, Oxford, Oxford University Press 2002, p. 97-115), que considera as essências absolutamente consideradas expressões objetivas das idéias do intelecto divino e a de J. Owens ("Thomistic Common Nature and Platonic Idea" in *Medieval Studies*, nº. 21, 1959, p. 211-223) que as distinguindo do universal tomásico, sob certos aspectos as assimila às idéias platônicas.

26. *De Ente*, c. III, p. 374.

27. *De Ente*, obra citada, c.III, p. 374.

4

# JUÍZO, CONCEITO E EXISTÊNCIA NA *CRÍTICA DA RAZÃO PURA* DE KANT

Ao contrário da concepção racionalista que considera idéias ou conceitos não contraditórios como representações de objetos, pretendemos mostrar que, na *Crítica da Razão Pura (CRP)*[1], é *só* mediante juízos que objetos podem ser representados. Conceitos, independentemente de juízos, unificam diferentes representações; porém, através do ato judicativo podem significar objetos. A justificação dessa tese envolverá, por um lado, a análise das relações entre juízo, conceito e objeto; por outro lado, irá se deparar com uma difícil questão: se *existência* não é um predicado real, como afirma Kant desde a sua fase pré-crítica, como é possível que juízos predicativos, que são conexões de conceitos, possam desempenhar a função exercida pelos juízos existenciais, que é a de correlacionar conceitos a objetos efetivamente dados, levando-se em consideração que a forma lógica dos juízos existenciais não é reconhecida pela lógica kantiana?

## [I] *Juízo, Conceito e Objeto na Lógica de Port Royal*

Inicialmente, analisaremos algumas teses da *Lógica de Port Royal*,[2] pois esse livro não só influenciou os manuais de lógica da época de Kant, como também exprimiu, de uma maneira sistemática, a perspectiva racionalista da qual Kant se afastou definitivamente na *CRP*.

No âmbito da tradição racionalista e no contexto da *Lógica de Port Royal*, que teve influência na estrutura da lógica kantiana, a relação entre conceito, idéia e objeto não é problemática.

Como é sabido, Descartes define as idéias "como imagens de coisas",[3] isto é, toda idéia é idéia de uma coisa, de algo determinado, a saber, toda idéia é idéia de objeto. Num texto da *Respostas às Segundas objeções, Exposição Geométrica*,[4] Descartes explicou a relação entre a noção de idéia de coisa e de existência: "Na idéia ou no conceito de cada coisa, a existência está contida, porque nada podemos conceber sem que seja sob a forma de uma coisa existente; ...".[5] Se a idéia é a de uma coisa finita, a idéia contém apenas a existência possível dessa coisa; na idéia de uma coisa infinita é a existência necessária que está contida.

A *Lógica de Port* Royal, sistematizando teses cartesianas, divide os atos do espírito em quatro operações:[6] a primeira operação é a de conceber, a segunda, a de julgar, a terceira é a de raciocinar e a quarta é a de ordenar ou a de estabelecer um método.[7] A idéia ou o conceito é a forma pela qual a mente, realizando a sua primeira operação, concebe objetos (coisas) ou propriedade de coisas. A operação de julgar consiste na operação de comparar as idéias, seja unindo-as por afirmação, seja separando-as por negação. A relação entre idéia e objeto já está, então, fixada pela primeira operação da mente, a operação conceitual, que precede a operação de julgar:

"Tudo o que nós concebemos é representado ao nosso espírito ou como coisa ou como maneira de coisa ou como coisa modificada".[8] Nessa perspectiva, *é o conceito (ou a idéia), e não o juízo, que representa objetos.*

Se todas as idéias não-contraditórias da mente representam objetos (coisas) que têm uma existência possível ou necessária, então, ou bem *existência* deve ser considerada como um objeto, como uma coisa, ou bem como um atributo de uma coisa, isto é, como um predicado de objetos. *Existência* não é "uma coisa", mas, como afirma Descartes [9] na resposta a uma objeção de Gassendi, é um predicado, isto é, é uma propriedade que pode ser atribuída a uma coisa. Enquanto propriedade de coisas, *existência* é representada por idéias e pode, assim, ocorrer num juízo como predicado.

Na *Lógica de Port Royal*, o juízo (a proposição) é decomposto em três termos:[10] *o sujeito*, aquilo sobre o qual algo é afirmado ou negado, *o predicado*, o que se afirma ou se nega do sujeito. Para julgar não basta, no entanto, conceber estes dois termos, é necessário compará-los e ou bem uni-los por afirmação, ou bem separá-los por negação. Essa é a função do verbo *ser*, terceiro termo do juízo, verbo denominado de verbo substantivo pela *Lógica de Port Royal*.[11] O verbo *ser* no indicativo presente significa a ação da mente de afirmar os termos concebidos.

Muitas vezes juízos significam por dois termos o que fora significado pela composição de três termos.[12] Tal é o caso da proposição *X existe* que é uma abreviação da proposição *X é existente*. Nessa perspectiva, é indiferente, por exemplo, afirmar *Eu sou* ou *Eu sou existente,* pois *o* juízo predicativo *Eu sou existente* tem o mesmo significado do juízo existencial *Eu sou.* Assim, o juízo predicativo cujo predicado é o termo *existente* é de fato um juízo existencial. Ele é analisado da seguinte maneira: o termo-sujeito, caso não signifique um conceito ou uma idéia contraditória, se refere a um objeto, possível ou atual. A cópula *é* significa que o juízo une por afirmação o predicado ao sujeito. E o predicado *existente* atribui uma atualidade, contingente ou necessária, ao objeto referido pelo sujeito.

A interpretação da *Lógica de Port Royal* dos juízos predicativos existenciais parece se apoiar nas seguintes teses racionalistas: [i] idéias, e não juízos, representam coisas ou modos de coisas ou coisas com seus modos; [ii] *existência* está contida na representação (idéia) das coisas; [iii] daí se segue que *existência* pode ser considerada como um predicado das coisas representadas pelas idéias. Logo, se juízos predicativos conectam idéias (por afirmação ou negação), isto é, conectam coisas a seus atributos, podem também conectar coisas ao atributo *existência*.

Provas de existência são provas que exibem ou bem a mera existência factual de um objeto, cuja existência já era conhecida conceitualmente como possível, ou bem provas que, em razão de características intrínsecas das idéias, permitem inferir a partir dessas idéias a existência necessária de seus objetos. Assim, o problema de provas de existência concerne prioritariamente à primeira operação da mente e não ao ato judicativo. É claro que a prova da existência de certos objetos pode exigir o concurso do sensível. Mas, como em Descartes, o intelecto puro é uma faculdade de idéias claras, distintas e inatas e em razão dessas idéias, sem o concurso do sensível, serem representações de objetos cuja existência é possível ou necessária, o racionalismo cartesiano admitirá provas conceituais de existência. De fato, provas de existência são provas que exibem ou bem a mera existência factual de um objeto, cuja existência já era representada conceitualmente como possível, ou bem provas que, em razão de características intrínsecas às idéias, permitem inferir a partir dessas idéias a existência de seus objetos. Assim a função do juízo numa prova de existência se apóia na natureza das idéias que o compõem.

[II][13] *Juízos de existência e Juízos Predicativos no opúsculo O Único Argumento Possível para uma Demonstração da Existência de Deus*[14]

No opúsculo pré-crítico *O Único Argumento Possível para uma Demonstração da Existência de Deus*, Kant, apesar da influência da filosofia racionalista, diverge da perspectiva da *Lógica de Port Royal* ao distinguir juízos de existência de juízos predicativos. Nesse opúsculo, ele caracteriza o juízo existencial da seguinte maneira: "Se eu digo 'Deus é uma coisa existente', parece que estou exprimindo a relação de um predicado com o sujeito. Mas há uma impropriedade nessa expressão. Falando estritamente, ela deveria ser assim formulada: 'algo de existente é Deus', isto é, *pertencem a uma coisa existente aqueles predicados que, tomados conjuntamente, nós designamos através da expressão 'Deus'*. Estes predicados são colocados relativamente ao sujeito, enquanto que a coisa nela mesma, com todos os seus predicados, é colocada absolutamente" [grifo nosso].[15]

Juízos predicativos ou categóricos (afirmativos) são conexões de conceitos que têm a forma *S é P*. Eles significam que a tudo aquilo que o conceito-sujeito *S* convém, o conceito-predicado *P* também convém.[16] Dessa maneira, juízos predicativos conectam conceitos mediante a relação de subordinação: o conceito-sujeito é totalmente ou parcialmente subordinado ao conceito predicado.

Juízos existenciais parecem ter uma função diferente da de juízos categóricos, que são conexões de conceitos. Um juízo existencial exprime que um objeto dado (real) satisfaz efetivamente às notas características contidas no conceito-sujeito. Portanto, o termo "*existência*" num juízo existencial indica a efetiva satisfação por objetos reais das propriedades contidas no conceito-sujeito.

A distinção entre juízos categóricos e juízos de existência pode ser ilustrada pela análise dos juízos *Deus é onipotente* e *Deus existe*.[17] Kant escreve no *Único Argumento*... "Quando eu digo 'Deus é onipotente' tudo o que está sendo pensado é a relação lógica entre Deus e a onipotência, pois esta última é uma nota característica da outra. Nada mais é posto aqui. Se Deus é, isto é, se ele é posto absolutamente ou existe, isto não é absolutamente contido nessa proposição." O termo "é" no juízo *Deus é onipotente* relaciona dois conceitos, exprimindo, em última análise, que o objeto pensado pelo conceito *Deus* tem a propriedade expressa pelo conceito *onipotente*. Assim, se o juízo *Deus é onipotente* é verdadeiro, um objeto que satisfizer ao conceito *Deus*, satisfará ao conceito *onipotente*. No entanto, o juízo *Deus é (existe)* (juízo existencial de segundo adjacente formado pela expressão conceito-sujeito e pelo verbo "ser"[18]) não relaciona conceitos, mas indica que o conceito *Deus* é satisfeito por um objeto efetivamente existente que contém todas as propriedades expressas pelo conceito *Deus*.

A tese de que juízos de existência têm uma forma lógica diferente da forma dos juízos predicativos torna plausível a afirmação de que *existência* não é um predicado real. Isso é suficiente, segundo Kant, para refutar o argumento ontológico cartesiano. Mas, não é ainda suficiente para produzir uma ruptura definitiva com a perspectiva racionalista. No *Único Argumento*..., por exemplo, Kant assume um dos princípios básicos do racionalismo: provas conceituais ou *a priori* de existência podem ser válidas. Com efeito, naquele livro é formulada uma prova *a priori* da existência de Deus apoiada nas relações entre possibilidade e necessidade.

[III] *Juízo e Conceito na CRP*

A distinção entre juízos predicativos e juízos existenciais foi suficiente para mostrar que a prova ontológica cartesiana não era válida.[19] No entanto, a forma lógica dos juízos existenciais não pertence a qualquer uma das classificações de juízos descritas pela Tábua dos Juízos kantiana. Por quê?

De fato, Kant usou a distinção entre juízos de existência e juízos predicativos para mostrar, contra os racionalistas, que *existência* não é um predicado real. Mas essa distinção kantiana parece desempenhar mais uma função epistêmica do que lógica. De fato, ela jamais repercutiu na Lógica Clássica, mesmo na Lógica ensinada por Kant.

Na *CRP*, a ruptura com a concepção racionalista não envolverá uma ruptura com a concepção clássica da Lógica que não distinguia a forma lógica dos juízos de existência da forma lógica dos juízos predicativos.[20] As teses racionalistas serão postas em questão do ponto de vista epistêmico, sobretudo pela prova da limitação do uso do entendimento ao seu uso lógico (em contraposição ao uso real, suposto como legítimo na *Dissertação*[21] de 1770). Essa prova se apóia, entre outras coisas, na distinção entre conceito e intuição, que é uma razão suficiente para justificar a tese de que *existência* não é um predicado real. Através da distinção entre conceito e intuição vem à tona uma das questões centrais da *CRP*: a questão das relações entre conceito e objeto.

É bem verdade que os cursos de lógica de Kant, compilados por seus alunos, deixam transparecer a influência racionalista da *Lógica de Port Royal*. Conceitos são considerados como representações por notas comuns de objetos,[22] juízos, muitas vezes, podem ser assimilados a conceitos complexos[23] etc. Mas no item 'Do Uso Lógico do Entendimento em Geral' da [*CRP*, A, 67-70; B, 92-94], Kant exprime com acuidade a sua nova concepção sobre a natureza e a função do conceito e do juízo.

Nesse texto, Kant defende ao menos três teses:

[1] Conceitos repousam sobre funções. Função é um ato (uno) que ordena diferentes representações sob uma representação comum. Portanto, conceitos repousam sobre funções que ordenam diferentes representações sob uma representação comum.
[2] Conceitos *só* têm uso no juízo.
[3] Juízos são conhecimentos mediatos de objetos.

Note-se que no 'Do Uso Lógico do Entendimento em Geral' Kant não afirma a tese de que conceitos representam objetos, mas diz apenas que conceitos repousam sobre funções que ordenam diferentes representações. Só os juízos, conectando conceitos, podem ser conhecimentos de objetos: "Portanto, juízo é um conhecimento mediato de objeto, daí a representação de uma representação dele mesmo" [*CRP*, A, 68; B, 93].

Após sucessivas aproximações, Kant nesse mesmo texto esclarece sua concepção de juízo:

"... todos os juízos são funções de unidade entre (*unter*) nossas representações, pois para o conhecimento de objetos é usada, ao invés de uma representação imediata, uma mais alta, que compreende sob si (*unter*) essa (representação imediata) e muitas outras e através disso muitos possíveis conhecimentos são reunidos num só" [*CRP*, A, 69; B, 94].

Juízo é, inicialmente, caracterizado como função de unidade, uma "espécie" de conceito complexo, representação de representações. Assim, tal como os conceitos, juízos unificam representações. Em seguida, refinando essa caracterização inicial, é explicado o modo pelo qual no juízo é efetuada a unificação conceitual: uma representação "mais alta" subordina *sob si* (*contém sob si*) várias outras representações conceituais. Dessa maneira, conceitos são conectados no juízo pela relação de subordinação. Mas, ao conectarem conceitos, juízos subsumem, através do conceito-sujeito, um múltiplo de representações intuitivas. Então, a conexão judicativa de conceitos, submetida a regras necessárias do entendimento, se torna uma representação mediata de objetos: "Em cada juízo está um conceito que é válido para muitos e que dentre (*unter*) esses muitos compreende uma representação dada que é relacionada imediatamente ao objeto" [*CRP*, A, 68; B, 93].

A relação de subordinação *sob* tem dois aspectos: ela é uma relação entre conceitos e é também uma relação entre conceitos e representações intuitivas. Enquanto relação entre conceitos, a relação de subordinação se apóia no fato de que conceitos são representações comuns que ordenam diferentes representações, isto é, conceitos contêm *sob si* diferentes representações conceituais. Mas, a relação de subordinação no juízo significa também relação de subsunção de representações intuitivas, que é considerada como uma 'sub-espécie' da relação de subordinação. Assim, no juízo, segundo regras necessárias do entendimento, mediante a relação de subordinação são conectados conceitos e o conceito-sujeito, por sua vez, subsume representações intuitivas. Num juízo categórico afirmativo, por exemplo, o conceito-predicado subordina o conceito sujeito que, por sua vez, subsume representações intuitivas.

Essas análises kantianas explicam duas de suas afirmações essenciais:

> [a] juízos são conhecimentos de objetos: o conceito-sujeito no juízo subsume representações intuitivas sensíveis, isto é, subsume representações imediatas de algo dado, que no juízo, graças a regras necessárias, é determinado como objeto. O conceito-predicado subsume representações intuitivas mediante o conceito-sujeito;
>
> [b] conceitos *nos* juízos se tornam representações por notas comuns *de objetos*, pois o conceito-sujeito de um juízo predicativo subsume representações intuitivas.

No entanto, essas explicações não excluem a hipótese de que conceitos, independentemente do juízo, possam ser representações comuns de objetos. De fato, foram explicados os usos dos conceitos no juízo, mas ainda não foi explicado porque *só* no juízo conceitos têm uso, isto é, não foi ainda explicado porque, independentemente do juízo, conceitos *não* podem ser representações de objetos.

A tese de que só no juízo o conceito tem uso é essencial para Kant, pois, se ela não fosse demonstrada, a função de unificação do entendimento não poderia ser reduzida à função de julgar. Assim, o entendimento teria outras funções de unificação que não seriam expressas por atos judicativos. Nesse caso, conceitos, independentemente de juízos, poderiam ser considerados como representações de objetos.

Na Lógica kantiana, conceitos estão relacionados com outros conceitos, seja mediante a relação *em si*, seja mediante a relação *sob si*.

Conceitos contêm *em si* conceitos parciais. A relação entre o conceito inicial e os conceitos parciais que o conceito inicial contém é uma relação de subordinação obtida por "*abstração lógica*" (*Lógica* #15) das notas características do conceito inicial: os conceitos parciais subordinam o conceito inicial ou o conceito inicial está subordinado aos conceitos parciais que ele contém. Kant exemplifica na *Lógica* #11 uma cadeia de conceitos formada pela relação de subordinação determinada pela abstração lógica: o conceito *ferro* está subordinado ao conceito *metal* que, por sua vez, está subordinado ao conceito *corpo* que, por sua vez, está subordinado ao conceito *substância* que está subordinado ao conceito *coisa*. Note-se que essa relação de subordinação (obtida por abstração lógica) *não* forma uma cadeia infinita, já que há um conceito supremo (gênero supremo) que não está subordinado a qualquer outro conceito. Ele é um gênero que não é uma espécie ou conceito do qual nada pode ser abstraído por abstração lógica.

Mas os conceitos estão também numa relação com outros conceitos através da relação *sob* obtida por "*determinação lógica*" (*Lógica* #15). O conceito que subordina tem *sob si* conceitos que o determinam (especificam). A relação *sob* entre conceitos, no entanto, forma uma série infinita, já que não há conceito ínfimo. Com efeito, segundo a Lógica de Kant, não existe conceito ínfimo ou um conceito completamente determinado, pois todo conceito pode conter *sob si* outros conceitos (*Lógica* #11). Essa tese, que pode ser justificada por outros argumentos epistêmicos, parece traduzir, do ponto de vista lógico, a distinção epistêmica da *CRP* entre conceito e intuição ou entre entendimento e sensibilidade.

Assim, os conceitos têm com outros conceitos uma dupla relação: *em si* e *sob si*. A série de subordinação determinada pela abstração lógica e expressa pela relação *em si* não é infinita, pois há um conceito supremo, que não está subordinado a nenhum outro conceito. Mas a série formada pela determinação lógica e que é expressa pela relação *sob* é ilimitada, pois não há conceito ínfimo.

A relação *em si,* determinada pela abstração lógica entre os conceitos, é uma relação entre as notas características (ou conceitos parciais) dos conceitos. Daí se segue que se num juízo o conceito subordinado (determinado pela abstração lógica) exercer o papel de sujeito e o conceito que subordina, o papel de predicado, então o juízo será analítico. Mas a relação de subordinação *sob* obtida por determinação lógica não é um relação entre notas características de conceitos, mas entre suas extensões. A extensão do conceito subordinado está incluída na extensão do sujeito que subordina, isto é, o conceito-sujeito está subordinado ao conceito predicado.[24] Esse é o sentido de subordinação usado na explicação de juízo no 'Uso Lógico do Entendimento em Geral'.

Enquanto contém *sob si* conceitos, todo conceito subordina algum outro conceito, já que sob o aspecto da determinação lógica, a cadeia de conceitos subordinados pela relação *sob* é infinita.[25] Como não há conceito ínfimo, essa tese esclarece a afirmação kantiana de que do ponto de vista da relação *sob* todo conceito é um predicado de um juízo possível: todo conceito, por subordinar outro conceito, é predicado desse conceito subordinado.

De fato, conceitos, enquanto predicados de juízos possíveis, são juízos implícitos. Note-se que, mesmo quando exerce a função de sujeito num juízo categórico, o conceito é predicado de um juízo possível, pois ele contém *sob si* diferentes representações, conceituais e intuitivas. Em razão de ser um conceito, estão *sob* o conceito-sujeito representações subordinadas. Mas, enquanto exerce a função de conceito-sujeito, além de subordinar representações conceituais, o conceito-sujeito subsume representações intuitivas. Nesse sentido, ele contém um juízo implícito: o juízo em que ele exerceria a função de predicado e no qual um dos conceitos subordinados a ele, enquanto conceito-sujeito, subsumiria representações intuitivas.[26]

As análises da noção de juízo são complementadas pelo parágrafo #19 da 'Dedução Transcendental' da *CRP*. Nesse texto, é introduzida, como noção constitutiva de todo juízo, a noção de *unidade objetiva da apercepção*. Juízos têm unidade objetiva, isto é, têm necessariamente relação com objetos, na medida em que satisfazem, além da relação de subordinação, a duas outras condições: [i] são submetidos a regras necessárias do entendimento e [ii] o conceito-sujeito subsume representações intuitivas. Nos *Prolegômenos*,[27] Kant, através da classificação problemática dos juízos empíricos em juízos de percepção e juízos de experiência, parece não assumir a tese de que a noção de validade objetiva ou de unidade objetiva seja constitutiva de qualquer juízo, pois, segundo os *Prolegômenos*, juízos de percepção têm apenas validade subjetiva. Mas, de fato, nesse texto, analisando dois gêneros de juízos empíricos, Kant indica as condições constitutivas de qualquer juízo: [a] juízos, como já vimos, são conexões lógicas de conceitos ("conexão lógica de percepções num sujeito pensante[28]). Mas a mera conexão entre conceitos é insuficiente para explicar a relação do juízo e, portanto, do conceito com o objeto. É necessário ainda que sejam satisfeitas duas condições para que a conexão conceitual no juízo seja uma representação de objeto: [b] é necessário, como vimos, que o conceito-sujeito subsuma representações intuitivas ou percepções empíricas, segundo a terminologia dos *Prolegômenos*; [c] além disso, os juízos devem ser submetidos a regras necessárias do entendimento. Só assim eles têm uma validade objetiva, isto é, podem concordar ou não com o objeto representado judicativamente (juízos de experiência).[29]

Graças à noção de unidade objetiva ou de validade objetiva, nota-se que juízos não são conceitos complexos, representações de representações, mas se relacionam com objetos e, por isso, podem concordar com eles, isto é serem verdadeiros ou falsos. Assim, a subordinação entre conceitos é apenas um dos aspectos constitutivos do juízo. Por isso, Kant não pode aceitar a definição habitual dos lógicos que caracterizam o juízo como "*a* representação de uma relação entre dois conceitos" (*CRP*, #19). Nem mesmo em relação aos juízos predicativos ou categóricos, que poderiam, em princípio, ser definidos como conexões de conceitos, essa explicação é suficiente. Ela não indica que a conexão entre conceitos é efetuada mediante a relação de subordinação e ela não assinala que a subsunção de representações intuitivas, submetida a regras necessárias do entendimento, é também uma condição para a pretensão de objetividade de qualquer juízo. Assim, conectando-se o conceito-sujeito com o conceito-predicado através da cópula judicativa num juízo categórico afirmativo e subsumindo-se representações intuitivas, uma unidade sintética de diferentes representações é formada. Essa unidade deve poder representar a unidade do objeto que, com suas múltiplas determinações, se distingue e se opõe à representação judicativa [*CRP*, A, 104-105].

Na medida em que juízos têm uma unidade objetiva, a noção de objeto faz parte da forma lógica de qualquer juízo. Mas, a Lógica Geral não "faz abstração de todo conteúdo cognitivo do entendimento e da diferença de seus objetos"? [*CRP*, A, 54; B, 78].

Todo juízo da forma $S$ é $P$ significa que o objeto $x$ a que convém o conceito $S$, convém também o conceito $P$. Mas o que significa "objeto do juízo"? Qual é a instância substitucional da variável "$x$" que pertenceria à forma lógica do juízo?

É sabido que Kant usa o termo "objeto" na *CRP* em diversos sentidos. No parágrafo 17 da 'Dedução Transcendental', por exemplo, Kant afirma que: "*Objeto (Objekt)* ...é aquilo em cujo conceito é *reunido* o múltiplo de uma intuição dada*"* [*CRP*, B, 137]). Kant parece assinalar que sem intuições não há objetos, portanto, segundo a maneira humana de conhecer, a relação com intuições sensíveis é uma condição necessária para que algo possa ser considerado como *objeto*.[30]

Como a Lógica Geral (Formal) "...faz abstração de todo conteúdo cognitivo do entendimento e da diferença de seus objetos (*Gegenstände*)..." [*CRP*, A, 54; B, 78], na definição da forma lógica do juízo, que deve incluir a noção de objeto, deve ser apenas assinalada a posição de algo de não-conceitual que pertence à forma discursivo-judicativa. Muitas vezes, Kant indica pela variável "$x$" o lugar que deve ser ocupado por esse algo não-conceitual. Por exemplo, na *Lógica* # 36, a proposição analítica é explicada da seguinte maneira: "A todo $x$, ao qual convenha o conceito de corpo ($a + b$), também convém a *extensão* ($b$)...".

Se essas análises são corretas, Kant rompe com a perspectiva racionalista do juízo ao assumir as seguintes teses que concernem às relações entre conceito/juízo/objeto:

> [4] A representação intuitiva sensível é uma condição necessária, embora não suficiente, da representação de objetos.

[5] Conceitos, tomados isoladamente, unificam diferentes representações, isto é, contêm *sob si* diferentes representações. Mas, conceitos só têm uso no juízo. Daí se segue que conceitos não contraditórios, isto é, conceitos cujas notas características não se excluem mutuamente, *não são*, quando considerados independentemente do ato judicativo, representações de objetos.

Note-se ainda que é uma tese essencial da *CRP* que conceitos podem ser vazios.[31] Isso significa que, mesmo sem relação a objetos, o entendimento pensa mediantes conceitos, pois conceitos têm conteúdos, são constituídos por conceitos parciais, que são razões de conhecimento, isto é, são *critérios* de classificação ou de identificação de coisas (*Lógica*, c. VIII), mesmo quando não unificam representações intuitivas. No fim da 'Anfibologia', Kant explicita essa tese [*CRP*, A, 292, B, 348-349]. Contrapondo o conceito de algo em geral ao conceito de nada, Kant distingue o *nihil negativum* do *ens rationis*. O *nihil negativum* é o "conceito" contraditório: o objeto desse conceito é um *nada* porque o conceito contraditório é, ele mesmo, um *nada*. Daí se segue que *nada* é pensado mediante conceitos contraditórios. O *ens rationis* é um conceito não contraditório, embora seja impossível que a ele corresponda uma intuição. Algo é então pensado mediante esse conceito, embora o objeto desse conceito seja um *nada*, já que o *ens rationis não pode* ter uma intuição correspondente. Assim, fica claro que mediante um conceito contraditório nada é pensado, enquanto que mediante um conceito sem intuição possível correspondente, mas com conteúdo, algo é pensado, mesmo que não seja pensado como objeto.

[6] Juízos, ao menos os juízos simples da lógica kantiana (juízos predicativos/categóricos afirmativos), conectam conceitos mediante a relação de subordinação. Através do conceito-sujeito, o conceito predicado se relaciona com as representações intuitivas que o conceito-sujeito subsume. Juízos que satisfazem a regras necessárias do entendimento e às condições de subordinação e de subsunção têm validade objetiva; eles podem [32] se relacionar com objetos e, por isso, podem ser considerados como representações mediatas de objetos. Daí se segue também que algo de não-conceitual pertence à forma lógica do juízo.

São razões epistêmicas que diferenciam a Lógica kantiana da Lógica racionalista. Com efeito, na perspectiva kantiana, a relação conceito/objeto não é fixada pela primeira operação da mente. Não há representação de objetos sem representações intuitivas e *conceitos não são condições de possibilidade de intuições*. Só no juízo conceitos têm uso e só no juízo conceitos, enquanto elementos do ato judicativo, podem ser representações de objetos. Por isso, as formas lógicas do juízo, que exprimem as diferentes maneiras de unificar representações, contêm referência a um objeto indeterminado.

Assumidas essas teses, cabe ainda analisar a questão: por que juízos de existência não fazem parte da Tábua Lógica dos Juízos kantiana?

Kant classificou os juízos do ponto de vista da Lógica Transcendental em juízos analíticos e sintéticos. Para determinar o valor de verdade de uma proposição analítica, basta determinar as notas características do conceito-sujeito e verificar se o conceito-predicado nele se encontra. [33] Note-se que a verdade dessas proposições pode ser estabelecida independentemente do objeto que elas representam. Mas, mesmo assim, nos juízos analíticos o conceito-sujeito menciona um objeto (um x qualquer). No entanto, como assinala Kant na *Reflexão 4674*, nesses juízos o objeto *x* é irrelevante: "[em juízos analíticos] o *x* cai fora, pois deve significar o objeto que é pensado através de *a*; como, no entanto, *b* é apenas comparado com o conceito *a*, sendo assim já determinado, o restante em *x é indiferente...*". [34]

As proposições sintéticas *a priori* exprimem ou bem um conhecimento racional por construção de conceitos ou bem um conhecimento racional discursivo por conceitos [*CRP*, A, 713-714; B, 741-742]. Um conhecimento discursivo por conceitos é um conhecimento das regras necessárias para a constituição de objetos [*CRP*, A, 720-722; B, 748-750]. Um conhecimento por construção de conceitos exibe, segundo regras conceituais, um objeto na intuição pura do espaço e do tempo. Assim, ao menos do ponto de vista da razão teórica, as proposições sintéticas *a priori* remetem à forma dos objetos sensíveis (no caso do conhecimento racional por construção de conceitos) ou a regras de constituição de objetos (no caso do conhecimento racional por conceitos). Mas, em ambos os casos, nenhum desses conhecimentos expressos por juízos sintéticos *a priori* concerne à existência efetiva de objetos.

Proposições sintéticas *a posteriori*, que são os juízos de experiência dos *Prolegômenos*, podem "concordar" com os objetos dados factualmente na experiência. De fato, essas proposições parecem desempenhar uma função existencial, pois implicam uma proposição existencial ou, ao menos, parecem exprimir uma suposição de existência. Qual é a relação entre as proposições sintéticas *a posteriori* e as proposições existenciais correspondentes, entendendo-se por "proposições existenciais correspondentes" as proposições formadas pelo conceito-sujeito da proposição (tendo sido eliminada do termo-sujeito a expressão sincategoremática "todo", "algum" ou o dêitico "este") seguido da expressão "existe"? Assim, se *(Todo, algum ou este) A é B* é uma proposição, *A existe* seria a proposição existencial correspondente, que significaria que o conceito *A* não é vazio.

Em geral, a lógica antiga, analisando as relações entre as formas das proposições universais, particulares, afirmativas e negativas, postulou a validade de certas relações lógicas que depende da suposição de que certos termos gerais, que ocorrem nas proposições que exemplificariam aquelas formas, não sejam vazios. Assim, por exemplo, as inferências imediatas denominadas de *subalternação*,[35] de *conversão por acidente*[36] e a relação de *contrariedade*[37] supõem que os termos gerais das proposições que exemplificam essas relações (em especial, o termo sujeito e, em alguns casos, o termo predicado) não sejam vazios. Mas qual é o sentido exato dessa suposição?[38] Ela significa que as proposições, cujos termos gerais não são vazios, implicariam proposições existenciais ou significa apenas que essas proposições pressupõem a existência dos membros que pertencem à classe de alguns de seus termos gerais?

Essa questão faz emergir um dos problemas centrais da lógica antiga: assumindo-se que *existência* não é um predicado real, como proposições predicativas[39] significam a existência efetiva de objetos? Elas implicam proposições existenciais? Elas supõem a verdade de proposições existenciais?

P. Strawson num dos seus livros[40] formula uma interessante hipótese interpretativa sobre a Lógica Clássica. As proposições que exemplificariam as formas do quadrado lógico[41] *só* poderiam ser verdadeiras ou falsas, caso o conceito-sujeito dessas proposições não fosse vazio. Assim, a *existência* dos membros que pertencem à extensão do conceito-sujeito[42] das proposições que têm uma das formas descritas pelo quadrado lógico seria, então, *pressuposta* e a verdade das proposições existenciais, que têm como sujeito esses conceitos não vazios, seria condição necessária, não para que a proposição predicativa (que exemplificaria uma daquelas formas) fosse considerada verdadeira, mas para que pudesse ser a ela atribuído um valor de verdade (verdadeiro ou falso).

A interpretação de Strawson suscita inúmeras questões. No entanto, ela apresenta uma hipótese, ao lado de tantas outras, para o esclarecimento da questão clássica sobre as relações entre proposições predicativas, cujas formas são descritas no quadrado lógico, e as proposições existenciais, cuja forma lógica não é reconhecida pela Lógica Clássica e que, portanto, não pertençem a esse sistema. A hipótese, como assinalamos, é a seguinte: para terem um valor de verdade, proposições predicativas, cujas formas são descritas no quadrado lógico, pressupõem a verdade de proposições existenciais correspondentes.[43] Disso se segue que proposições existenciais *são condições necessárias* para que proposições predicativas tenham um valor de verdade e para que certas regras da lógica clássica possam funcionar corretamente. Assim, a regra que afirma que uma proposição universal afirmativa implica uma proposição particular afirmativa significa que, se as proposições que exemplificam essas formas têm pressuposição existencial, segue-se que, se a proposição universal é verdadeira, então a proposição particular é também verdadeira.

As proposições existenciais, que são meras condições do funcionamento da lógica das proposições predicativas, não são analisadas por essa lógica. No entanto, como elas são pressupostas pelas proposições predicativas, elas indicam em que sentido deve ser compreendida a expressão "função existencial das proposições predicativas".

Essas análises, aplicadas à lógica kantiana, sugerem de imediato uma questão: do ponto de vista da função existencial das proposições predicativas, as proposições sintéticas *a posteriori* desempenhariam um papel que nem as proposições analíticas nem as proposições sintéticas *a priori* podem desempenhar?

As proposições sintéticas *a posteriori,* como todas as proposições que exemplificam uma das formas lógicas descritas no quadrado lógico, têm pressuposição de existência e implicariam sua proposição existencial correspondente, caso proposições existenciais pertencessem à lógica das proposições predicativas que têm valor de verdade.[44]

No entanto, na Lógica Transcendental, Kant formulou um critério de existência no '2º Postulado do Pensamento Empírico' [*CRP*, B, 272-274]: só pode ser considerado como existente o que é percebido empiricamente ou é conectado ao que é percebido empiricamente por um sistema de regras. Só as proposições sintéticas *a posteriori* precisam preencher essa condição para serem verdadeiras. As proposições sintéticas *a priori*, que envolvem apenas uma intuição (pura) da forma do objeto, podem ser verdadeiras sem que um objeto empírico seja efetivamente dado ou empiricamente percebido. As proposições analíticas são verdadeiras em razão do Princípio de Contradição e têm a sua verdade estabelecida através da análise do seu conceito-sujeito.

Assim, não seria incorreto afirmar que só as proposições sintéticas *a posteriori*, quaisquer que sejam suas formas lógicas, satisfazem ao critério de existência formulado pelo 2º Postulado do Pensamento Empírico. Dessa maneira, do ponto de vista da Lógica Transcendental, só elas desempenhariam uma função existencial.

## [IV] Conclusão

Se nossas análises são corretas, as divergências kantianas em relação à perspectiva racionalista residem nas relações entre conceito/juízo/objeto.

Para os racionalistas, conceitos não contraditórios não são vazios, pois significam objetos possíveis. Ora, se conceitos, produzidos pelo entendimento, representam objetos possíveis, é plausível aceitar a tese de que conceitos, unidos a certas outras características conceituais, possam também representar objetos existentes. É, portanto, na relação entre conceito e objeto que a existência do objeto é concebida. Juízos são uniões de idéias (por afirmação ou negação), ou melhor, são conexões de conceitos. Como a existência já está significada pelo conceito, juízos predicativos podem indicar a existência efetiva de objetos, podem, portanto, ter uma função existencial. Assim, para a perspectiva racionalista, torna-se incoerente afirmar, ao mesmo tempo, que todo conceito não contraditório significa um objeto possível e *rejeitar* a tese de que "*existência* é um predicado real.

A distinção entre conceito e intuição fundamenta a ruptura de Kant com o racionalismo. Por um lado, conceitos não contraditórios não são representações de objetos, são critérios de classificação das representações. Por outro lado, a intuição sensível é uma condição necessária da representação de objetos. Só mediante a operação complexa judicativa conceitos e intuições se relacionam para produzirem uma representação de objetos: conceitos são conectados mediante a relação de subordinação; intuições sensíveis são subsumidas ao conceito-sujeito e a representação assim obtida se torna uma representação de objeto na medida em que é submetida a regras necessárias do entendimento. Um texto dos *Prolegômenos* (#19) sintetiza de maneira precisa a função representativa do juízo: "O objeto (Objekt) permanece em si mesmo sempre desconhecido; mas quando, graças ao conceito do entendimento, a conexão das representações, que por ele são dadas à nossa sensibilidade, é determinada como universalmente válida, então através dessa relação o objeto (Gegenstand) se torna determinado e o juízo é objetivo."

Os juízos sintéticos *a posteriori* desempenham uma função particular na explicação kantiana do conhecimento de objetos: enquanto juízos predicativos, eles são conexões de conceitos e têm, como todo juízo predicativo, pressuposição de existência. Mas, pelo fato do seu conceito-sujeito estar conectado, segundo regras necessárias, à intuição sensível empírica, eles podem representar mediatamente objetos existentes. Não é pelo fato de serem juízos predicativos, isto é, de conectarem conceitos mediante a relação de subordinação, que eles podem exprimir conhecimento de objetos existentes; é em razão do seu conceito-sujeito subsumir intuições empíricas, segundo regras necessárias. Assim, se do ponto de vista da Lógica Geral é plausível afirmar que proposições predicativas têm pressuposição existencial, do ponto de vista da Lógica Transcendental, só as proposições sintéticas *a posteriori* parecem exercer uma função atribuída, em outros contextos, aos juízos de existência.

## Notas

1. Citaremos a *Crítica da Razão Pura* (*CRP*) na tradução de Valério Rohden e Udo Moosburger, col. *Os Pensadores*, São Paulo: Abril, 1980. As referências à edição A da *CRP* foram extraídas da *Kritik der reinen Vernunft*, org. R. Schmidt, Hamburgo, Felix Meiner Verlag, 1956.
2. A. Arnauld e P. Nicole, *La Logique ou L' Art de Penser*, edição de P. Clair e F. Girbal, Paris, Vrin, 1993.
3. Ver R. Descartes, *Oeuvres de Descartes*, C. Adam & P. Tannery, *(AT) Meditationes de Prima Philosophia*, v. VII, *Terceira Meditação*, p. 37.
4. Idem, *AT*, v. VII, *Respostas às Segundas Objeções*, Axioma X.
5. Idem, *AT*, Axioma X.
6. *La Logique ou....*, p. 37.
7. Apesar das diferenças epistêmicas, é interessante notar que a *Lógica de Jäsche* retoma a divisão das "*operações da mente*" na mesma seqüência da *Lógica de Port Royal*: conceito, juízo, inferência e método. Ver *Lógica*, trad. Guido Antônio de Almeida, Rio, Tempo Brasileiro, 1992. Notar que a *Lógica de Jäsche* foi traduzida em português sob o título "*Lógica*". Assim, toda vez que citarmos trechos da *Lógica de Jäsche* a citaremos pelo título de sua tradução brasileira.
8. *La Logique ou...*, p. 116.
9. AT, v. VII, *Respostas às Quintas Objeções*, p. 382-283.
10. *La Logique ou ...*, p. 113-114.
11. *La Logique ou ...*, *Du Verbe*, p. 109.
12. Idem, p. 114.
13. Nessa parte, que concerne à análise da distinção entre juízos predicativos e juízos de existência, formulada no opúsculo *O Único Argumento...*, resumimos teses e textos do capítulo "Juízos Predicativos e Juízos de Existência", neste livro, p. 309.
14. *Der Einzig Mögliche Beweisgrund Zu Einer Demonstration des Daseins Gottes in Kant Werke in zehn Bänden*, org. W. Weischedel, Darmstadt, Wissenschaftliche Buchgesellschaft, v. 2, 1983.
15. *Der Einzig...*,1ª parte, primeira consideração, 2, p. 634.

16. Essa caracterização de juízos categóricos assume de uma maneira implícita a definição de juízo como subordinação de conceitos. Assim, por exemplo, na Lógica *Dohna-Wundlacken*, 'Judgments' in *Lectures on Logic*, org. Michael Young, The Cambridge Edition of the Works of Immanuel Kant, Cambridge, Cambridge University Press, 1992, p. 495, Kant define o juízo como "a representação da unidade de conceitos dados na medida em que um conceito é subordinado ao outro ou dele excluído". Juízos categóricos podem também ser definidos a partir de condições que justificariam a atribuição do predicado ao sujeito: se o que permite a atribuição do predicado ao sujeito do juízo é o próprio conceito-sujeito, o juízo é dito categórico. (Ver *Lógica*, #25). Assim, no juízo categórico "*não há condição fixada*" (*The Vienna Logic*, The Cambridge Edition. p. 374). A definição que apresentamos de juízos categóricos mostra que esses juízos subordinam conceitos na medida em que são considerados como conexões de conceitos. Sobre a noção de juízo em Kant, ver o livro de B. Longuenesse *Kant and the Capacity to Judge*, trad. C. Wolfe, Princeton, Princeton University Press, 1998, cap. 4, 'Logical Definitions of Judgment', p. 81-106.

17. *Der Einzig...*, p. 633.

18. A Lógica Medieval denominava os juízos de existência de juízos de segundo adjacente, expressos por dois termos lingüísticos: sujeito e verbo ser/existir. Nesses juízos, a função do verbo "ser" é a de significar a existência efetiva do sujeito (*in rerum natura*).

19. Ver o capítulo "Juízos Predicativos e Juízos de Existência", neste livro, p. 309.

20. Através da distinção entre juízos de segundo e de terceiro adjacente, a Lógica Medieval distinguiu a forma dos juízos predicativos atributivos da dos juízos predicativos existenciais. Mas, na semântica medieval, juízos existenciais (juízos de segundo adjacente) são classificados como juízos predicativos.

21. Ver Dissertação de 1770 in *De Mundi Sensibilis atque Intelligibilis Forma et Principiis*. I. *Kant, Werke in Zehn Banden*, vol. 5, Secção II, #5, p. 31-34.

22. *Lógica*. 1 "Todos os conhecimentos (Alle *Erkenntnisse*), isto é, todas as representações relacionadas conscientemente a um objeto são ou *intuições* ou *conceitos*." *Lógica de Viena*: "1. A cognição simples é um conceito. 2 As cognições são combinadas num juízo" p. 348.

23. *Lógica de Viena*: "Um juízo é geralmente a representação da unidade em relação a muitas cognições" p. 369.
24. A *Lógica* de Kant formula ainda um outro sentido do termo "subordinação": *estar subordinado à sua condição*. Assim, por exemplo, num juízo categórico sintético *a posteriori*, o conceito sujeito está subordinado (parcialmente ou totalmente) ao conceito predicado, se a extensão do conceito sujeito estiver incluída (parcialmente ou totalmente) na extensão do conceito predicado. Mas, num outro sentido de subordinação, num juízo categórico, por exemplo, o conceito predicado está subordinado à sua condição que é o conceito-sujeito do juízo. Ver sobre isso o comentário de B. Longuenesse sobre *Lógica* #23 no seu livro *Kant and the Capacity to Judge,* op. cit., p. 93-94.
25. Enquanto contém *em si* representações conceituais, o conceito está subordinado a essas outras representações conceituais que ele contém.
26. Neste capítulo, não provaremos que *só* no juízo conceitos podem subsumir representações intuitivas; em outras palavras: não provaremos que só enquanto *pode* exercer a função de conceito-sujeito, o conceito pode subsumir intuições sensíveis. O cerne da prova dessa proposição consistiria em mostrar que a subsunção de representações intuitivas depende das operações de *comparação*, *reflexão* e *abstração*. Essas operações, por sua vez, só podem ser efetuadas mediante atos judicativos. Ver o livro citado de B. Longuenesse, *Kant and the....,* caps. 5 e 6.
27. *Prolegomena* #18 e #19, p. 53-55.
28. *Prolegomena*, #18.
29. Idem.
30. As dificuldades de uma caracterização precisa do termo "objeto" transparecem, por exemplo, na primeira edição do livro de H. Allison sobre a *CRP*: *Kant's Transcendental Idealism*, New Haven, Yale University Press, 1983. Nessa edição do livro, *Allison* distingue ao menos dois sentidos do termo "objeto": *objeto lógico* (*Objekt*), que é caracterizado por duas definições não equivalentes: [i] "tudo o que é pensado pelo conceito-sujeito num juízo (p. 135), ou [ii] "tudo o que pode ser representado por meio da unificação do múltiplo da intuição por um conceito" (p. 145) e objeto real, *Gegenstand*, objeto de uma experiência possível, que envolve uma intuição sensível empírica, (p. 145-148).

A noção de Allison de *objeto lógico* flutua ambiguamente entre duas concepções: uma concepção compatível com teses racionalistas, a que define *objeto lógico* como "*o que é pensado pelo conceito-sujeito num juízo*" e uma definição propriamente kantiana, que remete a noção de objeto à noção de intuição sensível: "*tudo o que pode ser representado por meio da unificação do múltiplo da intuição por um conceito*". Essa segunda caracterização de objeto se baseia na definição do #17 da Dedução Transcendental '[*CRP*, B, 137].

31. Ver o artigo de Mario Caimi "Pensamentos sem Conteúdo são Vazios", *Analytica*, volume 6, número 1, 2001-2002, p. 177-194.
32. Juízos sintéticos *a priori* não são conhecimentos mediatos de objetos, mas da forma desses objetos.
33. Como já assinalamos, todo juízo representa mediatamente um objeto. Na *Lógica* #36, Kant, definindo proposições analíticas e sintéticas, caracteriza a forma do juízo analítico da seguinte maneira: "A todo *x*, ao qual convenha o conceito de corpo *(a + b)*, também convém a *extensão (b)* ". H. Allison interpreta essa tese de Kant nos seguintes termos: "Juízos analíticos são, contudo, 'sobre' um objeto: eles têm um sujeito lógico e, como mostra o exemplo de Kant, eles podem também ter um sujeito real. Todavia, já que a verdade ou a falsidade do juízo pode ser determinada meramente pela análise do conceito do sujeito, a referência ao objeto *x* é ociosa." in *Kant's Transcendental Idealism*, op. cit. p. 75. Na segunda edição do seu livro *Kant's Transcendental Idealism* (New Haven, Yale University Press, 2004, p. 91), Allison reitera essa proposição.
34. *Analytica*, "O Legado de Duisburg", trad. de Joãosinho Beckenkamp, vol. 4, nº 2, 1999, p. 73.
35. Proposições universais implicam proposições particulares. Ver *Lógica*, #46.
36. Proposições da forma *Todo A é B* implicam proposições da forma *Algum B é A*; proposições da forma *Nenhum A é B* implicam proposições da forma *Algum B não é A*. Ver *Lógica*, #52 e #53.
37. Proposições que exemplificam as formas *Todo A é B* e *Nenhum A é B* não podem ser verdadeiras ao mesmo tempo. Ver *Lógica*, #49.
38. Sobre essa questão ver o artigo de A. Church "The History of the Question of Existential Import for Categorical Propositions" in *Logic,*

*Methodology and Philosophy of Science*, ed. Y Bar-Hillel, Amsterdam, North Holland, 1965.

39. Proposições universais e particulares são consideradas proposições predicativas.
40. *Introduction to Logic Theory* (Methuen, Londres, reimpressão, 1971), cap. 6, Subjects, Predicates and Existence, p. 152-194.
41. *Todo A é..., Algum A é..., Nenhum A é..., Algum A não é...*".
42. Em certos casos, o conceito-predicado também não deve ser vazio. Por exemplo, a validade da inferência imediata *conversão por acidente* (de *Nenhum homem é filósofo* segue-se que *Algum filósofo não é homem*) supõe não só que o conceito de *hom*em, mas também o de *filósofo* não sejam conceitos vazios. Note-se que, segundo a interpretação de Strawson, todas as proposições que exemplificariam as formas das proposições descritas no quadrado lógico têm suposição de existência.
43. Se as proposições existenciais fossem proposições reconhecidas pela Lógica Clássica, elas obviamente não poderiam ser assimiladas a proposições predicativas, já que toda proposição predicativa pressupõe a verdade de uma proposição existencial. Se proposições existenciais fossem consideradas proposições predicativas, seria produzido o seguinte paradoxo: a proposição existencial só poderia ser falsa, se fosse verdadeira.
44. Se a proposição predicativa tivesse um valor de verdade, ela implicaria a proposição existencial que ela pressupõe, já que se ela pressupõe uma proposição existencial, então essa proposição existencial tem que ser verdadeira. Assim, qualquer proposição predicativa, que tivesse um valor de verdade, implicaria uma proposição existencial correspondente, embora a proposição existencial não implique a proposição predicativa que a pressupõe. Mas, como já assinalamos, as proposições existenciais não pertencem ao sistema das proposições predicativas. Por isso não tem sentido afirmar que uma proposição predicativa implica uma proposição existencial.

# 5

## KANT: PREDICAÇÃO E EXISTÊNCIA

[I] Status Quaestionis

Kant na *Crítica da Razão Pura (CRP)*[1] afirma, ou ao menos supõe, a verdade das seguintes proposições:

[1] *existência* não é um predicado real;
[2] do ponto de vista da Lógica Geral, os juízos categóricos são conexões de conceitos;
[3] a forma lógica dos juízos de existência não pertence à Tábua Lógica dos Juízos.

Tendo sido assumidas essas proposições, como é possível que certos juízos categóricos, que *"formam a base de todos os outros juízos"*,[2] possam desempenhar a função exercida pelos juízos existenciais que seria a de correlacionar conceitos, não a outros conceitos, mas a objetos efetivamente dados? Pretendemos analisar essa questão neste capítulo.

No opúsculo pré-crítico *O Único Argumento Possível para uma Demonstração da Existência de Deus*,[3] Kant distingue juízos de existência de juízos categóricos (predicativos). Ele caracteriza o juízo existencial da seguinte maneira:

> "Se eu digo 'Deus é uma coisa existente', parece que estou exprimindo a relação de um predicado com o sujeito. Mas há uma impropriedade nessa expressão. Falando estritamente, ela deveria ser assim formulada: 'algo de existente é Deus', isto é, pertencem a uma coisa existente aqueles predicados que, tomados conjuntamente, nós designamos através da expressão 'Deus'. Estes predicados são colocados relativamente ao sujeito, enquanto que a coisa nela mesma, com todos os seus predicados, é colocada absolutamente".[4]

Juízos predicativos ou categóricos (afirmativos) são conexões de conceitos e têm a forma $S$ é $P$.[5] Eles significam que a tudo aquilo que o conceito-sujeito $S$ convém, o conceito-predicado $P$ também convém.[6] Dessa maneira, juízos predicativos conectam conceitos mediante a relação de subordinação: o conceito-sujeito é totalmente ou parcialmente subordinado ao conceito predicado.

Juízos categóricos têm como matéria o sujeito e o predicado, e como forma a cópula judicativa que conecta o predicado ao sujeito [*Lógica*, #24]. Ora, sujeito e predicado são conceitos. Assim, a matéria dos juízos categóricos seria tanto o conceito-sujeito como o conceito-predicado. É o que é afirmado na *Lógica de Viena*: "A matéria do juízo categórico consiste em dois conceitos, a forma consiste na relação na qual um conceito concerne ao sujeito, o outro, ao predicado".[7] Juízos hipotéticos e disjuntivos têm como matéria outros juízos,[8] o que torna plausível a tese de que os juízos categóricos, que se decompõem em conceitos, podem ser definidos como conexões de conceitos, enquanto que os juízos hipotéticos ou disjuntivos, que se decompõem em juízos, seriam ligações de juízos.

Embora a lógica de Kant não apresente um método de decomposição de juízos complexos em juízos simples,[9] parece evidente que os juízos categóricos, por não serem decompostos em outros juízos, mas apenas em conceitos, são os juízos simples (elementares) da lógica kantiana. Obviamente, o termo "simples" nesse caso não significa atômico (no sentido da lógica contemporânea), pois o juízo "Todo homem é branco" é um juízo categórico e é também um juízo simples no sentido de não poder ser decomposto em outros juízos. Assim, juízos categóricos conectam o conceito-sujeito ao conceito-predicado mediante a cópula judicativa. Eles são ligações de conceitos. Juízos hipotéticos ou disjuntivos são ligações de juízos.

Os juízos existenciais parecem ter uma função diferente da dos juízos categóricos, que são conexões de conceitos. Um juízo existencial exprime que um objeto efetivamente existente satisfaz às notas características contidas no conceito que no juízo existencial exerce a função de sujeito.

Se essa análise é correta, um juízo existencial não é um juízo categórico, isto é, não é uma conexão de conceitos. Um juízo categórico pode pressupor um juízo existencial. Mas uma conexão de conceitos não exprime *a posição absoluta de uma coisa*. Essa é a função do juízo existencial que a exerce na medida em que não relaciona conceitos, mas *põe* o objeto com suas próprias determinações. Assim, o termo *"existência"* num juízo existencial não tem função atributiva, isto é, não acrescenta uma nova determinação aos objetos significados pelo conceito-sujeito.

[II] *Juízo na CRP*

Na Tábua dos Juízos da *CRP*, Kant enuncia as diversas formas do juízo. O juízo é decomposto em sujeito, cópula e predicado. As formas dos juízos são determinadas em razão da quantidade do termo-sujeito, da qualidade da cópula e das condições de aplicação do predicado ao sujeito (forma do ponto de vista da Relação). Ao contrário da lógica medieval, que distinguia a forma predicativa (juízos de *inesse*) da modalidade, em Kant um juízo de forma predicativa tem também uma forma modal. No entanto, se as formas da qualidade, da quantidade e da relação concernem à estrutura formal do juízo, a modalidade concerne, como Kant assinalou [*CRP*, A 74-76; B 99-101], ao modo pelo qual um juízo é tomado pelo entendimento do ponto de vista da verdade.

A distinção entre a forma do juízo do ponto de vista da relação (categórico, hipotético, disjuntivo) e a da modalidade (problemático, assertórico, apodítico) permite distinguir as condições da predicação, fixadas pelas regras de formação do juízo categórico, das condições de verdade do juízo, estabelecidas pelas modalidades dos juízos. Assim, a distinção entre a predicação judicativa (síntese do predicado com o sujeito mediante a cópula verbal) e as condições de verdade de um juízo pode ser induzida da Tábua dos Juízos. Mas, como explicar, segundo a Tábua dos Juízos, a função que fora atribuída aos juízos existenciais no opúsculo *O Único Argumento...*? Como exprimir judicativamente, nas palavras de Kant, que *algo de existente é P*?

Como os juízos categóricos não podem ser decompostos em outros juízos e são somente eles os constituintes categoremáticos dos juízos hipotéticos ou disjuntivos, ou bem eles têm uma função existencial, e juízos compostos por eles poderão exercer também essa função, ou bem eles não a têm, e essa função não pode ser encontrada em nenhum desses outros juízos. Assim, a pergunta sobre a função existencial de juízos complexos, hipotéticos ou disjuntivos, pode ser respondida pela análise da função dos juízos categóricos.

Podem os juízos categóricos exercer uma função existencial?

Na *CRP*, a função lógica dos juízos é definida como a de unificar o múltiplo das representações dadas (intuições ou conceitos) na unidade da apercepção [*CRP*, B, 143, # 20]. Assim, todo juízo envolve [a] uma relação entre conceitos mediante subordinação ou exclusão da subordinação de conceitos (todo juízo envolve, portanto, uma conexão de conceitos), [b] a subsunção por conceitos de intuições e [c] a subsunção dessas operações a regras necessárias (unidade objetiva).[10]

No item *Do Uso Lógico do Entendimento em Geral da CRP* [A, 67-70; B, 92-94], Kant analisa a função de conceito e de juízo, tomando como modelo o juízo afirmativo categórico. Juízo é inicialmente[11] caracterizado como função de unidade, função que é também exercida por conceitos. Assim, juízo seria aparentemente uma "espécie" de conceito complexo, representação de representações ("... todos os juízos são funções de unidade entre *(unter)* nossas representações..."). De fato, no juízo (afirmativo) é efetuada uma unificação conceitual mediante a relação de subordinação: uma representação "mais alta" subordina *sob si* (contém sob si) várias outras representações conceituais ("... uma mais alta, que compreende sob si *(unter)* essa (representação imediata) *e muitas outras*..."; grifo nosso). Dessa maneira, conceitos são conectados no juízo afirmativo pela relação de subordinação. Mas, ao subordinarem conceitos, juízos subsumem, através do conceito-sujeito, um múltiplo de representações intuitivas: "Em cada juízo está um conceito que é válido para muitos e que dentre *(unter)* esses muitos compreende uma representação dada que é relacionada imediatamente ao objeto" [A, 68; B 93].

O parágrafo # 19 da Dedução Transcendental da *CRP* complementa a análise da função do juízo. Nesse texto, é introduzida, como noção constitutiva de todo juízo, a noção de *unidade objetiva da apercepção*. Juízos têm unidade objetiva, isto é, têm necessariamente relação com objetos, na medida em que satisfazem, além da relação de subordinação e de subsunção, a regras necessárias do entendimento. Só assim eles têm uma validade objetiva, isto é, podem concordar ou não com o objeto representado judicativamente.

Graças à noção de unidade objetiva ou de validade objetiva, nota-se que juízos não são conceitos complexos, representações de representações, mas se relacionam com objetos e, por isso, podem concordar com eles, isto é, serem verdadeiros ou falsos. Assim, a subordinação entre conceitos é apenas um dos aspectos constitutivos do juízo. Por isso, Kant não pode aceitar a definição habitual dos lógicos antigos que caracterizavam o juízo como "*a representação de uma relação entre dois conceitos*" (*CRP*, # 19). Nem mesmo em relação aos juízos predicativos ou categóricos, que poderiam, em princípio, ser definidos como conexões de conceitos, essa explicação é correta. Ela não indica que a conexão entre conceitos é efetuada mediante a relação de subordinação e ela não assinala que a subsunção de representações intuitivas, submetida a regras necessárias do entendimento, é também uma condição para a pretensão de objetividade de qualquer juízo. Assim, a caracterização de juízo segundo a *CRP* significa que juízos, ao menos os juízos simples da lógica kantiana (juízos predicativos/categóricos afirmativos), conectam conceitos mediante a relação de subordinação. Através do conceito-sujeito, o conceito predicado se relaciona com as representações intuitivas que o conceito-sujeito subsume. Juízos que satisfazem às regras necessárias do entendimento e às condições de subordinação e de subsunção têm validade objetiva; eles podem se relacionar com objetos e, por isso, podem ser considerados, mediante representações conceituais e intuitivas, como conhecimento mediato de objetos.

Essas análises kantianas explicam duas teses extraídas do exame da função do juízo:

> [a] juízos são conhecimentos mediatos de objetos: o conceito-sujeito subsume representações intuitivas sensíveis, isto é, subsume representações imediatas de algo dado, que no juízo, graças a regras necessárias, é determinado como objeto;
> 
> [b] conceitos *nos* juízos se tornam representações por notas comuns *de objetos*, pois o conceito-sujeito de um juízo predicativo subsume representações intuitivas e, graças ao conceito-sujeito, o conceito predicado subsume também essas intuições.

Na medida em que juízos têm uma unidade objetiva, a noção de objeto faz parte da forma lógica de qualquer juízo. Mas, a Lógica Geral não "faz abstração de todo conteúdo cognitivo do entendimento e da diferença de seus objetos"? [*CRP*, A, 54; B, 78]. Como introduzir, do ponto de vista dessa Lógica, a noção de objeto na definição formal de juízo?

De um lado, nenhum conteúdo determinado, nenhum objeto com identidade numérica pertence à forma lógica do juízo. De outro lado, se a subsunção de intuições por conceitos é uma condição necessária do juízo, segue-se que o juízo envolve necessariamente uma relação com algo de não conceitual. Como o dado da intuição sensível e o que é organizado pela imaginação, independentemente das regras necessárias do entendimento, não podem ser considerados como objeto, a referência a algo de não conceitual na forma lógica do juízo é uma referência a algo de indeterminado. Muitas vezes Kant representa esse indeterminado, que pertence à forma lógica do juízo, através de uma variável. Por exemplo, na *Lógica #* 36, a forma da proposição analítica é explicada da seguinte maneira: "A todo x, ao qual convenha o conceito de corpo (*a* + *b*), também convém a *extensão* (*b*)..." (grifo nosso).

Obviamente, introduzir na definição lógica de juízo a noção de objeto não significa assumir, por exemplo, que juízos, em especial os juízos categóricos, ao mencionarem algo de indeterminado dado pela intuição sensível, façam algum tipo de suposição de existência. Significa apenas mostrar que o ato judicativo, realizado pelo entendimento, envolve necessariamente uma relação com funções não intelectuais. Essa concepção do juízo, formulada pela Lógica Geral, permitirá à Lógica Transcendental demonstrar a tese de que o conhecimento de objeto só é possível mediante atos judicativos que envolvam subsunção de intuições. Em conseqüência, conceitos, só enquanto são predicados de juízos possíveis, podem ser considerados como representações por notas comuns de objetos.

Retornemos à nossa questão inicial: do ponto de vista da forma lógica, podem os juízos categóricos exercer uma função existencial?

Se *existência* fosse um predicado real, juízos categóricos poderiam, obviamente, exercer uma função existencial. O juízo existencial *S existe* poderia ser interpretado como uma mera abreviação dos juízos categóricos da forma *S é existente*[12]. Mas, [i] já que *existência não* é um predicado real e [ii] já que os juízos mais simples da lógica kantiana são os juízos categóricos, que são conexões de conceitos, nem os juízos da forma *S existe* nem os da forma *S é existente* podem ser interpretados como juízos categóricos que exerceriam uma função existencial. Então, como exprimir judicativamente a função atribuída aos juízos existenciais?

## [III] Predicação e Existência

Correlata à questão que estamos analisando, mas dela diferente, é a questão do importe existencial (*existential import*) das lógicas antigas que se apóiam na lógica aristotélica. A lógica aristotélica, analisando as relações entre as formas das proposições universais, particulares, afirmativas e negativas, postulou a validade de certas relações lógicas que depende da suposição de que certos termos gerais, que ocorrem nas proposições que exemplificariam aquelas formas, não sejam vazios. A exigência de que certos termos gerais tenham instâncias para que certas inferências imediatas possam ser consideradas válidas foi denominada de importe existencial, pois a afirmação de que um termo geral tenha ao menos uma instância significaria que a instância do termo geral existe[13].

Graças às inúmeras formulações daquilo que os lógicos medievais denominaram de teorias da suposição, foram ampliados os limites dessa questão. As teorias da suposição, entre outras coisas, procuravam determinar, no contexto de uma proposição predicativa (categórica), que objetos deveriam ser assumidos como existentes pelo conceito-sujeito ou também pelo conceito predicado para que a própria proposição predicativa pudesse ser considerada verdadeira. Assim, a suposição de existência de objetos seria uma condição necessária (mas não suficiente) para a verdade de certas proposições predicativas. Uma das condições necessárias para que uma proposição predicativa afirmativa fosse verdadeira seria, por exemplo, que o termo-sujeito dessa proposição designasse um objeto existente segundo as modalidades temporais expressas pelo verbo. Obviamente, o termo-sujeito poderia não ter suposição. Nesse caso, a proposição categórica afirmativa seria falsa. No entanto, uma proposição negativa poderia ser verdadeira sem que o termo-sujeito fizesse suposição de existência.

As teorias medievais da suposição não só justificaram a validade das inferências imediatas do quadrado lógico aristotélico, como também, de uma maneira indireta, indicaram as condições em que uma proposição categórica podia exercer uma função existencial. Mas, a teoria da suposição foi abandonada pelos lógicos modernos que influenciaram Kant.

Ora, a Lógica Geral kantiana assume como válidas as inferências imediatas aristotélicas denominadas de *subalternação*[14], *de conversão por acidente*[15] e a relação de *contrariedade*[16], inferências que só são válidas em razão da suposição de existência de certas proposições que nelas ocorrem. Dessa maneira, a Lógica Geral kantiana, como quase todas as lógicas pré-fregeanas, tem um *existential import*.

Não cabe aqui examinar as diversas interpretações sobre a pressuposição de existência da Lógica Geral de Kant. P. Strawson, retomando uma interpretação do lógico e filósofo tomista do século XVII, João de S. Tomás, reformulou em termos contemporâneos a antiga teoria da suposição medieval e a aplicou-a à Lógica Clássica e, em particular, à lógica kantiana.[17] A *existência* de ao menos um membro da extensão do conceito-sujeito[18] das proposições que têm uma das formas descritas pelo quadrado lógico aristotélico seria, então, *pressuposta* e a *verdade* dos enunciados existenciais, que têm como sujeito esses conceitos não vazios que ocorrem naquelas proposições que pertencem ao quadrado lógico, seria condição necessária não para que a proposição predicativa (que exemplificaria uma daquelas formas) fosse considerada verdadeira, mas para que pudesse ser a ela atribuído um valor de verdade (verdadeiro ou falso). Assim, as proposições categóricas afirmativas que têm a forma *A é B* pressuporiam a verdade de enunciados existenciais da forma *A existe*. Em conseqüência, as inferências imediatas oriundas do quadrado lógico aristotélico poderiam ser consideradas válidas.

Os enunciados existenciais, que são pressupostos pelas proposições predicativas, não podem ser considerados como proposições predicativas (categóricas) e, portanto, não podem pertencer ao sistema lógico que analisa as relações de inferência das proposições predicativas. Se pertencessem, eles implicariam o seguinte absurdo: uma proposição existencial para ter o valor de verdade falso deveria ser verdadeira.

Essas análises permitem distinguir o que é *pressuposto* pelas proposições predicativas daquilo que é *asserido* por elas. Pressupor a existência não equivale a afirmá-la. Assim, duas noções devem ser conceitualmente distinguidas: [i] pressupor a existência (o que é uma condição para a verdade de certas proposições categóricas) e [ii] afirmar ou asserir a existência de algo. Mas, qualquer que seja a interpretação dada às pressuposições existenciais assumidas pela lógica kantiana, a Tábua de Juízos da *CRP* distingue a forma lógica dos juízos categóricos da dos juízos assertóricos. Assim, juízos categóricos podem ser usados sem função (força) assertórica (como antecedentes, por exemplo, de juízos hipotéticos), como também com força assertórica. A questão sobre a função existencial dos juízos categóricos não concerne às suas eventuais suposições de existência, mas diz respeito à função existencial que exerceriam enquanto são asseridos. O que deve, então, ser explicado é como, na lógica kantiana, juízos categóricos assertóricos poderiam desempenhar a mesma função que é desempenhada, em outros sistemas, pela asserção de juízos existenciais.

É a Lógica Transcendental, e não a Lógica Geral, que pode responder a essa questão.

Do ponto de vista da Lógica Transcendental, Kant também classificou os juízos em juízos analíticos e sintéticos. Segundo o método de verificação das condições de verdade desses juízos, eles são classificados em juízos *a priori* e *a posteriori*.[19] Para determinar o valor de verdade de um juízo analítico, basta determinar as notas características do conceito-sujeito e verificar se o conceito-predicado nele se encontra. A verificação da verdade dos juízos sintéticos *a priori* não concerne à existência efetiva de objetos, pois, em última análise, concerne seja à forma dos objetos empíricos dada na intuição pura (concerne, portanto, ao conhecimento racional por construção de conceitos), seja às regras de constituição de objetos e ao conhecimento não empírico que se pode extrair dessas regras. Esses dois "gêneros de juízos" não envolvem, portanto, questões de existência que não sejam aquelas envolvidas pela análise da Lógica Geral das proposições predicativas.

Mas, desempenhariam os juízos sintéticos *a posteriori* uma função existencial que nem os juízos analíticos nem os juízos sintéticos *a priori* podem desempenhar?

Juízos sintéticos *a posteriori* podem "concordar" com os objetos dados factualmente na experiência. De fato, esses juízos parecem desempenhar uma função existencial. Qual seria a relação entre os juízos sintéticos *a posteriori* e as proposições existenciais?

Do ponto de vista da Lógica Geral todos os juízos da Lógica Transcendental (juízos analíticos/sintéticos, *a priori/a posteriori*) exemplificam uma das formas lógicas indicadas por cada um dos quatro títulos da Tábua dos Juízos (Quantidade, Qualidade, Relação, Modalidade). Ora, como já assinalamos, certas formas lógicas impõem pressuposição de existência a suas instâncias. Assim, do ponto de vista da Lógica Geral certos juízos sintéticos *a posteriori* podem ter pressuposição de existência.

Mas, no 2º Postulado do Pensamento Empírico [*CRP*, B, 272-274] Kant formulou um critério de existência efetiva: só pode ser considerado como existente o que é percebido empiricamente ou é conectado ao que é percebido empiricamente por um sistema de regras. Os juízos sintéticos *a posteriori* precisam satisfazer a essa condição para serem considerados verdadeiros.[20]

Consequentemente, do ponto de vista da Lógica Geral, os juízos podem ter pressuposições de existência. Mas do ponto de vista da Lógica Transcendental, além das eventuais pressuposições de existência, certos juízos categóricos assertóricos podem afirmar a existência efetiva dos objetos dados na experiência.

Assim, não seria incorreto afirmar que *só* os juízos sintéticos *a posteriori* (em particular, os juízos sintéticos *a posteriori* que são juízos categóricos assertóricos) satisfazem ao critério de existência formulado pelo 2º Postulado do Pensamento Empírico. Dessa maneira, do ponto de vista da Lógica Transcendental, só eles desempenhariam uma função existencial.

Os juízos sintéticos *a posteriori* desempenham uma função particular na explicação kantiana do conhecimento de objetos: enquanto juízos categóricos, eles são conexões de conceitos e podem ter pressuposição de existência. Não é pelo fato de serem juízos categóricos, isto é, de conectarem conceitos mediante a relação de subordinação, que eles podem exprimir conhecimento de objetos existentes; é em razão do seu conceito-sujeito *subsumir* intuições empíricas, segundo regras necessárias. Assim, se do ponto de vista da Lógica Geral é plausível afirmar que os juízos categóricos têm pressuposição existencial, do ponto de vista da Lógica Transcendental só os juízos sintéticos *a posteriori* parecem exercer uma função atribuída, em outros contextos, aos juízos de existência.

## Notas

1. *Kritik der reinen Vernunft*, Hamburgo, Felix Meiner Verlag, 1956.
2. *The Vienna Logic*, Of Judgments in *Lectures on Logic*, [org. Michael Young], The Cambridge Edition of the Works of Immanuel Kant, Cambridge University Press, Cambridge, 1992, p. 373.
3. *Der Einzig Mögliche Beweisgrund Zu Einer Demonstration des Daseins Gottes* in *Kant Werke in zehn Bänden*, org. W. Weischedel, Darmstadt, v. 2, 1983.
4. *Der Einzig...*, 1ª parte, primeira consideração, 2, p. 634.
5. Reproduzimos aqui parcialmente trechos do capítulo "Juízos Predicativos e Juízos de Existência", deste livro, p. 309.
6. Essa caracterização de juízos categóricos assume de uma maneira implícita a definição de juízo como subordinação de conceitos (ver *Lógica Dohna-Wundlacken, Judgments* in *Lectures on Logic*, p. 495). Juízos categóricos podem também ser definidos a partir de condições que justificariam a atribuição do predicado ao sujeito: se o que permite a atribuição do predicado ao sujeito do juízo é o próprio conceito-sujeito, o juízo é dito categórico (ver *Lógica*, trad. Guido Antônio de Almeida, Tempo Brasileiro, Rio, 1992, #25). Assim, no juízo categórico *"não há condição fixada"* (*The Vienna Logic* in *Lectures on Logic*, p. 374). A definição que apresentamos de juízos categóricos mostra que esses juízos subordinam conceitos na medida em que são considerados como conexões de conceitos. Sobre a noção de juízo em Kant, ver B. Longuenesse *Kant and the Capacity to Judge*, trad. C. Wolfe, Princeton. Un. Press, 1998, cap. 4, Logical Definitions of Judgment, p. 81-106.
7. *The Vienna Logic*, Of Judgments, p. 373. Ver também na página 372 da mesma obra a seguinte afirmação: "A matéria de todas as proposições categóricas consiste em conceitos nos quais o conceito sujeito pertence ao conceito predicado".
8. "Os juízos categóricos constituem, é verdade, a matéria dos demais juízos", *Lógica*, #24.
9. A Lógica Medieval denominava de simples os juízos predicativos e os opunha aos juízos hipotéticos, disjuntivos etc. Segundo N. K. Smith (*Commentary to Kant's "Critique of Pure Reason"*, 2ª edição, Humanities Paperback Library, 1993, Atlantic, p. 193), Wolff, Meier, Baumgarten,

Baumeister e outros consideravam os juízos categóricos (com um só sujeito lógico) como os juízos simples da Lógica.

10. Para uma discussão detalhada dessa interpretação, remetemos o leitor ao capítulo "Juízo, Conceito e Existência na *Crítica da Razão Pura* de Kant", neste livro, p. 429.

11. "Assim, todos os juízos são funções de unidade entre (unter) nossas representações, pois para o conhecimento de objetos é *usada*, ao invés de uma representação imediata, uma mais alta, que compreende sob si (unter) essa (representação imediata) e muitas outras e através disso muitos possíveis conhecimentos são reunidos num só " [A, 69; B, 94].

12. Ver A. Arnauld e P. Nicole, *La Logique ou L'Art de Penser*, Vrin, Paris, 1993, p.109-110 ; 114.

13. Não é evidente que se um conceito não é vazio, a instância desse conceito deva ser considerada como existente. Para Frege, a expressão *existe um x tal que Fx* significa que o conceito *F* tem uma instância. Assim, se o quantificador existencial exprimir a noção de *existência*, *existir* é ser instância de um conceito.

14. Ver *Lógica*, #46.

15. Ver *Lógica*, #52 e #53.

16. Ver *Lógica*, #49.

17. Ver *Introduction to Logic Theory*, Methuen, Londres, (reimpressão 1971), cap. 6, Subjects, Predicates and Existence, p.152-194.

18. Em certos casos, o conceito-predicado deve também ser não vazio. Por exemplo, a validade da inferência imediata *conversão por acidente* (de *Nenhum homem é filósofo* segue-se que *Algum filósofo não é homem*) supõe não só que o conceito de homem, mas também o de filósofo, não sejam conceitos vazios.

19. Sobre essa questão, ver o capítulo "Juízos Predicativos e Juízos de Existência", neste livro, p. 309.

20. Os juízos sintéticos *a priori*, que envolvem apenas uma intuição (pura) da forma do objeto, podem ser verdadeiros sem que um objeto empírico seja efetivamente dado ou empiricamente percebido. Os juízos analíticos são verdadeiros em razão do Princípio de Contradição e têm sua verdade estabelecida através da análise do seu conceito-sujeito.

# ORIGEM DOS TEXTOS

[1] *A Interpretação Realista da Definição de Verdade.*
Publicado em *Manuscrito, Revista de Filosofia,* Campinas, UNICAMP, v. VI, nº 2, Abril, 1983, p. 7-19.

[2] *Sobre a Verdade.*
Publicado em *Síntese,* volume 20, nº 63, outubro-dezembro de 1993, p. 459-475.

[3] *Idée et Représentation.*
Publicado em *Descartes Objecter et Répondre,* organizado por Jean Marie Beyssade, J. L-Marion com a colaboração de Lia Levy, Paris, PUF, 1994, p. 187-203.

[4] *Objeto e Representação.*
Análise da noção de objeto e de representação em uma filosofia da consciência e em uma filosofia lógico-lingüística.
Publicado na revista *Dados,* Revista de Ciências Sociais, Rio de Janeiro, v. 33, nº 3, 1990, p. 489-519.

[5] *La Notion de Vérité dans L'**Ethique** de Spinoza.*
Publicado em *Méthode et Métaphysique,* Groupe de Recherches Spinozistes, nº 2, Paris, Presses de L'Université de Paris, Sorbonne, 1989, p. 121-142.

[6] *A Referência do Dêitico "Eu" na Gênese do Sistema Cartesiano: a **Res Cogitans** ou o Homem?*
Publicado em *Analytica, Revista de Filosofia*, Rio, v.1, n° 2, 1994, p. 41-66.

[7] *Argumento Ontológico.*
A Prova **a priori** da existência de Deus na Filosofia Primeira de Descartes.
Publicado em *Discurso*, Revista do Departamento de Filosofia da USP, São Paulo, n° 31, 2000, p. 115-155.

[8] *Idealismo ou Realismo na Filosofia Primeira de Descartes. Análise da crítica de Kant a Descartes no IV° Paralogismo da CRP [A].*
Publicado em *Analytica, Revista de Filosofia*, volume 2, n° 2, 1997, p.129-159.

[9] *Do Eu Penso Cartesiano ao Eu Penso Kantiano.*
Publicado em *Studia Kantiana*, vol 1, n° 1, p. 263-289.

[10] *Juízos Predicativos e Juízos de Existência. A propósito da crítica kantiana ao argumento ontológico cartesiano.*
Publicado em *Analytica, Revista de Filosofia*, v. 5, n° 1-2, 2000, p. 83-108.

[11] *Predicação e Existência na Semântica Clássica.*
Publicado em *Plenárias da ANPOF 2004/2006*, org. João Carlos Salles, Salvador, Bahia, 2006, p. 181-223.

[12] *Predicação e Juízo em Tomás de Aquino.*
Publicado em *Kriterion, Revista da Filosofia*, Belo Horizonte, n° 113, janeiro-junho, 2006, p. 27-49.

[13] A *Questão do Universal segundo Tomás de Aquino* (Publicado com o título: *Observações sobre a Questão do Universal em Tomás de Aquino*).
Publicado em *Tensões e Passagens. Filosofia Crítica e Modernidade. Uma Homenagem a Ricardo Terra.* São Paulo, Esfera Pública, 2008, p. 131-145.

[14] *Juízo, Conceito e Existência na* **Crítica da Razão Pura** *de Kant*.
Publicado em *Cadernos de Filosofia*, Publicação do Instituto de Filosofia da Linguagem, Universidade Nova de Lisboa, Lisboa, edições Colibri, nº 14, p. 7-34.

[15] *Kant: Predicação e Existência.*
Publicado em *Analytica, Revista de Filosofia*, volume 9, nº 1, 2005, p.185-198.

*Tipologia: Agaramond 12/13,7*
*Tiragem: 1000 exemplares*
*Impressão: Paulus Gráfica*